“十二五”国家重点出版物出版规划项目
教育部新兴领域教材研究与实践项目
城市交通系列教材　　邵春福　闫学东　总主编

城市交通安全

（第2版）

张兴强　主编

北京交通大学出版社
·北京·

内 容 简 介

本教材共分为7章，包括绪论、城市交通安全系统、城市交通安全系统风险评估方法、城市交通事故预测、城市交通安全设计、城市交通安全预警和应急管理、城市交通事故调查与处理。

本教材是“十二五”国家重点出版物出版规划项目“城市交通系列教材”之一，既可作为高等院校交通运输、交通安全工程等专业“交通安全工程”课程的教材，也可作为相关专业技术人员的参考用书。

图书在版编目（CIP）数据

城市交通安全 / 张兴强主编. —2版. —北京：北京交通大学出版社，2023.4
城市交通系列教材 / 邵春福，闫学东总主编
ISBN 978-7-5121-4934-2

Ⅰ. ① 城… Ⅱ. ① 张… Ⅲ. ① 城市交通–交通运输安全 Ⅳ. ① U491

中国国家版本馆CIP数据核字（2023）第059128号

城市交通安全
CHENGSHI JIAOTONG ANQUAN

策划编辑：孙秀翠　　责任编辑：刘　蕊
出版发行：北京交通大学出版社　　电话：010-51686414　　http://www.bjtup.com.cn
地　　址：北京市海淀区高梁桥斜街44号　　邮编：100044
印 刷 者：北京时代华都印刷有限公司
经　　销：全国新华书店
开　　本：185 mm×260 mm　　印张：17.25　　字数：431千字
版 印 次：2015年11月第1版　　2023年4月第2版　　2023年4月第1次印刷
印　　数：1～1 000册　　定价：59.00元

本书如有质量问题，请向北京交通大学出版社质监组反映。对您的意见和批评，我们表示欢迎和感谢。
投诉电话：010-51686043，51686008；传真：010-62225406；E-mail：press@bjtu.edu.cn。

总 序

现代交通系统对我国城镇化发展具有支撑性和先导性作用，它既是人们生活出行的基本保障，又是带动城市经济社会发展的“先行者”。自改革开放以来，我国的城镇化以年均超1%的速度快速发展，截至 2021 年底，我国的城镇化率已经超过 64.72%。城市交通系统，尤其在超大城市和特大城市，以公共交通为骨干的城市综合交通体系发展迅速，已经有 28 个省（自治区、直辖市）的 51 个城市开通了城市轨道交通系统，运营总里程位居世界第一。然而，城市交通拥堵、汽车尾气污染和交通事故多发等“城市病”现象也日趋严重，已经成为阻碍我国城市经济社会发展的社会问题，严重影响市民的生产和生活，人们出行的获得感、安全感不高，更谈不上满足感和幸福感。

“城市病”问题得到了政府和社会各界的广泛关注，但是至今高校尚没有设置城市交通专业，又没有与此对应的系列化、专业化教材，导致城市交通治理人才匮乏。城市交通涉及人文、社会、政治、经济、工程等多个领域，是典型的交叉学科，治理城市交通需要复合型人才。

为满足社会对城市交通专业人才的培养需求，从 2012 年开始，编者与北京交通大学出版社共同组织北京交通大学交通运输学院交通工程和交通运输 2 个国家级教学团队的师资力量编写了“城市交通系列教材”，包括《城市交通概论》《城市总体规划》《城市交通调查》《城市交通规划》《城市交通流理论》《城市公共交通》《城市交通管理与控制》《城市交通设计》《城市交通枢纽》《城市道路工程》《城市交通安全》《城市交通经济》《城市智能交通系统》《城市交通专业实验教程》《城市智慧物流》，共 15 册教材。本系列教材获批了原国家新闻出版广电总局的“‘十二五’国家重点出版物出版规划项目”，并于 2016 年完成了本系列教材第 1 版的出版发行。

本系列教材一直作为北京学院的主要参考教材使用。北京学院是北京市教育委员会借助在京高校的优势特色资源为北京市培养特需人才的一项重要工程。北京交通大学依托在交通运输领域的传统优势和特色，于 2015 年申报北京学院城市交通辅修专业并获批，并于同年招生，至今已经招收了 6 届。

本系列教材为“城市交通系列教材”的第 2 版。修订出版第 2 版的理由如下：首先，本系列教材初版发行 6 年多来，受到了相关高等院校和科研单位的厚爱。其次，中共中央、国务院于 2019 年 9 月发布了《交通强国建设纲要》，于 2021 年 2 月发布了《国家综合立体交通网规划纲要》，并把交通强国建设作为国家战略，要求到 21 世纪中叶，构建安全、便捷、高效、绿色、经济的现代化综合交通体系，打造一流设施、一流技术、一流管理、一流服务，建成人民满意、保障有力、世界前列的交通强国，为全面建成社会主义现代化强国、实现中华民族的伟大复兴中国梦提供坚强支撑；实现“全国 123 出行交通圈”（都市区 1 小时通勤，城市群 2 小时通达，全国主要城市 3 小时覆盖）和“全球 123 快货物流圈”（国内 1 天送达，周边国家 2 天送达，全球主要城市 3 天送达），做到“人享其行，物优其流”。最后，城市和都市圈内部的“多规融合”和“多规合一”，京津冀、长三角、粤港澳、成渝等世界级城市群和国家、区域级城市群建设的推进，以及智慧城市、智慧交通和城市治理等对城市交通的知识体系和人才培养提出了新的需求。编写团队为适应上述需求的变革，修订出版本系列教材的第 2 版。

由于编者的水平、时间有限，本系列教材中难免出现疏漏和不足之处，敬请读者批评指正。

编　者

2022 年 10 月

前 言

本教材第 1 版于 2015 年 11 月出版，是“十二五”国家重点出版物出版规划项目“城市交通系列教材”之一，可作为高等院校交通运输、交通安全工程等专业“交通安全工程”课程的教材，也可作为相关专业技术人员的参考用书。

随着我国城市建设的持续快速发展，如何解决城市交通中的“三个热点问题”（交通能源和环境问题、交通安全问题、交通拥堵问题），是人们普遍关注的重要民生问题。7 年多来，随着科学技术的进步和社会经济的发展，国内城市交通安全领域研究的新成果和新技术不断涌现，城市交通安全系统的智能化、车辆安全技术、系统安全分析和设计、安全管理等方面的理论与技术得到了快速发展。同时，本教材在全国高等院校教学使用过程中，相关教师也提出了一些建设性的建议，因此有必要对第 1 版内容进行修订。

本次修订参考了多位学者在交通安全领域的最新研究成果，依托系统论、控制论、信息论等现代科学技术理论，对城市交通安全“人、车、路、环境”系统进行科学阐述。主要修订内容包括以下几个方面：

（1）从预防和控制事故、降低事故损失角度调整了全书的结构，使全书的编写逻辑更为清晰；

（2）在系统阐述城市交通安全的基本理论与技术的基础上，基于交通安全理论和技术的发展，补充和完善了相关理论和技术，并列举了大量的案例和算例分析，以满足教学要求；

（3）基于交通安全管理的最新发展成果，参照国家、行业最新的规范、标准和统计数据，对第 1 版内容进行了相应的修订。

本教材由 7 章组成，包括交通安全理论、技术、管理和实践等内容。在涵盖城市交通安全系统的共性知识并兼顾不同运输方式的个性知识的基础上，力求逻辑清晰并能系统全面地反映城市交通安全系统的知识体系。

本教材由北京交通大学张兴强主编。第 1 章由肖贵平、古力胡马尔编写；第 2 章由王江锋、曹一迪编写；第 3 章、第 6 章、第 7 章由张兴强编写；第 4 章由魏丽英、张红编写；第 5 章由张兴强、刘超编写。课题组多名研究生参与了修订工作，做了大量资料整理、数据处理、校核工作。在此向各位参与修订的老师和同学表示衷心的感谢。

在教材编写过程中，参考了大量书籍和期刊，在此谨向作者致以诚挚的谢意。

由于城市交通安全领域相关理论与技术发展迅速，加之编者学术水平及经验等方面的限制，对教材中的不当之处，恳请读者批评指正。

编　者

2023 年 1 月

目　录

第 1 章

绪　论

城市交通安全是安全工程学科的一个重要组成部分。本章主要介绍安全工程学科的研究对象和内容，交通安全工程学科的概念、研究内容和分类；深入探讨安全、事故、危险、风险、安全性、事故隐患、危险源等安全科学基本概念及其相互关系，以及安全问题的基本特性；在介绍城市交通安全形势的基础上，详细介绍城市道路和城市轨道交通事故的概念、分类和分级，城市交通事故在时空、形态、类型、成因等方面的分布规律，以加深学生对各类城市交通事故的准确理解；最后介绍城市交通安全管理的含义、作用和构成体系，交通事故预防的目标、原则和 5E 准则。通过本章的学习，使学生掌握城市交通安全的基础知识，为后续内容的学习打下基础。

1.1　交通安全工程

1.1.1　安全工程学科

1. 研究对象

安全工程学科是以人类生产、生活活动中发生的各种事故为主要研究对象，在总结、分析已经发生的事故经验的基础上，综合运用自然科学、技术科学和管理科学等方面的有关知识，研究识别和预测生产、生活活动中存在的不安全因素，并采取有效的控制措施防止事故发生的安全技术理论及专业技术手段的综合学科。

安全工程的研究对象最初主要是生产过程中发生的事故。在生产过程中，人类会遇到而且必须克服许多来自自然界的或人类活动带来的不安全因素。人类一旦忽略了对不安全因素的控制或者控制不力，就可能发生事故，其结果不仅妨碍工业生产的正常进行，而且可能造成设施、设备的破坏，甚至伤害人类自身。防止工业事故，是顺利进行工业生产的前提和保证，保护劳动者在生产过程中的生命健康，是工业安全的基本任务。

随着新材料、新能源、新技术的应用，工业产品的科技含量越来越高，产品越来越复杂，其中的不安全因素导致事故的危险性也越来越大。如果不能有效地消除或控制产品中的不安全因素，用户在使用产品时就可能存在因发生事故而遭受伤害的危险。从 20 世纪 70 年代开始，产品的安全性问题引起了人们的普遍关注，安全工程研究对象又从工业生产过程安全扩展到了工业产品安全。

除生产活动外，人类的生活活动中也时而发生事故，如交通事故、火灾事故、公共安全事故等。特别是随着城市人口密度越来越大、社会生活方式越来越多样化，生活活动中“群死群伤”事故时有发生，越来越受到人们的关注。例如，1994 年克拉玛依友谊馆火灾，造成 325 人死亡、130 余人重伤；2005 年英国伦敦地铁连环爆炸袭击事件，导致 52 人死亡、700 余人受伤；2014 年俄罗斯莫斯科地铁列车脱轨事故，导致 20 人死亡、160 余人受伤；2018 年全球道路交通死亡人数达到 135 万人。安全工程中关于生活中安全事故预防的研究越来越广泛和深入。

2. 研究内容

安全工程的基本内容是根据对伤亡事故发生机理的认识，应用系统工程的原理和方法，在工业规划、设计、建设、生产直到废除的整个过程中，预测、分析、评价其中存在的各种不安全因素，根据有关法规，综合运用各种安全技术措施和组织管理措施，消除和控制危险因素，创造一种安全的生产作业条件。从安全工程学科的研究对象和内容来考虑，安全工程学科至少应该包含以下几个方面的内容。

1）安全理论

安全理论是揭示安全的本质和运动规律的学科知识体系，是安全研究的基础。主要内容包括可靠性理论、事故致因理论、事故预防理论等。

2）安全技术

安全技术是预防事故的基本措施，是实现工业安全的技术手段，包括安全检测技术和安全控制技术两个方面。前者是发现、识别各种不安全因素及其危险性的技术；后者是消除或控制不安全因素，防止工业事故发生及避免人员受到伤害、财产受到损失的技术。

在工业安全领域，安全技术是伴随着工业生产的出现而出现的，又随着工业生产技术的发展而不断发展。随着现代科学技术的进步，安全技术也不断发展、更新，大大增强了人类控制不安全因素的能力。如今，已经形成了包括机械安全、电气安全、锅炉压力容器安全、起重运输安全、防火防爆等一系列专门安全技术在内的工业安全技术体系。在安全检测技术方面，先进的科学技术手段逐渐取代了人的感官和经验，可以灵敏、可靠地发现不安全因素，从而使人们可以及早采取控制措施，把事故消灭在萌芽状态之中。

3）安全方法

安全方法主要研究如何运用系统工程的原理和方法，对系统中的安全问题进行定性、定量的分析和评价，并采用综合安全措施予以控制，从而达到系统最佳安全状态。

4）安全管理

安全管理主要研究安全管理体制、政策、立法及各种法规的制定和执行，研究安全教育与培训等，旨在通过建立先进的职业安全管理体制，与事故预防、应急措施和保险补偿 3 种手段有机结合，达到在时间、成本、效率、技术水平等条件的约束下实现系统的最佳安全水平的目的。

1.1.2 交通安全工程学科

交通安全工程学科，运用系统论、控制论、信息论等现代科学技术理论，从安全的角度，对交通运输系统寿命期的各个阶段（开发研制、方案设计、详细设计、建造施工、日常运行、改建扩建、事故调查等）进行科学研究，以查明事故发生的原因和经过，找出灾害的本质和规律，寻求消灭、减少交通运输事故，或减轻事故损失，保障交通安全、畅通的措施和办法。换句话说，交通安全工程主要解决这些问题：分析和研究交通事故的发生机理，总结出普遍适用的交通事故理论，提出事故预防的方法设计。

交通运输系统是由陆路、水路和航空多种运输方式组成的一个综合系统，交通安全工程学科以交通运输系统的安全问题作为研究对象，因此从研究对象出发，可将该学科的研究内容归为以下几类：道路交通安全工程、轨道运输安全工程、水上交通安全工程、航空运输安全工程。

1. 道路交通安全工程

道路交通是由人、车、道路与环境控制等要素组成的复合动态系统。道路交通事故就是由构成道路交通的诸要素在某一时空范围内的劣性组合造成的。导致道路交通诸要素劣性组合的原因有道路条件、车辆安全性能、驾驶人员安全素质、参与交通者的安全意识及交通安全管理的水平等。此外，缺乏对道路交通事故发生规律及预防对策的深入研究，也是导致道路交通事故形势严峻的重要原因。因此，道路交通安全工程通过对道路状况（包括路面、线形、交叉口及事故多发地段等）、车辆性能（包括报警装置、碰撞保护装置、仪表、照明、制动性能、操纵性、车辆类型等）、驾驶舒适性及其影响因素、交通环境（如交通量、特殊气候等）、交通控制（包括交通安全法规、交通执法设备系统等）及道路交通事故发生原因等的深入研究，提出预防和减少道路交通事故的有效措施。

2. 轨道运输安全工程

轨道运输作为运送旅客和货物的直接生产系统，是一个高速运转的复杂动态系统，其安全问题尤为突出。轨道运输生产的特点决定了轨道运输作业过程是由许多子系统相互作用而完成的，它要求车务、机务、工务、电务、车辆、客运、货运、工程等部门联合作业，协同动作。它使用的设备数量庞大、种类繁多。此外，自然环境、社会环境等因素的影响也不容忽视。可见轨道运输系统是一个庞大的人–机–环境动态系统。在这个系统中，任何一点疏漏都可能会诱发列车冲突、脱轨、火灾或爆炸等轨道运输事故。

轨道运输安全工程主要通过对运输安全有关人员（包括运输系统内人员、旅客、货主、沿线居民、机动车驾驶人员等）、设备（包括线路、机车、车辆、通信信号、供电供水等运输基础设备和安全监测、监控、事故救援、自然灾害预报与防治等运输安全技术设备）、环境（包括作业环境、自然环境和社会环境）、管理（包括安全组织管理、安全法制管理、安全技术管理、安全教育管理、安全信息管理和安全资金管理）的深入研究，发现安全的薄弱环节，进而提出预防和减少事故的有效措施。此外，为了确保列车运行及调车作业安全，还必须对轨道运输作业过程进行深入研究，包括行车调度指挥安全、接发列车作业安全、调车作业安全、中间站作业及运转车作业安全、装卸作业安全、旅客运输安全、机务作业安全、车辆作业安全、工务作业安全、电务作业安全、非正常情况下（如恶劣气候、设备故障、电话中断等）

的作业安全及应急处理作业安全（如列车火灾应急处理、列车冒进信号应急处理等）。

3. 水上交通安全工程

水上交通事故按性质可划分为火灾、爆炸、碰撞、搁浅、遇风暴几类，其后果轻则船只破损，重则船只沉没，非常严重。因此，水上交通安全工程主要通过对船舶性能与结构、船员行为、港口保障设施、水上交通管理等水上交通安全主要影响因素及水上交通事故发生的原因的深入研究，提出确保水上运输安全、减少污染水域的有效措施。

水上交通安全工程的研究内容还包括完善的船舶消防系统研究、特殊场所的防火防爆研究、灾害险情应急技术研究、海底地貌测量、遇难船舶的救助和打捞技术研究、船舶安全停泊系统研究、船运政策研究及船舶避碰研究等。

4. 航空运输安全工程

航空运输是一个具有特定功能的系统，由人（机组人员、乘客）、飞机、航线、机场、航空交通管制等要素组成。各要素必须相互协调，若其中一个要素不能与其他要素协调，系统就会失去平衡，可能导致失控、碰撞、失火等空难事故。

航空运输安全工程主要通过对上述影响因素及空难事故的深入调查研究，提出确保航空运输安全的有效措施。此外，研究内容还包括驾驶人员操作可靠性研究，空中交通预警防碰管理系统研究，飞行人员培训理论与方法研究，空中导航系统研究，飞行紧急情况（包括起火、劫机事件、客舱减压等）对策研究，克服飞机维修失误对策研究，飞机定期检修和维护的快速、可靠技术及机场应急救援系统研究等。

1.2 安全的内涵和特性

1.2.1 基本概念

1. 安全

关于安全的概念，可归纳为两种：绝对安全和相对安全。绝对安全观是人们较早时期对安全的认识，目前仍然有一部分现场生产管理人员和科技工作者有此认识。绝对安全观认为，安全指没有危险、不受威胁、不出事故，即消除能导致人员伤害、发生疾病、死亡或造成设备财产破坏、损失及危害环境的条件。无危则安，无损则全。例如，在简明牛津词典中将安全定义为“不存在危险和风险”，有的学者认为安全是“免于能引起人员伤亡或财产损失的条件”，“安全意味着系统不会引起事故的能力”，“安全即无事故，没有遭受或引起创伤、损失或损伤”。这种安全观认为发生死亡、工伤等的概率为零，这在现实生产系统中是不存在的，它是安全的一种极端理想状态。由于绝对安全观过分强调安全的绝对性，使其应用范围受到了很大的限制，特别是在分析社会—技术系统的安全问题时更是如此。

与绝对安全观相对应的就是人们现在普遍接受的相对安全观。相对安全观认为，安全是相对的，绝对安全是不存在的。例如，美国哈佛大学的劳伦斯教授将安全定义为“安全就是被判断为不超过允许极限的危险性，也就是指没有受到损害的危险或损害概率低的通用术语”；霍巴特大学的罗林教授指出，“所谓安全是指判明的危险性不超过允许限度”；在《英汉安全专业术语词典》中将安全定义为“安全意味着可以容许的风险程度，比较地无受损害之忧和损害概率低的通用术语”。

由相对安全的定义可知，安全是在具有一定危险性条件下的状态，安全并非绝对无事故。事故与安全是对立的，但事故并不是不安全的全部内容，而只是在安全与不安全这一对矛盾斗争过程中某些瞬间突变结果的外在表现。安全依附于生产过程，伴随生产过程而存在。但安全不是瞬间的结果，而是对系统在某一时期、某一阶段过程状态的描述，换言之，安全是一个动态过程，它是关于时间的连续函数。但在现有理论和技术条件下，确定某一生产系统的具体安全函数形式是非常困难的，通常采用概率法来估算系统处于安全状态的可能性，或者利用模糊数学来说明在非概率情形下的不精确性。

因此，安全是指在生产活动过程中，能将人或物的损失控制在可接受水平的状态，换言之，安全意味着人或物遭受损失的可能性是可以接受的，若这种可能性超过了可接受的水平，即为不安全。该定义具有下述含义：

① 这里所讨论的安全是指生产领域中的安全问题，既不涉及军事或社会意义的安全与保安，也不涉及与疾病有关的安全；

② 安全不是瞬间的结果，而是对于某种过程状态的描述；

③ 安全是相对的，绝对安全是不存在的；

④ 构成安全问题的矛盾双方是安全与危险，而非安全与事故，因此，衡量一个生产系统是否安全，不应仅仅依靠事故指标；

⑤ 不同的时代，不同的生产领域，可接受的损失水平是不同的，因而衡量系统是否安全的标准也是不同的。

2. 事故

“事故”一词极为通俗，事故现象也屡见不鲜，但对于事故的确切内涵，至今尚无一致的认识。牛津词典中，将事故定义为“意外的、特别有害的事件”；美国安全工程师海茵里希认为，事故是“非计划的、失去控制的事件”；甘拉塔勒等人从更为一般的意义上提出，“事故是与系统设计条件具有不可容忍的偏差的事件”；吉雷进一步补充说明了“事故是指任何计划之外的事件，可能引起或不会引起损失或伤害”。还有的学者从能量观点出发解释事故，认为事故是能量逸散的结果，现概括如下。

① 事故是违背人们意愿的一种现象。

② 事故是不确定事件，其发生形式既受必然性的支配，但也不可避免地受到偶然性的影响。

③ 事故发生的原因，可归结为 3 类：目前尚未认识到的原因；已经认识，但目前尚不可控制的原因；已经认识，目前可以控制而未能有效控制的原因。

④ 事故一旦发生，可以造成以下几种后果：人受到伤害，物受到损失；人受到伤害，物未受损失；人未受伤害，物受到损失；人、物均未受到伤害或损失。许多工业领域如铁路运输系统，将凡是造成系统运行中断的事件均归入事故的范畴，虽然系统运行中断不一定会造成直接的财产损失或人员伤害，但却严重干扰了系统的正常运行秩序，将带来严重的间接损失。

⑤ 事故的内涵相当复杂。从宏观的生产过程来看，事故是安全与危险矛盾斗争过程中某

些瞬间突变结果的外在表现形式，是时间轴上一系列离散的点；从微观角度来看，每一个事故均可看作在极短时间内相继出现的事件序列，是一个动态过程，可以表达为：

危险触发→以一定的逻辑顺序出现的一系列事件→产生不良后果

综上所述，事故是指在生产活动过程中，由于人们受到科学知识和技术力量的限制，或者由于认识上的局限，当前还不能防止，或能防止而未有效控制所发生的违背人们意愿的事件序列。它的发生，可能迫使系统暂时或较长期地中断运行，也可能造成人员伤亡、财产损失或者环境破坏，或者其中二者或三者同时出现。

事故的特征主要包括：事故的因果性，事故的偶然性、必然性和规律性，事故的潜在性、再现性、预测性和复杂性。

1）事故的因果性

因果，即原因和结果。因果性即事物之间，一事物是另一事物发生的根据，这是一种关联性。事故是许多因素互为因果连续发生的结果，一个因素既是前一个因素的结果，又是后一个因素的原因。也就是说，因果关系有继承性，是多层次的。

事故的因果性决定了事故的必然性。事故是一系列因素互为因果、连续发生的结果。事故因素及其因果关系的存在决定事故或迟或早必然要发生。其随机性仅表现在何时、何地、何原因意外事件触发产生而已。

掌握事故的因果关系，采取措施中断事故因素的因果连锁，就消除了事故发生的必然性，从而可能防止事故的发生。

2）事故的偶然性、必然性和规律性

从本质上讲，伤亡事故属于在一定条件下可能发生，也可能不发生的随机事件。就某一特定事故而言，其发生的时间、地点、状况等均无法预测。

事故是由于客观存在不安全因素，随着时间的推移，出现某些意外情况而发生的，这些意外情况往往是难以预知的。因此，掌握导致事故发生的原因，可降低事故发生的概率，掌握导致事故发生的原因是防止事故发生的必要条件。但是，即使完全掌握了事故发生的原因，也不能保证绝对不发生事故。

事故的偶然性还表现在事故是否产生后果（人员伤亡、物质损失）以及后果的大小如何都是难以预测的。反复发生的同类事故并不一定产生相同的后果。事故的偶然性决定了要完全杜绝事故发生是困难的，甚至是不可能的。

事故的必然性中包含着规律性。既为必然，就有规律可循。必然性来自因果性，深入探查、了解事故因果关系，就可以发现事故发生的客观规律，从而为防止事故发生提供依据。应用概率理论，收集尽可能多的事故案例进行统计分析，可以找出根本性的问题，为宏观安全的决策奠定基础，为改进安全工作指明方向，从而做到“预防为主”，实现安全生产的目的。

由于事故或多或少地含有偶然性，因而要完全掌握它的规律非常困难。但在一定范畴内，用一定的科学仪器或手段却可以找出它的近似规律。

从偶然性中找出必然性，认识事故发生的规律性，变不安全条件为安全条件，把事故消除在萌芽状态之中，这就是“防患于未然、预防为主”的科学根据。

3）事故的潜在性、再现性、预测性和复杂性

事故往往是突然发生的。然而导致事故发生的因素，即“隐患或潜在危险”早就存在，只是未被发现或未受到重视而已。随着时间的推移，一旦条件成熟，就会显现而酿成事故，

这就是事故的潜在性。

事故一经发生，就成为过去。时间一去不复返，完全相同的事故不会再次显现。然而没有真正地了解事故发生的原因，并采取有效措施去消除这些原因，就会再次出现类似的事故。因此，应致力于消除这种事故的再现性，这是能够做到的。

人们根据对过去事故所积累的经验和知识以及对事故规律的认识，使用科学的方法和手段，可以对未来可能发生的事故进行预测。

事故预测就是在认识事故发生规律的基础上，充分了解、掌握各种可能导致事故发生的危险因素及它们的因果关系，推断它们发展演变的状况和可能产生的后果。事故预测的目的在于识别和控制风险，预先采取对策，最大限度地减少事故发生的可能性。

事故的发生取决于人、物和环境的关系，具有极大的复杂性。

3. 危险

关于什么是危险，从文献上看，目前还没有十分统一的定义。作为安全的对立面，可以将危险定义为：危险是指在生产活动过程中，人或物遭受损失的可能性超出了可接受范围的一种状态。危险与安全一样，也是与生产过程共存的过程，是一种连续型的过程状态。危险包含了尚未为人们所认识的，以及虽为人们所认识但尚未为人们所控制的各种隐患。同时，危险还包含了安全与不安全矛盾斗争的过程中某些瞬间突变结果的外在表现。

4. 风险（危险性）

“风险”一词在不同场合含义有所不同。就安全而言，风险是描述系统危险程度的客观量，这主要有两种考虑：一是把风险看成一个系统内有害事件或非正常事件出现可能性的量度；二是把风险定义为发生一次事故的后果大小与该事故出现概率的乘积。一般意义上的风险具有概率和后果的二重性，即可用事故的发生概率 p 和损失后果 c 的函数来表示风险 R，即

$$R=f(p,c) \tag{1-1}$$

为简单起见，大多数文献中将风险表达为事故的发生概率 p 与损失后果 c 的乘积，即

$$R=p\times c \tag{1-2}$$

上述风险定义中，无论损失或者后果，均是针对事故来定义的，包括已发生的事故和将会发生的事故。风险既然是对系统危险性的度量，则仅仅以事故来衡量系统的风险是很不充分的，除非能够辨识所有可能的事故形式。从整个系统的角度出发，风险是系统危险影响因素的函数，即

$$R=f(R_1, R_2, R_3, R_4, R_5) \tag{1-3}$$

式中：

R_1——人的因素；

R_2——设备因素；

R_3——环境因素；

R_4——管理因素；

R_5——其他因素。

5. 安全性

从系统的安全性能讲，安全性为衡量系统安全程度的客观量。与安全性对立的概念是描述系统危险程度的指标——风险（又称危险性）。假定系统的安全性为 S，危险性为 R，则有

$S=1-R$。显然，R 越小，S 越大；反之亦然。若在一定程度上消减了危险因素，就等于创造了安全条件。

由于安全性与可靠性的联系十分密切，在实际应用中存在着将可靠性与安全性混用的现象，因而有必要明确二者之间的差别。可靠性是指系统或元件在规定条件下，规定时间内，完成规定功能的能力，而安全性则是指系统的安全程度。可靠性与安全性有共同之处，从某种程度上讲，可靠性高的系统，其安全性通常也较高，许多事故之所以发生，就是由于系统可靠性较低。但是，可靠性不同于安全性，可靠性要求的是系统完成规定的功能，只要系统能够完成规定功能，它就是可靠的，而不管是否会带来安全问题。安全性则要求识别系统的危险所在，并将它从系统中排除。此外，故障的发生不一定导致损失，而且，也存在这样的情形，即当系统所有元件均正常工作时，也可能有事故发生。

6. 事故隐患

在我国长期的事故预防工作中经常使用事故隐患一词。所谓隐患是指隐藏的祸患，事故隐患即隐藏的、可能导致事故的祸患。这是一个在长期工作实践中形成的共识用语，一般是指那些有明显缺陷、毛病的事物，即人的不安全行为和物的不安全状态。

从系统安全的角度来看，通常人们所说的事故隐患包括一切可能对人–机–环境系统带来损害的不安全因素。事故隐患可定义为：在生产活动过程中，由于人们受到科学知识和技术力量的限制，或者由于认识上的局限，而未能有效控制的有可能引起事故的一种行为（一些行为）或一种状态（一些状态）或二者的结合。隐患是事故发生的必要条件，隐患一旦被识别，就要予以消除。对于受客观条件所限不能立即消除的隐患，要采取措施降低其危险性或延缓危险性增长的速度，减少其被触发的“概率”。

7. 危险源

在系统安全研究中，危险源的存在被认为是事故发生的根本原因，防止事故就是消除、控制系统中的危险源。

危险源一词译自英文单词 hazard，按英文词典的解释，“hazard—a source of danger”，即危险的根源的意思。哈默定义危险源为可能导致人员伤害或财物损失事故的、潜在的不安全因素。按此定义，生产、生活中的许多不安全因素都是危险源。根据危险源在事故发生、发展中的作用，把危险源划分为两大类：第一类危险源和第二类危险源。

第一类危险源是指系统中存在的、可能发生意外释放的能量或危险物质，实际工作中往往把产生能量的能量源或拥有能量的能量载体作为第一类危险源来处理。第一类危险源具有的能量越多，一旦发生事故其后果越严重。相反第一类危险源处于低能量状态时比较安全。同样，第一类危险源包含的危险物质的量越多，其危险性越大。

第二类危险源是指导致约束、限制能量措施失效或破坏的各种不安全因素，包括人、物、环境 3 个方面的问题。人失误可能直接破坏对第一类危险源的控制，造成能量或危险物质的意外释放；同时，人失误也可能造成物的故障，进而导致事故。物的故障可能直接使约束、限制能量或危险物质的措施失效而发生事故；有时一种物的故障可能导致另一种物的故障，最终造成能量或危险物质的意外释放；物的故障有时会诱发人失误；人失误会造成物的故障，实际情况比较复杂。环境因素主要指系统运行的环境，包括温度、湿度、照明、粉尘、通风换气、噪声和振动等物理环境，以及企业和社会的软环境。不良的物理环境会引起物的故障或人失误；企业的管理制度、人际关系或社会环境影响人的心理进而可能引起人失误。

第二类危险源往往是一些围绕第一类危险源随机发生的现象，它们出现的情况决定事故发生的可能性。第二类危险源出现得越频繁，发生事故的可能性越大。

8. 相互关系

1）安全与危险

安全与危险是一对矛盾，具有矛盾的所有特性。一方面双方互相排斥、互相否定；另一方面安全与危险两者互相依存，共同处于一个统一体中，存在着向对方转化的趋势。安全与危险这对矛盾的运动、变化和发展推动着安全科学的发展和人类安全意识的提高。

描述安全与危险的指标分别是安全性与危险性，安全性越高则危险性就越低，安全性越低则危险性就越高。二者存在以下关系：

$$安全性=1-危险性$$

2）安全与事故

安全与事故是对立的，但事故并不是不安全的全部内容，而只是在安全与不安全矛盾斗争过程中某些瞬间突变结果的外在表现。系统处于安全状态并不一定不发生事故，系统处于不安全状态，也未必是完全由事故引起的。

3）危险与事故

危险不仅包含作为潜在事故条件的各种隐患，同时还包含安全与不安全的矛盾激化后表现出来的事故结果。

事故发生，系统不一定处于危险状态，事故不发生，也不能否认系统不处于危险状态，事故不能作为判别系统危险与安全状态的唯一标准。

4）事故与隐患

事故总是发生在操作的现场，总是伴随隐患的发展而发生在生产过程之中，事故是隐患发展的结果，而隐患则是事故发生的必要条件。

5）危险源与事故

一起事故的发生是两类危险源共同起作用的结果。第一类危险源的存在是事故发生的前提，没有第一类危险源就谈不上能量或危险物质的意外释放，也就无所谓事故。另外，如果没有第二类危险源破坏对第一类危险源的控制，也不会发生能量或危险物质的意外释放。第二类危险源的出现是第一类危险源导致事故的必要条件。

在事故的发生、发展过程中，两类危险源相互依存、相辅相成。第一类危险源在事故发生时释放出的能量是导致人员伤害或财物损坏的能量主体，决定事故后果的严重程度；第二类危险源出现的难易决定事故发生的可能性的大小。两类危险源共同决定危险源的危险性。

1.2.2 安全问题的基本特性

作为伴随生产而存在的安全问题，对于所有的技术系统都具有普遍的意义，交通运输系统也不例外。安全问题的基本特性主要表现在以下几个方面。

1. 安全的系统性

安全涉及技术系统的各个方面，包括人员、设备、环境等因素，而这些因素又涉及经济、政治、科技、教育和管理等许多方面。特别对于像铁路运输这样的开放系统，安全既受系统内部因素的制约，也受系统外部环境的干扰。而安全的恶化状态，即事故，不仅可能造成系统内部的损害，而且可能造成系统外部环境的损害。因此，研究和解决安全问题应从系统观点出发，运用系统工程的方法，进行综合治理。

2. 安全的相对性

凡是人类从事的生产活动，都有安全问题，所不同的只是发生事故的可能性有大有小，危害程度有轻有重而已。安全的相对性表现在 3 个方面：首先，绝对安全的状态是不存在的，系统的安全是相对于危险而言的；其次，安全标准是相对于人的认识和社会经济的承受能力而言的，抛开社会环境讨论安全是不现实的；最后，人的认识是无限发展的，对安全机理和运行机制的认识也在不断深化，即安全对于人的认识而言具有相对性。由安全的相对性可知，各种生产和生活活动过程中事故或危害事件是可以避免的，但难以完全避免；各种事故或危害事件的不良作用、后果及影响可能避免，但难以完全避免。但是，事故是可以预防的，可以利用安全系统工程的原理和技术，预先发现、鉴别、判明各种隐患，并采取安全对策，从而防患于未然。

3. 安全的依附性

安全是依附于生产而存在的，它不可能脱离具体的生产过程而独立存在，只要存在生产活动，就会出现安全问题。另外，安全是生产的前提和保障，安全工作搞得不好，生产便无法顺利进行。因此，需要持久地抓好安全工作。

4. 安全的间接效益性

要保证生产安全必须在人员、设备、环境和管理方面有相应适时的安全投入，但安全投入所产生的经济和社会效益却是间接的、无形的，难以定量计算。因此，安全投入往往被忽视，只有发生事故造成了损失之后才会意识到安全投入的必要性和重要性。事实上，安全的效益除了减少事故的直接和间接经济损失外，更重要的是在提高人员素质、改进设备性能、改善环境质量和加强生产管理等方面所创造的积极的经济效益和社会效益。

5. 安全的长期性和艰巨性

人对安全的认识在时间上往往是滞后的，很难预先完全认识到系统存在和面临的各种危险，而且即使认识到了，有时也会由于受到当时技术条件的限制而无法予以控制。随着技术进步和社会发展，旧的安全问题解决了，新的安全问题又会产生。所以，安全工作是一个长期的过程，必须坚持不懈、始终如一地努力才行。

此外，高技术总是伴随着高风险，随着现代科学技术的发展，各种技术系统的复杂化程度增加了。以现代交通运输系统为例，无论从规模、速度、设备和管理上都发生了极大的飞跃，一旦发生事故，其影响之大、伤亡之多、损失之重、补救之难，都是传统运输方式不可比拟的。此外，事故是一种小概率的随机偶发事件，仅仅利用已有的事故资料不足以及时、深入地对系统的危险性进行分析，而现代社会的文明进步又不容许通过事故重演来深化对安全的研究。因此，认识事故机理，不断揭示系统安全的各种隐患，确实是艰巨的任务。

1.3 城市交通事故

1.3.1 道路交通事故

美国学者乔治·威伦在他的著作《交通法院》中写道，人们应该承认，交通管理已成为今天国家的最大问题之一。它比火灾更严重，每年交通事故所造成的死伤和财产损失比火灾更大；它比犯罪问题也严重，它与整个人类有关，不管你是强者还是弱者，富人还是穷人，聪明人还是愚蠢人，男人、女人、小孩或老人，只要他们在公路或街道上，每分钟都有死于交通事故的可能。

根据世界卫生组织《2018 年全球道路安全现状报告》统计显示：

① 道路交通死亡人数继续攀升，每年死亡 135 万人，且道路交通伤害是 5～29 岁儿童和年轻人的首要死亡原因。

② 高收入国家在道路安全方面采取了一些有效措施。例如，交通安全法规广泛实施，包括超速、酒驾、使用儿童约束系统的法律等；对现有道路进行系统评估或星级评定；快速启动的紧急医疗系统等。

③ 低收入国家道路交通死亡风险比高收入国家高 3 倍，道路交通死亡率最高的是非洲（26.6 人/10 万人），最低的是欧洲（9.3 人/10 万人）。

④ 弱势道路使用者在道路上面临的风险最大。

全球道路交通死亡者有一半是弱势道路使用者，行人（23%）、骑车者（3%）和摩托车驾乘者（28%）。在非洲，步行和骑车是重要的出行方式，死于道路交通的行人比例更高（44%）。与此相比，西太平洋区域骑摩托车的人较多，36%的道路交通死亡者是摩托车（包括两轮和三轮摩托车）驾乘者。

图 1－1为 2014—2021 年中国机动车和汽车保有量变化统计趋势图。从图中可以看出，中国机动车和汽车保有量都呈现持续上升的趋势。其中汽车是机动车保有量增长的主力军，2021 年中国汽车保有量达到 29.7 千万辆，与 2014 年相比，增加了接近 1 倍。

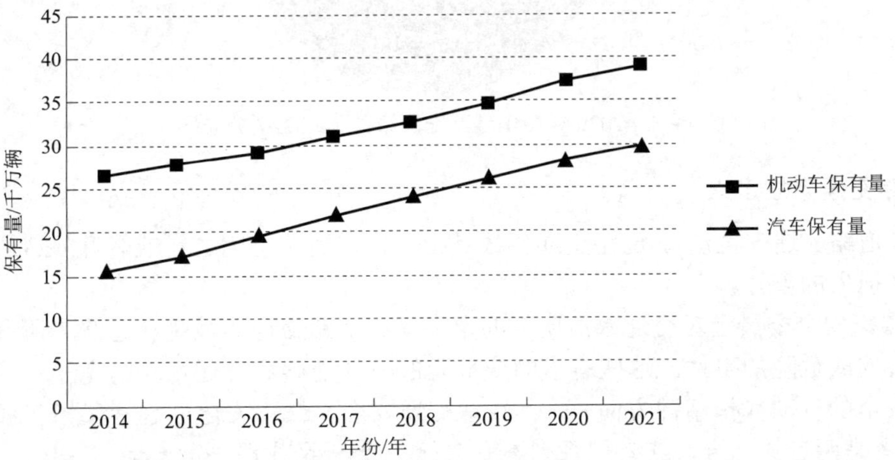

图 1－1 2014—2021 年中国机动车和汽车保有量变化统计趋势图

根据《中国道路交通事故统计年鉴》2014—2019 年死亡人数统计数据（图 1－2），2014—2017 年中国道路交通事故死亡人数整体呈上升趋势，2017—2019 年呈下降趋势；2017 年中国道路交通事故死亡人数最多，达到 63 772 人；2016 年死亡人数比 2015 年增加 5 071 人，增长幅度最大。

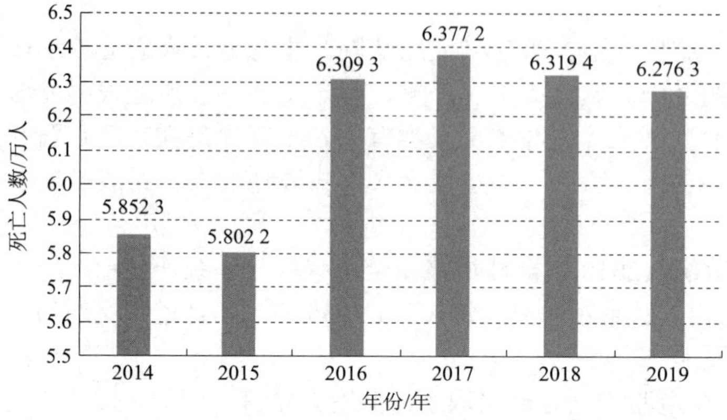

图 1－2　2014—2019 年中国道路交通事故死亡人数

图 1－3为 2020 年中国道路交通事故死亡类型分布图。汽车交通事故是导致交通参与者死亡的主要原因，占 69.85%；其次是摩托车，占 16.96%；其他所占比重较小的依次为非机动车 7.09%，其他类型机动车 2.88%，行人、乘车人 2.19%，拖拉机 1.00%，其他 0.05%。

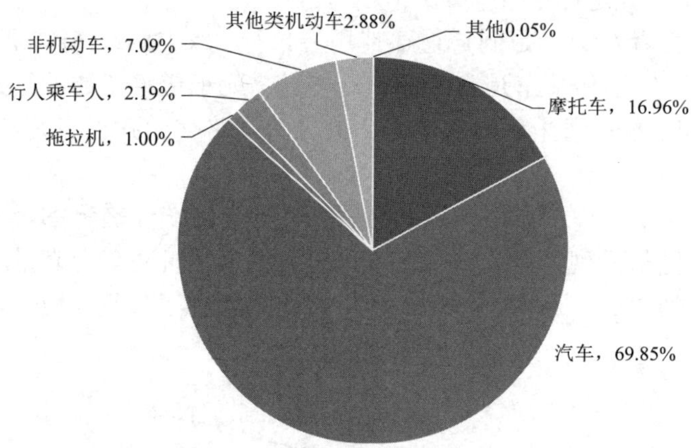

图 1－3　2020 年中国道路交通事故死亡类型分布图

1. 道路交通事故定义

根据《道路交通安全法》，道路交通事故是指车辆在道路上因过错或者意外造成的人身伤亡或者财产损失的事件。

美国国家安全委员会对交通事故所下的定义是：道路交通事故是在道路上所发生的意料不到的有害的或危险的事件。这些有害的或危险的事件妨碍着交通行动的完成，其原因常常是由于不安全的行动（指精神方面——不注意交通安全）或不安全的因素（指客观物质基础条件），或者是两者的结合，或者一系列不安全行动或一系列不安全因素。

日本对交通事故的定义是：由于车辆在交通中所引起的人的死亡或物的损伤。由于交通事故的急剧增加，日本警察部门在统计交通事故中不考虑物损事故，只考虑人身事故。

2. 构成道路交通事故的条件

道路交通事故是指车辆在道路上因过错或意外造成的人身伤亡或者财产损失的事件。构成道路交通事故必须具备以下几个要素。

1）车辆条件

道路交通事故必须是车辆造成的，这是交通事故的前提条件，即当事方中，至少有一方使用车辆。没有车辆参与的道路事故，不算交通事故。车辆包括机动车和非机动车。机动车是指以动力装置驱动或者牵引，上路行驶的供人员乘用、运送物品及进行工程专项作业的轮式车辆。非机动车是指以人力或者畜力驱动，上路行驶的交通工具，以及虽有动力装置驱动但设计最高时速、空车质量、外形尺寸符合有关国家标准的残疾人机动轮椅车、电动自行车等交通工具。

2）道路条件

道路条件是指交通事故是在规定的道路上（即特定道路上）发生的。这是道路交通事故的特征，是指事故发生的空间。根据《道路交通安全法》，道路是指公路、城市道路和虽在单位管辖范围但允许社会机动车通行的地方，包括广场、公共停车场等用于公众通行的场所。在非道路上行车发生的事故不属于交通事故。判断是否在道路上应以事故发生时车辆所在的位置，而不是事故发生后的最后停止位置为准。

3）人员条件

人员是发生交通事故的主体，是指与交通有关的、从事交通活动的自然人。包括驾驶人、行人、乘车人及其他人员。其中驾驶人包括没有驾驶证而驾驶机动车辆或驾驶与驾驶执照不相符车辆的人员。

4）损害后果条件

损害后果条件是指事故的发生必然会造成人身伤亡或财产损失的后果。如果没有损害后果或损害后果是轻微的，并在规定的尺度以下，则不能构成交通事故。

5）过错或者意外条件

当事人主观心理状态可以是过错，也可以是没有任何过错，但不能是故意。在道路上发生的危害后果，如果是当事人故意造成的，则适用《刑法》或《治安管理处罚法》去解决。这里须指出，当事人的交通违法行为可能是故意，但是交通事故一定是过错或者意外。

道路交通事故是偶然发生的，是出于人的意料之外的事件，当事人的心理状态是过错。这些事故包括碰撞、碾轧、刮擦、翻车、坠车、爆炸、失火等。如果事故发生时，当事人的心理状态出于故意，则不属于交通事故。凡利用交通工具自杀或故意制造车辆事故的，不属于交通事故。所谓故意，是指行为人明知自己的行为会发生危害的结果，并且希望或者有意识地放任这种结果发生。交通事故既可以是由于特定的人员违反交通管理法规造成的，也可以是由于地震、台风、山洪、雷击等不可抗拒的自然灾害造成的。

以上的几种要素，可以作为鉴别道路交通事故的必要条件和依据，在实际工作中应加以利用，对认定道路交通事故、保护当事人的合法权益等具有十分重要的意义。

3. 道路交通事故的分类

对道路交通事故进行分类，目的在于对交通事故进行分析研究和处理，便于确定交通事故处理标准、进行档案管理和事故统计、找出交通事故的发生规律和原因，以便制定有针对性的预防措施。因分析的角度、方法不同，分类方法也不相同，主要分类方法如下。

1）根据损害后果的程度分类

根据人身伤亡或者财产损失的程度和数额不同，道路交通事故分为轻微事故、一般事故、重大事故和特大事故四类。

（1）轻微事故

一起造成轻伤 1 至 2 人，或者财产损失机动车事故不足 1 000 元，非机动车事故不足 200 元的事故。

（2）一般事故

一起造成重伤 1 至 2 人，或者轻伤 3 人以上，或者财产损失不足 3 万元的事故。

（3）重大事故

一起造成死亡 1 至 2 人，或者重伤 3 人以上 10 人以下，或者财产损失 3 万元以上不足 6 万元的事故。

（4）特大事故

一起造成死亡 3 人以上，或者重伤 11 人以上，或者死亡 1 人，同时重伤 8 人以上，或者死亡 2 人，同时重伤 5 人以上，或者财产损失 6 万元以上的事故。

2）根据交通事故的责任分类

（1）机动车事故

机动车事故是指在事故当事方中机动车负主要以上责任的事故。但在机动车与非机动车或行人发生的事故中，机动车负同等责任的，也应视为机动车事故，因为在道路上行驶，机动车相对为强者。

（2）非机动车事故

非机动车事故是指畜力车、三轮车、自行车等非机动车负主要以上责任的事故。在非机动车与行人发生的事故中，非机动车负同等责任的应视为非机动车事故，因为在道路上行驶，两者比较非机动车为强者。

（3）行人事故

行人事故是指行人一方负主要以上责任的事故。

3）根据发生交通事故的原因分类

（1）主观原因

主观原因是指造成道路交通事故的当事人本身内在的因素，即主观故意或过失。主要包括违反规定、疏忽大意、操作不当等方面的错误行为。在很多交通事故中，绝大多数都是当事人的主观原因造成的。主要包括以下几个方面。

① 违反规定，指当事人由于思想方面的原因，不遵守交通法规和其他交通安全规定，导致交通秩序紊乱，发生事故。如酒后开车、非驾驶员开车、超速行驶、争道抢行、故意不让车、违章超车、违章超载等原因造成的交通事故。

② 疏忽大意，指当事人由于心理或生理方面的原因，没有正确地观察和判断外界事物而造成的失误。如心理烦恼、情绪急躁、疲劳驾驶等都可能引起精力分散、反应迟钝、采取措施不当或不及时，也有的当事人凭主观想象判断事物，或过高地估计自己的技术，引起行为不当而造成事故。

③ 操作不当，指驾驶车辆的人员技术生疏，经验不足，对车辆、道路情况不熟悉，遇到突然情况惊慌失措，发生操作错误。

（2）客观原因

客观原因是指由于道路条件（包括气候环境、自然灾害）等不利因素导致的交通事故。这类事故虽然没有因驾驶人员主观原因发生的事故所占比例高，但在某种情况下，都是导致交通事故的诱因。

4）根据交通事故第一当事者或主要责任者的内在原因分类

（1）观察错误

观察错误是由于心理方面的原因对外界环境的客观信息没有正确地观察，或者由于心理方面的原因（如家庭或事务纠纷引起的烦恼、急于赶时间而产生急躁情绪等）影响思想集中而产生观察错误。生理（或身体）方面的原因包括过度疲劳、睡眠不足和身体有病（如心脏病）等，因而对道路交通环境、交通规制状况及其他交通动向的观察失误。除此之外，由于道路条件不好、交通标志标线不清楚、平面交叉口冲突区域太大等，也常常引起观察错误。据统计，在交通事故中由于观察错误所引起的交通事故约占全部事故的60%。

（2）判断错误

判断错误包括对对方车辆的行动和速度、自己车辆与对方车辆的距离、道路的线形、自己的驾驶技术等的判断失误。这个判断过程往往发生在极短的时间内，一般只有几分之一秒。因此，驾驶人员要有相当熟练的驾驶技术，以减少判断错误。据统计，由于判断错误所引起的交通事故仅次于由于观察错误所引起的交通事故。在日本这类事故约占交通事故总数的35%。

（3）操作错误

操作错误主要是技术不熟练，特别是初学驾驶的人员，由于对车辆和道路都还不十分熟悉，遇到紧急情况时不能应付自如，造成操作错误而引起的交通事故。除此之外，车辆本身制动系统或转向系统不灵、驾驶人员的训练不正规、车辆检验制度不严等原因造成的事故也不少。但总的来说，由操作错误所引起的交通事故比由观察错误和判断错误所引起的要少得多。

5）根据交通事故的对象来分类

（1）车辆间事故

车辆间事故即车辆与车辆碰撞的事故，可分为正面碰撞、追尾碰撞、侧面碰撞、接触性碰撞等。这类事故在发达国家（如美国、日本和西欧国家）占比较高，约占事故总数的70%以上，这是因为这些国家机动车多，行人与自行车较少的缘故。

（2）机动车对行人事故

机动车对行人事故是由于机动车冲上人行道所发生的压死、压伤行人的交通事故，以及行人在人行横道内横过马路时被机动车辆压死、压伤的交通事故，还有个别行人不遵守交通法规而乱穿马路被机动车辆压死、压伤的交通事故。这类事故在我国占事故总数的25%左右，而在发达的工业化国家里，这类事故占事故总数的10%～20%不等。研究这类事故可以为制订有关行人的交通政策及保护行人的措施提供依据。

（3）机动车对自行车事故

机动车对自行车事故在我国较多，约占事故总数的30%。在工业发达国家里，由于将自行车用作交通工具的不多，机动车对自行车事故较少，但像自行车比较多的荷兰、丹麦等国家却是例外。

（4）机动车单独事故

机动车单独事故包括下坡速度太快、转弯或调头时所发生的翻车事故，因视线条件差（如雾天）或机械失灵而导致的坠河（崖）事故等。这类事故一般来说比较少，但大都是恶性交通事故。

（5）机动车与固定物碰撞事故

机动车与固定物碰撞事故中的固定物包括道路结构物、护栏、交通标志及广告牌杆、建筑物、行道树等。

（6）铁路公路平交道口事故

由于铁路公路平交道口多数分布在农村地区，缺乏自动控制设备或专人管理，加上农用车辆驾驶人员缺乏训练，技术不够熟练等，致使这类事故在我国较多。

6）其他分类

根据不同的需要，以不同的角度分类有以下几种。

① 按事故现象分为碰撞事故、碾轧事故、刮擦事故及翻车、坠车事故等。

② 按事故发生地点分为平直路事故、平面交叉口事故、坡路事故等。

③ 按车辆所属单位分为专业运输车辆事故、公共交通车辆事故、军车事故、个体车辆事故等。

④ 按人员伤害程度分为死亡事故、重伤事故、轻伤事故等。

为了对交通事故进行分析和研究，还可以按当事人的年龄、性别、职业、人员类型、驾驶证种类、驾龄等标准分类。

1.3.2 城市轨道交通事故

城市轨道交通事故是指在城市轨道交通运营范围内，由于轨道交通运营单位自身原因，乘客自身原因、不可抗力、社会治安等非运营单位原因，在运营生产活动中造成人员伤亡、设备损坏、财产损失、中断行车、火灾及其他危及运营安全的事故。

1. 城市轨道交通事故的特点

城市轨道交通是由土木工程、轨道车辆、机电设备、计算机系统、通信信号系统等组成的复杂交通系统。城市轨道交通大都建于地下，具有封闭性强、运行速度高、启停频繁、客流量大且来源复杂、设施设备科技含量高、乘客自助乘车、应急疏散难度大等特点。一旦发生危险，不仅会造成设备设施的损坏，而且会直接或间接地造成乘客的伤亡，产生不良的社会影响。城市轨道交通事故具有以下特点。

1）突发性

由于城市轨道交通的运行速度很快，加之又在封闭的空间中，因此每次事故，无论大小，都来得十分突然，不易察觉，往往是几分钟甚至几十秒的时间，灾难就发生了，乘客也许还来不及做出相应的反应。

2）信息不畅

当事故发生时，乘客往往带着许多疑团，不明白发生了什么事，不知道自己处在什么位置、列车处在什么位置，也不知道如何联系工作人员，容易产生恐慌、不安、焦虑的心理，信息不畅极易导致人群混乱。

3）救助难度大

轨道交通工具一般都处在地下或高架桥的半封闭空间里，救助通道十分狭隘，若处于隧道间隔中，对救援更是一个挑战。此外，有限的救助器材及安全知识的缺乏也给乘客的自救带来了许多限制。

4）社会影响大

较之其他公共交通工具而言，轨道交通具有非常明显的优势，如载客量大、安全、准点、快捷、舒适、环保等。这些优势使得轨道交通受到了乘客的青睐，成为越来越多人出行的首选。因此，一旦发生重大轨道交通事故，不但会给乘客留下心理阴影，还使普通百姓产生恐慌情绪，进而给社会的和谐发展带来不良影响。

5）事故产生的后果较为严重，损失很大

城市轨道交通因其高速、大运量的优点而广受大众欢迎，但是轨道交通一旦发生事故，其所带来的伤害和损失将远远大于道路交通事故。如 2000 年 11 月 11 日，一辆前往奥地利阿尔卑斯山旅游胜地的缆绳牵引隧道列车在穿越长达 3 200 m 的阿尔卑斯山勃朗峰隧道时，突然在 600 m 处起火燃烧，隧道内温度高达 1 000 ℃，车上 165 名游客仅有 12 人火海逃生，153 人葬身火海。

2. 城市轨道交通事故分类

按城市轨道交通事故的性质、演变过程和发生机理，可进行以下分类。

1）由自然灾害引发的轨道交通运营事故

这类事故主要包括由强台风、龙卷风、冰雹、雷雨、水灾、地震、山体崩塌、滑坡等造成或可能造成的轨道交通浸水、脱轨或倾覆等严重影响轨道交通正常运营的灾害事件。由于地震、洪水、暴雨等自然因素导致的人员伤亡、列车停运、大量客流滞留、进出站困难是地铁运营期间最不可控的一个安全事故诱导因素。

2）灾难事故

这类事故主要包括火灾、爆炸、行车、客运工程建设等生产安全事故，以及大面积停电、突发性大客流和其他可能造成轨道交通发生一条线路全线停运或两条以上线路同时停运的灾难性事故。

（1）火灾、爆炸事故

地铁是通过挖掘的方法获得建筑空间的，隧道外围是土壤和岩石，只有内部空间，没有外部空间，不像地面建筑有门、窗与大气连通，仅有与地面连接的通道作为出入口。由于地铁隧道存在上述构造上的特殊结构，与地面建筑相比，发生火灾时具有疏散难度大、发烟量大、排烟排热差、火情探测和扑救困难等因素，因而火灾发生是地铁运营需要重点防范的安全事故。

爆炸事故主要指由于设备障碍或人为引起的地铁内设施爆炸导致的人员伤亡、设施损害事故。

（2）行车事故

凡在城市轨道交通运营工作中，造成人员伤亡、设备损坏、中断行车、危及运营安全及经济损失等情况的，均构成行车事故。

（3）客运事故

凡是在车站的展厅（收费区内）、站台上、客运类车厢内发生的危及乘客人身安全的事件，均属于客运事故。客运事故主要是由列车车门、屏蔽门、自动扶梯、列车停站时站台边缘与列车间的间隙、列车进出站等造成的客伤。

（4）工程建设事故

工程建设事故是指在轨道交通项目实施过程中发生的造成人员伤亡的生产安全事故。地铁施工具有隐蔽性、复杂性和不确定性，极易发生坍塌等安全事故。近几年，国内地铁建设事故频发，形势严峻。具体来说可以分为以下 4 种。

① 地质类事故。由于地铁建设施工复杂，多处于城市区域，周边建筑物繁多、结构复杂，在建设过程中存在重大危险源及后果，若没有结合施工单位自身的应急能力情况，且缺乏详细、系统的潜在重大危险源的分析，容易导致施工过程中发生坍塌、涌水、涌沙事故。

② 违规建设施工。分包商在施工过程中，为了赶进度获取高收益，有时在收到停工指令后仍然冒险施工，很容易造成设备使用过程中的人员伤亡。或者施工人员缺乏自我保护意识，在缺乏工程资质或安全检查不到位的条件下进行违规操作而导致安全事故发生。

③ 人员技术性错误。施工人员因心理或生理方面的因素，或者由于操作人员技术生疏，经验不足，受培训管理程度不深，对设备不熟悉，遇到突发状况发生操作错误。

④ 项目承包方的利益博弈。由于不合理的招投标机制和低价中标引发的竞争，使设计、施工、监理、勘察、第三方建设单位在施工过程中大力降低成本，有的单位在打安全措施费的主意，偷工减料导致项目不合格，引起安全评估前施工期人员伤亡的事故。

（5）大面积停电

由于轨道交通系统的大面积停电会造成车站、区间运行的中止，从而导致大量客流的滞留或人员伤亡的生产安全事故也比较常见。

（6）突发性大客流

因节假日、大型群众活动等原因引起客流量上升或者城市轨道交通客流量激增，在严重影响运营秩序的情况下，可能危及运营安全。容易因拥挤产生踩踏事故或挤压伤亡事故或大面积客流停滞状况，也属于生产安全事故。

（7）其他事故

① 设施设备故障引发的事故。

站内固定设施设备：由于大容量、高效率疏导客流的需要，城市轨道交通使用了大量的自助和自动控制设备，如自动扶梯、垂直升降梯、闸机、屏蔽门等。乘客乘坐地铁出行，从进站到出站的全过程需要多次接触或使用这些自动化的设备与设施。由于使用不当或设备故障等因素，会增加乘客在地铁内的安全风险。

移动设备、车辆故障：由于长时间未进行设备维护、车辆检修，或者车辆本身生产过程造成的质量问题而导致的机车车辆故障引发的地铁线路运营区域内发生的人员伤亡事故。或是由于信号设备故障，驾驶员无法依据信号系统正常行车，信号传递错误而导致的列车的停滞和人员伤亡事故。

② 设计失误事故。

列车与站台之间空隙较大是造成设计类乘客伤害事件的最主要原因之一。《地铁设计规范》（GB 50157—2013）规定，站台边缘与车辆轮廓线之间的间隙，当采用整体道床时不应大于 100 mm。由于上下车客流较大，乘客难以对地面状况进行判断，容易误把脚踏进空隙；而且乘客易被后面或迎面的乘客推撞，而错将脚踏进空隙。

3）公共卫生事件

公共卫生事件主要包括重大传染病疫情、生化、毒气和放射性污染等造成或可能造成乘客等社会公众健康严重损害的事件。

4）社会安全事件

社会安全事件主要包括重大刑事案件、恐怖袭击事件及在轨道交通车站内发生聚众闹事、劫持人质等突发事件。

3. 城市轨道交通运营事故分级

城市轨道交通运营事故按照人身伤亡、直接经济损失及行车事故的危害程度分为特别重大事故、重大事故、较大事故、险性事故和一般事故5个等级，具体划分标准如表1－1所示。

表1－1　城市轨道交通运营事故分级

事故等级	人身伤亡	直接经济损失	行车事故
特别重大事故	死亡30人及以上	1 000万元及以上	—
重大事故	死亡3人以上或重伤5人及以上	500万元及以上	中断行车时间 $t \geqslant 180$ min
较大事故	死亡1～3人或重伤3人及以上	100万～500万元	中断行车时间60 min $\leqslant t <$ 180 min
险性事故	—	—	① 列车冲突、脱轨、分离或运行中重要部件脱落； ② 列车冒进信号、擅自退行或溜车； ③ 向占用闭塞区段发车； ④ 列车错开车门、夹人走车、开门走车或运行中开启车门； ⑤ 线路或车辆超限界
一般事故	重伤1～2人	1万元及以上	中断行车时间20 min $\leqslant t <$ 60 min

注：①危害程度同时满足其中两项或两项以上条件者取最严重的条件作为事故等级划分依据。
②中断行车时间为20 min $\leqslant t <$ 40 min时，计1起一般事故；40 min $\leqslant t <$ 60 min时，计2起一般事故。
③每次事故轻伤1人时计0.3起一般事故。

1）北京市

北京市地方标准《城市轨道交通运营安全管理规范》（DB11/T 1166—2015）根据事故造成的人员伤亡、中断运营时间、直接经济损失、事故性质、影响大小、波及范围等情况，结合北京轨道交通运营实际特点，划分为特别重大事故、重大事故、较大事故、险性事故、一般事故5个级别。

（1）特别重大事故

凡发生国家规定的重大及以上事故的情况，均列为特别重大事故：

① 造成3人以上死亡，或者10人以上重伤；

② 造成1 000万元以上直接经济损失；

③ 造成轨道交通运营中断24 h以上。

（2）重大事故

出现下列情形之一时列为重大事故：

① 造成3人以下1人以上死亡，或者10人以下3人以上重伤；

② 造成1 000万元以下直接经济损失；

③ 造成轨道交通运营中断6 h以上。

（3）较大事故

出现下列情形之一时列为较大事故：

① 造成 1 人死亡，或者 3 人以下重伤；

② 造成 500 万元以下直接经济损失；

③ 造成轨道交通运营中断 3 h 以上，6 h 以下。

（4）险性事故

① 出现下列情形之一时列为险性事故：

② 造成轨道交通运营中断 1 h 以上，3 h 以下；

③ 运营线列车冲突；

④ 运营线列车脱轨；

⑤ 运营线列车分离；

⑥ 运营线列车溜逸；

⑦ 运营线列车未关闭车门行车；

⑧ 运营线列车夹人行车；

⑨ 运营线路几何尺寸超限；

⑩ 电梯运行中发生冲顶或溜梯。

（5）一般事故

出现下列情形之一时列为一般事故：

① 造成轨道交通运营中断 20 min 以上，1 h 以下；

② 应停列车在站通过；

③ 列车客室内或车站的设施、设备、器材松动脱落等异常情况，造成乘客受伤。

2）上海市

《上海市轨道交通运营突发事件应急预案》将轨道交通运营突发事件分为特别重大突发事件、重大突发事件、较大突发事件和一般突发事件 4 级。

（1）特别重大运营突发事件

造成 30 人以上死亡，或者 100 人以上重伤，或者直接经济损失 1 亿元以上的。

（2）重大运营突发事件

造成 10 人以上 30 人以下死亡，或者 50 以上 100 人以下重伤，或者直接经济损失 5 000 万元以上 1 亿元以下，或者连续中断行车（线路中有 2 个及以上车站或区间发生单向行车中断）24 h 以上的。

（3）较大运营突发事件

造成 3 人以上 10 人以下死亡，或者 10 人以上 50 人以下重伤，或者直接经济损失 1 000 万元以上 5 000 万元以下，或者连续中断行车 6 h 以上 24 h 以下的。

（4）一般运营突发事件

造成 3 人以下死亡，或者 10 人以下重伤，或者直接经济损失 50 万元以上 1 000 万元以下，或者连续中断行车 2 h 以上 6 h 以下的。

3）深圳市

《深圳市轨道交通突发事件应急预案》按照可控性、严重程度和影响范围将轨道交通突发事件分为特别重大、重大、较大、一般 4 级。

（1）特别重大轨道交通突发事件

事态非常复杂，事故后果已明显超出全市区域，对社会财产、人身安全、政治稳定和社会秩序造成特别严重危害或威胁，具体满足下列条件之一：

① 造成 30 人以上死亡（含失踪），或者危及 50 人以上生命安全，或者 100 人以上重伤（中毒），或者直接经济损失 1 亿元以上；

② 需要紧急转移安置 10 万人以上的；

③ 超出省政府应急处置能力的；

④ 跨省级行政区域、跨领域（行业和部门）的；

⑤ 国务院认为需要国务院或其相关职能部门响应的其他事件。

（2）重大轨道交通突发事件

事态复杂，事故后果在全市或周边区域对社会财产、人身安全、政治稳定和社会秩序造成严重危害或威胁，具体满足下列条件之一：

① 造成 10～29 人死亡（含失踪），或者危及 30～49 人生命安全，或者 50～99 人重伤（中毒），或者直接经济损失 5 000 万元以上、1 亿元以下；

② 超出深圳市政府应急处置能力的；

③ 跨市（地）级行政区域的；

④ 省政府认为有必要响应的其他事件。

（3）较大轨道交通突发事件

事态较为复杂，事故后果在全市区域内对社会财产、人身安全、政治稳定和社会秩序造成一定危害或威胁，具体满足下列条件之一：

① 造成 3～9 人死亡（含失踪），或者危及 10～29 人生命安全，或者 10～49 人重伤（中毒），或者直接经济损失 1 000 万元以上、5 000 万元以下；

② 造成轨道交通运营中断 60 min 以上、客流严重滞留的；

③ 市政府认为需要由市级应急机构响应的其他事件。

（4）一般轨道交通突发事件

事态比较简单，事故后果仅在一定范围内对社会财产、人身安全、政治稳定和社会秩序造成危害或威胁，具体满足下列条件之一：

① 造成 3 人以下死亡（含失踪），或者危及 10 人以下生命安全，或者 10 人以下重伤（中毒），或者直接经济损失 1 000 万元以下；

② 造成轨道交通运营中断 30～60 min，客流大量滞留的；

③ 轨道交通运营企业可以处理和控制，无需其他部门和单位或仅需调动个别部门和单位资源能够处置的事件。

1.4 城市交通事故的分布

1.4.1 城市道路交通事故分布

1. 事故时空分布

（1）时间分布

城市道路交通事故的时间分布是指城市道路交通事故在不同时间段、时间点的分布情况。

图 1－4 为深圳、南宁、乌鲁木齐 3 个城市的道路交通事故时间分布情况。

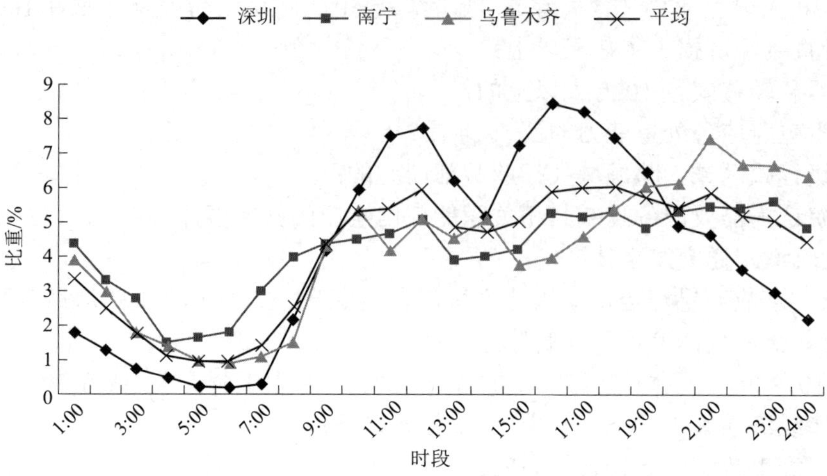

图 1－4 深圳、南宁、乌鲁木齐 3 个城市的道路交通事故时间分布情况

从图 1－4 中可以看出，城市道路交通事故的时间分布明显呈现 2 个高峰时段，分别为 10:00—12:00 和 15:00—18:00。22:00—24:00 和 0:00—2:00 所发生的道路交通事故起数也偏高，其原因主要在于：深夜和凌晨由于车辆较少，车速过快，夜间照明设施不全，使驾驶人视线不清，或驾驶人疲劳、疏忽等原因导致事故发生。

图 1－5 为西安市居民出行与道路交通事故时间分布关系，通过对比发现，3 个交通事故高峰期，并非发生在交通出行的高峰期，而是处于城市交通由拥挤到消散的时期（称为高峰消散期）。其原因主要是：① 高峰期后，车速由慢变快的突变过程易造成事故的发生；② 驾驶人在拥塞期等待通行的时间内所引起的烦躁情绪；③ 对于非机动车出行者，高峰消散期内大多处于匆忙状态，容易忽略交通安全问题。

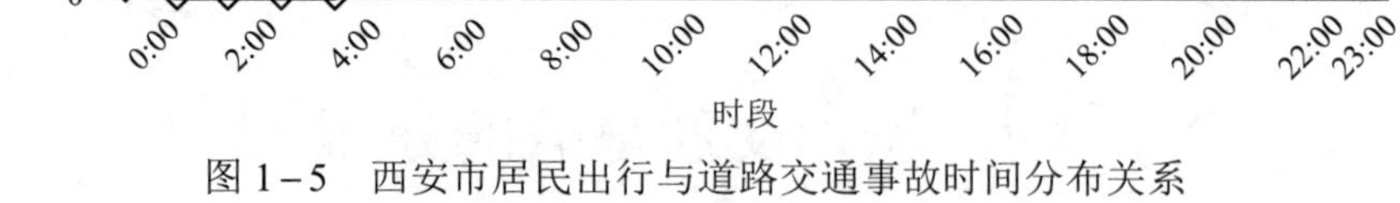

图 1－5 西安市居民出行与道路交通事故时间分布关系

（2）空间分布

城市道路交通事故的空间分布是指道路交通事故在城市不同路段、地点的分布情况。图 1－6 和图 1－7 为昆明市的道路交通事故统计结果，从中可以得出以下结论。

① 平面交叉口是城市道路的事故多发地区，尤其是发生在三、四路交叉口的事故发生比例最高，分别为 7.74%和 15.32%。

② 正常路段也是事故的多发区，这主要是由于正常路段的交通条件良好，车速较快，

与交通条件不良的窄路段相比，易造成驾驶人的注意力不集中，当异常情况出现时，容易发生交通事故。

③ 事故高发点与事故严重程度较高的点基本吻合，正常路段上的事故率虽然不是最高值，但其死亡率却最高，这主要是由于正常路段车速高于平面交叉口车速，因而造成的伤害相对要大。

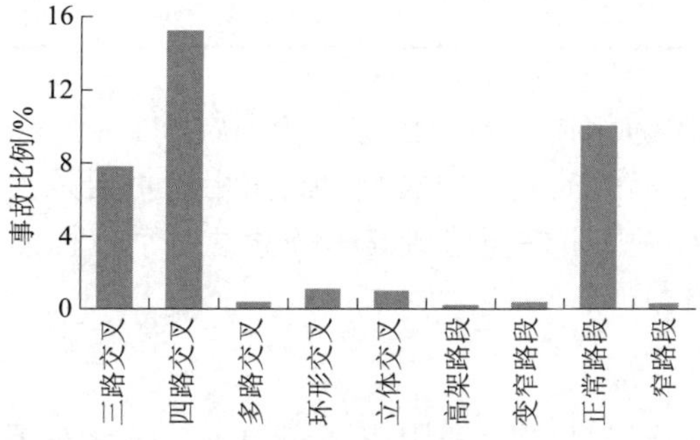

图 1－6 昆明市道路交通事故比例分布

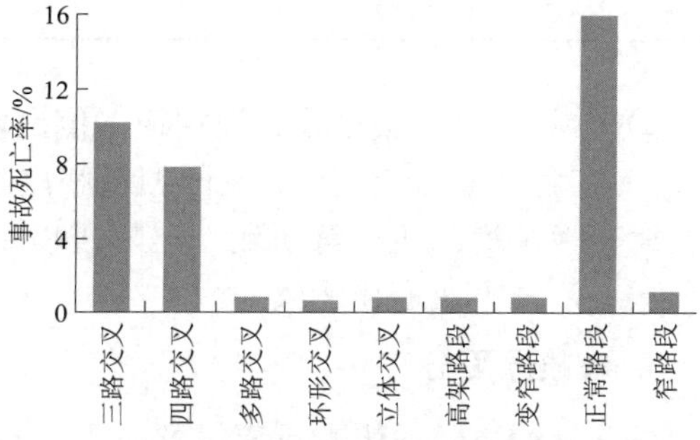

图 1－7 昆明市道路交通事故死亡率分布

表 1－2 为某城市不同等级道路的事故空间分布情况。从表 1－2中可以看出，主干路上发生事故的比例最高，其他依次为次干路、快速路、支路和其他道路等。

表 1－2 某城市不同等级道路的事故空间分布情况

城市道路类型	事故数量/起	比例/%
快速路	17 757	9.85
主干路	114 802	63.68
次干路	32 519	18.04
支路	13 949	7.74
其他道路	1 256	0.69

2. 事故类型分布

按照我国道路交通管理的有关规定，城市道路交通事故主要分为碰撞、刮擦、碾压、翻车、坠车、失火和其他事故等类型。表 1－3 为昆明市城市道路交通事故类型分布表，从中可以得出以下结论。

表 1－3 昆明市城市道路交通事故类型分布表 单位：起

城市道路	事故类型										
	正面相撞	侧面相撞	尾随相撞	对向刮擦	同向刮擦	碾压	翻车	坠车	失火	撞固定物	其他
快速路	22	56	64	1	7	0	6	0	0	13	4
主干路	395	1 457	1 321	11	95	21	20	0	0	238	54
次干路	70	206	93	5	15	4	5	1	0	29	15

续表

城市道路	事故类型										
	正面相撞	侧面相撞	尾随相撞	对向刮擦	同向刮擦	碾压	翻车	坠车	失火	撞固定物	其他
支路	45	65	25	3	5	2	3	0	0	12	3
其他	23	68	8	3	6	2	11	1	0	5	5
合计	555	1 852	1 511	23	128	29	45	2	0	297	81

① 常见的事故类型是正面相撞、侧面相撞、尾随相撞、同向刮擦、撞固定物。

② 在各种事故类型中，侧面相撞和尾随相撞是事故的最主要类型。侧面相撞主要是因车辆随意变换车道、抢行等所致；尾随碰撞主要是因突发事件而造成前车须紧急制动，而后车跟车太近，来不及避让所致。

3. 事故原因分布

道路交通事故的影响因素主要有人、车、路、环境 4 类。我国道路交通事故统计对事故原因分为机动车，机动车驾驶人，非机动车驾驶人，行人、乘车人，道路和其他等 6 大类。根据对某一道路交通事故数量的统计，机动车驾驶人所占比例最高，所有事故中属机动车驾驶人原因的占 90%以上，如表 1－4 所示。

表 1－4 某一道路交通事故数量

事故原因	事故数量/起	所占比例/%
机动车	201	2.99
机动车驾驶人	6 096	90.75
非机动车驾驶人	218	3.25
行人、乘车人	126	1.88
道路	7	0.10
其他	69	1.03

1）交通参与者

根据公安部 2019 年交通事故主要原因的统计数据，2019 年中国发生的道路交通事故中，机动车驾驶人违章行为是交通事故的主要原因，其中未按规定让行、无证驾驶、超速行驶、酒后驾驶所占比例较高，分别为 30.6%、19.3%、18.7%、16.7%，是马路四大“杀手”。2019 年因非机动车驾驶人、行人、乘车人的违章行为导致道路交通事故 29 361 起。所以，交通参与者的安全意识和行为的改善是提高交通安全水平、减少交通事故的决定性因素。

2）机动车

机动车技术性能的好坏，是影响道路交通安全的重要因素。其中机动车制动系和转向系故障是造成道路交通事故的主要原因。如 2019 年各种道路交通事故中，单车事故占有一定比例，这类事故的起因通常是肇事车辆安全技术状况不良，如车辆制动失灵（0.35%）、制动不良（0.96%）、转向失效（0.04%）、照明与信号装置失效（0.26%），以及车辆装载超高、超宽、超载，货物绑扎不牢固等其他原因。

3）道路

表 1－5为 2019 年不同道路线形的事故统计数据。其中，平直道路事故数量和死亡人数所

占比例最高，分别为 81.49%、75.52%；其次是一般弯，事故数量所占比例为 10.29%，死亡人数所占比例为 13.01%；急弯陡坡路段事故致死率最高，单起事故死亡人数为 0.443 6 人，其次为一般弯坡，单起事故死亡人数为 0.392 1 人。

表 1-5 2019 年不同道路线形的事故统计数据

道路线形	事故数量/起	占比/%	死亡人数/人	占比/%	单起事故死亡人数/人
合计	247 646	100	62 763	100	—
平直	201 806	81.49	47 396	75.52	0.234 8
一般弯	25 470	10.29	8 166	13.01	0.320 6
一般坡	6 333	2.56	1 741	2.77	0.274 9
急弯	1 045	0.42	353	0.56	0.337 8
陡坡	448	0.18	161	0.26	0.359 4
连续下坡	400	0.16	146	0.23	0.365 0
一般弯坡	9 186	3.71	3 602	5.74	0.392 1
急弯陡坡	1 384	0.56	614	0.98	0.443 6
一般坡急弯	928	0.37	332	0.53	0.357 8
一般坡陡坡	646	0.26	252	0.40	0.390 0

1.4.2 城市轨道交通事故分布

1. 事故时空分布

虽然城市轨道交通事故的发生具有随机性，看似没有规律可循，但通过对国内一定数量事故统计分析，发现在不同年份、季节及工作日、双休日、早晚高峰事故的发生还是有一定规律可循的。

图 1-8 为全国城市轨道交通每月事故数量的统计。由图可知，全国城市轨道交通事故基本以 42 起为基准上下波动，其中 1—5 月发生的城市轨道交通事故数量呈现“W”形规律，6—9 月呈现“M”形规律，7—8 月为事故的高发期，2 月和 4 月为事故数量的最低月份。

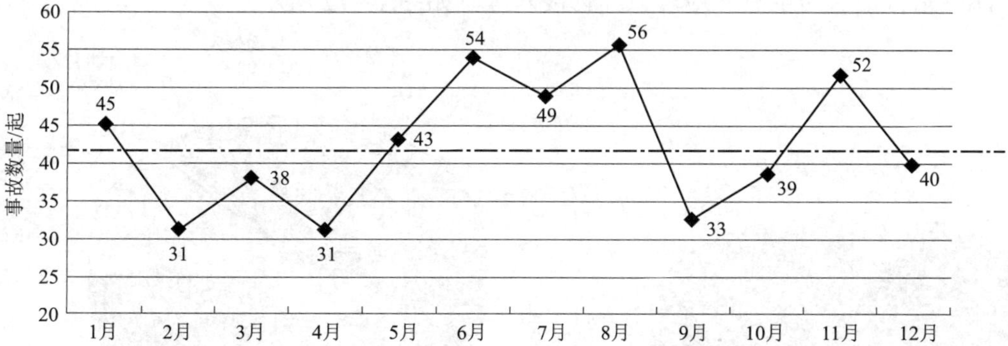

图 1-8 全国城市轨道交通每月事故数量

图 1-9 为以周为单位的全国城市轨道交通事故统计图。由图可知，周一、周五城市轨道交通事故数量最多，而周六、周日最少，周二、周三、周四比较接近。

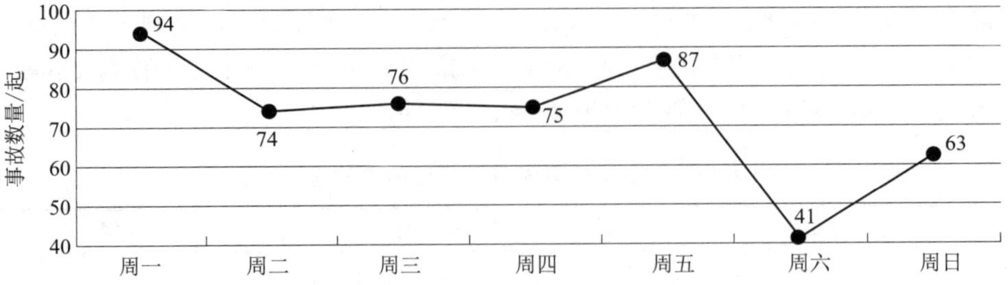

图 1－9 以周为单位的全国城市轨道交通事故统计图

图 1－10 为以日为单位的全国城市轨道交通事故统计图。由图可知，早高峰是城市轨道交通事故发生的高峰时间，中午是另一个城市轨道交通事故发生的高峰时间，总体来说从早到晚，事故发生趋势是下降的。

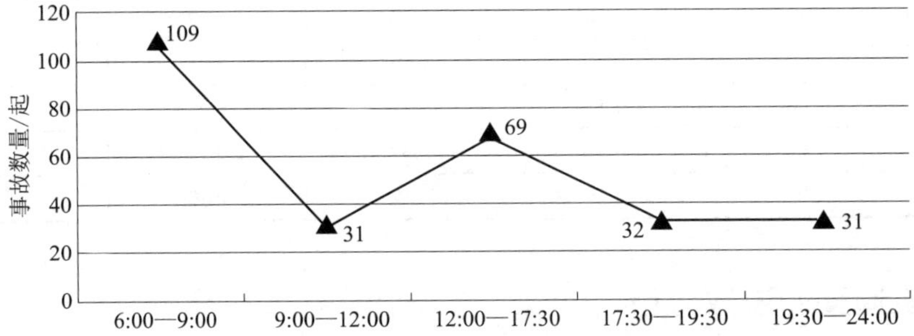

图 1－10 以日为单位的全国城市轨道交通事故统计图

城市轨道交通事故发生的地点一般为车站、区间及车辆段，如图 1－11 所示。其中发生在城市轨道交通车站的事故共 380 起，占总数的 74.51%，而发生在车辆段的事故较少，仅 28 起，只占总数的 5.49%。

2. 事故类型分布

根据国外 102 起城市轨道交通事故的统计资料，国外城市轨道交通事故主要有 12 种类型，分别为爆炸事故、火灾事故、毒气事故、供电事故、恐怖袭击、列车脱轨、列车相撞、列车故障、跳下站台、踩踏事故、地震、异物侵入等，如图 1－12 所示。

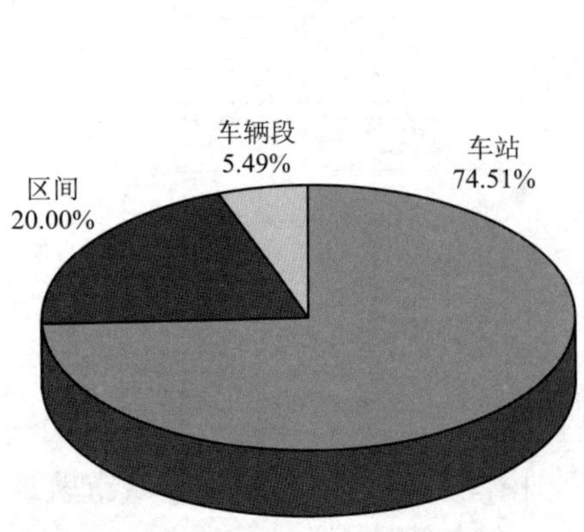

图 1－11 城市轨道交通事故空间分布

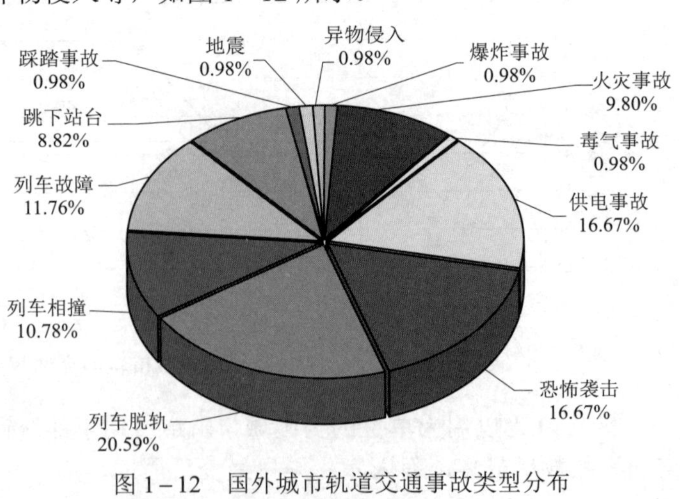

图 1－12 国外城市轨道交通事故类型分布

根据国内城市轨道交通事故统计，从大类上来看，事故数量排在前三位的为通号事故（145起）、车辆事故（142起）和乘客事故（97起），占总数的75.59%；从小类上看，排在前五位的为信号故障（77起）、乘客跳下站台（52起）、道岔故障（43起）、车门故障（41起）、列车故障（40起）等，占总数的49.80%。如表1－6所示。

表1－6　国内城市轨道交通事故类型分布

序号	大类	小类	事故数量/起	所占大类比例/%	所占总事故比例/%	总排序
1	车辆事故（27.84%）	车门故障	41	28.87	8.04	4
2		制动故障	30	21.13	5.88	6
3		牵引故障	21	14.79	4.12	8
4		列车故障	40	28.17	7.84	5
5		蓄电池故障	3	2.11	0.59	23
6		电磁接触箱烧损	1	0.70	0.20	42
7		车体玻璃破碎	1	0.70	0.20	42
8		列车脱轨	2	1.41	0.39	35
9		列车追尾	3	2.11	0.59	23
10	通号事故（28.43%）	车载ATP故障	13	8.97	2.55	11
11		ATS系统故障	3	2.07	0.59	23
12		ZC故障	2	1.38	0.39	35
13		道岔故障	43	29.66	8.43	3
14		计轴故障	4	2.76	0.78	19
15		车站控制台故障	2	1.38	0.39	35
16		波导管脱落	1	0.69	0.20	42
17		信号故障	77	53.10	15.10	1
18	供电事故（10.00%）	接触网无电	13	25.49	2.55	11
19		接触网网压不稳	1	1.96	0.20	42
20		接触轨跳闸	4	7.84	0.78	19
21		电缆故障	1	1.96	0.20	42
22		电气故障	3	5.88	0.59	23
23		停电	6	11.76	1.18	17
24		供电故障	23	45.10	4.51	7
25	机电事故（3.92%）	屏蔽门故障	11	55.00	2.16	13
26		电梯故障	8	40.00	1.57	15
27		售票机故障	1	5.00	0.20	42
28	乘客事故（19.02%）	乘客跳下站台	52	53.61	10.20	2
29		乘客拥挤	3	3.09	0.59	23
30		乘客扒门	3	3.09	0.59	23
31		乘客打架	3	3.09	0.59	23
32		自身疾病	17	17.53	3.33	9
33		乘客酗酒	2	2.06	0.39	35

续表

序号	大类	小类	事故数量/起	所占大类比例/%	所占总事故比例/%	总排序
34	乘客事故（19.02%）	乘客自身原因	7	7.22	1.37	16
35		乘客进入区间	10	10.31	1.96	14
36	环境事故（6.67%）	大雨	5	14.71	0.98	18
37		大雪	4	11.76	0.78	19
38		大雾	3	8.82	0.59	23
39	环境事故（6.67%）	雷击	1	2.94	0.20	42
40		外部施工	3	8.82	0.59	23
41		异物侵入	15	44.12	2.94	10
42		外部影响	3	8.82	0.59	23
43	工作人员失误（2.16%）	冒进	1	9.09	0.20	42
44		溜车	1	9.09	0.20	42
45		挤道岔	3	27.27	0.59	23
46		操作失误	4	36.36	0.78	19
47		违章操作	2	18.18	0.39	35
48	土建设施（1.37%）	设施脱落	1	14.29	0.20	42
49		设施原因	3	42.86	0.59	23
50		渗水	2	28.57	0.39	35
51		桥墩损坏	1	14.29	0.20	42
52	线路事故（0.68%）	轨道故障	1	33.33	0.20	42

图 1－13 为 2014—2018 年北京市城市轨道交通各类原生故障的统计图，共计 410 起。按照种类不同分别为：① 信号故障 198 起，占 48.29%；② 车辆故障 114 起，占 27.80%；③ 乘客进入轨道 52 起，占 12.68%；④ 车门、屏蔽门故障 46 起，占 11.22%。

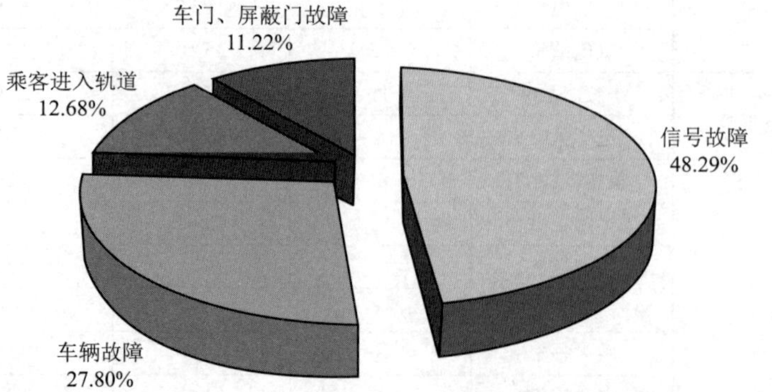

图 1－13　2014—2018 年北京市城市轨道交通各类原生故障的统计图

图 1-14为 2017—2019 年重庆地铁 6 号线各系统故障所占车辆总故障的比例。从统计数据中可以看出，乘客信息系统故障所占比例最高，达到 32.10%；其次为空调系统故障，所占比例为 20.30%；其他各系统发生故障所占比例均较小，辅助系统发生故障的比例最小，所占比例为 0.70%。

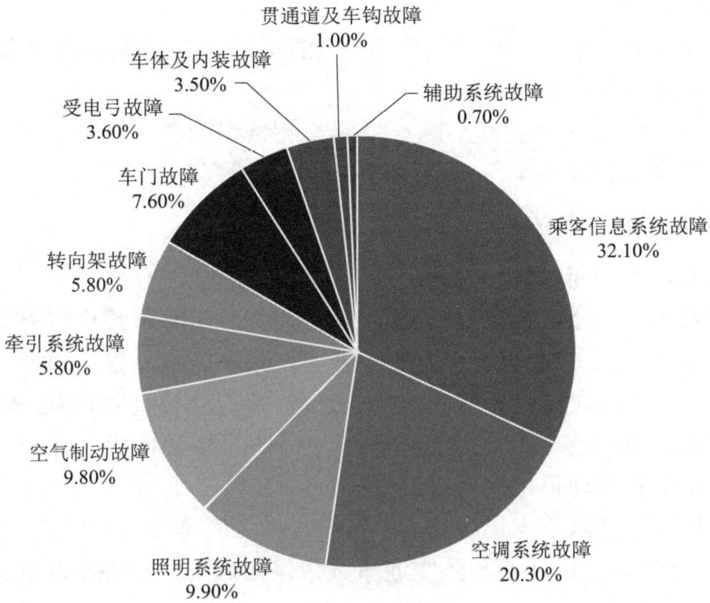

图 1-14 2017—2019 年重庆地铁 6 号线各系统故障占车辆总故障的比例

1.5 安全管理与 5E 准则

1.5.1 安全管理的内容

安全管理（safety management）是指为实现安全目标而进行的有关决策、计划、组织和控制等方面的活动，强调理论与实践的结合、重视科学与技术的全面发展。安全管理主要运用现代安全管理原理、方法和手段，分析和研究各种不安全因素，从技术上、组织上和管理上采取有力的措施，解决和消除各种不安全因素，防止事故的发生，即把人、物、环境三者进行有机联系，试图控制人的不安全行为、物的不安全状态和环境的不安全条件，解决人、物、环境之间协调不畅的矛盾。安全管理的主要目的就是通过管理的手段，实现控制事故、消除隐患、减少损失，使管理的整个系统达到最佳的安全水平，为系统中的人员创造一个安全舒适的工作环境。

因此安全管理的含义就是以安全为目的，进行有关决策、计划、组织和控制方面的活动。

① 控制事故是安全管理的核心，而控制事故最好的方式就是事故预防，即通过管理和技术手段的结合，消除事故隐患，控制不安全行为，保障劳动者的安全，这也是“预防为主”的本质所在。

② 受技术水平、经济条件等各方面的限制，有些事故是难以完全避免的。因此，控制事

故的第二种手段是应急措施，即通过抢救、疏散、抑制等手段，在事故发生后控制事故的蔓延，把事故的损失降到最低。

③ 事故总会带来损失，因而在实施事故预防和应急措施的基础上，通过购买财产、工伤、责任等保险，以保险补偿的方式，保证经济平衡和在发生事故后进行恢复的基本能力，也是控制事故的手段之一。

所以安全管理就是利用管理的活动，将事故预防、应急措施与保险补偿 3 种手段有机地结合在一起，以达到保障安全的目的。

安全管理涉及面很广，内容非常丰富，包括安全组织管理、安全法规管理、安全技术管理、安全教育、信息安全管理、车站安全管理及班组安全管理等。

1. 城市交通安全管理的定义

城市交通受到人、车、路、交通环境等复杂因素的影响，只要一个环节出现差错就有可能导致交通事故的发生。城市交通安全管理是指在对城市交通事故进行充分分析并研究其规律的基础上，由国家行政机关根据有关法律、法规、标准规范，采用科学的管理方法，在社会公众的积极参与下，对构成城市交通系统的人、车、路及交通环境等要素进行有效的组织、协调、控制，以实现规范交通行为、改善通行效率、防止事故发生、减少死伤人数和财产损失、保证城市交通安全和畅通目标的管理活动。

城市交通安全管理包含以下 5 层含义。

① 城市交通安全管理的目标是预防交通事故，保障城市交通安全畅通，根本上是保障人民生命财产安全。

② 城市交通安全管理的主体是国家公安机关的交通管理职能部门。与此同时，还需要社会的广泛参与，包括运输企业、车辆制造维修与检测单位、驾驶人和行人等。因而，从广义上讲，交通安全管理的主体是以公安交通管理部门为主体的社会各方面共同参与的综合力量。

③ 城市交通安全管理的客体是城市交通构成要素及其相互关系。从其外在形式上看，是由人、车、路、交通环境等要素构成的，而从其内在实质上看，是由受城市交通管理法规所调整和保护的各种道路交通法律关系构成的。

④ 城市交通安全管理的依据是城市交通管理法律、法规和相关技术规范，可以分为 3 个部分：第一部分是城市交通管理法律；第二部分是与城市交通相关的行政法规；第三部分是城市交通管理相关技术规范。

⑤ 城市交通安全管理的基本职能是协调、控制，它是一项行政管理活动。行政管理部门在交通管理工作中，通过协调、控制城市交通构成要素及其相互关系，从而达到要素间的有序的动态平衡。

2. 城市交通安全管理保障体系

要实现交通安全管理的既定目标，必须建立完善的交通安全管理保障体系。

1）交通安全管理体制

交通安全管理体制是指关于国家机关、企事业单位、民间组织及社会公众在交通安全管理中的权责划分和操作方法等的制度体系。要形成有效的安全管理，必须明确各类管理主体的权限及对管理交通的制度规则、方式方法的约定。

2）交通安全管理对象

交通安全管理对象是指构成城市交通系统的人、车、路、交通环境等各要素及其相互关系。

① 人员。凡是参与城市交通活动的人，都是交通安全管理的对象。其中驾驶人是导致交通事故发生的重要因素，驾驶人管理是重点。

② 车辆。车辆是交通安全管理的关键。要保证这一关键环节的安全，必须依照国家相关法律、法规及技术标准，从新车的设计、制造，用车的登记、检测、维护等方面入手，对车辆进行管理和控制。

③ 交通基础设施。交通基础设施是安全行驶的基础，交通基础设施的安全管理主要是对基础设施及其附属设施进行安全检查，以适应交通需求，保障对其进行科学有效的使用。

④ 交通环境。凡是对正常的城市交通活动有影响的物体和行为环境，都是交通管理的对象。对交通环境的安全管理，主要是对交通基础设施及其周围建筑物、视觉污染等与交通活动相关的物体及环境进行监督与管理。

3）交通安全管理依据

交通法律和法规是依据国家宪法制定的强制性行政命令和规章制度。它既是人们出行必须遵守的规范，又是交通管理部门查处交通违章、裁定事故责任、进行交通安全管理的重要依据。

4）交通安全管理手段

交通安全管理手段主要包括事故预防、应急措施和保险手段。随着高科技手段在社会各个领域的广泛应用，应强化科技意识，积极运用科学技术提高交通安全管理的水平。

3. 城市交通安全管理的作用

① 对交通行为的规范作用。通过交通法规的制定与执行，规范交通参与者的行为，规定交通行为的过程要求和处理原则，保证城市交通有序进行。

② 对交通安全的保障作用。通过一系列强制性的管理活动，使得所有交通参与者统一于交通法规的原则和各项规定之下，降低事故的发生率。

③ 对交通畅达的改善作用。通过对交通安全设施的科学布局和交通秩序的有效维护，减少交通堵塞，保证交通畅通。

④ 对社会生活秩序的稳定作用。通过对交通事故的正确处理，化解矛盾，降低损失，保证社会安定，增强社会凝聚力。

⑤ 对交通功能的促进作用。通过城市交通管理活动，创造良好的交通条件，使得各种运输工具发挥最大的效能，减少环境污染，降低能源消耗，从而最大限度地发挥城市交通的功能。

⑥ 对精神文明建设的推动作用。通过交通安全的宣传与教育，增强交通参与者的安全意识，帮助人们正确处理生产与安全、速度与效益、局部与全局、个人与国家利益等关系，推动我国全民的精神文明建设进程。

1.5.2 交通事故预防

交通事故预防就是运用现代科学的管理方法、工程技术及行政和法律的手段，分析并研究交通事故的现象、发生规律、演化机理等影响因素，探索预防和减少交通事故或者降低交通事故损害对策的活动。其目的是运用各种手段调整交通安全系统的结构，协调各要素之间的关系，预防和减少交通事故危害，最大限度地提高社会效益和经济效益。

具体地说交通事故预防是运用系统工程的思想和方法，分析交通事故信息，揭示交通事故发生、发展的规律，综合运用系统论、控制论、行为科学、管理科学和工程技术等方面的知识，对交通事故的演化机理、相关因素进行定性和定量分析，研究交通事故防治对策的分析、评价和优化的方法和技术，以及对交通安全系统进行控制的方法。

1. 预防目标

（1）道德目标

道德方面的目标是从任何一个人都要关心他人的观念出发的。随着人们物质文化生活水平的逐步提高，人们对安全与健康的要求越来越强烈。环境问题、人口问题、产品安全问题和其他一些事务引起了广泛的讨论，越来越多的人认为，为了盈利或者其他的目的而引起工作场所之内或者之外的人的安全与健康的风险问题，从道德上讲是无法接受的，由于死亡和伤残而造成的痛苦和艰难，是无法用金钱来衡量的。

有关道德目标的一个衡量尺度就是士气，它与法律和经济两个目标相关。工人的士气可以用积极参加事故预防的演习而得到加强，也可因为事故而被削弱。不良的公共形象，影响了企业内部和外部的无形资产，公众信心的减弱会削弱企业与社区的联系、企业的市场地位及市场占有率乃至其自身的名气。

（2）法律目标

法律方面的目标是由国家的法律所规定的。当违背及未能遵守法律时，就会受到起诉及其一系列强制性的行动的处理。根据法律，受到伤害的工人和其他人是由于企业破坏了其法律义务或未能达到法律所规定的标准，因而应得到依法规定的赔偿。

（3）经济目标

经济方面的目标，是确保企业的财政状况，持续保证职工安全健康，避免造成与事故相关的损失，包括现金损失、社区及社会因工人伤亡而受到的损失、财产的损失及工作受到影响而造成的损失。其中的一些项目可以列入保险之中，称为直接损失。所以，一旦发生事故，可以预测，总的开支也会增加。间接损失包括没有保险的财产损失、计划的延期、加班的支出、为事故而引起的管理付出及因维修、重建而造成的产量下降等费用。

如同其他事物一样，事故也有其发生、发展的过程，因而是可以预防的。事故的发展可分为 3 个阶段：孕育阶段、生长阶段和损失阶段。孕育阶段是事故发生的最初阶段，此时事故处于无形阶段，人们可以感觉到它的存在，而不能指出它的具体形式；生长阶段是由于基础原因的存在，出现管理缺陷，不安全状态和不安全行为得以发生，构成生产中事故隐患的阶段，此时，事故处于萌芽状态，人们可以具体指出它的存在；损失阶段是生产中的危险因素被某些偶然事件触发而发生事故，造成人员伤亡和经济损失的阶段。事故预防的目的是要避免因发生事故而造成损失，因此要将事故消灭在孕育阶段和生长阶段。

2. 预防原则

（1）可预防性原则

交通事故是非自然因素造成的，是由人们违反交通法规的行为过失造成的，不可抗力造成的事故不属于交通事故。人们的违章行为是可以控制或者减少的，交通事故的原因也是可以认识并消除的，因此交通事故是可预防的。基于可预防性原则，城市交通事故预防主要研究交通事故发生的原因、过程及防止事故发生的理论和对策。

基于此原则，预防措施包括：

① 损失预防措施，即考虑事故发生后减少或控制事故损失的应急措施，属于消极、被动的对策；

② 事故预防措施，即考虑消除事故发生的根本措施，属于积极主动的预防措施。

对于事故预防以往多采用损失预防措施，这是必要的，但又是被动、消极的。因此采用事故预防措施，才是事故预防的上策。

（2）防患于未然原则

防患于未然是预防和减少交通事故的根本策略。事故的发生时间、发生方式、是否造成损失及损失的种类和程度具有偶然性。即使反复出现的同类交通事故，每次交通事故的损失情况也不完全相同。有的交通事故造成人员伤亡，有的造成财产损失，有的既有人员伤亡又有财产损失。

预防交通事故的关键在于减少或控制伤害，只有识别、消除和控制了危险源和事故隐患，才能从根本上防止事故的发生。因此，从预防事故的角度考虑，绝对不能依事故是否造成伤害或者损失作为是否应当预防的依据。对于未发生伤害或者损失的危险，如果不及时采取有效的防范措施，以后也可能会发展成为具有伤害或者损失的事故。因此对于已经发生伤害或损失的危险事故，应全面判断隐患、分析原因，才能准确地掌握发生事故的倾向及频率，提出比较切合实际的预防对策。

（3）根除交通事故可能原因的原则

交通事故的损失具有偶然性，但是交通事故的出现是有原因的，原因与事故之间存在着必然的因果关系。事故原因、交通事故、事故损失的关系如图 1－15所示。

图 1－15 事故原因、交通事故、事故损失的关系

为了确保交通事故预防措施的有效性，首先应当对交通事故进行全面的调查与分析，找出直接原因、间接原因及基础原因。通常，事故调查报告中只列出造成事故的直接原因，即事故发生前的瞬间所做的或发生的事情，而没有对间接原因和基础原因进行分析，采取的预防措施也仅针对直接原因。直接原因很少是事故的根本原因。即使根除之，只要间接原因和基础原因仍然存在，事故也会重新发生。所以有效的事故预防措施来源于深入分析，在于根除交通事故的深层次原因。

（4）全面综合治理的原则

事故的原因是多方面的，它们来自交通参与者、车辆、交通基础设施、交通环境、交通组织、交通管理水平、交通法律与法规等多方面。要预防和减少交通事故，必须在查明事故原因的基础上，对交通安全系统中存在的不安全因素进行综合治理。

（5）技术性原则

技术故障是导致交通事故发生的重要原因。要预防城市交通事故的发生，就必须针对城市交通系统中的各种危险隐患，采取有效的技术措施进行治理，以防患于未然。在具体采取各种技术措施进行交通安全治理的过程中，应当做到既要注意消除交通系统中存在的各种显在故障，又要注意消除其他各种潜在故障或者降低其危险程度，要致力于解决城市交通系统中的安全薄弱环节。对于城市交通系统存在的暂时无法消除的危险性故障，应当采用相应的技术手段及时向有关人员传递危险信息。

（6）效果性原则

城市交通事故预防的好坏，要通过最终成果的指标衡量。由于城市交通事故防护的特殊性，防护工作的成果既要考虑经济利益，又要考虑社会效益。正确认识和理解城市交通事故防护的效果性，是具体制定落实各项城市交通事故防护措施的重要参考因素。

（7）协调性原则

城市交通事故预防既涉及工程技术，又涉及管理科学。因此进行交通事故预防时，既要注意交通安全工程技术的研究、开发和应用，提高交通工具和交通设施的安全可靠性，又要注意改进交通安全管理的方法、措施及相关的立法和制度建设，增强城市交通管理的科学性和法制化；既要加强城市交通管理部门及其工作人员的管理工作力度，又要充分调动驾驶员和其他交通参与者维护交通安全的积极性。

（8）责任制原则

在推进城市交通事故防护工作的过程中，城市交通安全管理各相关职能部门应当认真贯彻执行安全生产责任制。对违反交通事故预防相关法律、法规，不履行交通安全职责造成交通事故的部门及其责任人员，要严格依法追究其法律责任。只有将相关的安全责任制落到实处，交通安全才能够得以保证，各项交通安全管理工作也才能有实效。

3. 典型的事故预防理论

典型的事故预防理论有海因里希法则、事故预防工作五阶段模型、本质安全化方法、5E准则、事故链理论、危险源辨识理论等。

（1）海因里希法则

海因里希法则（又称海因里希安全法则）是由美国安全工程师海因里希在《工业事故防止》一书中提出的工业事故预防的十项原则，其主要观点认为人的不安全行为是大多数工业事故的原因，防止工业事故的 4 种有效的方法是：① 工程技术方面的改进；② 对人员进行说服、教育；③ 人员调整；④ 惩戒。

（2）事故预防工作五阶段模型

事故预防工作五阶段模型的 5 个阶段包括：① 建立健全事故预防工作组织；② 通过实地调查，收集第一手资料，找出事故预防工作中存在的问题；③ 分析事故及不安全问题产生的原因；④ 针对分析事故和不安全问题得到的原因，选择恰当的改进措施；⑤ 实施改进措施。

（3）本质安全化方法

本质安全化方法主要从物的方面考虑，包括降低事故发生概率和降低事故严重程度。

降低事故发生概率的措施主要包括：① 提高设备的可靠性；② 选用可靠的工艺技术，降低危险因素的感度；③ 提高系统的抗灾能力；④ 减少人的失误；⑤ 加强监督检查。

降低事故严重度的主要措施包括：① 限制能量或分散风险；② 防止能量逸散的措施；③ 加装缓冲能量的装置；④ 避免人身伤亡的措施。

（4）5E 准则

5E 准则是从 3E 事故预防准则的基础上发展而来的，认为事故应从风险评估（evaluation）、法制管理（enforcement）、工程技术（engineering）、安全教育（education）和应急救援（emergency）5 个方面进行预防。

（5）事故链理论

事故链理论是美国安全工程师海因里希在统计灾害事故时提出的，他认为安全事故发生的原因并非单一的原因，而是由一连串的失误链构成。特别是一些大事故极少是由一个原因引起的，而是由许多原因链接在一起而导致事故的发生。所以要预防事故，就要在事故发生之前，切断这个链条上的某一个环节。

（6）危险源辨识理论

危险源辨识理论就是发现、辨识系统中的危险源。危险源辨识可以通过总结以前的经验教训、参考相关产品的故障模式和数据、对危险源进行开创性预测和估计等方式进行，以便尽可能发现系统的安全隐患。常用的危险源辨识方法有检查表法、头脑风暴、危险与可操作性分析等。

1.5.3 交通事故预防 5E 准则

1. 风险评估

交通事故风险评估是指在交通事故发生之前或之后（但还没有结束），对给人们的生活、生命、财产等各个方面造成的影响和损失的可能性进行量化评估，即量化评估某一交通事故带来的影响或损失的可能程度。

（1）交通事故风险因素

欧美各国的交通事故统计分析表明，交通事故中有 80%～90%是人的因素造成的，其中驾驶人引起的交通事故最多；同时车辆在行驶过程中发生机械故障而发生的事故数量也不在少数；此外环境对交通安全的影响也是不可忽视的因素。交通事故风险因素主要包括以下内容。

① 人的因素，如驾驶人的视觉特性、反应特性、心理特性、疲劳驾驶、酒后驾驶等。

② 车辆因素，如制动系统、转向系统、行驶系统、电气系统等。

③ 环境因素，如城市交通基础设施、线形、交通安全设施、交通量、车速、气候条件等。

（2）交通事故风险评估的方法

① 定性风险评估方法。定性风险评估方法是目前采用最为广泛的一种方法，它需要凭借评估分析者的经验、知识和直觉，结合标准和惯例，为风险评估要素的大小或高低进行定性分级，带有很强的主观性。

常用的定性风险评估方法包括主观打分法、专家现场咨询法、因素图分析法、事故引发和发展分析法、作业条件危险性评价法、故障类型和影响分析等。

② 定量风险评估方法。运用基于大量的实验结果和广泛的事故资料统计分析获得的指标或数学模型，对各种交通事故的风险因素进行定量的计算。

定量风险评估方法主要包括事故树分析法、事件树分析法、模糊综合评价法、蒙特卡罗模拟法、概率分析法等。

③ 定性和定量相结合的风险评估方法。系统风险评估是一个复杂的过程，需要考虑的因素很多，有些评估要素是可以用量化的形式来表达的，而对有些要素的量化又是很困难甚至是不可能的，同时并不是所有量化的风险评估过程都是科学、准确的。因此在复杂的系统风险评估过程中，将定性分析和定量分析两种方法有效融合起来，才能揭示客观事物的内在规律。

2. 法制管理

法制管理是指借助规章制度、法规等必要的行政和法律的手段约束人们的行为。城市交通法制管理是规范交通参与者行为、维护城市交通秩序、保障城市交通安全的有力保障，对加强交通管理、维护交通秩序、预防和减少城市交通事故、促进社会主义现代化建设有着重要的作用。良好的交通秩序、安全的交通环境，有利于促进经济持续发展；而良好的交通秩序和安全的交通环境有赖于科学、严密和全面的城市交通安全法规。

1）安全法规的作用

安全法规的作用是其本质和特征的外在表现和具体化，可以从规范作用和社会作用两个方面来认识。

（1）安全法规的规范作用

① 指引作用。用安全法规对人们的行为加以指引，明确告诉人们应该怎样做、不应该怎么做，鼓励人们实施安全法规允许的行为，防止或杜绝人们违反安全法规的行为。

② 预测作用。安全法规使人们能够预测自己和别人依法行事的方式和后果，也就同时能够预测别人对自己依法行事的反应。

③ 评价、教育作用。安全法规也是判断衡量人们行为是否合法的标准。人们可用这个标准去评价任何人的行为，在评价的同时，也带来教育作用。安全法规的实施、宣传和学习对人们是一种教育。

④ 强制作用。对违反安全法规的行为进行制裁，这是一种强制作用。安全法规的强制作用是对上述作用的保证。

（2）安全法规的社会作用

经济建设是国家的中心任务，任何物质的生产都需要保护生产力。然而，事故的发生却造成人员伤亡或机器设备的损坏，直接破坏生产力。搞好安全生产便可有效地保护生产力，也就有力地促进了经济建设。随着我国经济体制改革的不断深入，安全生产与经济规律的关系更加重要，安全法规的社会作用也就越加明显和重要。

2）交通安全法规的意义

交通安全法规立法的目的就是把涉及交通安全的各个环节所应负职责予以总体划定，部门分工是根据各部门的组织特点与管理优势而具体划定，政府统一协调则是依照国家立法对各部门所承担责任进行总体协调。

对城市交通安全进行立法管理，就是根据国家制定的交通法规、政策和条例等相关规定并结合城市交通的实际，通过综合运用法律、行政、技术、经济和教育等多种手段，对以城市道路、轨道等为基础条件，对人流、车流进行合理限制与科学组织，维护交通秩序，保持交通畅通，保障交通安全，实现对人、车、路和环境的统一协调和有序管理。

交通安全法规属于法律体系中的行政法范畴，是国家行政法规中的一部分。交通安全法规是从社会层面对交通活动实践经验教训的总结，不仅具有严肃性、强制性和适用性，而且也有充分的科学依据。其具体意义体现在以下几个方面。

① 交通安全法规是协调人、车、路及环境等要素相互间关系的基本准则。

② 交通安全法规是指导一切参与交通活动的部门、单位行使权力和履行职责的依据。

③ 交通安全法规是一个国家机动化过程健康发展的保证，更是现代社会维持良好交通秩序确保人们生命财产安全的需要。

④ 通过制定并实施城市交通安全法规，对交通参与者、交通管理者等相关者的行为进行有序规范。

3. 工程技术

工程技术是指利用工程技术手段消除不安全因素，实现生产工艺、机械设备等生产条件的安全。工程技术有利于控制交通事故，提高城市交通安全系统的可靠度，是预防交通事故的重点。在交通参与者安全意识不足的情况下，工程技术是预防和减少交通事故的有效途径。合理的工程技术有利于预防和减少群死群伤事故。

例如，交通事故发生的一个重要原因就是交通安全设施的不完善与交通参与者的违法行为组合。因此提高交通基础设施的安全技术标准，是减少事故发生的切实有效手段之一。在城市交通安全系统的构建中，通过综合统筹系统的规划、设计、建设、验收与运营，构建合理的管理体系，这样才能达到事半功倍的效果。

在工程技术的应用中，新技术的综合运用对建立高效、安全的城市交通安全系统十分关键。例如，随着现代通信和计算机技术的发展，交通安全工程技术向着实时化、信息化、智能化方向发展。主要体现在以下几个方面。

（1）实时化

通过卫星通信、高频通信方式，对城市交通基础设施、交通工具进行实时管理，城市交通监督指挥中心能实时掌握交通动态和安全状态，对交通动态作出实时响应，以便进行科学的分析决策，提高决策指挥的快速性和准确性。

（2）信息化

交通安全监控、检测等技术的应用解决了交通安全监督的信息来源问题。这些信息通过交通控制网络的传递，确保指挥中心随时得到最新的资料，为交通安全管理与决策创造条件。

（3）智能化

智能化是交通安全管理的发展方向。交通安全是智能交通系统中的关键性问题，通过智能交通系统的建设，为交通安全提供一种有效的手段。例如：先进的交通管理系统、先进的出行者信息系统、先进的车辆控制系统、先进的公共运输系统。

4. 安全教育

安全教育是指利用各种形式的教育和训练，使交通参与者树立“安全第一”的思想，掌握安全交通所必需的知识和技能。交通安全教育是一个广泛、深入和长期的任务，要在各级政府的领导和各个部门的配合下，努力做好公众交通安全教育工作，提高全民遵守交通安全法律、法规的意识，切实在全社会构建一个文明和谐的交通环境。

1）交通安全教育的作用

（1）交通安全教育是贯彻国家交通安全政策的先导

交通安全管理任务繁重，工作复杂，其中贯彻实施国家制定的一系列交通安全政策、法律、法规是一项十分重要的工作，而交通安全教育则是这项工作的先导。各项交通安全政策、法律、法规的公布实施，都必须做好宣传教育工作，使公众明确其意义、了解其内容、掌握其精神，以便更好地执行，否则就难以收到预期的效果。有效的安全教育在提高人们交通安全政策、法制观念方面，具有不可替代的作用。

（2）交通安全教育是推动交通安全管理工作的动力

提高交通安全管理水平的关键取决于公众的交通素质，交通素质表现为人们交通观念、道德、智力、心理等诸方面的集合。交通安全教育的有效开展，可以提高人们对交通安全的认识，使其知识和能力得以发展。而这种知识和能力的充分发挥必然转换成为交通安全有序的能动力量，从而推动交通的有序发展。

（3）交通安全教育是预防交通事故的根本措施

交通事故直接危害人民群众的生命财产安全，在预防交通事故的过程中，必须做到“标本兼治，重在治本”。“治标”主要指交通执法管理，通过执法，减少违法行为。但这种方式只能约束其行为而不能触动其内心，不能从根本上消除其违法心理，一旦管理出现漏洞，违法行为依旧会出现，所以交通执法仅仅是一项“治标”的措施；而“治本”是指对公众的交通安全教育，使其从内心深处认识到交通违法行为对国家、个人的危害，同时意识到守法行为对国家和个人的重要性和必要性，使其自觉地、积极主动地配合交通安全管理工作，这才是预防交通事故的根本措施。同时，在强调交通安全教育治本的过程中，也决不能忽视交通执法管理，一定要把二者有机地结合起来，在管理中体现教育，在教育中实现管理，“标本兼治，重在治本”，这是解决交通安全问题的关键所在。

2）交通安全教育的保障

《中华人民共和国道路交通安全法》从法律的高度规定了社会各界在进行交通安全教育、提高公众交通安全意识方面的义务，这是加强公众交通安全教育的法律保障。根据这一条款规定，社会各界应当履行各自的职责和义务。

（1）各级人民政府的职责

各级人民政府应当把交通安全教育纳入法制宣传教育规划中常抓不懈，提高公民的道路交通安全意识。

（2）公安机关交通管理部门的职责

公安机关交通管理部门依法实施各项道路交通安全管理工作本身就是交通安全教育。公安机关交通管理部门及其交通警察应当注意结合执法工作，开展道路交通安全法律法规宣传，把道路交通安全教育融入其日常工作当中，以取得良好的效果。

（3）社会各单位的职责

进行道路交通安全教育，提高公民道路交通安全意识，需要动员各种社会力量，形成合力。机关、部队、企事业单位、社会团体及其他组织定期对自己所属的机动车驾驶人员和其他人员进行道路交通安全教育是非常必要的。

（4）教育行政部门、学校的职责

教育行政部门和学校应当根据不同年龄段学生的特点，采取形式丰富多样的教学方式，加强对学生进行交通安全教育，使学生成为一个富有社会责任感、守法、爱国、高素质的公民。

（5）大众传播媒体的职责

新闻、出版、广播、电影、电视等大众传播媒体应向广大交通活动参与者宣传交通安全法的有关规定，使人们了解交通安全法的内容，掌握交通安全知识，引导人们自觉遵守交通安全法律、法规，服从交通安全管理机关的管理，自觉维护交通安全。

3）交通安全教育的对象

交通事故主要是人的原因造成的，驾驶人违章造成的事故约占事故总数的 70%，因此要加强对交通参与者特别是对驾驶人的安全教育。

（1）对驾驶人的教育

对驾驶人的教育主要是职业道德教育和安全教育。职业道德教育是指通过学习和教育不断提高驾驶人对行车安全的认识，提高思想道德水平，树立安全第一的思想，同时增强遵章守法、安全行车的自觉性；安全教育主要是学习交通规则及安全行车常识，逐步掌握安全驾驶的规律，以提高对紧急交通情况的应变能力，减少判断和操作失误。通过对驾驶人实行再教育制度、驾驶人年审制度和晋级考核制度来加强安全教育，通过违章处罚与事故处理加强对驾驶人的教育与管理。

（2）对骑车者的教育

据统计，骑车者因交通事故而导致死亡的人数占总死亡人数的 40%左右，所以对骑车者的安全教育非常重要。对骑车者的教育，主要是解决违章行驶的问题，让其认识到违章的危险性，使他们增强杜绝遵章行驶的自觉性并加强交通法制观念。

此外，还要做好对行人和乘客的宣传和教育，做好儿童和学生、社区人员的有关工作。

4）交通安全教育的内容

（1）安全思想意识教育

安全思想意识教育目的就是清除人们头脑中那些不正确的判断思想，建立安全行动愿望和安全意识。安全思想意识教育一般通过端正安全态度、树立安全风气、养成安全习惯等方面进行。

（2）方针、政策、法规教育

安全生产方针、政策及法律是为了适应生产发展的需要，这些方针、政策及法律只有被各级领导和广大群众所掌握并得到贯彻执行，安全生产才有保证。

（3）安全心理教育

交通安全心理教育，是向人们传授交通安全心理知识，培养人们良好的心理素质和交通适应能力。通过城市交通安全心理教育，让广大交通参与者能够深入了解城市交通安全法律、法规和交通管理措施，使其真正理解并自觉遵守交通法律、法规。

（4）安全道德教育

人们的道德水准直接关系到交通秩序和交通安全。必须加强对全社会的交通安全道德教育，提高全社会的道德水准，特别是驾驶人的职业道德对交通安全、畅通、有序具有重要影响，应成为交通安全道德教育的重点。

（5）安全知识教育

让交通参与者掌握必要的交通安全知识，对减少事故的发生具有重要的作用。交通安全知识教育应当根据不同的教育对象，采取不同的方式，有重点地将交通安全知识传授给每一个交通参与者，使他们在不同的情况下，能采取正确有效的措施，避免交通事故的发生。

（6）安全技能教育

仅有安全知识，并不等于能够安全地从事操作，还必须把安全知识变成进行安全操作的本领，才能取得预期的安全效果。要实现从“知道”到“会做”的过程，就要借助于安全技能培训。

安全技能培训包括正常作业的安全技能培训和异常情况的处理技能培训。安全技能培训应按照标准化作业要求来进行，预先制定作业标准或异常情况时的处理标准，有计划、有步骤地进行培训。

5）交通安全教育措施

城市交通安全教育的实施要依托家庭、学校、单位、社区等基本单元，确立“政府主管，部门协调，全民参与，普及提高”的工作思路，让安全教育进社区、进学校、进单位与进家庭。城市交通安全教育措施分为正规严格的学校教育和灵活性较强的社会教育。

（1）学校教育

学校教育是做好交通安全宣传教育工作的最根本的途径。道路安全相关法律规定，教育行政部门、学校应当将交通安全教育纳入法制教育的内容。各级教育行政部门和各级各类学校都应开展交通安全教育。学校开展交通安全教育有两种途径：一是在国民教育序列的学校开展交通安全宣传教育；二是在社会力量举办的学校进行交通安全教育。

（2）社会教育

社会教育的内容较为广泛，包括城市交通安全教育主体单独或联合社区基层组织及其他部门到社区、街头、单位等人口密集地区进行宣传，利用新闻媒体进行全民教育及定期召开交通安全工作会议。

6）交通安全教育的注意事项

人是交通的主导者。交通需要激发人的交通动机、思想动机，驱动人的交通行为，而人的法制观念、交通道德和交通能力，又都直接影响着交通参与者能否有效地控制自己达到目的，所以交通安全教育在交通管理中占有重要地位。进行安全教育应注意以下事项。

① 加强领导，更新观念，提高认识，逐步使交通管理走向社会化。

② 教育内容与方法都要趋向科学化。

③ 基于实际，突出重点。交通教育在不同区域和时期，应当有不同的重点。应把老年人的交通安全问题放在重要位置，交通安全教育的重点是青少年并注意对临时人口的交通安全宣传。

④ 教育形式要进一步多样化。标语、口号是进行交通安全宣传教育的重要形式之一，充分展现“示范件”，用广播、电视、微信公众号、视频平台等进行交通安全宣传，具有传播迅速、及时、广泛，不受空间限制等优点。

⑤ 组织“寓教于戏，寓教于乐”的宣传活动。

5. 应急救援

应急救援是指针对突发、具有破坏力的交通突发事件采取预防、预备、响应和恢复的活动与计划。根据交通法规规定，在发生交通事故的时候，必须立即停车保护好现场，迅速向公安交通管理机关报告，积极抢救受伤人员。对交通事故受伤者的救护工作，就是要尽可能地使受伤程度控制在最低限度，使受伤者能够及时得到救治。应急救援体系建设的主要内容包括以下几点。

（1）事故预防

许多事故的发生都是因正常条件发生偏差而引起的，如果能事先确定某些特定条件及其潜在后果，就可利用相应手段减少事故的发生，或者减少事故对外界的影响，预防事故要比发生事故后再纠正容易得多。因此，在城市交通新线设计及旧线改造中，必须设计必要的安全装置和设施，以提高城市交通运营系统的安全程度。另外，事故预防工作也不可忽视操作规程、应急规程和管理策略的建立及其定期的培训和维护。

（2）应急救援预案准备

应急救援预案准备主要包括：发现任何可能出现的紧急事故及其影响程度；制定紧急状态下的反应行动；确保在紧急情况下，做到准备充分和通信通畅，从而保证决策和反应过程有条不紊；保证人员进行培训和演习，定期更新应急预案并重新评价其有效性。

（3）应急救援系统的组成

应急救援系统从功能上可由应急指挥中心、事故现场指挥中心、支持保障中心、媒体中心和信息管理中心等 5 个运作中心组成。要做到快速、有序、高效地处理应急事故，需要应急救援系统中各个中心的协调努力。

（4）应急救援预案

应急救援预案应至少包括以下主要内容：应急资源的有效组织和利用；事故的评估程序；指挥、协调和反应的组织结构；通报和通信联络的程序；应急反应行动（包括事故控制、防护行动和救援行动）；培训、演习及应急救援预案的维护。

（5）应急培训与演习

应急培训与演习的目的主要有以下几个方面：测试应急救援预案的充分程度；测试应急培训的有效性和队员的熟练性；测试现有应急装置和设备供应的充分性；确定训练的类型和频率；提高与现场外应急部门的协调能力；通过训练来识别和改正应急救援预案缺陷。

（6）应急救援行动

一个完善的应急救援体系应能在事故和灾害发生时及时调动并合理利用应急资源（包括人力资源和物资设备资源）投入救援行动事故现场，针对事故灾害的具体情况，选择适当的应急对策和行动方案，从而能及时有效地进行应急救援行动，使伤害和损失降低到最低程度和最小范围，并在最短时间内控制事故。

（7）系统恢复与善后

当应急阶段结束后，从紧急情况恢复到正常状态需要一定的时间、人员、资金及正确的指挥，这时对恢复能力和预先估计的要求会很高。通常情况下，重要的恢复活动包括事故现场清理、恢复期间的管理、事故调查、现场的警戒与安全、安全和应急系统的恢复、人员的救助、法律问题的解决、损失状况的评估、保险与索赔、相关数据收集、公共关系等。

6. 5E 准则的应用

海因里希认为事故的发生是由人的不安全行为和物的不安全状态引起的。基于此提出了采用工程技术、教育和强制手段进行事故预防的 3E 准则。5E 准则是从事故预防 3E 准则的基础上发展而来的。其中风险评估是对造成事故的风险因素（人的不安全行为、物的不安全状态等）、风险可能导致的生命财产损失进行评估；工程技术着重解决物的不安全状态问题，安全教育和法制管理主要着眼于人的不安全行为问题，安全教育主要使人知道应该怎么做，而法制管理则要求人必须怎么做；应急救援主要为避免或降低突发、具有破坏力的交通紧急事件的损害后果。

采用 5E 准则进行事故预防，一般在选择安全对策时首先应进行风险评估，辨识系统中的危险源；其次采用工程技术措施减少物的不安全因素；再次是进行安全教育与法制管理以减少人的不安全行为；最后针对交通突发事件，采取应急救援的措施减少损失。

实际工作中，应该针对不安全行为和不安全状态产生的原因，灵活地采取对策。例如，针对职工的不正确态度问题，应该考虑工作安排上的心理学和医学方面的要求，对关键岗位上的人员要认真挑选，并且加强教育和训练；对于技术、知识不足的问题，应该加强教育和训练，提高其知识水平和操作技能，并尽可能地进行工程技术方面的改进，降低操作的复杂程度。为了解决身体不适的问题，在分配工作任务时要考虑心理学和医学方面的要求，并尽可能从工程技术上改进，降低对人员素质的要求。对于不良的物理环境，则应采取恰当的工程技术措施来改进。

为了防止事故发生，不仅要在上述 5 个方面实施事故预防与控制的对策，而且还应始终保持五者间的均衡，合理和综合地采用相应措施，才有可能搞好事故预防工作。

复习思考题

1. 简述安全工程学科的研究对象和研究内容。
2. 何谓交通安全工程学科？道路交通安全和轨道交通安全的研究内容包括哪些？
3. 什么是安全？如何理解相对安全观和绝对安全观？
4. 什么是事故？事故的基本特征包括哪些？如何在实际工作中加以应用？
5. 为什么说事故是可以预防的？
6. 什么是危险、风险、隐患、危险源？
7. 简述安全、危险、风险、事故、隐患、危险源之间的相互关系。
8. 安全有哪些基本特性？了解安全的基本特性有何作用？
9. 何谓道路交通事故？包括哪些构成条件？简述道路交通事故分类。
10. 何谓城市轨道交通事故？如何分类和分级？
11. 查阅我国交通事故、卫生部门等统计年鉴，分析城市交通事故的形势。
12. 在道路交通事故死亡类型分布中，汽车的占比最多，那么你觉得有必要限制人们购买车辆吗？
13. 城市轨道交通事故与其他类交通事故相比，有什么不同点？
14. 查阅资料，选择国内外典型城市，分析其城市轨道交通事故分级规定。
15. 一辆客车（核载 51 人，实载 49 人）在进入隧道口时撞向隧道口发生交通事故，事故造成 36 人死亡（成人 34 人，儿童 2 人），受伤 13 人。请分析该事故的事故分类、事故等级情况并说明理由。
16. 某城市轨道交通车站发生一起火灾，造成地铁线路临时停运，约 12 万人出行受到影响。火灾发生时，车站内停有一列地铁列车，内有乘客 3 000 人，他们在车站工作人员的引导下全部疏散。火灾造成地铁停运 1.5 h。请分析该城市轨道交通事故的事故分类、事故等级情况并说明理由。
17. 简述道路交通事故的影响因素。
18. 查阅相关资料并结合自己所学知识，根据事故发生的分布规律，你认为如何预防城市轨道交通事故？

19. 查阅资料分析城市交通事故的时空分布特点。

20. 按照我国道路交通管理的有关规定,道路交通事故形态包括哪几种?在实际运行中比较常见的有哪些?

21. 车辆是轨道交通安全的重要影响因素,列车在运营过程中可能存在的危险因素有哪些?

22. 什么是安全管理?安全管理的内容有哪些?

23. 简述城市交通安全管理的目的与城市交通安全管理的构成体系。

24. 简述事故预防原则。对于安全管理,事故预防有什么作用?

25. 简述常见的事故预防理论。

26. 简述交通事故预防 5E 准则的内容。

27. 简述 5E 准则 5 个方面的相互关系。

28. 查阅资料,分析说明运用于城市道路交通事故预防的工程技术有哪些?

第 2 章

城市交通安全系统

城市交通安全系统主要是城市交通系统运行过程中可能造成安全事故的各种因素之间的联系，该系统可发现、识别、确认城市交通运营过程中的各种事故隐患，作出必要的反应，以保障城市交通安全。本章首先介绍人–机–环境系统和系统界面 SHEL 模型的概念和研究内容；之后介绍城市交通安全系统的组成。基于人–机–环境系统理论，从交通参与者（驾驶人的个性、生理、心理等）、车辆（车辆的性能和安全技术等）、城市交通基础设施（城市轨道线形、路基路面、平面交叉口等）和城市交通环境（车速、交通景观等）4 个方面介绍城市交通安全系统组成要素对其的影响，目的是通过本章的学习使学生对城市交通安全系统有一个系统化的理解。

2.1 人–机–环境系统

2.1.1 人–机–环境系统的含义

人–机–环境系统由人、机、环境三大要素组成，其中“人”是指作为工作主体的人，如操作人员或决策人员；“机”是指人所控制的一切对象的总称，如飞机、汽车、船舶、生产过程等；“环境”是指人、机共处的特定的工作条件，如温度、湿度、噪声、振动、有害气体等。

（1）人是一种安全因素和防护对象

在人–机–环境系统中，只有人向安全问题提出了具体的挑战。人–机–环境结合的目的，就是充分利用人体科学的发现，使技术和机器在更大程度上适合于人，从而提高人–机–环境系统的安全性。那些导致事故的冒险和不安全操作，往往是已作为正面经验接受而且根深蒂固的坏习惯行为。一旦在班组或个人中偶尔养成了不安全习惯，就必须采取“再培训”和恢复正确习惯的措施。

（2）机器是一种安全因素

机器是人–机–环境系统中 3 个主要子系统之一，仅仅由于机器与人及其环境的相互作用，它才成为一个安全因素。对于作为安全因素之一的机器，在其规划、制造和应用的所有阶段，细心而费时地进行检查是非常必要的。同时，必须对机器的运行状态做大量的观察，确定和评价使规划目标与运行数据相匹配的应力状态，限制应力因素，使设计结构与使用结构在运行条件下相匹配。

（3）环境是一种安全因素和应予保护的财富

人和机器都被置于一定的环境中，环境在人－机－环境系统中是第 3 个重要的基石。一方面，人的操作可能引起机器方面的事故和损失，从而对环境产生有害影响。另一方面，环境中有许多自然过程，如地震和灾难性暴风雨、洪水等，以及源于技术的灾害，如火灾和爆炸，都会对机器产生危害。

用系统工程等方法研究人、机、环境三大要素及其相互关系，其目的是使系统具有“安全、高效、经济”等综合性能。所谓“安全”，是指不出现人体的生理危害或伤害，并尽量减少事故的发生；所谓“高效”，是指令系统具有最好的工作性能或最高的工作效率；所谓“经济”，是指在满足系统技术要求的前提下，系统的建立要花钱最少，即保证系统的经济性。

2.1.2 人－机－环境系统的研究内容

人－机－环境系统的研究内容示意图如图 2－1 所示，包含以下几个方面。

① 人特性的研究，主要包括人的工作能力研究，人的基本素质的测试与评价，人的体力负荷、脑力负荷和心理负荷研究，人的可靠性研究，人的数学模型（控制模型和决策模型）研究，人体测量技术研究，人员的选拔和训练研究等。

② 机器特性的研究，主要包括被控对象动力学的建模技术，机器的防错设计研究，机器特性对系统性能影响研究等。

③ 环境特性的研究，主要包括环境检测技术研究，环境控制技术研究，环境建模技术研究等。

④ 人－机关系的研究，主要包括静态人－机关系研究、动态人－机关系研究等。静态人－机关系研究主要指作业域的布局与设计研究；动态人－机关系研究主要有人、机功能分配研究（人、机功能比较研究，人、机功能分配方法研究，人工智能研究）和人－机界面研究（显示和控制技术研究，人－机界面设计及评价技术研究）等。

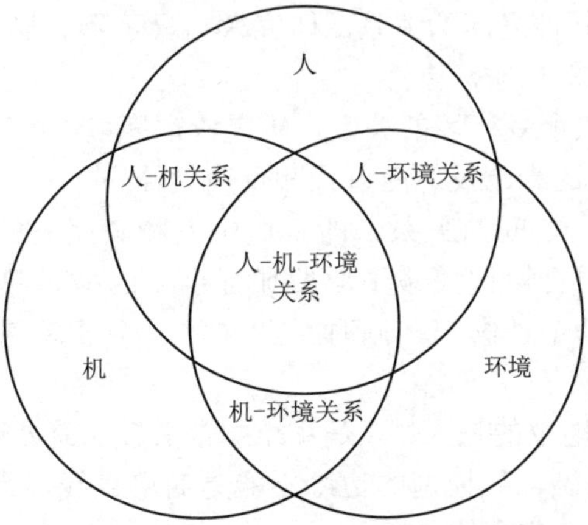

图 2－1 人－机－环境系统的研究内容示意图

⑤ 人–环境关系的研究，主要包括环境因素对人的影响、个体防护技术研究等。

⑥ 机–环境关系的研究，主要包括环境因素对机器性能的影响、机器对环境的影响等。

⑦ 人–机–环境系统总体性能的研究，主要包括人–机–环境系统总体数学模型的研究，人–机–环境系统全数学模拟、半物理模拟和全物理模拟技术的研究，人–机–环境系统总体性能（安全、高效、经济）的分析、设计和评价等。

2.1.3 系统界面 SHEL 模型

系统界面是人与机、环境及其他人之间的信息或能量的交换空间。系统界面的优劣取决于系统要素即人、机、环境之间的匹配程度，其表现形式为信息或能量交换的准确性、及时性和有效性。

“人”处于特定的系统界面，可以用 SHEL 模型来描述。SHEL 模型的名称是由组成系统的 4 个要素——软件（software)、硬件（hardware)、环境（environment）和生命件（liveware）的首字母组成的。它是 Edwards 教授于 1972 年首先提出的，Hawkins 于 1975 年提出了经修改的框图以描述该模型。人的失误容易产生于以人为中心的与硬件、软件、环境及其他人之间的相互关系上，这些关系也被称为 SHEL 模型的 4 个界面（见图 2–2)。

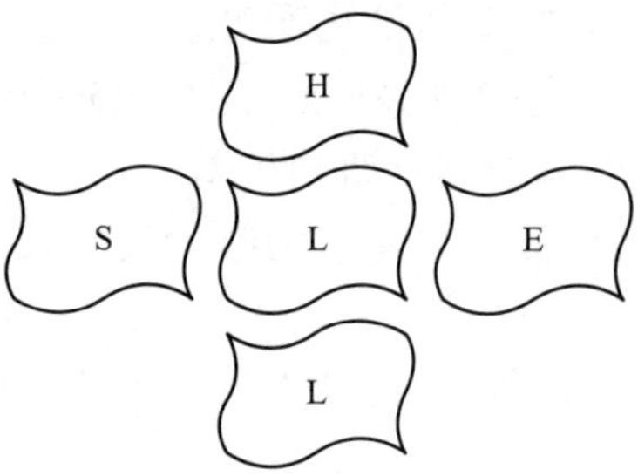

图 2–2 SHEL 模型

L—S 界面：包括人与软件之间的关系，研究人与操作程序、检查程序及应急程序和计算机应用程序等之间的相互适应问题，以便简化作业环节，减少人的劳动负荷和劳动强度。

L—H 界面：是指人与硬件之间的关系，研究人与显示器、操纵器之间的相互适应问题，以使系统界面设计更适合人的要求。

L—E 界面：是指人与其所处环境的关系，研究特定环境中的噪声、振动、高低温、加速度、生物节律、时差等对人的影响及适应过程和反应规律。

L—L 界面：是指人与人之间的关系，即工作中人和其相关的人之间的配合协调关系。提高工作中人与人之间的配合协调关系不但要加强个人的技术熟练训练，还要关注领导能力、班组配合、团队工作和个性影响，同时企业文化、企业风气和工作压力也会影响人的行为表现。

SHEL 模型中处于核心地位的是人，人是系统中最关键、最灵活的要素。由于人的表现受诸多因素影响和诸多方面限制，该模型的边缘不能是简单直线，系统的其他元素必须与其适应和匹配，以实现系统高效和安全的目标。

2.2　城市交通安全系统的组成

城市交通是指城市行政区内部的交通，包括公路交通（中心城区与周边城镇、乡村的交通联系）、城市道路交通、城市轨道交通和城市水上交通等。其中，城市道路交通系统和轨道交通系统是现代城市交通系统的主体。

城市交通安全系统是城市交通系统的一个子系统，是指对城市交通中人、车、路系统在运行过程中的安全性、可靠性作出系统的分析和评价，同时提出安全保障措施的系统。例如，城市道路交通系统是一个由人、车、路（含整个环境）构成的动态系统，如图2-3所示。此系统中，驾驶人从道路环境中获取信息，并将信息综合到驾驶人的大脑中，经判断形成动作指令，指令通过驾驶人的驾驶操作行为使车辆在道路上产生相应的运动，之后车辆的运行状态和道路环境的变化又作为新的信息反馈给驾驶人，完成整个行驶过程。

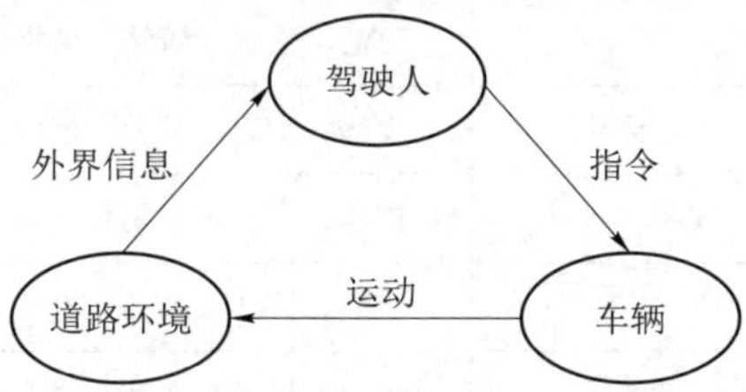

图2-3　由人、车、路构成的城市道路交通系统

城市交通系统的组成要素主要包括以下几个方面。

1）城市交通参与者

城市交通参与者包括驾驶人、骑车人、乘客和行人等。城市交通参与者的行为会对交通安全产生明显影响。其行为与多方因素有关，主要有适应性、年龄、性别、驾驶水平、交通安全意识、出行目的、社会态度、工作压力和家庭条件等。

2）车辆

车辆包括行驶系统、制动系统、传动系统、转向系统等。影响车辆行驶安全的因素主要包括车辆的制动性能、操作稳定性、易操作性、视野、照明、人员安全保护（如安全气囊、安全带、车厢防撞结构等）。

3）城市交通基础设施

城市交通基础设施包括线形、路基、路面、轨道、平面和立体交叉、桥梁、隧道、车站、交通安全设施、交通管理设施、交通服务设施等。

城市交通基础设施从交通基础设施设计、交通控制与管理、交通附属设施（标志标线、照明等）、路侧环境管理、交通基础设施的施工与养护等方面影响城市交通系统的安全。目前许多国家除了对已发生事故的交通基础设施进行整治外，更注重安全设计，从设计进行全过程的交通安全改进。

4）城市交通环境

城市交通环境是影响城市交通活动的基础条件和关键因素，对交通安全有明显的影响，主要包括交通条件、交通危害、交通景观及轨道交通车站等因素。

2.2.1 城市交通参与者

在城市交通安全系统中，城市交通参与者处于整个系统的中心位置，所有城市交通参与者都与城市交通安全有直接关系。城市交通参与者可以分为驾驶人、行人、骑车者和乘客，影响城市交通安全的城市交通参与者因素如表 2－1 所示。其中驾驶人的感知、判断、动作执行等任何一项行为不当，均可引起交通事故。现以驾驶人为例介绍其与城市交通安全的关系。

表 2－1　影响城市交通安全的城市交通参与者因素

城市交通参与者类型		主要特性	主要指标
驾驶人		个性	性别、年龄、气质
		生理	视觉、听觉、触觉
		心理	记忆、注意、情绪、性格、疲劳、动机、气质等
其他城市交通参与者	行人	行人交通流	步幅、步速、流量、密度、行人占用空间
		心理	侥幸、贪利、集团和从众心理
	骑车者	生理	年龄、性别、身高、重量、体力
		心理	求快、畏惧、离散、从众和随机心理
	乘客	不安全行为	不遵守乘客守则、应急能力不佳、人为破坏等
		不安全意识	安全意识和知识不佳、不良安全习惯、故意违规、有意破坏等

驾驶人的操作过程主要包括 3 个环节：辨认接收信息、操纵控制设备、观察调整运作。图 2－4 为驾驶人的信息处理过程，信息由接收器（视觉、听觉、触觉等感觉器官）经神经系统传递到信息处理器（中枢神经系统），经思考判断，作出决定，然后传递到效果器（手、脚等运动器官），从而使车辆产生运动。这些行为均受驾驶人不同的个性、生理和心理特征的影响。任何一个环节出现偏差，都会对驾驶安全产生影响。

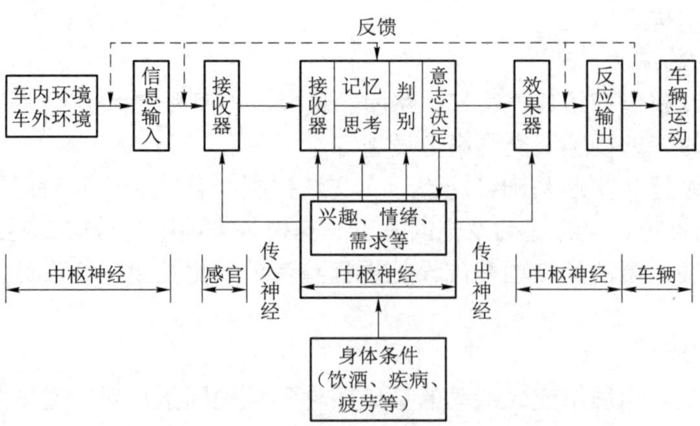

图 2－4　驾驶人的信息处理过程

1. 个性指标

驾驶人的个性指标主要包括性别、年龄和气质。

① 男性和女性由于性别的不同，驾驶形态和风格有着明显的不同。

② 驾驶人年龄不同，肇事的概率也不同。表2-2为驾驶人年龄与交通事故的关系。

表2-2　驾驶人年龄与交通事故的关系

年龄组/岁	被调查者比例/%	发生事故比例/%	发生事故比例/被调查者比例
＜30	15.2	23.9	1.6
30～45	49.3	41.0	0.8
46～65	32.0	31.1	1.0
＞ 65	3.5	4.0	1.1
合计	100	100	1.0

③ 气质是指人的相对稳定的个性特点和风格气度。古希腊著名医生希波克拉特认为人体内有血液、黏液、黄胆汁和黑胆汁4种体液，机体状态决定于4种体液的混合比例，由于某种体液占优势而产生某种气质，包括多血质（血液占优势）、黏液质（黏液占优势）、胆汁质（黄胆汁占优势）和抑郁质（黑胆汁占优势），表2-3为驾驶人气质与驾驶特点的关系。

表2-3　驾驶人气质与驾驶特点的关系

气质类型	气质特点	驾驶特点	改善要点
多血质	血液占优势，属神经过程强而不平衡的兴奋型，其特点是直率、热情、精力旺盛、情绪易冲动、心境变换剧烈等	动作干脆有力、处理情况果断、开车速度较快，但排除险情时不沉着、不细心，喜欢冒险尝试，发生行车事故的可能性较大，在恶性、重大交通事故中，此类驾驶人所占比重较大	平时要注意克服急躁轻率的弱点，培养遇事谨慎、认真、细致的作风
黏液质	黏液占优势，属神经过程强而平衡、不灵活的安静型，其特点是安静、稳重、反应缓慢、沉默寡言、情绪不易外露、注意力稳定但又难于转移、善于忍耐等	驾驶动作稳定自如，具有较稳定的节奏性，不易受外界干扰，能自觉遵守交通法规，但处理情况不果断，遇险情时常表现为犹豫不决，自信心不足而酿成大祸	平时要注意克服优柔寡断的弱点，培养果断、自信的性格，驾驶时要防止对判断缺乏信心而不断修正操作方法
胆汁质	黄胆汁占优势，属神经过程强而平衡、灵活的活泼型，其特点是活泼、好动、敏感、反应迅速、喜欢与人交往、注意力容易转移、兴趣容易变换等	动作敏捷、反应快，判断处理情况准确，行车中坚持安全礼让，但缺乏稳定性，易开"情绪车"，由于观察不细致导致险情和小事故经常发生，"大事不出，小事不断"	应认真克服轻浮好胜，注意力不集中的弱点，注意锻炼培养保持稳定的情绪和谨慎驾驶的作风
抑郁质	黑胆汁占优势，属神经过程弱型，其特点是孤僻、行动迟缓、体验深刻、善于觉察到别人不易觉察到的细小事物等	操作动作较正规，能严格按要求驾驶车辆，做到中速礼让，但处理情况易出现顾此失彼，动作迟缓，思路较窄，遇意外情况不知所措	应多参加各种社会活动和娱乐活动，培养开朗的性格，驾驶车辆时注意观察，有意识地调整控制情绪，培养勇敢果断的精神

2. 生理指标

驾驶人生理指标主要包括视觉、听觉、触觉及其反应特性等，其中驾驶人视觉及其反应特性对交通安全影响较大。

1）视觉

驾驶人驾车时，80%以上的信息是依靠视觉获得的。驾驶人的视觉，特别是驾驶人视力与交通安全有密切关系。视力分为静视力、动视力和夜间视力 3 种。

（1）静视力

静视力是指人（视标）都处于静止状态时检查所得的视力。我国规定，对于驾驶人的视力要求是两眼均为 0.7 以上（可戴眼镜）。

（2）动视力

动视力是指人（视标）一方或两方处于运动状态时检查所得的视力。驾驶人在行车过程中的视力为动视力。

驾驶人的动视力随着车辆行驶速度的变化而变化，速度提高则动视力降低。一般来说，动视力比静视力低 10%～20%，特殊情况下比静视力低 30%～40%。例如，车辆速度由 60 km/h 提高到 80 km/h 时，驾驶人的可视距离由 240 m 降为 160 m。

驾驶人的动视力随着目标露出的时间长短而变化。图 2－5为目标露出时间与视力的关系，当照明亮度为 20 lx，目标露出时间为 1/10 s 时，视力为 1.0；当目标露出时间为 1/25 s 时，则视力下降为 0.5。

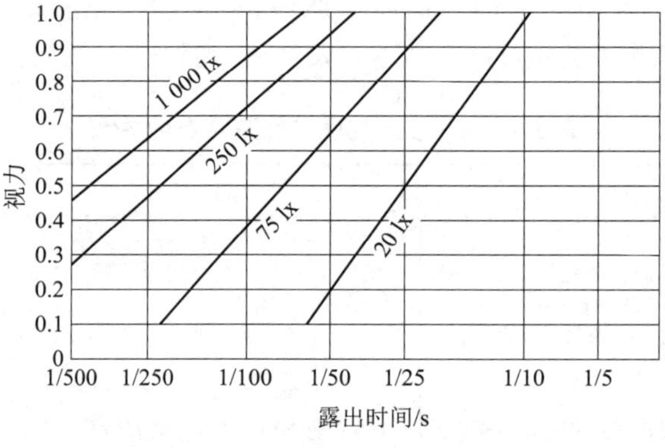

图 2－5 目标露出时间与视力的关系

（3）夜视力

夜视力是指夜间行车时，在无外部照明，只用汽车前照灯照明的条件下，驾驶人能发现各种颜色距离的能力，表 2－4 为夜间驾驶人能发现各种颜色的距离。

表 2－4 夜间驾驶人能发现各种颜色的距离 单位：m

颜色	白	黑	乳白	红	灰	绿
发现颜色距离	82.5	48.2	76.6	67.8	66.3	67.6
确认物体距离	42.9	18.8	32.1	47.2	36.4	36.4
确认物体移动方向距离	19.0	9.6	13.2	24.0	17.0	17.8

由表 2－4 可知，白色发现距离最远，黑色发现距离最近。例如，发现是否有物体存在，为白色物体需 82.5 m，黑色物体需 48.2 m；确认该物体时，距离更短，白色为 42.9 m，黑色

为 18.8 m。若要确认物体移动方向，白色为 19.0 m，黑色为 9.6 m。因此夜间行人的衣服颜色不同，对辨认距离影响很大。

（4）光照适应

人眼对于光亮程度的突然变化，要经过一段时间才能适应。由亮处进入暗处，眼睛习惯和视力恢复，称为暗适应；反之由暗处到亮处，眼睛习惯和视力恢复，称为明适应。暗适应时间较长，通常要 3～6 min 才能基本适应，而明适应则可在 1 min 内达到完全适应。

暗适应对安全行车影响最大。例如，车辆在白天驶入隧道时，光线突然由明变暗，驾驶人可能有强烈的视觉障碍，因此隧道入口处应加强照明，汽车进入隧道后必须打开前照灯，否则易出现事故。

（5）炫目

眼睛受到强光刺激后，会产生炫目现象。炫目一般分为生理性炫目和心理性炫目。生理性炫目是指强光入射到眼球内，在视网膜上形成亮度很高的辉点，在角膜和网膜之间的介质中发生散射，形成一种光幕，致使眼睛感受到的亮度对比度大大降低，从而降低视觉功能。心理性炫目是指在视野内经常出现高亮度光源的刺激，使视觉产生不舒适或疲劳感。例如，夜间行车，当受到对方车灯强烈照射时，驾驶员很容易产生炫目。炫目可使静视力下降至 0.4，若要恢复到 1.1 则需要 20 s。

2）反应特性

人由眼睛等感觉器官获得信息、传入大脑，经大脑处理后发出命令而产生动作，这一段时间称为反应时间，由神经对刺激的传递时间和大脑的处理过程时间两部分组成。

例如，在驾驶人制动操作过程中（见图 2－6），制动反应时间包括感觉反应时间、抬脚时间和踏下时间 3 部分；过渡时间（制动器作用时间）是指从开始踏制动踏板到出现最大制动力的时间；制动时间是指从出现最大制动力到使车辆停住的时间。制动反应时间的长短是减少车辆碰撞事故的关键因素。

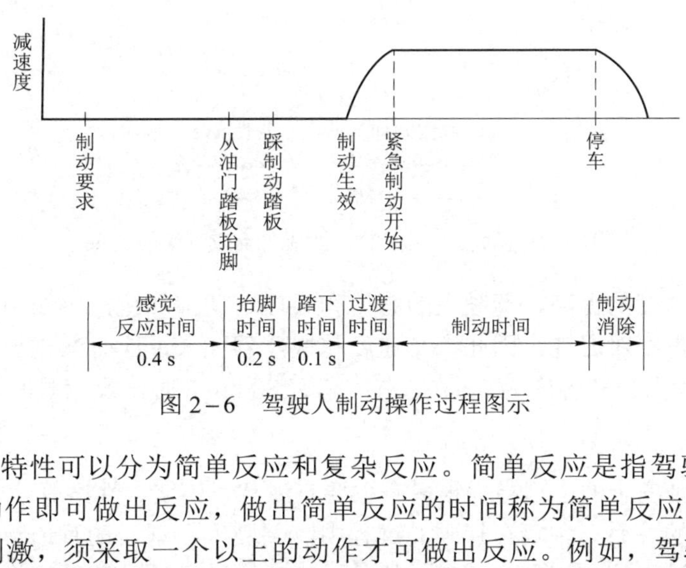

图 2－6 驾驶人制动操作过程图示

驾驶人的反应特性可以分为简单反应和复杂反应。简单反应是指驾驶人对单一信号刺激，只需做一个动作即可做出反应，做出简单反应的时间称为简单反应时间；复杂反应是指对两种以上的刺激，须采取一个以上的动作才可做出反应。例如，驾驶人的复杂反应的复杂程度取决于交通量的大小、周围车辆的行驶状态、行驶路线及道路环境情况的变化等多种因素。表 2－5 列出了人的几种主要感觉器官的简单反应时间。

表 2-5　人的几种主要感觉器官的简单反应时间

感觉器官	视觉	听觉	触觉	嗅觉
反应时间/s	0.15～2.00	0.12～0.16	0.11～0.16	0.20～0.80

影响驾驶人反应特性的因素主要包括刺激、驾驶人和车速等。

在感觉界限范围内，对于同类刺激，刺激的强度越大，则驾驶人反应时间越短；刺激物与背景之间的对比度越强，驾驶人反应时间越短。例如，在寂静环境中听到喇叭声所引起的驾驶人反应时间要比在喧闹环境中听到同样的喇叭声所引起的反应时间短；当交通标志的颜色对比鲜明时，驾驶人的反应时间比较短。

驾驶人反应时间与年龄和性别也有着密切关系（见图 2-7）。一般来讲，在 30 岁之前，反应时间随年龄的增加而缩短，30 岁以后则逐渐延长。男性驾驶人反应时间短，女性驾驶人反应时间长。

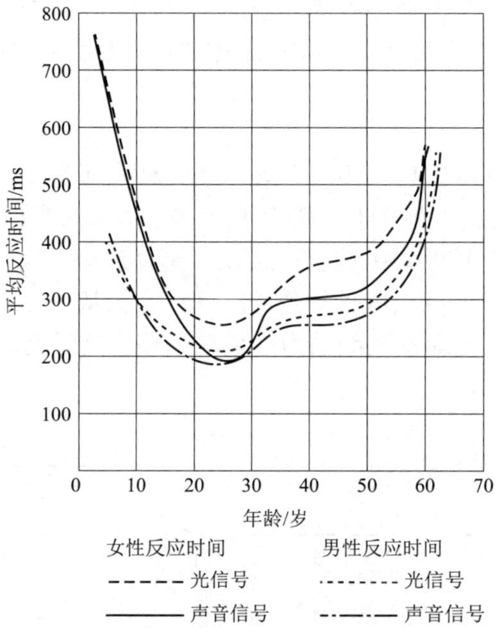

图 2-7　驾驶人的年龄、性别与反应时间的关系

随着车辆运行速度的提高，驾驶人的脉搏和眼球运动都加快，感知和反应变慢，对各种信息的刺激感受变得相对迟钝，因此汽车速度越快，驾驶人反应时间越长。正常情况下，车速 40 km/h 时，驾驶人反应时间为 0.6 s 左右；车速 80 km/h 时，反应时间增加到 1.3 s 左右。

3. 心理指标

影响驾驶人行驶安全的心理指标很多，主要有注意、情绪、性格等。表 2-6 为驾驶人心理指标与交通安全的关系。车辆在行驶的过程中，驾驶人心理活动有选择地指向或集中于一定的交通信息，经过大脑的识别、判断、抉择，然后采取正确的驾驶操作，保障行车安全，所以驾驶员心理指标是影响行车安全的重要因素。

表 2－6 驾驶人心理指标与交通安全的关系

驾驶人心理指标	概念、特征和类型	保障交通安全的措施
注意	注意是指人们心理活动对一定事物对象的指向或集中，具有对象指向性、意识集中性、注意分配能力等特征。 对象指向性是指驾驶人在每一瞬间把心理活动有选择地指向一定的对象，同时离开其余的对象；意识集中性是指驾驶人把心理活动专注于某一事物对象，被注意到的事物，被感知的比较清晰完整，未被注意到的事物，被感知的模糊；注意分配能力是指驾驶人同时接受几个信号并完成几个动作的能力	高度重视；调节注意力分配；避免疲劳
情绪	情绪是指人对客观事物是否符合自己的需要而产生的态度。情绪根据其发生的速度、强度和延续时间的长短，可分为激情、应激和心境 3 种状态。 激情是一种猛烈而短暂的、爆发式的情绪状态，如狂喜、愤怒、恐怖、绝望等，激情状态下的心理活动特点是认识范围变得狭窄，理智分析能力受到抑制，意识控制作用大大减弱，往往不能约束自己的行为，不能正确评价自己行为的意义和后果；应激是在出乎意料的紧急情况下所引起的情绪状态；心境是一种微弱而持久的情绪状态，驾驶人在良好的心境下，判断敏捷、操作准确，在厌烦、消沉、压抑的心境下，烦躁易怒，容易开赌气车	尽量控制情绪，掌握避免或延缓激情爆发的方法，如自我暗示、转移注意等；头脑清醒、判断迅速、行为果断；努力培养积极的心境，克服消极心理，保持良好心境
性格	性格是指人对客观现实的态度，其行为方式上表现为习惯化、稳定化的心理特征，如刚强、懦弱、英勇、粗暴等。 驾驶人性格根据个体心理活动的倾向性，可分为外向型和内向型两种。外向型驾驶人性格开朗、活泼且善于交际；内向型驾驶人沉静、反应相对缓慢	加强自我控制能力、提高协调性，淡化自我中心意识；重视安全教育，自觉进行自我调节，培养良好性格

2.2.2 车辆

城市交通安全系统中的车辆类型很多，主要包括汽车、列车。与交通安全密切相关的是车辆性能、车辆结构和车辆安全技术等（见表 2－7）。现以汽车性能、汽车安全技术、轨道交通行车安全技术为例介绍车辆与交通安全的关系。

表 2－7 影响交通安全的车辆因素

因素	主要指标
性能	汽车的动力性能、制动性能、操稳性、通过性、平顺性等； 列车启动加速度、最大运行速度、牵引电机功率、制动减速度、车辆能通过的最小曲线半径等
结构	汽车的转向装置、制动装置、行驶装置等； 列车的牵引、制动、机械走行部、车体、监控、空调、通风及采暖等
安全技术	汽车的主动安全技术和被动安全技术（ABS、EBD、ASR、ESP 等）； 轨道行车安全技术（ATC、ATP、ATO、ATS 系统等）

1. 汽车性能

汽车性能与道路交通安全有密切的联系，主要包括汽车的动力性能、制动性能、操稳性、通过性、平顺性等。

1）汽车的动力性能

汽车的动力性能是指汽车在良好路面上直线行驶时所能达到的平均行驶速度。常用评定指标为最高车速、加速度或加速时间和最大爬坡能力。最高车速是指在水平、良好的路面上，汽车所能达到的最高行驶速度；加速时间是指汽车以最大的加速度达到某一预定车速所需要的时间；最大爬坡能力是指满载时汽车在良好路面上所能克服的最大爬坡度。

2）汽车的制动性能

汽车的制动性是汽车的主要性能之一，直接关系到交通安全，是汽车安全行驶的重要保障。汽车制动性的评价指标，包括制动效能、制动效能的稳定性和制动时汽车的方向稳定性。

（1）制动效能

制动效能是汽车制动性能最基本的评价指标。通常用制动距离、制动时间、制动减速度来评价汽车的制动效能，其中制动距离是一个评价汽车制动性能的综合指标。制动距离是指汽车在平坦、干燥、良好的路面上以一定的初速度紧急制动时，从驾驶人脚接触制动踏板时起至车辆停住时车辆所驶过的距离。制动距离（S）可按下式计算：

$$S=\frac{KV^2}{254\times(\varphi\pm i)} \tag{2-1}$$

式中：

V——汽车已经开始制动时的初速度，km/h；

φ——路面纵向摩擦系数；

i——道路纵向坡度，%，上坡为“+”，下坡为“-”；

K——制动使用系数，与车辆性能、车速、司机水平等因素有关，一般取1.2～1.4。

（2）制动效能的稳定性

制动效能的稳定性是指制动效能不因制动器摩擦条件改变而恶化的性能，包括热稳定性和水稳定性。其中热稳定性（抗热衰退性）是指因连续制动（如长下坡）使制动器温度升高后保持冷态制动效能的能力。它主要由制动器容量、结构和摩擦衬片的材质决定。水稳定性是指因制动器浸水而使制动效能衰退的性能。

（3）制动时汽车的方向稳定性

制动时汽车的方向稳定性是指汽车制动时保持给定轨迹行驶的能力。汽车各轮上的制动力大小不均匀、比例不当，将导致跑偏、侧滑，使汽车失去控制。一般按汽车制动时不能超出一定车道宽度来界定汽车制动时的方向稳定性。

3）汽车的操稳性

汽车的操稳性包括汽车的操纵性和稳定性。汽车的操纵性是指汽车能正确地按照驾驶人的要求，维持或改变原行驶方向的能力；汽车的稳定性是指汽车在行驶过程中，经受各种外部干扰后能自行尽快恢复原行驶状态而不致发生失去控制、侧翻和侧滑等现象的能力，包括汽车的纵向稳定性和横向稳定性。其中纵向稳定性是指汽车上（或下）坡时，汽车抵抗绕后（或前）轴翻车的能力；横向稳定性是指汽车抵抗侧翻和侧滑的能力。

汽车的操纵性和稳定性是密切相关的，操纵性的丧失往往使汽车失去操纵性而处于危险状态，稳定性的丧失将导致汽车的侧滑或侧翻。

影响汽车操纵稳定性的因素有以下几个方面。

① 汽车的结构参数。如汽车的轴距、轮距、重心位置、轮胎特性、前后悬架的形式、前轮定位角及转向参数等。

② 驾驶人。驾驶人反应快、技术熟练、动作敏捷、体力好就能及时准确地采取措施，从而使汽车的运动状态趋于稳定；反之，如果驾驶人反应迟钝，判断错误，就可能导致汽车的稳定性破坏、操纵性丧失。

③ 路面平整度、坡度、车轮与地面的附着系数、风力、交通情况等外界条件。

4）汽车的通过性

汽车的通过性是指在一定的载重下，汽车以足够高的平均车速通过各种坏路和无路地带（松软地面、沙漠、雪地、沼泽等）以克服各种障碍（陡坡、侧坡、台阶、壕沟等）的能力。汽车通过性常用单位车重的挂钩牵引力来评价。另外，汽车的通过性还与汽车的几何参数有直接关系，包括最小离地间隙 c 、接近角 γ_1 、离去角 γ_2 、纵向通过半径 P 、最小转弯半径 R 等，如图 2－8 所示。

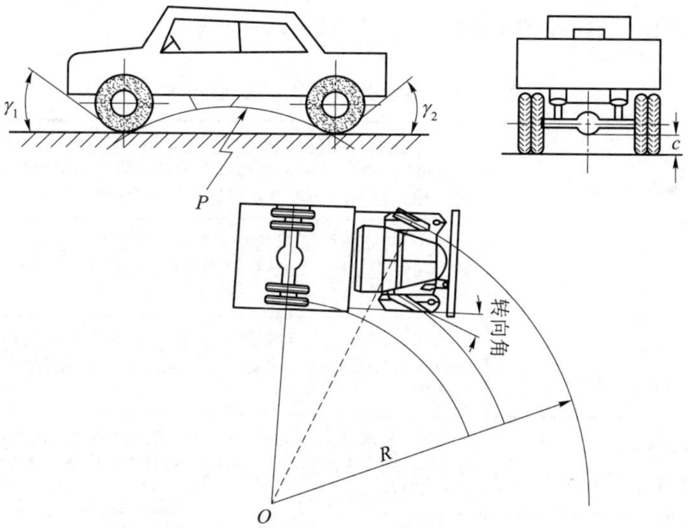

图 2－8　表征汽车通过性的几何参数

① 最小离地间隙。它是指汽车除车轮以外底盘的最低点与地平面之间的距离，一般汽车底盘的最低点在后轴主减速器的下沿。

② 接近角与离去角。从汽车前面的突出最低部位引出一直线与前轮外圆相切，该切线与地面构成的夹角，称为接近角。从汽车后面的突出最低部位引出一直线与后轮外圆相切，该切线与地面构成的夹角，称为离去角。接近角和离去角过小将导致通过性不良。

③ 纵向通过半径。它是指在汽车侧视图上作出的与前后轮及两轴间最低点相切的圆的半径。汽车的纵向通过半径越小，表明它能够无碰撞地越过小丘、拱桥的能力越强。

④ 最小转弯半径。它是指汽车转弯时，当转向盘转到最大极限时，外侧前轮所滚过的轮迹中心至转向中心的距离。汽车的最小转弯半径表明了汽车在最小面积内回转的能力。

5）汽车的平顺性

汽车平顺性是指汽车在不平道路上行驶时，汽车免受冲击和振动的能力。该特性对汽车平均车速、驾驶人和乘客的乘车舒适性等有很大的影响。

平顺性良好的汽车，其车身振动的固有频率范围应为 1～1.6 Hz（相当于人步行时身体上下运动的频率），振动加速度不宜超过 $0.2g$～$0.3g$（g 为重力加速度，9.8 m/s^2）。目前许多国家采用“人体承受全身振动频率”指标作为评价人体对振动的反应。主要包括以下 3 种感觉界限。

① 暴露极限。当人体承受的振动强度在这个极限之内时，可保证其健康或安全。

② 疲劳降低动作效率界限。当驾驶人承受的振动强度在此极限内时，可保证能正常进行加速。

③ 舒适降低界限。当乘客承受的振动强度在此界限之内时，不会明显感到不舒适。

2. 汽车安全技术

汽车安全技术是指车辆避免发生事故或发生事故后避免或减轻对人员、车辆等伤害程度的各种技术措施的统称，包括主动安全技术和被动安全技术。主动安全技术是指在事故有可能发生但还未发生时主动预防事故发生的各种技术措施；被动安全技术是指发生意外事故时，对驾驶人、乘客及货物进行保护，减轻人员伤害和货物受损程度的各种技术措施。表 2–8 和表 2–9 分别为典型的汽车主动安全技术、汽车被动安全技术。

表 2–8　典型的汽车主动安全技术

防抱死制动系统 （anti-lock braking system，ABS）	ABS 能够利用轮胎和地面之间的峰值附着性能，提高汽车抗侧滑性能，充分发挥制动效能，同时增加汽车制动过程中的可控性，减少事故发生的可能性，是一种具有防滑、防锁死等优点的安全制动控制系统
电子制动力分配系统 （electric brakeforce distribution，EBD）	汽车在制动时，4 只轮胎附着的地面条件往往不一样。根据汽车制动时产生的不同轴荷转移，EBD 自动调节前、后轴的制动力分配比例，提高制动效能，并配合 ABS 提高制动稳定性
自动巡航控制系统 （automatic cruise control，ACC）	汽车采用 ACC，可使汽车在发动机功率允许范围内，不用调整加速踏板的位置便可按照驾驶人的要求，自动地适应外界阻力的变化，保持一定速度的行车状态
安全驾驶辅助系统 （safety driving assist，SDA）	SDA 是辅助驾驶员行车的一种智能设备，通过摄像头将车前方的图像录入系统，涉及的重要信息（如前方有行人、汽车）系统将进行标记并语音提醒，以保证行车安全
电子控制制动辅助系统 （electronic brake assist，EBA）	EBA 是汽车紧急制动辅助系统的一种，通过驾驶员踩踏制动踏板的速率来分析其制动行为，若察觉到制动踏板的制动压力恐慌性增加，EBA 会在几毫秒内启动全部制动力。EBA 可显著缩短紧急制动距离并有助于防止在停停走走的交通中发生追尾事故
车道偏离警示系统 （lane departure warning system，LDWS）	LDWS 是一种通过报警的方式辅助驾驶员减少汽车因车道偏离而发生交通事故的系统。该系统提供智能的车道偏离预警，在无意识（驾驶员未打转向灯）偏离原车道时，能在偏离车道 0.5 s 之前发出警报，为驾驶员提供更多的反应时间，大大减少了因车道偏离引发的碰撞事故
汽车胎压监测系统 （tire pressure monitor system，TPMS）	TPMS 是一种能对汽车轮胎气压、温度进行自动检测，并对轮胎异常情况进行报警的预警系统

表 2–9　典型的汽车被动安全技术

安全气囊 （safety airbag）	安全气囊是指撞车时在乘员发生二次碰撞前，使气囊膨胀保护乘员的装置，主要由安全气囊传感器、防撞安全气囊及电子控制装置等组成。在汽车相撞时，汽车安全气囊可使乘员头部受伤率减少 25%，面部受伤率减少 80%左右
安全带 （safety belt）	安全带能使汽车在紧急制动或发生碰撞时，把乘员束缚在座椅上的一种安全装置，能起到约束乘客、吸收撞击能量以及抵消惯性力的作用
吸能车身 （energy absorbing body）	车身采用特殊结构或材料，在事故发生时可以大幅度吸收撞击力以降低缓冲撞击力，与此同时，缓解车内乘员的移动程度，最大限度地保护被撞行人、车辆及乘员等
胶质强化风挡玻璃 （colloidal reinforced windshield）	在汽车制造生产中，通过采用胶质强化风挡玻璃，能够确保在汽车发生被动碰撞后风挡玻璃破碎不会对车内乘员生命造成更大的伤害

本节以防抱死制动系统、电子制动力分配系统、安全驾驶辅助系统、安全气囊为例介绍其工作原理和功能。

1）防抱死制动系统

在传统制动系统基础上，ABS 采用电子控制技术实现制动力的自动调节以期获得最有效的制动效果，并大大提高车辆主动安全性。ABS 能够利用轮胎和地面之间的峰值附着性能，提高汽车抗侧滑性能，充分发挥制动效能，同时增加汽车制动过程中的可控性，减少事故发生的可能性，是一种具有防滑、防锁死等优点的安全制动控制系统。

ABS 的基本工作原理：将车轮的滑移率控制在最大地面附着系数对应的滑移率附近，使汽车获得较高的纵向和侧向附着力，从而避免汽车在紧急制动时因车轮抱死出现制动效能下降、甩尾、转向失灵等不安全现象，减少事故的发生。

图 2-9 为某型轿车 ABS 装置，该装置为 4 个轮速传感器 4 通道布置形式。4 个轮速传感器分别将各车轮的信号传给电子控制器，经电子控制器运算得出各车轮的滑移率，并根据滑移率运算得出各轮缸的油压。当滑移率在 8%～35%时，车辆的纵向附着力和侧向附着力都较高。将这一附着区域内的汽车制动的有关参数预先输入 ABS 的控制系统，电子控制器可随机地根据实际控制工况进行判断，给执行机构发出动作指令，使车轮的滑移率控制在这一最佳工作范围内，即各车轮制动到不抱死的极限状态，既不“跑偏”又不“甩尾”。

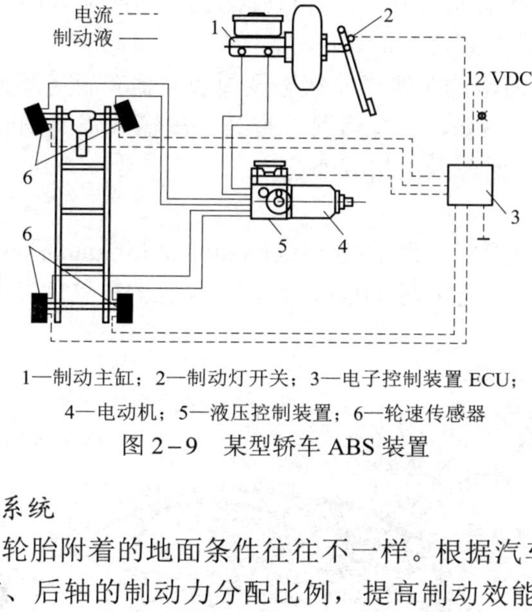

1—制动主缸；2—制动灯开关；3—电子控制装置 ECU；
4—电动机；5—液压控制装置；6—轮速传感器

图 2-9　某型轿车 ABS 装置

2）电子制动力分配系统

汽车在制动时，4 只轮胎附着的地面条件往往不一样。根据汽车制动时产生的不同轴荷转移，EBD 自动调节前、后轴的制动力分配比例，提高制动效能，并配合 ABS 提高制动稳定性。

EBD 的基本工作原理：利用高速计算机在汽车制动的瞬间，分别对 4 只轮胎附着的不同地面进行感应和计算，得出不同的摩擦力数值，使 4 只轮胎的制动装置根据不同的情况用不同的方式和力量制动，并在运动中不断调整，使制动力与摩擦力相匹配，从而保证车辆的平稳。实际调整前、后轮时，可依据车辆的重量和路面条件来控制制动过程，自动以前轮为基准去比较后轮轮胎的滑动率（即车辆的实际车速和车轮的圆周线速度之差与车辆实际车速之比），如发觉前、后车轮有差异，而且差异程度必须被调整时，它就会调整汽车制动液压系统，使前、后轮的液压接近理想化制动力的分布。

在 ABS 动作启动之前，EBD 已经平衡了每一个轮胎的有效地面附着力，在紧急刹车车轮抱死的情况下防止出现后轮先抱死的情况，改善制动力的平衡并缩短汽车制动距离，防止出现甩尾和侧移。

3）安全驾驶辅助系统

车辆配备 SDA 目的是使车辆在较差的环境中能够识别路况信息，并能够辅助驾驶人安全行车。从车辆 SDA 当前的发展状况来看，基于视觉的环境感知、多传感器的融合和自动驾驶等技术是今后的发展基础。

SDA 的主要功能包括以下几个方面。

① 驾驶人注意力监视。长途行驶或在高速公路上行驶时，驾驶人往往由于疲劳或所见目标单调而造成注意力不集中或打瞌睡，导致车辆偏离行驶路线，甚至引发交通事故。应用注意力监测可有效解决此类问题。例如，可利用摄像机等传感器来监测驾驶人的面部表情、眼睛的睁开程度、眼皮的眨动频率等，并用声光报警。

② 车辆技术状况监测。及时检测汽车自身各系统的技术状况，将安全隐患消灭在萌芽状态。例如，对发动机运转状况、轮胎气压、转向机构、制动系统等进行实时监测。

③ 驾驶人视觉增强。现今的视觉感知技术已能够实现特殊天气或环境条件下使驾驶人具有良好的“视野”。红外传感器在这方面具有很强的优势，其最大的特点就是能够在夜间和各种能见度低的恶劣天气下探测到路况信息。

④ 防撞安全预警。全面检测车辆当前状态及周边其他车辆等障碍物的情况，如有碰撞等安全隐患，则警告驾驶人。例如，当车道前方有其他车辆或障碍物时，该系统将自动监测并及时发出警告，以便驾驶人提前做出相应处理。

4）安全气囊

安全气囊是一种辅助可充气约束系统（supplemental inflatable restraint system，SRS），在发生碰撞时，安全气囊充气大约需要 0.03 s，主要由传感器、气体发生器、气囊系统等 3 部分组成，如图 2－10 所示。

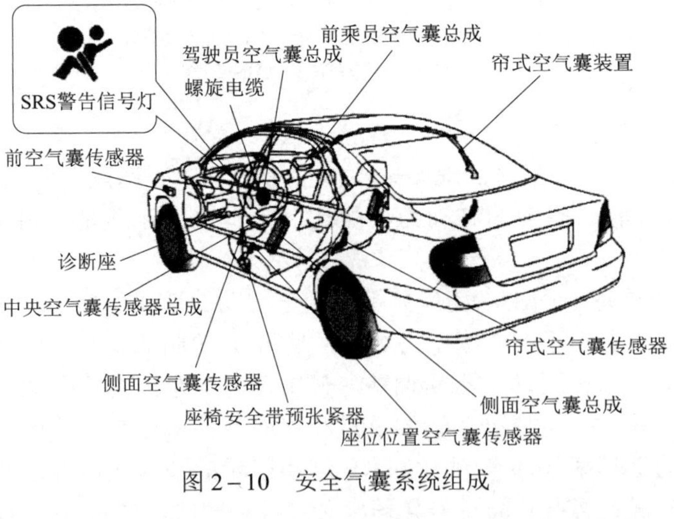

图 2－10　安全气囊系统组成

传感器的功能是检测、判断车体所经受的撞击信号，决定是否启动安全气囊。气体发生器的功能是在传感器的控制下根据信号指示产生点火动作，点燃固态燃料并产生气体向气囊充气，使气囊迅速膨胀展开保护乘员。气囊一般容量为 50～90 L，气囊的材料要求具有很高的抗拉强度，同时气囊设有安全阀，当充气过量或囊内压力超过一定值时会自动释放部分气体，避免乘客挤压受伤。

安全气囊的基本工作原理：汽车行驶过程中，传感器系统不断向控制装置发送速度变化（或加速度）信息，由控制装置（中央控制器）对这些信息加以分析判断，如果所测的加速度、速度变化量或其他指标超过预定值（即真正发生了碰撞），则控制装置向气体发生器发出点火命令或由传感器直接控制点火，点火后发生爆炸反应，产生氮气（N_2）或将储气罐中的压缩氮气释放出来充满碰撞气囊。乘员与气囊接触时，通过气囊上排气孔的阻尼吸收碰撞能量，达到保护乘员的目的。

3. 城市轨道交通行车安全技术

城市轨道交通行车安全是指列车在运送乘客的过程中对行车人员、行车设备及乘客产生作用和影响的安全，一般包括行车调度安全、列车驾驶安全、车站作业安全、接发列车作业安全和调车作业安全等，其中列车驾驶安全是整个城市轨道交通行车安全工作的关键环节之一。城市轨道交通行车安全是一个复杂而有规律的动态过程，受到人、设备和环境等多种不利因素的影响。列车自动控制（automatic train control，ATC）系统是常见的保证城市轨道交通行车安全的技术，一般包括列车自动保护（automatic train protection，ATP）系统、列车自动驾驶（automatic train operation，ATO）系统、列车自动监控（automatic train supervision，ATS）系统等 3 个子系统，如图 2－11 所示。

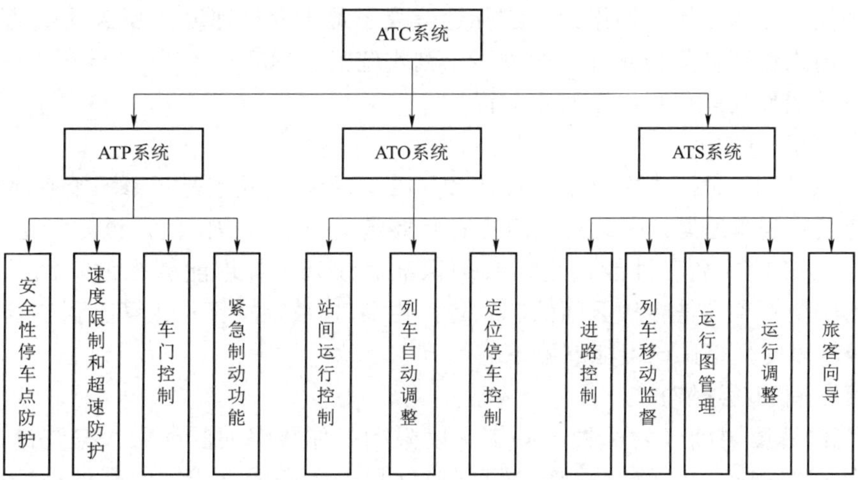

图 2－11　列车自动控制（ATC）系统组成

1）ATP 系统

ATP 系统是一种带速度控制的列车自动防护系统，是线路上信号设备的补充，是由地面信号和车载设备共同组成的闭环安全系统，是地面联锁向车载设备的延伸而实现的行车方式，以故障－安全原则作为最重要的技术条件。列车通过 ATP 设备接收运行该区段的最高速度指示，并保证列车不超过此速度运行，从而保证了后续列车与先行列车之间的安全间隔距离。ATP 系统在城市轨道交通中承担确保列车行车安全的重要职责，是 ATC 系统中最重要的一环。

在 ATP 计算机内，存储了必要的线路固定工程数据，如区间的线路布置、坡度、轨道电路长度、限速等。ATP 计算机根据已有的数据和当时的线路运行状况，按照一定的算法计算列车的最大允许速度，其工作原理如图 2-12 所示。

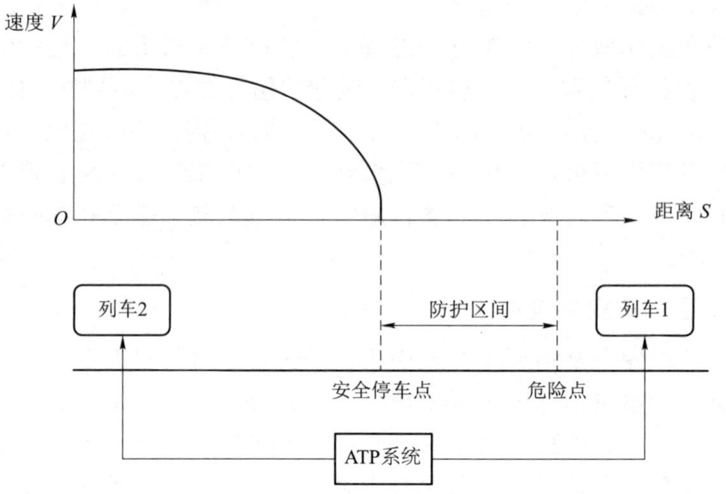

图 2-12 ATP 系统工作原理

前行列车 1 的位置或危险点经轨道电路传递给运行在线路区间的后续列车 2，对列车 2 而言，列车 1 的位置就是危险点，列车 2 可计算出到危险点的最大允许速度。列车 1 向前运行，则列车 2 的安全停车点（车站停车点不属于安全停车点）也随之变化，列车 2 实时计算到停车点的速度-距离曲线，如果列车实际速度高于最大允许速度，那么系统就应先报警，若在规定时间内未将速度降到允许速度以下，则实施紧急制动。

ATP 系统的主要功能包括以下几个方面。

（1）安全停车点防护

安全停车点是基于危险点定义的，如图 2-12 所示。危险点是丝毫不能超越的点，如果超越，就可能发生列车追尾。因此对危险点有必要定义一个防护区间，该防护区间的长度由区段的运行条件和前后列车性能决定，必须保证后续列车最迟能够在危险点之前停下来。图 2-12 中的安全停车点是防护区间的起始点，由 ATP 系统监督并计算出到安全停车点的速度-距离曲线，以使列车在该点能够停下。

（2）速度限制和超速防护

ATP 系统的速度限制分为两种：固定速度限制（如线路的区间最大允许速度）和临时限制速度（如线路施工、维修时的临时限制速度和由运行环境或突发事件所造成的临时限速）。这两种限速值可由设备运行环境实时发送给车载 ATP 系统，ATP 系统一直监督列车不得超越这些限制速度。

ATP 系统超速的触发点一般比 ATP 系统限速值高 3 km/h，一旦超速，列车会自动发出警告。如果在规定时间内列车未将速度降到限制速度允许的速度以下，ATP 便会实施紧急制动，并加以记录。

（3）车门控制

车门控制是 ATP 系统重要的安全措施之一，包括防止列车在站外开门和站内开错门，另外还防止列车在开门状态下启动。只有在下列条件同时满足时，车载 ATP 系统才给出开门命令：① 列车静止；② 列车停在车站的可停车范围内；③ 轨旁 ATP 设备允许开门。只有在

ATP 系统检查了所有安全条件均已满足时，才允许车门开启并发出指示命令。

（4）紧急制动

在特殊的紧急情况下，如通信中断时，按压车站的紧急停车按钮，就可通过轨道电路将停车信息传递给在区间行驶的列车，启动紧急制动，使列车停止运行。一旦启用紧急制动，不能中途释放制动，一定要在列车停稳后才能重新启动，系统同时会将情况记录下来，以备事故分析和查验。

除此之外 ATP 系统还具有一些其他功能，如基本通信功能、向 ATO 系统传输数据、监督和操作列车自动折返等。

2）ATO 系统

ATO 系统作为 ATC 系统的一个重要子系统，利用车载固化信息和地面信息实现对列车牵引、制动的控制，使列车经常处于最佳运行状态，提高乘客的舒适度、列车准点率，节约能源。ATO 系统是提高城市轨道交通列车运行水平（准点、舒适、节能）的重要技术，但其功能要依靠 ATC 各子系统协调工作共同完成。ATO 系统并不是故障－安全系统，它的运行速度始终低于 ATP 系统的防护速度，且它的运行任务是由 ATS 系统根据需求实时给出的，缺少 ATP 和 ATS 子系统，ATO 系统将无法正常工作。

ATO 系统的主要功能包括站间运行控制、列车自动调整、定位停车控制等。

（1）站间运行控制

这是 ATO 系统的最主要功能。它可生成牵引速度调节功能和制动控制信号，其模块调速器以渐进和恒定的速率加速列车达到由限速设定的运行速度，列车达到限定速度后，ATO 系统根据站间距离和站间运行时间自动计算出速度－距离曲线，通过连续比较实际速度和限速以控制列车的牵引和制动系统，应用闭环控制技术达到速度调节的目的。它控制列车速度到 ATP 系统速度命令、ATS 系统运行等级或车站停车曲线所决定的最低参考速度，列车行驶速度一般被保持在上述参考速度 0～5 km/h 的范围内。在高峰期间，按照最大允许速度驾驶列车，在低峰期间，按照最节能的方式驾驶列车。

（2）列车自动调整

列车运行期间，ATO 系统列车自动调整装置通过对列车实际运行时分与计划时刻表内运行时分的比较，用报文的形式把相应的信息（运行时分计算值）通过轨道电路传给车载 ATO 系统。与此同时，ATS 系统通过控制运营停车点的释放时间，来控制列车的发车时刻，从而调整列车在站内的停留时间，使列车按照时刻表规定的时间运行。列车自动调整的原则是列车按时刻表和最大可能的节能原则运行。

（3）定位停车控制

车站的定位停车是列车运行重要的作业之一。定位停车控制一般较多采用距离控制方式，即根据制动开始点到定位停车点之间的距离及列车速度、列车重量、天气情况、空走时间、线路条件算出制动模式。在定位停车点的附近进行阶段缓解，以不断修正停车位置的误差来保证定位停车。为了保证列车能在车站定位停车，一般应在车站内设地面标志器，如图 2－13 所示。当列车接近车站时，它首先检出离停车点 350 m 处最外方标志器对，从而启动车站制动曲线并点亮驾驶员操作台上的程序停车表示灯，列车通过离停车点 150 m 处的中间标志器对和离停车点 25 m 处的内方标志器时分别更新制动曲线，而当列车检出 8 m 处的站台标志器时，再次更新制动曲线。一旦车辆对位天线直接位于地面对位线圈，控制列车精确定位停车，这时地面向列车发送对位信息，车辆检出此信号时，ATO 系统将设定常用全制动并启动开门程序，当车门打开时，程序停车表示灯将熄灭。

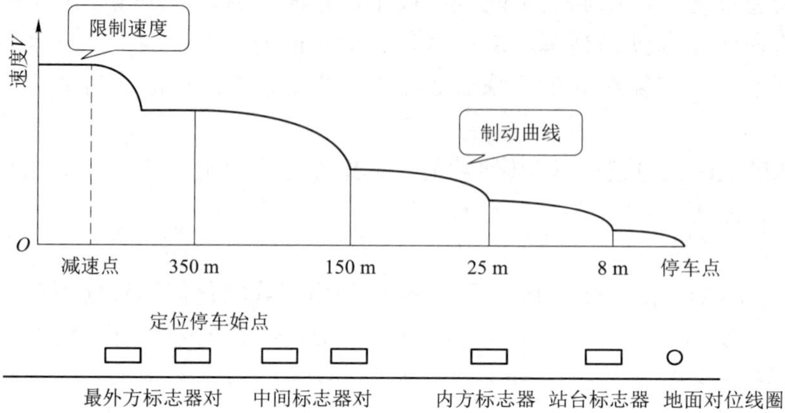

图 2-13　定位停车示意图

3）ATS 系统

ATS 系统是整个城市轨道交通系统的运营核心，在 ATP 系统和 ATO 系统的支持下完成对列车运行的自动监控，负责监视和控制线路中所有列车的运行状态。ATS 系统由一个位于控制中心的远程监控系统及每个车站的现地 ATS 系统组成。ATS 系统自动负责运行列车的进路控制、列车跟踪、运行图编制及列车运行状态的调整，只有在系统或设备故障时才需要监控人员的人工介入，因此可极大地降低工作人员的劳动强度，并提高系统运行的效率和自动化程度。

ATS 系统的核心业务主要包括进路控制、列车移动监督、运行图管理、运行调整、旅客向导、仿真与培训和系统数据库管理等。

（1）进路控制

系统根据列车运行的目的地，由系统自动建立进路；系统也可根据实际运营需求、系统运行状态及最优系统运行效率原则，采取不同的进路选择方式。

（2）列车移动监督

列车移动监督实际上是用计算机再现列车的运行，系统通过跟踪列车对轨道区间的占用情况和区间内道岔的实际位置自动完成对控制区段内的列车身份确认，并对由现场传来的列车识别号进行校核。相应列车的识别号将显示在占用轨道旁的识别号显示窗口，以将所有运营列车的实际位置通知监控人员。

（3）运行图管理

系统可根据当日的运营需求自动排出每日的运行计划。系统应具有 10 种以上基本运行图，通过调用这些基本运行图并在进行必要的参数设置后，监控人员可很方便地获得当天的实施运行图。列车运行后获得的实际运行图由机器实时记录保存，需要时可输出查看。所有基本运行图和实施运行图均可由监控人员进行离线修改和维护。

（4）运行调整

当列车运行偏离运行图时，系统可自动调整列车的停站时间。当偏离误差较大时，可由调度员人工介入，指定列车的停站时间和区间走行时间，或对系统实施运行图进行调整。运行调整可手动或自动完成，具体调整策略包括改变运行等级、改变停站时间、增减车次、时刻表偏移等。

（5）旅客向导

系统可根据现行时刻表设定的信息和运行中的列车交通状况，通过乘客信息系统向乘客提供自动、实时、可视或广播告示。例如，在每个车站的旅客信息显示牌中显示相关列车的到、发站时间和行驶目标，并能根据需要显示特定的警告信息。

2.2.3 城市交通基础设施

城市交通基础设施（urban transport infrastructure）是城市范围内所拥有的或能控制的，且需要先行由政府有效供给的，对社会经济效益起着基础作用的重要的公共资源。包括道路基础设施、公共交通设施、停车与枢纽设施，其中道路基础设施包括城市道路和轨道基础设施，公共交通设施包括地面常规公交、轨道交通和快速公交系统。与城市交通基础设施有关的因素主要涉及城市交通基础设施线形、结构、交叉口及交通附属设施等，如表 2–10 所示。本节以城市轨道交通线形、道路路基路面和平面交叉口为例介绍城市交通基础设施与城市交通安全的关系。

表 2–10 影响城市交通安全的城市交通基础设施因素

城市交通基础设施组成	主要内容	具体指标
线形	道路	直线、平曲线、坡度、坡段长度、车道数、单车道宽等
	轨道	轨距、水平、方向、轨底坡、圆曲线半径和长度、曲线超高坡度、坡段长度、竖曲线等
结构	路基路面	路基高度、边坡坡度、路面平整度、路面抗滑性等
	车站	工务、车辆、信号、通信、供电、通风/排烟、给排水系统及服务设施等
	轨道	钢轨、轨枕、连接零件、道床、道岔及其他附属设施等
交叉口	平面交叉口	平面交叉口类型、渠化方式、有无信号控制、视距等
	立体交叉口	立体交叉口类型、出入口匝道间距、匝道线形等
交通附属设施	管理设施	标志、标线、信号灯等
	服务设施	停车场、公交车停靠站、加油站、照明等
	安全设施	防撞护栏、安全净空、路障等

1. 城市轨道交通线形

城市轨道交通线形由平面线形和纵断面线形组成。平面线形由直线和曲线组成，纵断面线形由坡段和竖曲线组成。影响城市交通安全的轨道线形指标包括以下几项。

1）轨距

轨距是指两股钢轨头部内侧与轨道中线相垂直的距离。轨距必须略大于轮对宽度，有一定的游间，以便列车顺利通过轨道，但游间不能过大，否则会使车辆行驶时的蛇形运动幅度加大，横向加速度、轮缘对钢轨的冲击及作用于钢轨上的横向力也随之增大。在小半径曲线上，为使具有固定轴距的列车能顺利通过，要进行适当的轨距加宽。

2）水平

水平是指两股钢轨的顶面在直线段应保持在同一水平面上，使两股钢轨受力均匀，保证列车平稳通过。

有两种性质不同的钢轨水平误差。一种是在相当长路线范围内，一股钢轨轨顶比另一股钢轨轨顶高，只是水平误差保持在容许范围内；另一种为三角坑或轨道竖向扭曲，是指在一段不太长的距离内，先是左钢轨高，后是右钢轨高，或者与此相反。轨道上存在三角坑会出现车轮不能全部正常压紧钢轨的现象，在最不利的情况下甚至可以爬上轨道，造成脱轨。

3）方向

方向（轨向）是指轨道中线位置应与其设计位置一致。轨道方向不良，对行车安全和平稳具有特别重要的意义。在无缝线路段，若轨道方向不良，高温季节会引起涨轨跑道，严重威胁行车安全。

4）轨底坡

轨底坡是指轨道底面对轨枕顶面的倾斜度。设置轨底坡的目的是使车轮压力集中于钢轨的中轴线上，减小荷载偏心距，降低轨腰应力，避免轨头与轨腰连接处发生纵裂。

5）圆曲线半径

当列车在半径小的曲线上运行时，由于视距短、瞭望条件差，对行车安全不利，并且半径越小，滑动摩擦造成的钢轨磨耗越大。

车站站台段的线路应尽量设在直线上。直线站台瞭望条件好，利于行车安全，否则当列车停靠在小曲线半径站台时，车辆与车站间隙过大，不利于乘客上下车和乘车安全。

6）圆曲线长度

线路的圆曲线长度最短不能小于车辆的全轴距，否则就会出现一节车辆同时位于 3 个不同线形上的情况，对行车的稳定性和旅客舒适度产生不利的影响。

7）曲线超高

轨道交通车辆通过曲线时，由于离心力作用，列车有向外侧抛出的趋势，为平衡这个离心力，需使外侧钢轨比内侧钢轨高，这种设置称为超高。曲线超高可以提高线路横向稳定性，保证行车的安全。

8）坡度

轨道交通线路坡度太大不利于列车启停，坡度太小不利于排水，因此线路坡度限制分为最大限制坡度和最小限制坡度。为保证列车行车安全和准时，最大坡度阻力及各种阻力之和，不宜大于列车牵引动力的一半。线路坡度应尽可能平缓，一般宜在 25‰以下。

9）坡段长度

一个坡段两端变坡点之间的距离为坡段长度。如果坡段长度小于列车长度，列车会同时跨越两个或两个以上的变坡点，各个变坡点所产生的附加力和局部加速度会因叠加而加剧，影响列车的平稳运行和旅客的舒适度。因此，线路坡段长度不宜小于远期列车计算长度。

2. 道路路基路面

1）路基

路基高度和边坡坡度与道路交通安全有直接的关系。高路基路段，翻车事故死亡率明显高于道路交通事故的平均死亡率，尤其当设计车速较大时，道路上行驶车速非常快，因此一旦车辆失控，冲出路侧护栏，翻至高路基底部，就会造成车毁人亡的严重事故；过陡的路基边坡是增加事故严重性的另一因素。车辆在坡度大的陡坡上发生意外时，事故类型接近于坠车。因此当条件允许时应尽量采用矮路基或缓边坡，失去控制的车辆一般不会因驶出路外而翻车，事故的严重性大大降低。

2）路面与交通安全

路面平整度对车辆的行驶性能和交通安全有较大的影响。路面坎坷不平，则行车阻力大，车辆颠簸振动，机件、轮胎磨损就会加快，行车安全性和舒适性就会降低，甚至造成交通事故。

路面抗滑性反映的是路面交通安全方面的使用性能，影响因素有路面表面特征、路面潮湿程度和行车速度等。路面摩擦系数是衡量路面抗滑性的重要指标，当路面抗滑能力小于要求的最小摩擦系数时，行驶车辆制动就可能产生侧滑而失去控制。特别是路面潮湿或覆盖冰雪时，发生侧滑的危险性增大；在弯道、坡路和环形交叉处，尤其容易发生滑溜事故。路面表面结构对其抗滑能力也有一定的影响，如果路面在车辆行驶下已磨得非常光滑，道路抗滑能力降低，即使在干燥路面上，也会出现滑溜现象。

根据对美国宾夕法尼亚州路面状况的调查，如表 2-11 所示，路面潮湿时的事故率是干燥路面的 2 倍，降雪时是干燥路面的 5 倍，结冰时为干燥路面的 8 倍。

表 2-11　美国宾夕法尼亚州路面状况与交通事故率关系

路面状况	每百万车公里交通事故率	路面状况	每百万车公里交通事故率
干燥	1.666	雨雪	8.000
湿润	3.222	结冰	12.888

因此为保证汽车安全行驶，路面必须有较大的摩擦系数。加大路面的摩擦系数虽可减少事故与损害程度，却不能根除事故。如果摩擦系数过大，会造成行驶阻力大、耗油量大、车速降低且舒适性差。因此路面抗滑要从安全、经济、舒适性等角度综合考虑。

3. 平面交叉口

由于相交道路上的各种车辆和行人均需汇集于交叉口才能转向其他的道路，此时车辆和车辆之间相互干扰，降低行车速度，造成交通阻滞，容易发生交通事故。

平面交叉口由于多个方向的交通流汇入，致使交通量大幅度增加，各方向行驶的车辆之间、车辆和横过道路的行人之间存在许多可能导致事故发生的潜在冲突点；在平面交叉口处，观察相交道路时视线因建筑物遮挡等原因而受到影响，形成视线盲区，行车视距较低。这些原因都可能导致道路交通事故的增加，日本交通事故统计数据表明，交通事故中的人身事故与路口有关的占 58%。

表 2-12 为平面交叉口道路条数与冲突、合流、分流点数量之间的关系。由该表可知，冲突点、合流点、分流点数量随交叉道路条数增加而显著增加，如四路交叉，有冲突点 16 个，而五路交叉，有冲突点 50 个，因此随着平面交叉口道路条数的增加，车辆相撞的危险性也加大；左转弯车辆产生的冲突点数量最多，如对于四路交叉口，如无左转车辆则冲突点数量从

16 个减小到 4 个。因此为保证交叉口安全、畅通，应尽可能设置左转弯车道和左转信号灯，可减少左转弯事故，并增加交叉口的通行能力。

表 2-12 平面交叉口道路条数与冲突、合流、分流点数量之间的关系

交叉道路条数/条	冲突点/个		合流点/个	分流点/个	合计/个
	左专车	直行车			
三路交叉	3	0	3	3	9
四路交叉	12	4	8	8	32
五路交叉	45	5	15	15	80

表 2-13 为某市市区平面交叉口类型与交通事故率之间的关系。由该表可知，环形交叉口事故率最高，危险性也最大，之后依次为三路交叉口、四路交叉口、多路交叉口。由于环形交叉口存在交织段，车流汇流和分流的机会多，因此行车危险性最高。

表 2-13 某市市区平面交叉口类型与交通事故率之间的关系

交叉口类型	事故数/起	事故数总数/起	所占比例/%	交叉口数/个	交叉口事故率/%
三路交叉口	261	545	47.89	52	5.02
四路交叉口	214		39.27	99	2.16
多路交叉口	28		5.14	11	2.55
环形交叉口	37		6.79	5	7.40

2.2.4 城市交通环境

城市交通环境对城市交通安全的影响因素主要包括：

（1）交通运行所涉及的交通条件，如交通量、交通组成、车速等；

（2）交通附属设施，如标志、电线杆、广告牌、公共汽车站等；

（3）交通景观，如行道树、绿化、沿线建筑物、河流、山岳、湖泊、森林等；

（4）自然及社会环境，如自然灾害、气候、政治、经济、法律、社会风气等；

（5）城市轨道交通作业和企业内部环境，如温度、湿度、噪声、企业文化、规章制度等。

现以车速和交通景观为例介绍其与城市交通安全的关系。

1. 车速

车速与交通事故有着密切的关系。随着车速的提高，驾驶人可以支配的时间明显减少，驾驶人做出错误决定的可能性就会相应增加，从而导致交通事故发生的可能性变大。而且，车速的提高会缩短驾驶人采取避险措施的时间和距离，汽车发生碰撞时的速度通常也较高，事故要更为严重。据德国的事故统计数据，当车速限制从 80 km/h 提高到 100 km/h 时，交通死亡事故增加 12%；据英国的事故统计数据，当车速限制从 80 km/h 提高到 104 km/h 时，死亡和重伤事故增加 7%；在有行人的事故当中，当车辆与行人发生碰撞时的车速从 40 km/h 提高到 50 km/h 时，行人死亡的概率会增加 2.5 倍。

事故的严重程度取决于碰撞时车速的瞬时变化 dv（尤其在 0.1～0.2 s 的范围内），当 dv

超过 20～30 km/h 时，发生严重事故的可能性开始增加。图 2－14 为车速的离散性（个体行驶速度与平均车速的差值分布情况）对交通事故的影响。个别车辆与车流的平均车速相差越大，其发生交通事故的概率就越大。亿车事故率随着车速标准差的增大而呈非线性增长，即车速分布得越离散，事故率越高，其增长速度越快。对于行车管理而言，对车辆进行高速和低速限制，使二者的差值尽可能小，降低车速分布的离散性，可降低事故率。

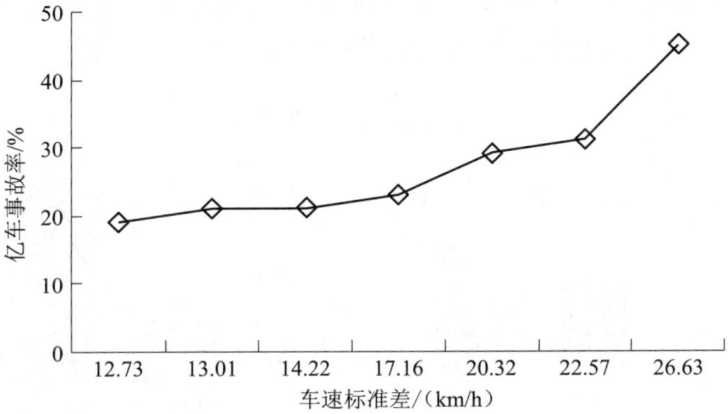

图 2－14 车速的离散性对交通事故的影响

2. 交通景观

交通景观由交通附属设施、周边环境等构成的一个总的空间概念，反映了路域环境特征，是人文与自然环境相结合的建筑艺术。

1）交通景观对交通安全的促进作用

（1）延缓驾驶人疲劳和紧张

优美而富有变化的交通景观能使人体各个系统器官，特别是中枢神经系统、血液循环系统和内分泌系统的功能活动全部处于稳定的平衡状态之中，有助于缓解紧张情绪，增加驾驶安全感，有利于安全稳定地驾驶。因此对可能引起驾驶人恐惧或紧张的场景和场所利用景观进行装点和遮蔽，可以消除或减轻驾驶人的恐惧和紧张心理，促进交通安全。

（2）视线引导

在车辆行驶过程中，驾驶人视野随着道路前方情况而变化。植物在立面上所形成的竖线条可作为视觉参考，引导驾驶人的视线。尤其在黑暗、有雾或下雪时，可以使驾驶人识别道路线形和侧向界限，提高交通安全性。

（3）使线形走向更加明确

交通景观是提示线形的重要因素之一，特别是利用树木高度和位置来表示道路位置和线形的变化是很合理的方式，能够有效地避免驾驶人因变化反应不及而发生事故。在景观设计中，如果能考虑在驾驶人 10 s 行程范围内，通过路侧植物和景观要素对道路线形进行提示或强调，就能够使驾驶人更有效地判断前方的走向，这对于安全具有十分明显的提升作用。

（4）缓解自然环境的明暗变化

例如，在明亮的日光下，虽然隧道内设有隧道照明，但与自然环境亮度相比，仍然存在巨大反差，由此形成的黑洞或白洞效应往往成为事故多发的促成原因。通过洞外景观设计可以有效降低洞外的环境亮度，通过洞外采用绿化植树减少环境光线、在隧道口道路两侧设遮光篷或种植高大的遮光树木等方法，可以有效实现照度的过渡，提升隧道洞口处的安全性。

2）交通景观对交通安全的制约作用

（1）分散驾驶人的注意力

与环境不和谐、视觉冲击力强的交通景观会更多地吸引驾驶人的注意力，导致驾驶人驾驶时不够专注，从而增大发生交通意外的风险。图 2－15 为高速公路有或无广告牌路段，车辆行驶速度分布和标准差均值。总体而言，有广告牌路段与无广告牌路段相比，速度差及其标准差的差异显著，说明在有广告牌路段驾驶人的车速保持能力不及无广告牌路段。这表明广告牌分布造成的外界环境信息量的增大造成驾驶人注意力分散，导致其车速保持能力减弱。

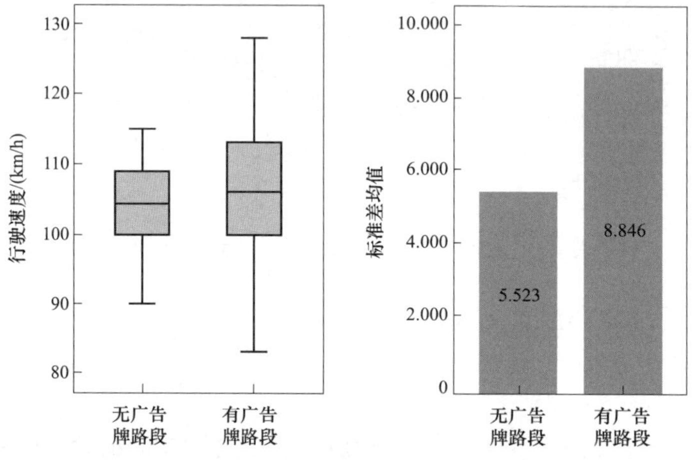

图 2－15　车辆行驶速度分布和标准差均值

（2）遮挡视线，增加碰撞风险

路侧或中央分隔带内的绿化植物或景观设施会影响驾驶人的视线，使安全行车需要的视距得不到保障，这是最常见的影响交通安全的景观问题。

①弯道内侧行道树距行车道过近，会影响驾驶人视距和车辆安全行驶所需要的横净距，存在较高的事故风险，如图 2－16（a）所示。

②路侧行道树过于靠近平交路口会遮挡相交道路，使驾驶人忽略平交路口尤其是小平交路口的存在。若支路上有车辆突然驶入主线，极有可能导致严重的交通冲突，甚至引发事故。如果中央分隔绿化带设置过于靠近平交路口或距离中央分隔带开口过近，会遮挡驾驶人的视线，也容易诱发交通事故，如图 2－16（b）所示。

（a）弯道内侧行道树距行车道过近　（b）路侧行道树过于靠近平交路口

图 2－16　绿化遮挡视线案例

③ 车辆行驶时需要一个安全的路侧宽度，如果景观绿化的高大树木种植在路侧净区范围内，则会增加车辆碰撞树干的可能性，如图 2－17 所示。

图 2－17 路侧净区范围内的景观绿化

（3）视觉误导

不当的路侧或中央分隔带绿化树的栽植容易误导驾驶人，尤其在平曲线和凸形竖曲线组合路段，如果竖曲线后方的绿化树有明显的开口，则容易给驾驶人造成前方直行的错觉。

复习思考题

1. 简述人－机－环境系统的含义和研究内容。
2. 何谓 SHEL 模型？如何利用 SHEL 模型对人的失误进行分析？
3. 简述驾驶人的信息处理过程。
4. 简述不同气质驾驶人的驾驶特点及其与城市交通安全的关系。
5. 影响驾驶人反应时间的因素有哪些？简述其影响规律。
6. 简述“注意”的含义及其与驾驶安全的关系。
7. 简述静视力、动视力和夜视力的差异。
8. 影响汽车操纵稳定性的因素有哪些？
9. 什么是汽车制动性？提高制动性的主要措施有哪些？
10. 结合实际，分析常见的汽车的主动、被动安全技术的工作原理。
11. 简述防抱死制动系统的工作原理和作用。
12. 城市轨道交通列车自动控制系统由哪几个子系统组成？简述各子系统的功能。
13. 为什么轨道交通车站站台段的线路要设在直线上？
14. 简述路基高度、边坡坡度与交通安全的关系。
15. 简述道路高路基设计的优缺点。
16. 平面交叉口冲突的含义是什么？有哪些种类？
17. 简述平面交叉口的交通安全影响因素。存在哪些主要安全问题？

18. 简述影响城市交通安全的城市交通环境因素。
19. 雨天、雾天对行车安全的影响是什么？
20. 车辆行驶速度是如何影响城市交通安全的？
21. 交通景观对城市交通安全有哪些引导作用？

第 3 章

城市交通安全系统风险评估方法

城市交通安全管理的目的是预防和控制交通事故，为此城市交通管理者应该以“安全第一，预防为主”的方针为指导，在事故发生前制定系统、全面、有效的安全管理措施，控制和消除危险隐患，应用系统安全分析和评价的基本原理，对城市交通安全系统存在的危险进行分析和评价，以便找出危险发生的内在机制和外在条件，并据此对其加以消除和控制。基于此本章主要介绍城市交通安全系统风险评估方法的概念、原理、方法的选择、适用条件、评价指标和标准，重点介绍安全检查表法、统计分析法、事故树分析、模糊聚类分析、安全综合评价、事故多发位置鉴别、交通冲突技术、主成分分析、事故再现分析等城市交通安全系统风险评估方法。通过本章的学习使学生可掌握各种交通安全分析和评价方法，并在实践中可以合理应用这些方法对城市交通安全系统进行风险评估。

3.1 概　　述

在一定条件下，如果交通运输系统中的危险失去控制或防范不周，就会发生事故，造成人员伤亡、财产损失及环境污染。为了抑制危险，使其不发展为事故或减少事故造成的损失，就必须对其有充分的认识。

掌握危险发展为事故的规律，就是要充分揭示系统存在的所有危险性及其形成事故的可能性和发生事故的损失大小，从而衡量系统客观存在的风险大小。据此确定是否需要改进技术路线和防范措施，变更后危险性将得到怎样的抑制和消除，技术上是否可行，经济上是否合理及系统是否达到社会所公认的安全指标。这就是交通安全系统风险评估的基本内容和过程。

交通安全系统风险评估可分为交通安全分析和交通安全评价。交通安全分析是指使用系统工程的原理和方法，辨别、分析交通系统中存在的危险因素，并根据实际需要对其进行定性、定量描述的技术方法。交通安全评价（危险性评价或风险评价）是指基于交通安全分析对系统中固有或潜在的危险因素进行定性和定量分析的结果，得出系统发生危险的可能性及其后果的严重程度，通过与评价标准的比较得出系统的危险程度，提出改进措施，以寻求最低事故率、最少的损失和最优的安全投资。

1. 安全标准

安全标准是指经定量化的风险或危害性是否达到要求的（期盼的）安全程度，所需要的一个比较界限、目标或标准。它直接影响交通安全评价结果的好坏。

一个国家、行业或部门的政治、经济、技术和安全科学发展的水平会直接影响安全标准的确定，安全标准也会随着生产力水平的提高而改变。随着生产技术的发展，新工艺、新技术、新材料、新能源的出现，又会产生新的危险；同时对已经认识到的危险，由于技术、资金等因素的制约，也不可能完全杜绝。因此安全标准的确定，实际上就是确定一个社会各方面可允许的、可接受的危险程度。

例如，美国根据交通事故的统计资料，得出小汽车交通事故死亡率为2.5 人/（万人·年），这就意味着每年每 10 万美国人中有 25 人存在因乘坐小汽车而死亡的风险，但是美国人没有因害怕这个风险而放弃使用小汽车，说明这个风险能够被美国社会所接受，所以这个风险率就可以作为美国人使用小汽车作为交通工具的安全评价标准。表 3－1 为美国各类行业的死亡安全标准。

表 3－1 美国各类行业的死亡安全标准（每年以接触 2 000 小时计）

行业类型	FAFR 值 （1 亿工作小时的死亡率）	年死亡率/（人/年）
工业	7.1	1.42×10^{-4}
商业	3.2	0.64×10^{-4}
制造业	4.5	0.90×10^{-4}
服务业	4.3	0.86×10^{-4}
机关	5.7	1.14×10^{-4}
运输及公用事业	16	3.20×10^{-4}
农业	27	5.40×10^{-4}
建筑业	28	5.60×10^{-4}
采矿、采石业	31	6.20×10^{-4}

2. 交通安全系统风险评估的对象

① 可能出现的、初始的、直接引起事故的，以及与系统有关的环境、设备、人员的各种危险因素及其相互关系。

② 控制或根除某种危险因素的措施及实施这些措施的方法。

③ 不能根除的危险因素可能出现的后果及为防止伤害和损害发生而采取的安全防护措施。

3. 交通安全系统风险评估的意义

（1）体现了“安全第一，预防为主”的方针

为了保障安全生产，必须从预防事故这一根本目的出发，预先或超前对系统在计划、设计、施工、验收、投产和运行等各阶段的安全性进行科学的预测和评估。安全分析和评价从预防事故的观点出发，对系统可能产生的损失和伤害进行预测和评价，采取有效的手段以实现系统安全的总目标，风险评估过程提高了安全管理水平，体现了从被动到主动、从事后处理到事前预防、从经验到科学的安全管理方法。

（2）有助于国家各级安全监察部门对企业安全生产的宏观控制

安全风险评估既可以衡量企业固有危险性的大小，又可以得出企业的安全现状。国家各级监察部门可以以此为依据，按照不同的危险等级和安全现状配备相应的监察力量，使监察工作能够有目的、有重点地进行，实现重点和一般相结合，全面控制企业安全生产的目的。

（3）有助于保险部门加强对企业灾害实行风险管理

保险部门对企业事故引起的人身伤亡、职业病和财产损失所承担的保障义务是保险业的一项重要内容。保险费的收取是由企业事故风险的大小决定的，采用安全分析和评价的结果来计算费率，即综合考虑企业生产过程中危险程度大小和企业对危险的控制能力的高低。同时，一套较为完善的企业安全评价标准完全可以作为保险部门事故赔偿的准则。总之，安全评价的标准和结果为保险部门对企业实行风险管理提供了经验和数据，对加强风险管理有现实指导意义。

（4）变盲目管理为目标管理，使企业安全工作逐步标准化

通过评价标准进行安全评价，使安全技术干部和全体职工明确各项工作的规范要求，达到什么指标就可称为安全及采取什么手段可以达到指标。有了标准，就可以使安全工作有明确的追求目标，从而将日常安全管理工作纳入标准轨道。

（5）可以为企业领导的安全决策提供必要的科学依据

安全分析和评价不仅要系统地确认危险性，还要进一步考虑危险性发展为事故的可能性大小和事故损失的严重程度，进而计算事故造成的损失，以此说明系统危险可能造成的负效益的大小，以便合理地选择控制事故的措施、技术和工艺路线，为领导决策提供科学依据，使系统达到社会认可的安全指标。

3.1.1 典型的交通安全系统风险评估方法

目前，可应用于城市交通安全系统的风险评估方法有许多种，各种风险评估方法都是根据危险性的分析、预测及特定的评价需要而研究开发的，因此各种方法都有各自的特点和一定的适用范围。

统计图法，是指利用统计图对交通事故数据进行整理并进行原因分析，是一种定量分析方法，也是在交通安全管理工作中常用的方法。该方法适用于对系统发生事故情况进行统计分析，便于找出事故发生规律。

因果分析法，是指当分析发生交通事故的原因时，将各种可能的事故原因进行归纳分析，用简明的文字和线条表现出来，将引发事故的重要因素分层（支）加以分析，分层（支）的多少取决于安全分析的广度和深度要求，分析结果可供编制安全检查表和事故树用。该方法简单、用途广泛，但难以揭示各因素之间的组合关系。

安全检查表法，是指按照一定方式检查设计、系统和工艺过程，把所要评价项目自身及周围环境的潜在危险集中起来，列成检查项目的清单，并根据安全检查表的分析结果，依照清单进行评价，逐项检查和评定。安全检查表是进行系统安全检查、预防事故、改善劳动条件的一种重要手段。该方法简单、用途广泛，没有任何限制，分析和评价效果很好。

预先危险性分析，是指在人们还没有掌握系统详细资料时，对系统存在的危险类型、来源、出现条件、事故后果及有关措施等，进行概略分析，并尽可能在系统付诸实施之前找出预防、纠正、补救措施，消除或控制危险因素。该方法是一种定性分析系统危险因素和危险

程度的方法，主要用于交通线路、港、站、枢纽等新系统设计阶段，以及已有系统改造之前的方案设计、选址、选线阶段。

故障模式和影响分析，是指分析系统中各子系统及元件可能发生的各种故障模式，查明各种类型故障对邻近子系统或元件的影响及最终对系统的影响，提出可能采取的预防改进措施，以提高系统的可靠性和安全性。该方法易于理解，是广泛采用的标准化方法，但费时较多，一般不能考虑人、环境和部件之间的相互关系等因素。该方法主要用于设计阶段的安全分析。

事件树分析，是指从一个初始事件开始，按顺序分析事件向前发展中各个环节成功与失败的过程和结果。该方法广泛用于各种系统，能够分析出各种事件发展的可能结果，是一种动态的宏观分析方法。

事故树分析，是指把系统可能发生的某种事故与导致事故发生的各种原因之间的逻辑关系用一种称为事故树的树形图表示，通过对事故树的定性与定量分析，找出事故发生的主要原因，为确定安全对策提供可靠依据，以达到预测与预防事故发生的目的。该方法可包含人、环境和部件之间相互关系等因素，简明形象，是安全系统工程的主要分析方法。

作业条件危险性评价，是指以与系统风险率有关的 3 种因素指标值之积（发生事故的可能性大小、人体暴露在这种危险环境中的频繁程度、一旦发生事故可能会造成的损失后果）来评价系统人员伤亡风险的大小，并将所得作业条件危险性数值与规定的作业条件危险性等级相比较，从而确定作业条件的危险程度。该方法是一种简便易行的衡量人们在某种具有潜在危险的环境中作业的危险性的半定量评价方法。

概率安全评价，是指求出系统发生事故的概率，结合事故后果严重程度的估计进一步计算风险，以风险大小确定系统的安全程度，以此衡量系统的危险程度是否超过可接受的安全标准，以便决定是否需要采取相应的安全措施，使其达到社会所公认的安全水平，是一种定量安全评价方法。

安全综合评价法（多指标安全综合评价法），是指把多个描述被评价对象不同方面且量纲不同的定性和定量指标，转化为无量纲的评价值，并综合这些评价值以得出对该评价对象的一个整体评价。该方法具有多指标、多层次特性，能较好地处理大型复杂系统的安全评价问题。

主成分分析，是指研究如何将多指标问题转化为较少的综合指标的一种重要分析方法，将高维问题转化为低维问题去处理，综合指标之间互不相关，又能提供原有指标的绝大部分信息，使问题变得比较简单、直观。

模糊聚类分析，是指根据客观事物间的特征、亲疏程度、相似性，通过建立模糊相似关系对客观事物进行聚类的分析方法，是数理统计中的一种多元分析方法。

交通冲突技术，是指按照一定的标准，对冲突发生过程及严重程度进行定量测量与判别，并应用于安全评价的技术方法。该方法是一种典型的非事故统计间接评价方法，以“近似事故”的间接观测为基础，依照一定的标准，对冲突发生过程及严重程度进行定量测量和判别，是国际上用于定量研究多种交通安全（特别是地点安全）问题及其对策的重要方法。

道路安全审计，是指应用系统方法，将道路安全的知识，应用到道路的规划和设计等各个阶段，以预防交通事故。该方法是一种可改善道路安全状况的有效方法，可用于新建道路及现有道路的改善。

事故多发位置鉴别，是指应用统计方法，鉴别在所定的统计周期内，特定的路网范围（点、段、区域）对应某种算法得到的交通事故发生水平评定指标明显高于类似地点、类似交通状态下区域路网上的平均指标的事故多发位置。合理地确定统计时间周期、特定的路网范围、评定指标和鉴别方法等，是鉴别事故多发位置的关键。

3.1.2　交通安全系统风险评估方法的选择

由于工艺、设备、设施、事故类型和模式等的不同，所采用的风险评估方法也不同。选用合理的风险评估方法是一项关键性工作，关系到研究对象的风险评估结论是否合理、正确和可靠。交通安全风险评估方法很多，几乎每种方法都有较强的针对性。对具体的评价对象，必须选用合适的方法才能取得良好的评价效果，因此在选择风险评估方法时，应根据实际情况，考虑以下几个因素。

（1）风险评估的目的

风险评估方法的选择应该能够满足对分析的要求，即对辨识危险源的要求。辨识危险源要做到：① 查明系统中所有危险源；② 掌握危险源可能导致的事故；③ 列出降低危险性的措施；④ 将所有危险源按危险性大小排序；⑤ 为安全评价提供数据。

在选用风险评估方法之前，必须考虑评估结果是否能达到风险评估的目的和动机。

（2）资料的影响

交通安全风险评估需要收集的资料的种类非常多，如生产水平和方式、研究对象的复杂程度和规模大小、固有危险的性质、可能发生的事故类型等。这些资料收集的数量和质量、详细程度、内容的新旧等都会对选择安全风险评估方法产生至关重要的影响。

一般来说，资料的获取与被研究系统所处的阶段有直接关系。例如，在方案设计阶段，难以获取详细的资料。随着系统的发展，可获得的资料越来越多、越来越详细。为了能够正确分析，应该收集最新的、高质量的资料。

（3）系统的特点

风险评估系统复杂程度、危险性、事故历史情况、设备新旧情况、运行状况、使用年限、管理的现状等对于安全风险评估方法的选择起着非常重要的作用。

例如，对于复杂和规模大的系统，由于需要的工作量和时间较多，应先用较简捷的方法进行筛选，然后根据分析的详细程度选择相应的风险评估方法。当系统的危险性较高时，通常采用系统、严格、预测性的方法，如事件树、事故树、综合安全评价等方法；当危险性较低时，一般采用经验的、不太详细的分析方法，如安全检查表法等。

（4）需要的评价结果表现形式

交通安全系统风险评估提供的评价结果可以有多种表现形式，如危险性一览表、潜在事故情景一览表、危险控制措施一览表、危险分级、定量危险分析数值等。典型风险评估方法提供的评价结果如表 3－2 所示。

表 3－2　典型风险评估方法提供的评价结果

评估方法	事故情况	事故频率	事故后果	危险分级
安全检查表法	不能	不能	不能	不能
预先危险性分析	不能	不能	提供	提供

续表

评估方法	事故情况	事故频率	事故后果	危险分级
故障模式和影响分析	提供	提供	提供	事故后果分级
事件树分析	提供	提供	提供	提供
事故树分析	提供	提供	不能	事故频率分级
作业条件危险性评价	提供	提供	提供	提供
概率安全评价	提供	提供	提供	提供
安全综合评价	不能	不能	不能	提供
模糊聚类分析	不能	不能	不能	提供
交通冲突技术	不能	提供	不能	提供
道路安全审计	不能	不能	不能	不能
事故多发位置鉴别	提供	提供	提供	提供

（5）可投入风险评估的技术人员及其素质、费用、完成期限、专家和管理人员的知识结构及水平等

在选择风险评估方法时，除考虑上述因素外，还要对风险评估方法可提供的评价结果及其适用范围做进一步分析。实践表明，不同的风险评估方法适用于对系统寿命期内的不同阶段进行风险评估。表 3－3 为典型风险评估方法的适用情况。

表 3－3　典型风险评估方法的适用情况

评估方法	方案设计	详细设计	工程施工	日常运营	改建扩建	事故调查	拆除退役
安全检查表法	√	√	√	√	√		√
预先危险性分析	√	√	√	√	√	√	
故障模式和影响分析			√	√	√	√	
事件树分析			√	√	√	√	
事故树分析	√	√		√	√	√	
作业条件危险性评价				√			
概率安全评价	√	√	√	√	√	√	
安全综合评价			√	√	√		
交通冲突技术				√		√	
道路安全审计	√	√	√	√	√		√
事故多发位置鉴别				√		√	

3.2　安全检查表法

安全检查表法是交通系统安全分析中的一种常用分析方法，其基本任务是发现和查明系统的各种危险和隐患，监督各项安全法规、制度、标准的实施，制止违章行为，预防事故，

消除危险，保障安全。例如，在交通安全管理中，一般在年初（或年底）、每逢节假日到来之前，都要进行安全大检查，但由于缺乏细致的检查方法，安全检查易流于形式，出现疏忽和漏检。为了使安全检查工作能够准确、及时地发现问题和解决问题，需要一种按系统工程思想进行检查的方法。安全检查表就是为此目的而编制的。实践表明，安全检查表是进行系统安全检查、预防事故、改善劳动条件的一种重要手段。

3.2.1 安全检查表的基本概念

1. 安全检查

安全检查是在运营常规、例行的安全管理工作中及时发现不安全状态及不安全行为的有效途径，也是消除事故隐患、防止事故发生的重要手段。开展安全检查工作，要做到有计划、有组织、目标明确、内容要求具体，并且必须由领导负责、有关人员参加的安全生产检查组进行实施。安全检查自始至终应贯彻领导与群众相结合的原则，做到边检查、边整改。

2. 安全检查表

安全检查表是为系统地发现运输工具、运输线路、港、站、车间、班组、工序或机器、设备、装置、环境及各种操作管理和组织措施中的不安全因素而事先拟好的问题清单。根据系统工程分解和综合的原理，事先把检查对象加以剖析，把大系统分割成若干个小的子系统，然后确定检查项目，查出不安全因素所在，以正面提问的方式，将检查项目按系统或子系统的顺序编制成表，以便进行检查和避免漏检，这种表就叫作安全检查表，其基本格式如表3-4所示。

表3-4 安全检查表的基本格式

<table>
<tr><td>检查时间</td><td>检查单位</td><td>检查人</td><td colspan="2">检查部位</td><td>整改负责人</td></tr>
<tr><td></td><td></td><td></td><td colspan="2"></td><td></td></tr>
<tr><td rowspan="2">序号</td><td colspan="2" rowspan="2">检查项目</td><td colspan="2">检查结果</td><td>整改措施</td></tr>
<tr><td>是</td><td>否</td><td></td></tr>
<tr><td></td><td colspan="2"></td><td></td><td></td><td></td></tr>
</table>

安全检查表类型繁多，分类方式不一，一般可按其用途分为设计审查用安全检查表、运输设备和设施定期安全检查表、车间和岗位用安全检查表、消防用安全检查表和专业性安全检查表等。

安全检查表不是检查项目的一本流水账，也不是所有问题的罗列，而是通过分析、筛选、简化，能发现问题、查找问题的一种工具。其针对性强，富有实效，对分析系统的安全状况有较好的指导作用，因而得到了广泛应用。

3. 安全检查表的内容

（1）检查项目及要求

安全检查表的检查项目，应列出所有可能导致事故发生的因素或状态，即要求所列检查项目系统、全面、完善。检查项目越全面，检查越彻底，漏掉的安全隐患就越少，系统的安全性就越高。

（2）安全检查表采用的方式

安全检查表一般采用正面提问的方式，要求发问明确，回答清楚，并以“是”或“否”来回答。例如：“对喝酒上岗和身体不适的职工是否采取了有效措施?”如果采取了有效措施，检查结果以“是”回答；如果没有则以“否”回答。“是”表示符合要求；“否”表示还存在问题，有待进一步改进。所以，在每个提问后面也可以设整改措施栏，将整改措施简要填写在此栏内。每个检查表均需注明检查时间、检查人、直接负责人等，以便分清责任。

（3）检查依据

为了使提出的问题有依据，可以收集有关此项问题的规章制度、规范标准中所规定的要求，分别简要列出它们的名称和所在章节，附于每项提问后面，以便查对。

4. 安全检查表的特点

安全检查表是进行系统安全分析的基础，也是安全检查中行之有效的基本方法，具有以下特点：

① 通过预先对检查对象进行详细调查研究和全面分析，所制定出来的安全检查表比较系统、完整，能包括导致事故发生的各种因素，可避免检查过程中的走过场和盲目性，从而提高安全检查工作的效果和质量；

② 安全检查表是根据有关法规、安全规程和标准制定的，因此检查目的明确，内容具体，易于实现安全要求；

③ 对所拟定的检查项目进行逐项检查的过程，也是对系统危险因素辨识、评价和制定措施的过程，既能准确地查出隐患，又能得出确切的结论，从而保证了有关法规的全面落实；

④ 检查表是与有关责任人紧密联系的，所以易于推行安全生产责任制，检查后能够做到事故清、责任明、整改措施落实快；

⑤ 安全检查表是通过问答的形式进行检查的过程，所以使用起来简单易行，易于安全管理人员和广大职工掌握和接受，可经常自我检查。

3.2.2 安全检查表的编制

1. 安全检查表的编制方法

安全检查表的编制一般采用经验法和分析法。

① 经验法。找熟悉被检查对象的人员和具有实践经验的人员，以工人、工程技术人员、管理人员三者相结合的方式组成一个小组。根据人、物、环境的具体情况，以及以往积累的实践经验和有关统计数据，按照规程、规章制度等文件的要求，编制安全检查表。

② 分析法。根据已编制的事故树、事件树的分析、评价结果来编制安全检查表。

经验法编制的安全检查表，检查项目十分冗长、繁杂，既费人力，又花时间，工作效率低，加上检查的方式、方法落后，使用效果不如分析法。

分析法编制的安全检查表，通过事故树、事件树的定性、定量分析来确定检查项目，因而检查表较为精练和完善。虽然检查项目可能不多，但每个检查项目都是保证系统安全的关键环节，所以分析法是发展的方向。

2. 安全检查表的编制步骤

安全检查表的编制步骤如下：

① 确定被检查对象，组织有关人员；

② 熟悉被分析的系统；

③ 调查不安全因素；

④ 搜集与系统有关的规范、标准、制度等；

⑤ 明确规定的安全要求；

⑥ 根据具体情况和要求确定编制方法，编制安全检查表；

⑦ 通过反复使用，不断修改、补充完善。

3. 安全检查表编制时应注意的问题

安全检查表编制时应注意以下问题：

① 检查表中所列项目，应简明扼要，突出重点，抓住要害；

② 各类安全检查表都有其适用对象，不宜通用；

③ 各级安全检查项目应各有侧重；

④ 对危险部位应详细检查，确保一切隐患在可能造成严重后果之前就被发现；

⑤ 要落实安全检查实施人员；

⑥ 检查中发现问题要及时处理或向上级反映。

3.2.3 安全检查表评价法

安全检查表评价法是根据经验或系统分析的结果，把评价项目自身及周围环境的潜在危险集中起来，列成检查项目的清单，评价时依照清单，逐项检查和评定。该方法虽然简单，效果却很好，目前已被国内外广泛采用，各国都颇为重视。为使评价工作得到关于系统安全程度方面量的概念，人们开发了许多行之有效的评价计值方法，根据评价计值方法的不同，安全检查表评价法又分为逐项赋值法、加权平均法、单项定性加权计分法等。

1. 逐项赋值法

逐项赋值法针对安全检查表的每一项检查内容，按其重要程度不同，由专家讨论赋予一定的分值。评价时，单项检查完全合格者计满分，部分合格者按规定标准计分，完全不合格者计零分。这样逐项逐条检查评分，最后累计所有各项得分，就得到系统评价总分。根据实际评价得分多少，按标准规定评价系统总体安全等级的高低，即

$$m=\sum_{i=1}^{n}m_i \tag{3-1}$$

式中：

m——安全评价的结果值；

m_i——安全检查表各项目评分值；

n——评价项目个数。

2. 加权平均法

加权平均法是把安全检查表按专业分成若干评价表，所有评价表不管评价条款多少，均按统一计分体系分别评价计分，如 10 分制或 100 分制等，并按照各评价表的内容对总体安全评价的重要程度，分别赋予权重系数（各评价表权重系数之和为 1）。按各评价表评价所得的分值，分别乘以各自的权重系数并求和，就可得到企业安全评价的结果值，即

$$m=\sum_{i=1}^{n}k_i m_i \quad 且\sum_{i=1}^{n}k_i=1 \tag{3-2}$$

式中：

m——安全评价的结果值；

m_i——按某一评价表评价的实际测量值；

k_i——按某一评价表评价实际测量值的相应权重系数；

n——评价表个数。

按照标准规定的分数界限，就可确定评价对象在安全评价中取得的安全等级。

3. 单项定性加权计分法

单项定性加权计分法是把安全检查表的所有检查评价项目视为同等重要。评价时，对检查表中的几个检查项目分别给以“优”“良”“可”“差”或“可靠”“基本可靠”“基本不可靠”“不可靠”等定性等级的评价，同时赋予不同定性等级以相应的权重值，累计求和，得到实际评价值，即

$$S=\sum_{i=1}^{n}w_i k_i \tag{3-3}$$

式中：

S——实际评价值；

n——评价等级数；

w_i——评价等级的权重；

k_i——取得某一评价等级的项数和。

3.3 统计分析法

统计分析法是依靠相应的交通事故统计数据资料来客观反映交通安全事实的方法。通过适当的统计分析，可以对交通运输系统安全作出科学的推理、判断，从而将包含在数据中的事故规律性揭示出来，以便及时采取预防措施，解决问题。

3.3.1 城市交通事故统计规定

《交通事故统计暂行规定》对统计依据、范围、内容等作了规定，相关经济损失及工伤伤亡统计都有法律依据。

① 道路交通事故统计范围包括：造成人员死亡的事故；造成人员重伤或者轻伤的事故；适用一般程序处理的财产损失事故。

② 道路交通事故的统计内容包括：交通事故起数、死伤人数和直接财产损失数额。

③ 不属于道路交通事故统计范围的包括：渡口内发生的事故及铁路道口内车辆或行人与火车发生的事故；军事演习、体育竞赛时车辆发生的事故；利用交通工具故意伤害他人或者伤害自身的事件。

④ 城市轨道交通事故统计范围包括：造成人员死亡的事故；造成人员受伤的事故；运营、行车的一般事故和险性事件。

⑤ 城市轨道交通事故的统计内容包括：运营事故数、行车事故数、行车责任事故数、运营险性事件数、行车险性事件数、行车责任险性事件数、伤亡人数、重伤人数、死亡人数、工伤人数、运营事故直接经济损失、运营险性事件直接经济损失。

⑥ 死亡和受伤人数包括：乘客、城市轨道交通员工及社会公众等；重伤、轻伤依照《人体损伤程度鉴定标准》执行；死亡人数包括当场死亡和由于受伤后伤情发展而死亡的人数。受伤后因伤情发展而死亡人数的计算方法按《交通事故统计暂行规定》执行，以事故发生 7 d 内死亡为限，7 d 内死亡的按事故死亡统计。

⑦ 直接经济损失的统计范围主要包括：事故财产损失价值、事故善后处理费用、人身伤亡后所支出的费用和未扣减保险理赔费用。具体统计内容和计算方法按照《企业职工伤亡事故经济损失统计标准》执行。

⑧ 工伤伤亡统计按照《工伤保险条例》执行。

3.3.2　统计指标

统计指标应具有实用性、相对性和可比性，能明确反映交通事故发生的频率和严重程度。另外，所建立的指标和计算模型应该简单、明了，便于使用时收集数据资料，计算也应简单、方便。常用的交通事故分析统计指标主要有绝对指标、相对指标、平均指标和动态指标。

1. 绝对指标

绝对指标是反映某一地区某一时期交通事故的规模、总量和水平的绝对数量，是反映交通事故状况的基本指标。绝对指标可以简单、清晰地反映出交通事故的发展趋势，是其他评价指标的计量基础。但是绝对指标是静止的、孤立的，无法反映实际交通基础设施、交通条件等的差异对事故的影响。

常用的道路交通事故绝对指标包括事故起数、死亡人数、受伤人数、直接经济损失等。

常用的城市轨道交通事故绝对指标包括：

① 运营事故数，统计期内，城市轨道交通发生的运营事故数；

② 重大及以上运营事故数，统计期内，城市轨道交通发生的重大、特别重大运营事故数；

③ 行车事故数，统计期内，发生的与列车运行（正线、配线和车场线）有关的运营事故数；

④ 行车责任事故数，统计期内，由于运营单位组织管理和处置不当等原因，造成的行车事故数；

⑤ 运营险性事件数，统计期内，城市轨道交通发生的运营险性事件数；

⑥ 行车险性事件数，统计期内，发生的与列车运行（正线、配线和车场线）有关的运营险性事件数；

⑦ 行车责任险性事件数，统计期内，由于运营单位组织管理和处置不当等原因，造成的行车险性事件数；

⑧ 伤亡人数，统计期内，城市轨道交通运营事故和运营险性事件造成的伤亡人数，包括死亡人数、重伤人数和轻伤人数；

⑨ 重伤人数，统计期内，城市轨道交通运营事故造成的重伤人数；

⑩ 死亡人数，统计期内，城市轨道交通运营事故造成的死亡人数；

⑪ 工伤人数，统计期内，运营单位因工伤事故造成职工伤亡的人数；

⑫ 运营事故直接经济损失，统计期内，城市轨道交通发生运营事故造成的直接经济损失数额；

⑬ 运营险性事件直接经济损失，统计期内，城市轨道交通发生运营险性事件造成的直接经济损失数额。

2. 相对指标

相对指标是通过对交通事故统计数据中的有关数值进行分类对比，揭示交通事故内部规律性的指标。分析这些指标可深入认识交通事故的发展变化过程、内部作用关系、事故强度等。相对指标可分为结构相对数、比较相对数、强度相对数和动态相对数 4 种。

1）结构相对数

结构相对数是指交通事故总体数据中部分数与总数之间的比值，通常用于计算各种交通事故分类在交通事故总数中的比重。如碰撞、刮擦、碾轧、翻车等各种形态交通事故在所有交通事故中所占的比例。结构相对数是分析交通事故的结构、特点和发展规律最常用的统计指标之一。

$$\text{结构相对数}=\frac{\text{总体中某部分的数值}}{\text{总体全部数值}}\times 100\% \tag{3-4}$$

2）比较相对数

比较相对数是指两个同类指标之比。如同一时期两地区交通事故起数、死亡人数、受伤人数、直接经济损失等的比值，可以比较两个不同地区交通事故的发生情况。

$$\text{比较相对数}=\frac{\text{A地某种指标数}}{\text{B地某种指标数}}\times 100\% \tag{3-5}$$

3）强度相对数

强度相对数是指两个性质不同，但又有某种联系的绝对数之间的比值。常用的相关因素主要有车辆保有量、交通量、人口、区域面积等，强度相对数能够反映不同现象之间的相互联系和影响。

$$\text{强度相对数}=\frac{\text{某一绝对指标数}}{\text{另一有联系而性质不同的绝对指标数}}\times 100\% \tag{3-6}$$

4）动态相对数

动态相对数是指同一事物在不同时期的两个数据值之比。它反映了事物发展变化的规模、速度和趋势，是研究事物发展特点和发展规律的重要指标。动态相对数分为发展率和增长率两种。

（1）发展率

发展率是指本期统计数与基期统计数之比，反映了同类型事物在不同时期的发展程度。事故发展率可分为定基发展率和环比发展率两种。

$$定基发展率=\frac{本期统计数}{基期统计数}\times 100\% \tag{3-7}$$

$$环比发展率=\frac{本期统计数}{前期统计数}\times 100\% \tag{3-8}$$

（2）增长率

增长率是指本期统计数以基期统计数为基础的增长比率。它反映了同类型事物的报告期指标数比基期指标数增长了多少。事故增长率可分为定基增长率和环比增长率两种。

$$定基增长率=\frac{本期统计数-基期统计数}{基期统计数}\times 100\% \tag{3-9}$$

$$环比增长率=\frac{本期统计数-前期统计数}{前期统计数}\times 100\% \tag{3-10}$$

5）道路交通安全的常用相对指标

（1）公里事故率（事故频数）

$$R_{\rm L}=\frac{A}{L} \tag{3-11}$$

式中：

$R_{\rm L}$——公里事故率，起/km；

A——事故起数，起；

L——道路长度，km。

将事故起数 A 换成其他绝对值指标，如死亡人数、受伤人数、直接经济损失，那么公里事故率还可表示成公里死亡率、公里受伤率、公里直接经济损失率等。

公里事故率消除了道路长度对事故起数的影响，使不同长度的道路上的事故数有了可比性，是最常用的指标之一，但它不能反映道路等级、交通量等方面的差异。

（2）车辆事故率

车辆事故率是指在一定区域内按单位机动车保有量所平均的交通事故数，最常用的是万车事故率。

$$R_{\rm V}=\frac{A}{V}\times 10^4 \tag{3-12}$$

式中：

$R_{\rm V}$——万车事故率，起/万辆；

A——事故起数，起；

V——机动车保有量，辆。

（3）人口事故率

人口事故率是指在一定区域内按人口所平均的交通事故数，最常用的是万人事故率。

$$R_P = \frac{A}{P} \times 10^4 \tag{3-13}$$

式中：

R_P——万人事故率，起/万人；

A——事故起数，起；

P——区域内人口总数，人。

车辆事故率和人口事故率通常适用于区域的事故状况评价，但无法评价某一个路段。

（4）车公里事故率

车公里事故率是指在一定区域内，按所有机动车行驶一年的公里数总和所平均的交通事故数，通常以亿车公里事故率来表示。

$$R_K = \frac{A}{K} \times 10^8 \tag{3-14}$$

式中：

R_K——亿车公里事故率，起/（亿车·km）；

A——区域内一年事故起数，起；

K——区域内一年总运行车公里数，km。

（5）综合事故率

综合事故率是指车辆事故率与人口事故率的几何平均值。

$$R_{PV} = \frac{A}{\sqrt{V \times P}} \times 10^4 \tag{3-15}$$

式中：

R_{PV}——综合事故率，起/（万人·万辆）；

A——事故起数，起；

V——机动车保有量，辆；

P——区域内人口总数，人。

（6）当量事故数与当量事故率

当量事故数与当量事故率是反映多指标综合作用的结果，可以作为事故发生水平的评定指标。如车公里当量事故率 R_{KEQ} 可由下式计算得到

$$R_{KEQ} = \frac{A_{EQ}}{L \times 365 \times \mathrm{AADT} \times t} \tag{3-16}$$

式中：

R_{KEQ}——车公里当量事故率，起/（km·辆·d）；

A_{EQ}——当量事故起数，起；

L——道路长度，km；

AADT——年平均日交通量，辆；

t——计量时间，年。

确定 A_{EQ} 应依据公安交通管理部门的道路交通事故 4 项绝对指标（事故起数、死亡人数、受伤人数和直接经济损失）综合考虑。如考虑了死亡人数和受伤人数的当量事故率可表示如下

$$A_{EQ} = k_1 W + k_2 D + A \tag{3-17}$$

式中：

A_{EQ}——当量事故起数，起；

k_1——受伤人事故权数；

k_2——死亡人事故权数；

W——受伤人数，人；

D——死亡人数，人；

A——事故起数，起。

k_1、k_2的确定应结合死伤对社会和个人的影响程度，可取$k_1 = 0.5$，$k_2 = 1$。

（7）事故致死率

事故致死率是指死亡人数占伤亡人数的比例，是评价事故伤害程度和抢救水平的指标，也反映交通事故的严重程度。

$$R_{DW} = \frac{D}{W + D} \times 100\% \tag{3-18}$$

式中：

R_{DW}——事故致死率，%；

D——死亡人数，人；

W——受伤人数，人。

（8）交通事故危险性系数

交通事故危险性系数是指交通事故死亡人数与事故起数之比，反映各类交通事故造成人员死亡的比例大小，可用于衡量在某种特定条件下交通事故致人死亡的概率。

$$R_{DA} = \frac{D}{A} \tag{3-19}$$

式中：

R_{DA}——交通事故危险性系数，人/起；

D——死亡人数，人；

A——事故起数，起。

例题 3-1 某城市在一年内发生道路交通事故 5 488 起，造成 126 人死亡，1 422 人受伤。已知该城市道路总里程 9.7 万 km，人口 506 万人，机动车保有量 211 万辆。根据以上信息可以计算出哪些道路交通事故相对指标？并把这些指标算出来。

解：可以计算出该城市的公里事故率、车辆事故率、人口事故率、综合事故率、当量事故数、事故致死率、交通事故危险性系数等指标。

已知$A = 5\,488$起，$L = 9.7$万 km，$D = 126$人，$W = 1\,422$人，$P = 506$万人，$V = 211$万辆。取$k_1 = 0.5$，$k_2 = 1$，那么

$$\text{公里事故率}\ R_L = \frac{A}{L} = \frac{5\,488}{9.7 \times 10^4} = 0.056\,58\ \text{（起/km）}$$

$$\text{车辆事故率}\ R_V = \frac{A}{V} \times 10^4 = \frac{5\,488}{211 \times 10^4} \times 10^4 = 26\ \text{（起/万辆）}$$

$$人口事故率\ R_P=\frac{A}{P}\times10^4=\frac{5\,488}{506\times10^4}\times10^4=10.85\ （起/万人）$$

$$综合事故率\ R_{PV}=\frac{A}{\sqrt{V\times P}}\times10^4=\frac{5\,488}{\sqrt{211\times10^4\times506\times10^4}}\times10^4=16.796\ [起/（万人·万辆）]$$

$$当量事故数\ A_{EQ}=k_1W+k_2D+A=0.5\times1\,422+1\times126+5\,488=6\,325\ （起）$$

$$事故致死率\ R_{DW}=\frac{D}{W+D}\times100\%=\frac{126}{1\,422+126}\times100\%=8.14\,\%$$

$$交通事故危险性系数\ R_{DA}=\frac{D}{A}=\frac{1\,422}{5\,488}=0.259\ （人/起）$$

6）城市轨道交通安全的常用相对指标

（1）行车事故率

统计期内，列车每运行万车公里发生的行车事故数。

$$S_1=\frac{S_x}{O_{16l}\times10^{-4}} \tag{3-20}$$

式中：

S_1——行车事故率，件/（万车·km）；

S_x——行车事故数，件；

O_{16l}——线路运营车公里，车·km。

$$O_{16l}=O_z+O_k \tag{3-21}$$

O_z——线路载客车公里，车·km；

O_k——线路空驶车公里，车·km。

（2）行车责任事故率

统计期内，列车每运行万车公里发生的行车责任事故数。

$$S_2=\frac{S_{xz}}{O_{16l}\times10^{-4}} \tag{3-22}$$

式中：

S_2——行车责任事故率，件/（万车·km）；

S_{xz}——行车责任事故数，件。

（3）行车险性事件率

统计期内，列车每运行万车公里发生的行车险性事件数。

$$S_3=\frac{S_z}{O_{16l}\times10^{-4}} \tag{3-23}$$

式中：

S_3——行车险性事件率，件/（万车·km）；

S_z——行车险性事件数，件。

（4）行车责任险性事件率

统计期内，列车每运行万车公里发生的行车责任险性事件数。

$$S_4=\frac{S_{zz}}{O_{16l}\times10^{-4}} \tag{3-24}$$

式中：

S_4——行车责任险性事件率，件/（万车·km）；

S_{zz}——行车责任险性事件数，件。

（5）等效事故率

统计期内，列车每运行百万车公里发生的等效事故数。

$$S_5 = \frac{S_s \times \alpha}{O_{16l} \times 10^{-6}} \tag{3-25}$$

式中：

S_5——等效事故率，件/（百万车·km）；

S_s——事故数，件；

α——事故折算因子。按照特别重大、重大、较大和一般事故，事故折算因子分别为1，0.22，0.11，0.035。

（6）伤亡率

统计期内，因运营事故及运营险性事件造成伤亡人数与线网进站量之比。

$$S_6 = \frac{S_i}{P_{1n} \times 10^{-2}} \tag{3-26}$$

式中：

S_6——伤亡率，人/百万人次；

S_i——伤亡人数，人；

P_{1n}——线网进站量，万人。

（7）死亡率

统计期内，因运营事故造成的死亡人数与线网进站量之比。

$$S_7 = \frac{S_d}{P_{1n} \times 10^{-2}} \tag{3-27}$$

式中：

S_7——死亡率，人/百万人次；

S_d——死亡人数，人。

（8）工伤伤亡率

统计期内，工伤伤亡数占企业员工总数的比重。

$$S_8 = \frac{S_{ig}}{M_z \times 10^{-4}} \tag{3-28}$$

式中：

S_8——工伤伤亡率，人/万人；

S_{ig}——工伤伤亡人数，人；

M_z——企业员工总人数，人。

3. 平均指标

平均指标可分为算术平均数、加权算术平均数和几何平均数。通过计算交通事故的平均指标，可使总体状况中各单位之间的同类指标数的差异抽象化，将共性因素显现出来，以便于考察总体状况的一般水平。

1）算术平均数

$$\overline{x}=\frac{\sum_{i=1}^{n}x_i}{n} \tag{3-29}$$

式中：

$\overline{x}$——算术平均数；

x_i——第 i 个指标值；

n——指标值的总个数。

2）加权算术平均数

$$\overline{x}_{\mathrm{w}}=\frac{\sum_{i=1}^{n}x_i f_i}{\sum_{i=1}^{n}f_i} \tag{3-30}$$

式中：

$\overline{x}_{\mathrm{w}}$——加权算术平均数；

f_i——第 i 个指标的权重。

3）几何平均数

$$\overline{x}_{\mathrm{g}}=\sqrt[n]{\prod_{i=1}^{n}x_i} \tag{3-31}$$

式中：

$\overline{x}_{\mathrm{g}}$——几何平均数。

4. 动态指标

1）动态数列

动态数列是把间隔一定时间的统计指标，按时间顺序排列而成的数列。由于用以排列的统计指标不同，动态数列的种类与意义也不同。动态数列可分为绝对数动态数列（把同一种绝对数按间隔时间排列起来）、相对数动态数列（把同一种相对数按间隔时间排列起来）、平均数动态数列（把同一种平均数按间隔时间排列起来）。

2）其他动态指标

虽然动态数列可以在一定程度上反映交通事故发展变化的过程和趋势，但要深入分析交通事故的变化特点和规律，仅有动态数列是不够的，还须计算与动态数列有关的动态指标，如增长量、发展率、增长率、平均发展率和平均增长率等。

3.3.3 统计图法

统计图法是指利用一些几何图形将统计指标形象化，从而反映事故现象的数量关系和发展变化趋势。统计图法的主要作用是：① 表明现象之间的对比关系；② 反映事故现象的发展变化趋势；③ 表明事故总体的内部结构；④ 表明事故的分布情况；⑤ 揭示事故现象之间的相互依存关系。

1. 比重图法

比重图是一种表示事物构成情况的平面图形，可以在平面图上形象、直观地反映事物的各种构成所占的比例。采用比重图法可方便地对各类交通事故进行统计分析，图 3－1 为某年中国各种驾驶员的事故死亡构成。

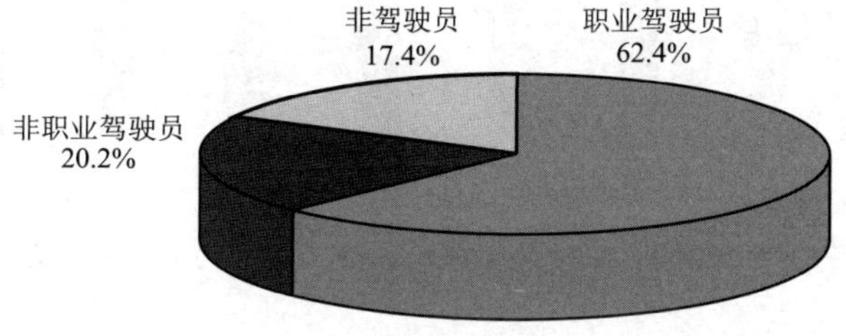

图 3－1 某年中国各种驾驶员的事故死亡构成

2. 趋势图法

趋势图是按一定的时间间隔统计数据，利用曲线的连续变化来反映事物动态变化的图形，趋势图借助于连续曲线的升降变化来反映事物的动态变化过程。趋势图法可以帮助我们掌握交通事故发生规律，预测其未来的变化趋势，以便采取预防措施，降低事故损失。

趋势图通常用直角坐标系表示，横坐标表示时间间隔，纵坐标表示统计指标尺度，根据统计指标动态数据，在直角坐标系上确定各图示点，然后将各点连接起来，即为趋势图。图 3－2 为 2014—2020 年中国道路交通事故发生情况，即事故起数、死亡人数、受伤人数、直接经济损失的趋势图。

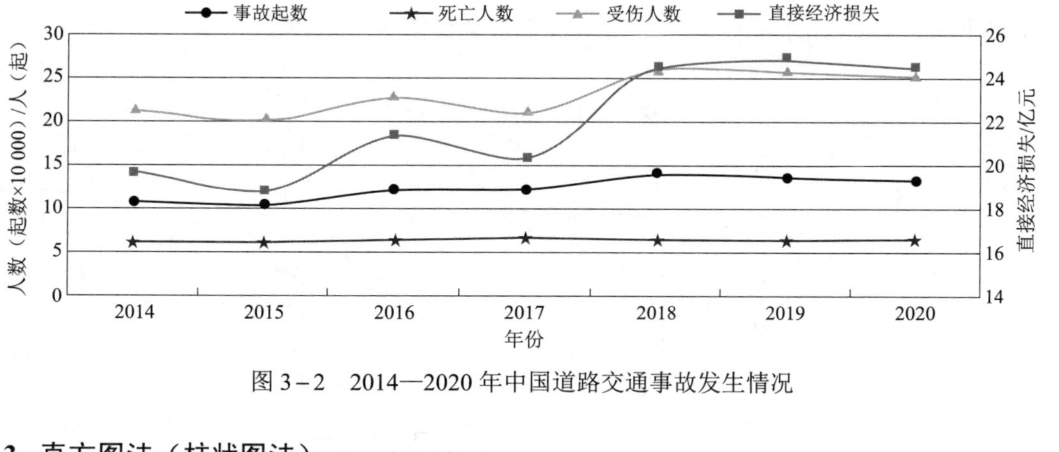

图 3－2 2014—2020 年中国道路交通事故发生情况

3. 直方图法（柱状图法）

直方图是由建立在直角坐标系上的一系列高度不等的柱状图形组成。直方图法是交通安全分析中较为常用的统计方法。直方图的横坐标表示需要分析的各种因素或时间间隔，柱状图的高度则代表了对应于横坐标的某一指标的数值，图 3－3 为 2014—2020 年中国道路交通事故万车死亡人数图。直方图可以直观、形象地表示出各种因素对交通事故的影响程度。

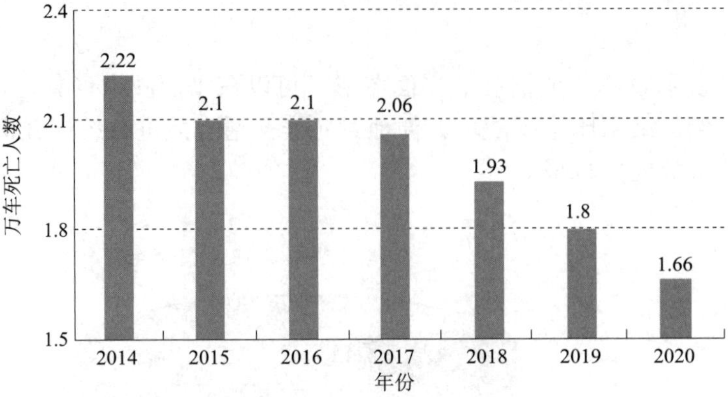

图 3-3　2014—2020 年中国道路交通事故万车死亡人数图

图 3-4　道路交通事故原因分析图

4. 圆图法

圆图法是把要分析的对象，按比例画在一个圆内，即整个圆 360° 为 100%，180° 为 50%，90° 为 25%，1° 为 1/360，这样画在一个圆内便可以比较直观地看出各个对象所占的比例。图 3-4 为道路交通事故原因分析图。

5. 帕累托图法（排列图法）

帕累托图法全称为主次因素排列图法，可用于确定影响交通安全的关键因素，以便明确主攻方向和工作重点所在。排列图由两个纵坐标、一个横坐标、几个直方图和一条曲线组成。左边纵坐标表示事故起数，右边纵坐标表示累积频率（0～100%）。横坐标表示事故原因或事故分类，一般按影响因素的主次从左向右排列。直方图的高低表示某个因素影响的大小，曲线表示各因素影响大小的累计百分数。图 3-5 为排列图法示意图。

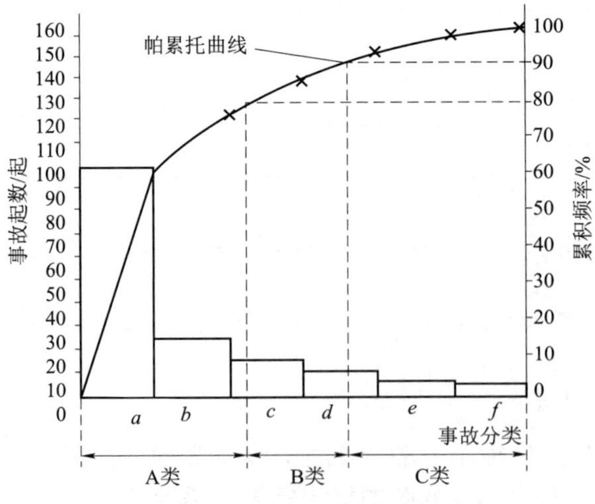

图 3-5　排列图法示意图

按主次因素的排列可分为 3 类：累积频率在 0～80%的因素称为 A 类主要因素；累积频率在 80%～90%的因素称为 B 类次主要因素；累积频率在 90%～100%的因素称为 C 类次要因素。排列图法可根据分析目的的不同而改变横坐标中的因素，但所采用的因素不宜过多，要突出主要因素，去掉次要因素，以便突出主要矛盾。

3.4 事故树分析

3.4.1 事故树分析的基本概念

事故树分析（fault tree analysis，FTA）是把系统可能发生的某种事故与导致事故发生的各种原因之间的逻辑关系用一种称为事故树的树形图表示，通过对事故树的定性与定量分析，找出事故发生的主要原因，为确定安全对策提供可靠依据，以达到预测与预防事故发生的目的，是一种演绎推理法。

FTA 首先是由美国贝尔电话研究所于 1961 年为研究民兵式导弹发射控制系统提出的。目前该法可用于电子、电力、化工、机械、交通等领域，进行故障诊断，分析系统的薄弱环节，确保系统的安全运行，实现系统的优化设计。

1. 事故树符号

事故树符号包括事件符号、逻辑门和转移符号三大类。其中在事故树分析中各种非正常状态或不正常情况称为事故事件，各种完好状态或正常情况皆称为成功事件，两者简称为事件，事故树中的每个节点都表示一个事件。当事故树的规模很大或整个事故树中多处包含有相同的部分树图时，为了简化整个事故树图，可用转移符号以标出向何处转出和从何处转入。表 3－5为事故树符号及其含义。

表 3－5 事故树符号及其含义

<table>
<tr><th colspan="3">符 号 类 型</th><th>图形表示</th></tr>
<tr><td rowspan="6">事件符号</td><td rowspan="2">结果事件：由其他事件或事件组合所导致的事件，它总是位于某个逻辑门的输出端</td><td>顶事件：事故树分析中所关心的结果事件，位于事故树的顶端，是所讨论事故树中逻辑门的输出事件而不是输入事件，即系统可能发生的或实际已经发生的事故结果</td><td rowspan="2">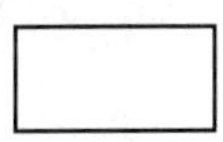</td></tr>
<tr><td>中间事件：位于事故树顶事件和底事件之间的结果事件。既是某个逻辑门的输出事件，又是其他逻辑门的输入事件</td></tr>
<tr><td rowspan="2">底事件：导致其他事件的原因事件，位于事故树的底部，它总是某个逻辑门的输入事件而不是输出事件</td><td>基本原因事件：表示导致顶事件发生的最基本的或不能再向下分析的原因或缺陷事件</td><td>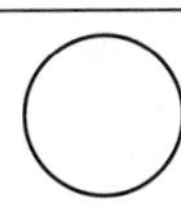</td></tr>
<tr><td>省略事件：表示没有必要进一步向下分析或其原因不明确的原因事件。另外，省略事件还表示二次事件，即不是本系统的原因事件，而是来自系统之外的原因事件</td><td>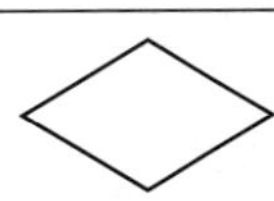</td></tr>
<tr><td rowspan="2">特殊事件：在事故树分析中需要表明其特殊性或引起注意的事件</td><td>开关事件：在正常工作条件下必然发生或必然不发生的事件</td><td>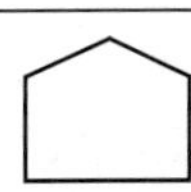</td></tr>
<tr><td>条件事件：限制逻辑门开启的事件</td><td>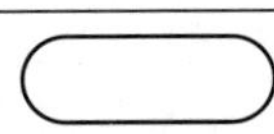</td></tr>
</table>

续表

符号类型			图形表示
逻辑门		与门：连接数个输入事件和一个输出事件，表示仅当所有输入事件都发生时，输出事件才发生的逻辑关系	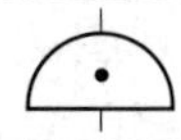
		或门：可以连接多个输入事件和一个输出事件，至少一个输入事件发生时，输出事件就发生	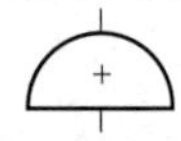
		非门：输出事件是输入事件的对立事件	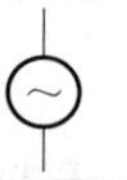
	特殊门	表决门：表示仅当输入事件有 $m(m \leqslant n)$ 个或 m 个以上事件同时发生时，输出事件才发生。或门和与门都是表决门的特例，$m=1$ 时是或门，$m=n$ 时是与门	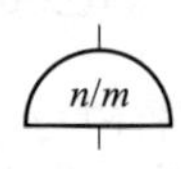
		异或门：表示仅当单个输入事件发生时，输出事件才发生	
		禁门：仅当条件事件发生时，输入事件的发生才导致输出事件的发生	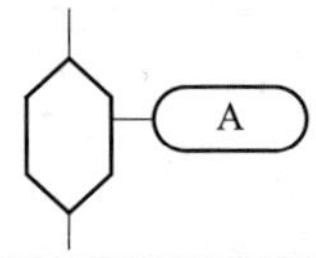
		条件与门：输入事件不仅同时发生，而且还必须满足条件 A，才有输出事件发生	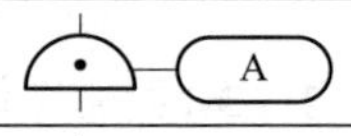
		条件或门：输入事件中至少有一个发生，在满足条件 A 的情况下，输出事件才发生	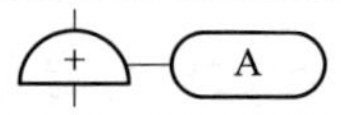
转移符号		转出符号：表示向其他部分转出，△内记入向何处转出的标记	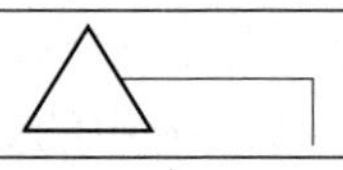
		转入符号：表示从其他部分转入，△内记入从何处转入的标记	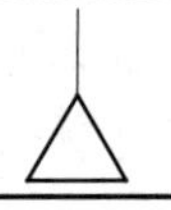

2. 事故树分析步骤

事故树分析是根据系统可能发生的事故或已经发生的事故所提供的信息，去寻找同事故发生有关的原因，从而采取有效的防范措施，防止事故发生，其分析步骤如表 3－6所示。

表 3－6　事故树分析步骤

准备阶段	确定所要分析的系统：合理地选取所要分析系统与外界环境及其边界条件，确定所要分析系统的范围，明确影响系统安全的主要因素
	熟悉系统：对已经确定的系统进行深入的调查研究，收集系统的有关资料与数据，如系统的结构、性能、工艺流程、运行条件、事故类型、维修情况、环境因素等，是事故树分析的基础和依据
	调查系统发生的事故：收集、调查所分析系统曾经发生过的事故和将来有可能发生的事故，同时还要收集、调查本单位与外单位、国内与国外同类系统曾发生的所有事故
事故树的编制	确定事故树的顶事件：确定所要分析的对象事件。可以根据事故调查报告分析其损失大小和事故频率，选择易于发生且后果严重的事故作为事故树的顶事件
	调查与顶事件有关的所有原因事件：从人、机、环境和信息等方面调查与事故树顶事件有关的所有事故原因，确定事故原因并进行影响分析
	编制事故树：采用事故树分析符号，按照一定的逻辑关系，把事故树顶事件与引起顶事件的原因事件，绘制成反映因果关系的树形图

续表

事故树定性分析	① 按照事故树结构，求取事故树的最小割集或最小径集； ② 进行基本原因事件的结构重要度分析； ③ 根据定性分析的结果，确定预防事故的安全保障措施
事故树定量及重要度分析	① 根据各基本事件的发生概率，计算顶事件发生概率； ② 基本事件的重要度分析； ③ 根据定量分析的结果及事故发生以后可能造成的危害，对系统进行风险分析，以确定安全投资方向
结果总结与应用	及时对事故树分析的结果进行评价、总结，提出改进建议，整理、存储事故树定性和定量分析的全部资料与数据，并注重综合利用各种安全分析的资料，为系统安全性评价与安全性设计提供依据

3. 事故树的编制原则

编制事故树是FTA中最基本、最关键的环节，一般由包括系统设计人员、操作人员和可靠性分析人员的编制小组来完成。事故树的编制是否完善直接影响到事故树定性和定量分析的结果是否正确，关系到运用FTA的成败。通过编制过程能使小组人员深入了解系统，发现系统中的薄弱环节，这是编制事故树的首要目的。事故树的编制过程是一个严密的逻辑推理过程，应遵循以下原则。

① 顶事件的确定：能否正确选择顶事件，直接关系到分析结果是否正确，是事故树分析的关键。在系统危险分析的结果中，不希望发生的事件远不止一个。应当把发生频率高且后果严重的事件优先作为顶事件；其次也可以把发生频率不高但后果很严重，或者后果虽不严重但发生非常频繁的事故作为顶事件。

② 顶事件的确切描述：应明确给出顶事件的定义，确切描述出事故的状态，何时或在何种条件下发生。

③ 系统边界条件的合理确定：为了不使事故树过于烦琐、庞大，应明确规定被分析系统与其他系统的界面，并作一些必要的合理的假设。

④ 保持逻辑门的完整性，不允许门与门直接相连：事故树编制时应逐级进行，任何一个逻辑门的输出都必须有一个结果事件，不允许不经过结果事件而将门与门直接相连。

⑤ 编制过程中及编成后，需及时进行合理的简化。

4. 事故树分析的特点

事故树分析是一种图形演绎方法，是事故事件在一定条件下的逻辑推理方法。可以围绕某特定的事故进行层层深入的分析，因而在清晰的事故树图形下，表达了系统内各事件间的内在联系，并指出单元故障与系统事故之间的逻辑关系，便于找出系统的薄弱环节。

事故树分析具有很大的灵活性，不仅可以分析某些单元故障对系统的影响，还可以对导致系统事故的特殊原因（如人的因素、环境影响）进行分析。

进行事故树分析的过程，是一个对系统更深入认识的过程。它要求分析人员把握系统内各要素间的内在联系，弄清各种潜在因素对事故发生影响的途径和程度，因而许多问题在分析的过程中就被发现和解决了，从而提高了系统的安全性。

利用事故树模型可以定量计算复杂系统发生事故的概率，为改善和评价系统安全性提供了定量依据。

3.4.2 事故树的定性分析

1. 最小割集和最小径集

事故树顶事件发生与否是由构成事故树的各种基本事件的状态决定的，当所有基本事件都发生时，顶事件肯定发生。但是在大多数情况下，并不是所有基本事件都发生时顶事件才发生，而是只要某些基本事件发生就可导致顶事件发生。在事故树分析中，把引起顶事件发生的基本事件的集合称为割集，也称截集或截止集。一个事故树中的割集一般不止一个，在这些割集中，凡不包含其他割集的，称为最小割集，最小割集是引起顶事件发生的充分必要条件。

当所有基本事件都不发生时，事故树顶事件肯定不会发生。然而，顶事件不发生常常并不要求所有基本事件都不发生，而只要某些基本事件不发生，顶事件就不会发生。这些不发生的基本事件的集合称为径集，也称通集或路集。在同一事故树中，不包含其他径集的径集称为最小径集，最小径集是保证顶事件不发生的充分必要条件。

2. 最小割集的求法

最小割集的求法有多种，但常用的有布尔代数化简法、行列法和结构法 3 种，下面以布尔代数化简法为例进行介绍。

1）布尔代数标准式

布尔代数化简法（逻辑化简法）：任何一个事故树都可以用布尔函数来描述，其最简析取标准式中每个最小项所属变元构成的集合，便是最小割集。若最简析取标准式中含有 m 个最小项，则该事故树有 m 个最小割集。根据布尔代数性质，可把任何布尔代数化为析取标准式和合取标准式。

$$f = A_1 + A_2 + \cdots + A_n = \sum_{i=1}^{n} A_i \tag{3-32}$$

$$f = B_1 \cdot B_2 \cdot \cdots \cdot B_n = \prod_{i=1}^{n} B_i \tag{3-33}$$

其中，A_i 和 B_i 分别是事故树的割集和径集。

当析取标准式的布尔项之和 A_i 中各项之间不存在包含关系，则该析取标准式为最简析取标准式，则 A_i 为事故树的最小割集。当合取标准式的布尔项之积 B_i 中各项之间不存在包含关系，则该合取标准式为最简合取标准式，则 B_i 为事故树的最小径集。

2）布尔代数运算法则

定理 1：$A+B=B+A,\quad AB=BA$ （交换律）

定理 2：$A+(B+C)=(A+B)+C,\quad A(BC)=(AB)C$ （结合律）

定理 3：$A+BC=(A+B)(A+C),\quad A(B+C)=AB+AC$ （分配律）

定理 4：$A+A=A,\quad A\cdot A=A$ （等幂律）

定理 5：$A+AB=A,\quad A\cdot(A+B)=A$ （吸收律）

3）最小割集的代简步骤

（1）建立事故树的布尔代数表达式

从事故树的顶事件开始，用下一层事件代替上一层事件，直至顶事件被所有基本事件代替为止。

（2）将布尔代数表达式化为析取标准式

运用布尔代数的运算法则化简布尔代数表达式为最简析取标准式。

例题 3–2 用布尔代数化简法求图 3–6所示事故树的最小割集。

解： ① 写出事故树的布尔代数表达式

$$\begin{aligned} T &= A_1 + A_2 = X_1 \cdot X_2 \cdot B_1 + X_4 \cdot B_2 \\ &= X_1 \cdot X_2 \cdot (X_1 + X_3) + X_4 \cdot (C + X_6) \\ &= X_1 \cdot X_2 \cdot (X_1 + X_3) + X_4 \cdot [(X_4 \cdot X_5) + X_6] \end{aligned}$$

② 简化布尔代数表达式为析取标准式

$$T = X_1 \cdot X_2 \cdot X_1 + X_1 \cdot X_2 \cdot X_3 + X_4 \cdot X_4 \cdot X_5 + X_4 \cdot X_6$$

③ 求其最简析取标准式

$$T = X_1 \cdot X_2 + X_4 \cdot X_5 + X_4 \cdot X_6$$

则该事故树有 3 个最小割集：$\{X_1, X_2\}, \{X_4, X_5\}, \{X_4, X_6\}$。从而原事故树可以化简为一个新的等效事故树，如图 3–7 所示。

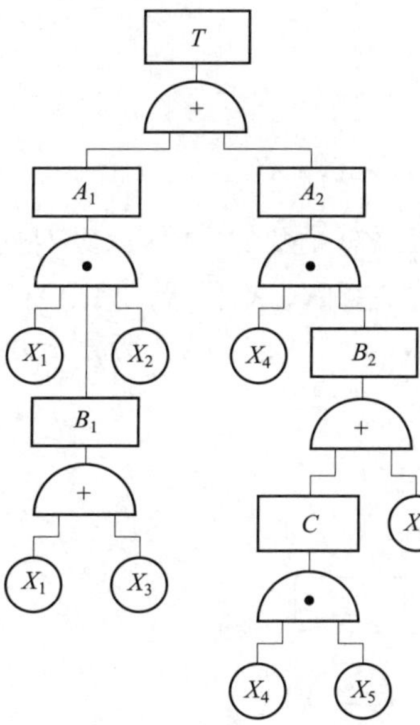

图 3–6 事故树示意图

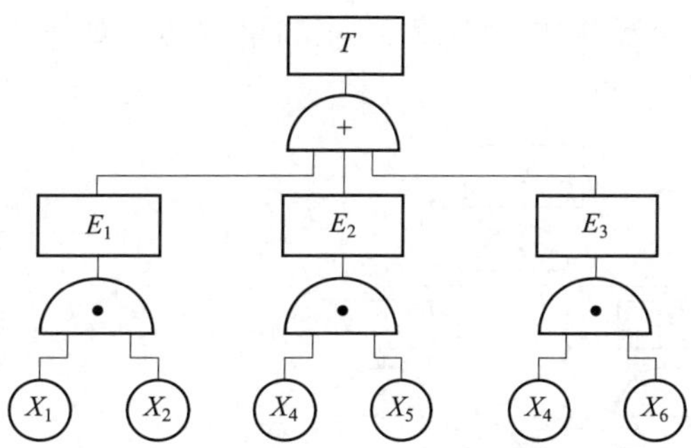

图 3–7 事故树的等效事故树

3. 最小径集的求法

成功树顶事件发生表明其对偶树（事故树）顶事件不发生。因此最小径集的求法是根据对偶原理，将事故树对偶变换为成功树，然后求出成功树的最小割集，即为事故树的最小径集。

将事故树变为成功树的对偶变换就是将原来事故树中的逻辑与门改成逻辑或门，将逻辑或门改为逻辑与门，并将全部事件符号加上“′”，即将事故树变为成功树（图 3–8）。

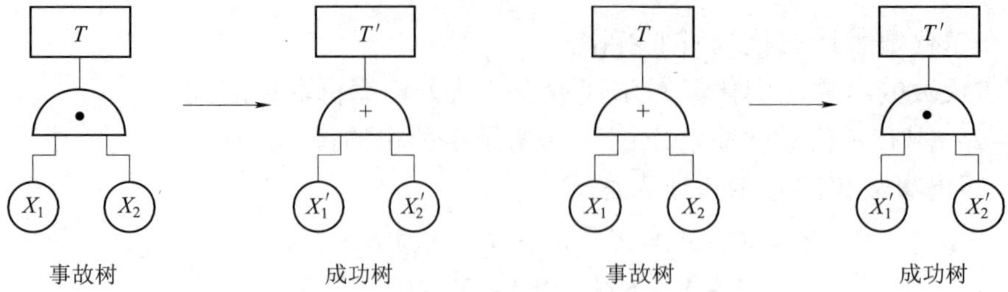

图 3-8 对偶变换

例题 3-3 求图 3-6所示事故树的最小径集。

解:

① 利用对偶变换，将图 3-6 的事故树变为如图 3-9所示的成功树。

② 用布尔代数化简法求图 3-9成功树的最小割集：

$$\begin{aligned}T'&=A_1'\cdot A_2'\\&=(X_1'+B_1'+X_2')\cdot(X_4'+B_2')\\&=(X_1'+X_1'\cdot X_3'+X_2')\cdot(X_4'+C'\cdot X_6')\\&=(X_1'+X_2')\cdot[X_4'+(X_4'+X_5')\cdot X_6']\\&=(X_1'+X_2')\cdot(X_4'+X_4'\cdot X_6'+X_5'\cdot X_6')\\&=(X_1'+X_2')\cdot(X_4'+X_5'\cdot X_6')\\&=X_1'\cdot X_4'+X_1'\cdot X_5'\cdot X_6'+X_2'\cdot X_4'+X_2'\cdot X_5'\cdot X_6'\end{aligned}$$

得到成功树的 4 个最小割集：$\{X_1', X_4'\},\{X_1',X_5',X_6'\},\{X_2',X_4'\},\{X_2',X_5',X_6'\}$。经对偶变换就得到图 3-6所示事故树的 4 个最小径集：$\{X_1, X_4\},\{X_1,X_5,X_6\},\{X_2,X_4\},\{X_2,X_5,X_6\}$。

用最小径集表示的图 3-6 的事故树，如图 3-10 所示，其中 P_1,P_2,P_3,P_4 分别表示 4 个最小径集。

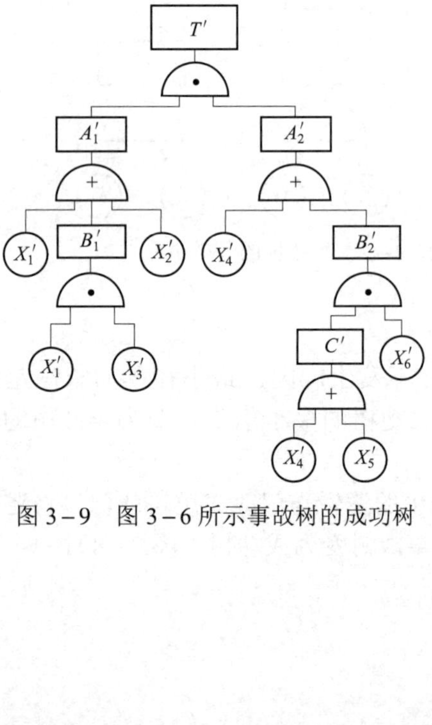

图 3-9 图 3-6 所示事故树的成功树

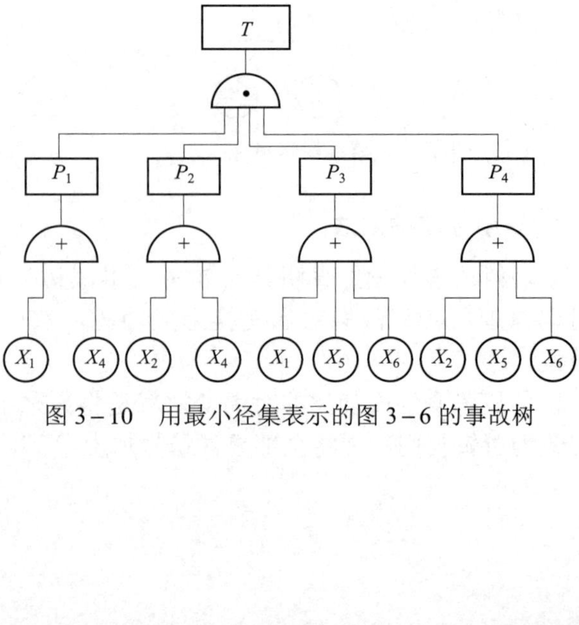

图 3-10 用最小径集表示的图 3-6 的事故树

4. 最小割集和最小径集的作用

最小割集和最小径集的作用如表 3－7所示。

表 3－7　最小割集和最小径集的作用

最小割集的作用	（1）表示系统的危险性 每个最小割集都表示顶事件发生的一种可能，事故树中有几个最小割集，顶事件发生就有几种可能。因此最小割集越多，说明系统的危险性越大
	（2）表示顶事件发生的原因组合 事故树顶事件发生，是某个最小割集中基本事件同时发生的结果，因此可以知道所有可能发生事故的途径。在调查事故发生的原因时，查出本次事故的最小割集，就是导致本次事故的基本事件的组合，便于掌握事故的发生规律
	（3）为降低系统的危险性提出控制方向和预防措施 每个最小割集都代表了一种事故模式，由事故树的最小割集可以直观地判断哪种事故模式最危险，哪种次之，哪种可以忽略，以及如何采取措施使事故发生概率下降。 如果不考虑每个基本事件发生的概率，少事件的最小割集比多事件的最小割集容易发生。因此为了降低系统的危险性，对含基本事件少的最小割集应优先考虑采取安全措施
	（4）利用最小割集可以进行基本事件的重要度分析，计算顶事件发生的概率
最小径集的作用	（1）表示系统的安全性 每个最小径集都是保证事故树顶事件不发生的条件，是采取预防措施，防止发生事故的一种途径
	（2）选取确保系统安全的最佳方案 根据最小径集中所包含的基本事件个数的多少、技术上的难易程度、耗费的时间及投入的资金数量，来选择最经济、最有效的事故控制方案
	（3）重要度分析 利用最小径集可以进行基本事件的重要度分析，计算顶事件发生的概率
系统薄弱环节预测	最小割集的个数越少越安全，越多越危险；最小割集中的基本事件越多越有利，基本事件少的割集是系统的薄弱环节。最小径集的个数越多越安全，基本事件多的径集是系统的薄弱环节。 可以从以下 4 条途径来改善系统的安全性： ① 减少最小割集数，首先应消除那些含基本事件最少的割集； ② 增加割集中的基本事件数，首先应给含基本事件少又不能清除的割集增加基本事件； ③ 增加新的最小径集，或将原有含基本事件较多的径集分成两个或多个径集； ④ 减少径集中的基本事件数，首先应减少含基本事件多的径集。 总之，最小割集与最小径集在事故预测中的作用是不同的：最小割集可以预示出系统发生事故的途径；而最小径集却可以提供控制顶事件最经济、最省事的方案

需要指出的是，应用最小割集和最小径集进行事故树定性分析和对某一事故树进行薄弱环节预测时，要区别不同情况，采取不同做法。

① 事故树中或门越多，得到的最小割集就越多，这个系统也就越不安全。对于这样的事故树最好从求最小径集着手，找出包含基本事件较多的最小径集，然后设法减少其基本事件树，或者增加最小径集数，以提高系统的安全程度。

② 事故树中与门越多，得到的最小割集的个数就较少，这个系统的安全性就越高。对于这样的事故树最好从求最小割集着手，找出少事件的最小割集，消除它或者设法增加它的基本事件树，以提高系统的安全性。

3.4.3 事故树的定量分析

事故树的定量分析是指在确定基本事件发生概率的基础上，求出顶事件的发生概率。其目的是将顶事件发生概率与系统安全目标值进行比较和评价，当顶事件发生概率超过目标值时，就需要采取防范措施，使其降至安全目标值以下。

顶事件发生概率计算基于以下假设：① 基本事件之间相互独立；② 基本事件和顶事件都只考虑发生和不发生两种状态；③ 故障分布为指数函数分布。

计算顶事件发生概率的方法有若干种，如状态枚举法、最小割集法、最小径集法等，下面以最小割集法为例进行介绍。

设某事故树有 k 个最小割集：$E_1,E_2,\cdots E_r,\cdots,E_k$。各基本事件的发生概率为 $q_1,q_2,\cdots,q_n$，则顶事件 T 可表示为

$$T=\bigcup_{r=1}^{k}E_r \tag{3-34}$$

顶事件的发生概率为

$$P(T)=P\left\{\bigcup_{r=1}^{k}E_r\right\} \tag{3-35}$$

根据容斥定理得到顶事件的概率公式为

$$P\left\{\bigcup_{r=1}^{k}E_r\right\}=\sum_{r=1}^{k}P\{E_r\}-\sum_{1\leqslant r<s\leqslant k}P\{E_r\cap E_s\}+\sum P\{E_r\cap E_s\cap E_t\}+\cdots+(-1)^{k-1}P\left\{\bigcap_{r=1}^{k}E_r\right\} \tag{3-36}$$

$$P\{E_r\}=\prod_{X_i\in E_r}q_i\text{，}\quad P\{E_r\cap E_s\}=\prod_{X_i\in E_r\cup E_s}q_i\text{，}\quad P\left\{\bigcap_{r=1}^{k}E_r\right\}=\prod_{\substack{r=1\\X_i\in E_i}}^{k}q_i$$

故顶事件的发生概率为

$$P\{T\}=\sum_{r=1}^{k}\prod_{X_i\in E_r}q_i-\sum_{1\leqslant r<s\leqslant k}\prod_{X_i\in E_r\cup E_s}q_i+\cdots+(-1)^{k-1}\prod_{\substack{r=1\\X_i\in E_i}}^{k}q_i \tag{3-37}$$

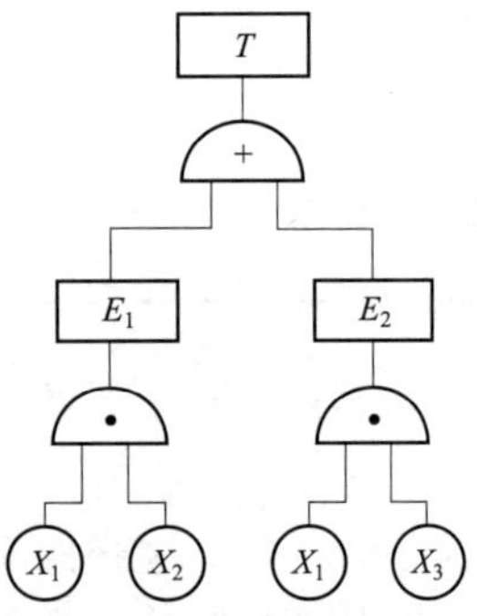

图 3-11 用最小割集表示的事故树

式中：

r,s,t ——最小割集的序数，$r<s<t$；

i ——基本事件的序号，$X_i\in E_r$；

k ——事故树的最小割集数；

$1\leqslant r<s\leqslant k$ —— k 个最小割集中第 r,s 两个最小割集的组合顺序；

$X_i\in E_r$ ——属于最小割集 E_r 的第 i 个基本事件；

$X_i\in E_r\cup E_s$ ——属于最小割集 E_r 或 E_s 的第 i 个基本事件。

例题 3-4 用最小割集表示的事故树如图 3-11 所示，假设每个基本原因事件的发生概率均为 0.1，求其顶事件的发生概率。

解：

$$\begin{aligned}P(T)&=P(E_1\cup E_2)\\&=1-[1-P(E_1)][1-P(E_2)]\\&=P(E_1)+P(E_2)-P(E_1)\cdot P(E_2)\\&=q_1q_2+q_1q_3-q_1q_2q_1q_3\\&=q_1q_2+q_1q_3-q_1q_2q_3\\&=0.019\end{aligned}$$

3.4.4　基本事件的重要度分析

重要度分析是确定一个基本事件对顶事件发生的影响大小，其在系统的事故预防、事故评价和安全性设计等方面有着重要的作用。为了明确最容易导致顶事件发生的事件，以便分出轻重缓急采取有效措施，控制事故的发生，必须对基本事件进行重要度分析。

各基本事件对顶事件影响的重要程度主要取决于：

① 各基本事件发生概率的大小；

② 各基本事件在事故树模型结构中处于何种位置。

1. 基本事件的结构重要度

假设不考虑各基本事件发生概率或各基本事件发生概率相等，仅从事故树的结构上研究各基本事件对顶事件的影响程度，称为结构重要度分析。结构重要度可以用结构重要度系数、割集重要度系数和径集重要度系数的大小来表示。下面主要以割集重要度系数为例进行介绍。

设某一事故树有 n 个基本事件，k 个最小割集，则 $1/k$ 表示单位最小割集的重要度系数；每个最小割集记作 $E_r(r=1,2,\cdots,k)$，第 r 个最小割集 E_r 中含有 $m_r(X_i \in E_r)$ 个基本事件，则 $\dfrac{1}{m_r(X_i \in E_r)}$ $(i=1,2,\cdots,n)$ 表示基本事件 X_i 的单位割集重要度系数。

设基本事件 X_i 的割集重要度系数为 $I_k(i)$，则

$$I_k(i)=\frac{1}{k}\sum_{r=1}^{k}\frac{1}{m_r(X_i \in E_r)} \quad (i=1,2,\cdots,n) \tag{3-38}$$

2. 基本事件的概率重要度

如果进一步考虑基本事件发生概率的变化会给顶事件发生概率产生多大影响，就要分析基本事件的概率重要度。事故树的概率重要度分析主要依靠各基本事件的概率重要度系数大小进行定量分析。所谓基本事件的概率重要度系数是指某基本事件发生概率的变化引起顶事件发生概率变化的程度。

由于顶事件发生概率函数是 n 个基本事件发生概率的多重线性函数，所以，对自变量 q_i 求一次偏导，即可得到该基本事件的概率重要度系数 $I_g(i)$ 为

$$I_g(i)=\frac{\partial P(T)}{\partial q_i} \quad (i=1,2,\cdots,n) \tag{3-39}$$

式中：

$P(T)$——顶事件发生概率；

q_i——第 i 个基本事件 X_i 的发生概率。

由概率重要度系数算法可知：一个基本事件的概率重要度如何，并不取决于它本身概率值的大小，而取决于它所在最小割集中其他基本事件概率积的大小。

3. 基本事件的临界重要度

当各基本事件发生概率不等时，在一般情况下，改变概率大的基本事件比改变概率小的基本事件容易，但概率重要度系数并未反映这一事实，因而它不能从本质上反映各基本事件在事故树中的重要程度。

事故树的临界重要度分析是依靠各基本事件的临界重要度系数大小进行定量分析。所谓临界重要度系数，是指某个基本事件发生概率的变化率引起顶事件发生概率的变化率，它是从敏感度和概率双重角度衡量各基本事件的重要程度。因此，它比概率重要度更合理、更具有实际意义。其表达式为

$$I_g^c(i)=\lim_{\Delta q_i\to 0}\frac{\Delta P(T)/P(T)}{\Delta q_i/q_i}=\frac{q_i}{P(T)}\cdot\lim_{\Delta q_i\to 0}\frac{\Delta P(T)}{\Delta q_i}=\frac{q_i}{P(T)}\cdot I_g(i) \tag{3-40}$$

式中：

$I_g^c(i)$——第 i 个基本事件 X_i 的临界重要度系数；

$I_g(i)$——第 i 个基本事件 X_i 的概率重要度系数；

$P(T)$——顶事件发生概率；

q_i——第 i 个基本事件 X_i 发生概率。

在 3 种重要度分析中：结构重要度从事故树结构上反映基本事件的重要程度，反映了某一基本事件在事故树结构中所占的地位；概率重要度反映基本事件概率的增减对顶事件发生概率影响的敏感度，起着一种过渡作用，是计算临界重要度系数的基础；临界重要度从敏感度和自身发生概率大小双重角度反映基本事件的重要程度，从结构及概率上反映了改善某一基本事件的难易程度。

例题 3－5 假设某事故树最小割集：$E_1=\{X_1,X_3\}$，$E_2=\{X_1,X_5\}$，$E_3=\{X_3,X_4\}$，$E_4=\{X_2,X_4,X_5\}$。各基本事件概率分别为 $q_1=0.01$，$q_2=0.02$，$q_3=0.03$，$q_4=0.04$，$q_5=0.05$，求各基本事件概率重要度系数。

解：① 用最小割集法计算顶事件发生概率

$$P(t)=q_1q_3+q_1q_5+q_3q_4+q_2q_4q_5=0.002$$

② 各基本事件的临界重要度系数为

$$I_g(1)=\frac{\partial P(T)}{\partial(q_1)}=q_3+q_5=0.08$$

$$I_g(2)=\frac{\partial P(T)}{\partial(q_2)}=q_4q_5=0.002$$

$$I_g(3)=\frac{\partial P(T)}{\partial(q_3)}=q_1+q_4=0.05$$

$$I_g(4)=\frac{\partial P(T)}{\partial(q_4)}=q_3+q_2q_5=0.031$$

$$I_g(5)=\frac{\partial P(T)}{\partial(q_5)}=q_1+q_2q_4=0.010\,8$$

则各基本事件的概率重要度的排序为

$$I_g(1)>I_g(3)>I_g(4)>I_g(5)>I_g(2)$$

③ 各基本事件的临界重要度系数为

$$I_g^c(1)=\frac{q_1}{P(T)}I_g(1)=\frac{0.01}{0.002}\times 0.08=0.4$$

$$I_g^c(2)=\frac{q_2}{P(T)}I_g(2)=\frac{0.02}{0.002}\times 0.002=0.02$$

$$I_g^c(3)=\frac{q_3}{P(T)}I_g(3)=\frac{0.03}{0.002}\times 0.05=0.75$$

$$I_g^c(4)=\frac{q_4}{P(T)}I_g(4)=\frac{0.04}{0.002}\times 0.031=0.62$$

$$I_g^c(5)=\frac{q_5}{P(T)}I_g(5)=\frac{0.05}{0.002}\times 0.010\,8=0.27$$

则各基本事件重要程度的排序为

$$I_g^c(3)>I_g^c(4)>I_g^c(1)>I_g^c(5)>I_g^c(2)$$

3.5　模糊聚类分析

聚类就是将数据集分成多个类或簇，各个类之间的数据差别应尽可能大，类内之间的数据差别应尽可能小，即最小化类间相似性，最大化类内相似性。因此聚类分析是指用数学的方法研究和处理给定对象的分类，从数据集中寻找数据之间的关系，使同一类别的对象之间尽可能相似，不同类别的对象之间最大可能相异，从而发现数据之间隐藏的有规律的信息。聚类分析不依赖带类标记的训练实例或预先定义的类，而是由聚类分析算法自动确定标记。但是事物之间的界限，有些是确切的，有些则是模糊的。例如，在交通安全系统中有很多研究对象并没有严格的界限属性，如城市交通安全状况好坏，没有严格的评定界限，具有模糊不确定性。当聚类涉及事物之间的模糊界限时，可采用模糊聚类分析方法。

模糊聚类分析是一种采用模糊数学对事物按一定的要求进行描述和分类的数学方法。一般根据研究对象本身的属性来构造模糊矩阵，并在此基础上根据一定的隶属度来确定聚类关系，即用模糊数学的方法把样本之间的模糊关系进行定量表示，从而客观且准确地进行聚类。

运用模糊聚类分析方法分析城市交通安全系统，挖掘城市交通安全的隐藏规律及不同类之间的差异信息，应注意以下 3 个问题：① 交通安全聚类指标的选取及重要性区分，选取代表性的影响指标并确定指标在分类中的不同贡献是合理聚类的基础；② 聚类的类数，合理确定聚类的类数，对聚类结果的有效性起着至关重要的作用；③ 各类之间界限的确定。

随着模糊集合理论的发展，形成了很多模糊聚类算法，典型的模糊聚类分析包括：① 基于等价关系的模糊聚类；② 基于图论的模糊聚类；③ 基于目标函数的模糊聚类；④ 谱系聚类。典型的模糊聚类分析的优缺点如表 3－8所示。

表 3－8　典型的模糊聚类分析的优缺点

模糊聚类算法类型	优　势	局　限
基于等价关系的模糊聚类	对初始数据不敏感，算法设计简单，不复杂	适合数据集比较小的情况，依照不同的置信度划分结果，与问题把握有关
基于图论的模糊聚类	离群点和噪声对结果影响较小，对高维数据处理效果良好	数据集合分类依赖阈值，容易陷入局部最优解
基于目标函数的模糊聚类	设计比较简单，效率较高，实用性强，可以发现不明显的分离类簇	对初始化敏感，计算前需确定聚类数及初始聚类中心，容易陷入局部最优解
谱系聚类	聚类分析能力较高，速度较快，可以处理各种形状的数据	不适合处理海量数据，对离群点和噪声敏感

3.5.1 模糊理论基础

1. 模糊集合

模糊集合 A 可以表示为

$$A=\left\{(\mu_A(x_i),x_i)\middle|x_i\in X\right\} \tag{3-41}$$

式中：

$\mu_A(x_i)$——隶属函数，表示 x_i 隶属模糊集合 A 的程度，在实轴的闭区间［0，1］上取值；

x_i——论域 X 中的某个元素。在普通集合中，元素间的分类具有明确的边界，即 x_i 要么完全属于集合 A，即 $\mu_A(x_i)=1$；要么完全不属于集合 A，即 $\mu_A(x_i)=0$。

2. 模糊关系

从集合 X 到集合 Y 的模糊关系 R 可以表示为

$$R=X\times Y=\left\{(x_i,y_j)\middle|x_i\in X,\ y_j\in Y\right\} \tag{3-42}$$

模糊子集 R 的隶属函数为 $\mu_R(x_i,\ y_j)$。其中：$i=1,2,\cdots,n$；$j=1,2,\cdots,m$。

当 X 和 Y 都是有限集合时，模糊关系也可用矩阵表示为

$$\boldsymbol{R}=(r_{ij})_{n\times m} \tag{3-43}$$

其中，$r_{ij}=\mu_R(x_i,\ y_j)$。

模糊关系具有自反性、对称性和传递性等性质。

① 自反性：$R(x_i,x_i)=1(\forall x_i\in X)$。

② 对称性：$R(x_i,y_j)=R(y_j,x_i)$。

③ 传递性：$R^2\subseteq R$。

根据模糊子集 R 所包含的模糊关系的性质，可以将模糊子集 R 定义为模糊相似关系和模糊等价关系：

① 如果 R 是 X 中的模糊关系同时具有自反性和对称性，则称 R 为模糊相似关系；

② 如果 R 是 X 中的模糊关系同时具有自反性、对称性和传递性，则称 R 为模糊等价关系。

3. 传递闭包

传递闭包是指对矩阵 $\boldsymbol{R}$ 进行卷积运算

$$\boldsymbol{R}^2=\boldsymbol{R}*\boldsymbol{R}=\mathop{\vee}_{k=1}^{n}(r_{ik}\wedge r_{kj}),\ \boldsymbol{R}^4=\boldsymbol{R}^2*\boldsymbol{R}^2,\ \boldsymbol{R}^8=\boldsymbol{R}^4*\boldsymbol{R}^4,\ \cdots$$

直到存在一个数 k，使得 $\boldsymbol{R}^{2k}=\boldsymbol{R}^k*\boldsymbol{R}^k$，算法停止，令 $\boldsymbol{R}^k=\boldsymbol{R}^*$，$\boldsymbol{R}^*$ 为模糊等价矩阵。

3.5.2 基于等价关系的模糊聚类分析步骤

1. 数据标准化

设论域 $U=\{x_1,x_2,\cdots,x_n\}$ 为被分类对象，每个对象又有 m 个指标表示其性状，即

$$x_i=\{x_{i1},x_{i2},\cdots,x_{im}\}\qquad(i=1,2,\cdots,n)$$

则原始数据矩阵为

$$\boldsymbol{x}=\begin{pmatrix} x_{11} & x_{12} & \cdots & x_{1m} \\ x_{21} & x_{22} & \cdots & x_{2m} \\ \vdots & \vdots & & \vdots \\ x_{n1} & x_{n2} & \cdots & x_{nm} \end{pmatrix} \tag{3-44}$$

式中：x_{ik} ——第 i 个分类对象的第 k 个指标的原始数据。

为使不同量纲的数据能进行比较，应进行数据标准化。即将数据压缩到区间[0,1]上，消除量纲的影响，可进行下列变换。

（1）平移——标准差变换

$$x'_{ik}=\frac{x_{ik}-\overline{x}_k}{s_k} \quad (i=1,2,\cdots,n;\ k=1,2,\cdots,m) \tag{3-45}$$

式中：

$\overline{x}_k$ ——算术平均数，$\overline{x}_k=\frac{1}{n}\sum_{i=1}^{n}x_{ik}$；

s_k ——标准离差，$s_k=\sqrt{\frac{1}{n}\sum_{i=1}^{n}(x_{ik}-\overline{x}_k)^2}$ 。

经过标准差变换后，消除了量纲的影响，但 x'_{ik} 不一定在区间[0,1]上。

（2）平移——极差变换

$$x''_{ik}=\frac{x'_{ik}-\min\limits_{1\leqslant i\leqslant n}\{x'_{ik}\}}{\max\limits_{1\leqslant i\leqslant n}\{x'_{ik}\}-\min\limits_{1\leqslant i\leqslant n}\{x'_{ik}\}} \quad (i=1,2,\cdots,n;\ k=1,2,\cdots,m) \tag{3-46}$$

显然有 $0\leqslant x''_{ik}\leqslant 1$，而且也消除了量纲的影响，得到标准矩阵 $\boldsymbol{x}$ 。

2. 标定（建立模糊相似矩阵）

设论域 $U=\{x_1,x_2,\cdots,x_n\}$，$x_i=\{x_{i1},x_{i2},\cdots,x_{im}\}$，$x_j=\{x_{j1},x_{j2},\cdots,x_{jm}\}$，建立模糊相似矩阵，$x_i$ 与 x_j 的相似程度为 $r_{ij}=\boldsymbol{R}(x_i,x_j)$，可采用相似系数法、距离法确定。

（1）相似系数法

① 夹角余弦法：

$$r_{ij}=\frac{\sum_{k=1}^{m}(x_{ik}\cdot x_{jk})}{\sqrt{\sum_{k=1}^{m}x_{ik}^2}\cdot\sqrt{\sum_{k=1}^{m}x_{jk}^2}} \tag{3-47}$$

② 最大最小法：

$$r_{ij}=\frac{\sum_{k=1}^{m}(x_{ik}\wedge x_{jk})}{\sum_{k=1}^{m}(x_{ik}\vee x_{jk})} \tag{3-48}$$

③ 算术平均最小法：

$$r_{ij}=\frac{2\sum_{k=1}^{m}(x_{ik}\wedge x_{jk})}{\sum_{k=1}^{m}(x_{ik}+x_{jk})} \tag{3-49}$$

④ 几何平均最小法：

$$r_{ij}=\frac{2\sum_{k=1}^{m}(x_{ik}\wedge x_{jk})}{\sum_{k=1}^{m}\sqrt{x_{ik}\bullet x_{jk}}} \tag{3-50}$$

⑤ 数量积法：

$$r_{ij}=\begin{cases}1, & i=j\\ \dfrac{1}{M}\sum_{k=1}^{m}(x_{ik}\bullet x_{jk}), & i\neq j\end{cases} \tag{3-51}$$

其中，$M=\max\limits_{i\neq j}\left(\sum_{k=1}^{m}x_{ik}x_{jk}\right)$。

⑥ 相关系数法：

$$r_{ij}=\frac{\sum_{k=1}^{m}|x_{ik}-\overline{x}_i||x_{jk}-\overline{x}_j|}{\sqrt{\sum_{k=1}^{m}(x_{ik}-\overline{x}_i)^2}\bullet\sqrt{\sum_{k=1}^{m}(x_{jk}-\overline{x}_j)^2}} \tag{3-52}$$

式中：$\overline{x}_i$，$\overline{x}_j$——算术平均数，$\overline{x}_i=\frac{1}{m}\sum_{k=1}^{m}x_{ik}$，$\overline{x}_j=\frac{1}{m}\sum_{k=1}^{m}x_{jk}$。

⑦ 指数相似系数法：

$$r_{ij}=\frac{1}{m}\sum_{k=1}^{m}\exp\left[-\frac{3}{4}\bullet\frac{(x_{ik}-x_{jk})^2}{s_k^2}\right] \tag{3-53}$$

式中：

s_k——方差，$s_k=\frac{1}{n}\sum_{i=1}^{n}(x_{ik}-\overline{x}_{ik})^2$；

$\overline{x}_{ik}$——算术平均数，$\overline{x}_{ik}=\frac{1}{n}\sum_{i=1}^{n}x_{ik}\ (k=1,2,\cdots,m)$。

（2）距离法

① 直接距离法：

$$r_{ij}=1-cd(x_i,x_j) \tag{3-54}$$

式中：

c——适当选取的参数，使得$0\leqslant r_{ij}\leqslant 1$；

$d(x_i,x_j)$——x_i与x_j之间的距离。

常用的距离有：

海明距离：

$$d(x_i,x_j)=\sum_{k=1}^{m}\left|x_{ik}-x_{jk}\right| \tag{3-55}$$

欧几里得距离：

$$d(x_i,x_j)=\sqrt{\sum_{k=1}^{m}(x_{ik}-x_{jk})^2} \tag{3-56}$$

切比雪夫距离：

$$d(x_i,x_j)=\bigvee_{k=1}^{m}\left|x_{ik}-x_{jk}\right| \tag{3-57}$$

② 倒数距离法：

$$r_{ij}=\begin{cases}1, & i=j\\ \dfrac{E}{d\left(x_i,x_j\right)}, & i\neq j\end{cases} \tag{3-58}$$

式中：E——适当选取的参数，使得$0\leqslant r_{ij}\leqslant 1$。

③ 指数距离法：

$$r_{ij}=\exp[-d(x_i,x_j)] \tag{3-59}$$

3. 聚类（求动态聚类图）

1）基于模糊等价矩阵聚类

（1）传递闭包法

根据标定的模糊相似矩阵$\boldsymbol{R}$，用二次方法求$\boldsymbol{R}$的传递闭包$t(\boldsymbol{R})=\boldsymbol{R}^*$，可得到模糊等价矩阵$\boldsymbol{R}^*$。改变阈值$\lambda$，让其由大变小，可形成动态聚类图。

（2）布尔矩阵法

定理 3-1

设$\boldsymbol{R}$是$U=\{x_1,x_2,\cdots,x_n\}$上的一个相似布尔矩阵，当$\boldsymbol{R}$是等价布尔矩阵时，则$\boldsymbol{R}$具有传递性$\Leftrightarrow$矩阵$\boldsymbol{R}$中没有形如$\begin{pmatrix}1&1\\1&0\end{pmatrix},\begin{pmatrix}1&1\\0&1\end{pmatrix},\begin{pmatrix}1&0\\1&1\end{pmatrix},\begin{pmatrix}0&1\\1&1\end{pmatrix}$的特殊子矩阵。

布尔矩阵法的具体步骤如下。

① 求模糊相似矩阵的λ截矩阵$\boldsymbol{R}_\lambda$。

② 若$\boldsymbol{R}_\lambda$按定理3-1判定为等价，则由$\boldsymbol{R}_\lambda$可得U在λ水平上的分类；若$\boldsymbol{R}_\lambda$判定为不等价，则$\boldsymbol{R}_\lambda$在某一排列下有上述形式的特殊子矩阵，此时只要将其中特殊子矩阵的0一律改成1直到不再产生上述形式的子矩阵即可，如此得到的$\boldsymbol{R}_\lambda^*$为等价矩阵，因此，由$\boldsymbol{R}_\lambda^*$可得U在λ水平上的分类。

2）直接聚类

直接聚类是指在建立模糊相似矩阵之后，不去求传递闭包$t(\boldsymbol{R})$，也不用布尔矩阵法，而是直接从模糊相似矩阵出发求得聚类图。其步骤如下。

① 取$\lambda_1=1$（最大值），对每个x_i作相似类$[x_i]_{\boldsymbol{R}}$，且$[x_i]_{\boldsymbol{R}}=\{x_j\mid r_{ij}=1\}$，即将满足$r_{ij}=1$的$x_i$与$x_j$放在一类，构成相似类。相似类与等价类的不同之处是，不同的相似类可能有公共元素，即可出现：$[x_i]_{\boldsymbol{R}}=\{x_i,x_k\}$，$[x_i]_{\boldsymbol{R}}=\{x_j,x_k\}$，$[x_i]\cap[x_j]\neq\varnothing$。此时只要将有公共元素的相似类合并，即可得在$\lambda_1=1$水平上的等价分类。

② 取λ_2为次大值，从$\boldsymbol{R}$中直接找出相似度为λ_2的元素对(x_i,x_j)（即$r_{ij}=\lambda_2$），将对应于$\lambda_1=1$的等价分类中x_i所在的类与x_j所在的类合并，将所有的这些情况合并后，即得到对应于λ_2的等价分类。

③ 取λ_3为第三大值，从$\boldsymbol{R}$中直接找出相似度为λ_3的元素对(x_i,x_j)（即$r_{ij}=\lambda_3$），将对应于λ_2的等价分类中x_i所在的类与x_j所在的类合并，将所有的这些情况合并后，即得到对应于λ_3的等价分类。

④ 以此类推，直到合并到U成为一类为止。

3）最佳阈值λ的确定

在模糊聚类分析中，对于各个不同的$\lambda\in[0,1]$，可得到不同的分类，许多实际问题需要选择某个阈值λ确定样本的一个具体分类，这就提出了如何确定最佳阈值λ的问题。一般有以下两种方法。

① 按实际需要，在动态聚类图中，调整λ的值以得到适当的分类，而不需要事先准确地

估计好样本应分成几类。当然，也可由具有丰富经验的专家结合专业知识确定阈值 λ，从而得出在 λ 水平上的等价分类。

② 用 F 统计量确定 λ 最佳值。

设论域 $U=\{x_1,x_2,\cdots,x_n\}$ 为样本空间（样本总数为 n），而每个样本 x_i 有 m 个特征 $x_i=\{x_{i1},x_{i2},\cdots,x_{im}\}$ $(i=1,2,\cdots,n)$，则可得到如表 3–9 所示的原始数据矩阵，其中 $\overline{x}_k=\frac{1}{n}\sum_{i=1}^{n}x_{ik}(k=1,2,\cdots,m)$，$\overline{\boldsymbol{x}}$ 称为总体样本的中心向量。

表 3–9　原始数据矩阵

样本	指标					
	1	2	…	k	…	m
$\boldsymbol{x}_1$	x_{11}	x_{12}	…	x_{1k}	…	x_{1m}
$\boldsymbol{x}_2$	x_{21}	x_{22}	…	x_{2k}	…	x_{2m}
⋮	⋮	⋮		⋮		⋮
$\boldsymbol{x}_i$	x_{i1}	x_{i2}	…	x_{ik}	…	x_{im}
⋮	⋮	⋮		⋮		⋮
$\boldsymbol{x}_n$	x_{n1}	x_{n2}	…	x_{nk}	…	x_{nm}
$\overline{\boldsymbol{x}}$	$(\overline{\boldsymbol{x}}_1$	$\overline{\boldsymbol{x}}_2$	…	$\overline{\boldsymbol{x}}_k$	…	$\overline{\boldsymbol{x}}_m)$

设对应于 λ 值的分类数为 r，第 j 类的样本数为 n_j，第 j 类的样本记为 $x_1^{(j)},x_2^{(j)},\cdots,x_{n_j}^{(j)}$，第 j 类的聚类中心为向量 $\overline{\boldsymbol{x}}^{(j)}=(\overline{x}_1^{(j)},\overline{x}_2^{(j)},\cdots,\overline{x}_m^{(j)})$，其中 $\overline{x}_k^{(j)}$ 为第 k 个特征的平均值，即

$$\overline{x}_k^{(j)}=\frac{1}{n_j}\sum_{i=1}^{n_j}x_{ik}^{(j)}\ (k=1,2,\cdots,m) \tag{3-60}$$

作 F 统计量

$$F=\frac{\sum_{j=1}^{r}n_j\left\|\overline{\boldsymbol{x}}^{(j)}-\overline{\boldsymbol{x}}\right\|\Big/(r-1)}{\sum_{j=1}^{r}\sum_{i=1}^{n_j}\left\|x_i^{(j)}-\overline{\boldsymbol{x}}^{(j)}\right\|\Big/(n-r)} \tag{3-61}$$

其中，$\left\|\overline{\boldsymbol{x}}^{(j)}-\overline{\boldsymbol{x}}\right\|=\sqrt{\sum_{k=1}^{m}(\overline{x}_k^{(j)}-\overline{x}_k)^2}$ 为 $\overline{\boldsymbol{x}}^{(j)}$ 与 $\overline{\boldsymbol{x}}$ 间的距离。

$\left\|x_i^{(j)}-\overline{\boldsymbol{x}}^{(j)}\right\|$ 为第 j 类中第 i 个样本 $x_i^{(j)}$ 与其中心 $\overline{x}^{(j)}$ 间的距离，称为 F 统计量。它是遵从自由度为（$r-1$，$n-r$）的F分布。它的分子表征类与类之间的距离，分母表征类内样本间的距离。因此，F 值越大，说明类与类之间的距离越大，类与类之间的差异越大，分类就越好。

例题 3–6　设有 5 组数据：$x_1=\{80,10,6,2\}$，$x_2=\{50,1,6,4\}$，$x_5=\{10,1,2,4\}$，$x_4=\{40,5,7,3\}$，$\boldsymbol{x}_5=\{10,1,2,4\}$。采用传递闭包法，将以上数据聚类。

解：① 数据标准化。

论域 $U=\{x_1,x_2,\cdots,x_n\}$,其中，$x_1=\{80,10,6,2\}$，$x_2=\{50,1,6,4,\}$，$x_3=\{90,6,4,6\}$，$x_4=\{40,5,7,3\}$，$x_5=\{10,1,2,4\}$，则原始数据矩阵为

$$x = \begin{pmatrix} 80 & 10 & 6 & 2 \\ 50 & 1 & 6 & 4 \\ 90 & 6 & 4 & 6 \\ 40 & 5 & 7 & 3 \\ 10 & 1 & 2 & 4 \end{pmatrix}$$

对数据进行标准化处理，以 $i=1$，$k=1$ 为例。

$$\overline{x}_1 = \frac{1}{n}\sum_{i=1}^{n} x_{i1} = \frac{1}{5}(80+50+90+40+10) = 54$$

$$\begin{aligned} s_1 &= \sqrt{\frac{1}{n}\sum_{i=1}^{n}(x_{i1}-\overline{x}_1)^2} \\ &= \sqrt{\frac{1}{5}[(80-54)^2+(50-54)^2+(90-54)^2+(40-54)^2+(10-54)^2]} \\ &= 28.7 \end{aligned}$$

$$x'_{11} = \frac{x_{11}-\overline{x}_1}{s_1} = \frac{80-54}{28.7} = 0.91$$

$$x''_{11} = \frac{x'_{11} - \min\limits_{1 \leqslant i \leqslant n}\{x'_{i1}\}}{\max\limits_{1 \leqslant i \leqslant n}\{x'_{i1}\} - \min\limits_{1 \leqslant i \leqslant n}\{x'_{i1}\}} = 0.89$$

其他项以此类推，得出标准矩阵 x

$$x = \begin{pmatrix} 0.89 & 1 & 0.86 & 0.33 \\ 0.56 & 0.10 & 0.86 & 0.67 \\ 1 & 0.60 & 0.57 & 1 \\ 0.44 & 0.50 & 1 & 0.50 \\ 0.11 & 0.10 & 0.29 & 0.67 \end{pmatrix}$$

② 建立模糊相似矩阵。

求模糊相似矩阵时，可从相似系数法和距离法中任意选择，本题采用相似系数法中的最大最小法求模糊相似矩阵。

$$r_{ij} = \frac{\sum\limits_{k=1}^{m}(x_{ik} \wedge x_{jk})}{\sum\limits_{k=1}^{m}(x_{ik} \vee x_{jk})}$$

$$R = \begin{pmatrix} 1 & 0.54 & 0.62 & 0.63 & 0.24 \\ 0.54 & 1 & 0.55 & 0.7 & 0.53 \\ 0.62 & 0.55 & 1 & 0.56 & 0.37 \\ 0.63 & 0.7 & 0.56 & 1 & 0.38 \\ 0.24 & 0.53 & 0.37 & 0.38 & 1 \end{pmatrix}$$

③ 根据标定的模糊相似矩阵 R，用二次方法求 R 的传递闭包，即 $t(R)=R^*$，可得到模糊等价矩阵 R^*。

$$t(\boldsymbol{R})=\boldsymbol{R}^4=\begin{pmatrix}1 & 0.63 & 0.62 & 0.63 & 0.53\\0.63 & 1 & 0.62 & 0.70 & 0.53\\0.62 & 0.55 & 1 & 0.62 & 0.53\\0.63 & 0.70 & 0.62 & 1 & 0.53\\0.53 & 0.53 & 0.53 & 0.53 & 1\end{pmatrix}$$

④ 对所有元素排序，容易得到：1＞0.70＞0.63＞0.62＞0.53。依次取λ截矩阵$\boldsymbol{R}_\lambda$，可得到以下聚类结果。

- $\lambda=1$时，截矩阵：$\boldsymbol{R}_1=\begin{pmatrix}1&0&0&0&0\\0&1&0&0&0\\0&0&1&0&0\\0&0&0&1&0\\0&0&0&0&1\end{pmatrix}$

U被分成5类：$\{x_1\}$，$\{x_2\}$，$\{x_3\}$，$\{x_4\}$，$\{x_5\}$。

- $\lambda=0.70$时，截矩阵：$\boldsymbol{R}_{0.70}=\begin{pmatrix}1&0&0&0&0\\0&1&0&1&0\\0&0&1&0&0\\0&1&0&1&0\\0&0&0&0&1\end{pmatrix}$

U被分成4类：$\{x_1\}$，$\{x_3\}$，$\{x_2, x_4\}$，$\{x_5\}$。

- $\lambda=0.63$时，截矩阵：$\boldsymbol{R}_{0.63}=\begin{pmatrix}1&1&0&1&0\\1&1&0&1&0\\0&0&1&0&0\\1&1&0&1&0\\0&0&0&0&1\end{pmatrix}$

U被分成3类：$\{x_1, x_2, x_4\}$，$\{x_3\}$，$\{x_5\}$。

- $\lambda=0.62$时，截矩阵：$\boldsymbol{R}_{0.62}=\begin{pmatrix}1&1&1&1&0\\1&1&1&1&0\\1&1&1&1&0\\1&1&1&1&0\\0&0&0&0&1\end{pmatrix}$

U被分成2类：$\{x_1, x_2, x_3, x_4, x_5\}$，$\{x_5\}$。

- $\lambda=0.53$时，截矩阵：$\boldsymbol{R}_{0.53}=\begin{pmatrix}1&1&1&1&1\\1&1&1&1&1\\1&1&1&1&1\\1&1&1&1&1\\1&1&1&1&1\end{pmatrix}$

U被分成1类：$\{x_1, x_2, x_3, x_4, x_5\}$。

3.6 安全综合评价法

安全综合评价法（多指标安全综合评价法）是指把多个描述被评价对象不同方面且量纲不同的定性和定量指标，转化为无量纲的评价值，并综合这些评价值以得出对该评价对象的一个整体评价。综合评价要素一般包括被评价对象、评价指标及指标体系、权重系数和综合评价模型。

安全综合评价的一般步骤如下：

① 明确评价目的；

② 确定被评价对象；

③ 建立评价指标体系（包括收集评价指标的原始值、评价指标的若干预处理等）；

④ 确立与各项评价指标相对应的权重系数；

⑤ 选择或构造综合评价模型；

⑥ 计算各系统（评价对象）的综合评价值并进行排序、分类或比较；

⑦ 根据评价过程得到的信息，进行系统分析和决策。

其中，最为关键的问题是评价指标体系的建立、指标评价值和权重系数及评价模型的确定。只有解决好上述问题，才能得到较为切合实际的安全评价结果。

安全综合评价的对象可以是铁路系统、城市道路交通系统、航空运输系统、城市轨道交通系统，也可以是某种运输方式的子系统，如铁路车站、航空机场、城市轨道交通车站、城市公交等。

3.6.1 评价指标体系的建立

1. 评价指标体系建立的原则

安全评价的核心问题是确定评价指标体系。指标体系是否科学、合理，直接关系到安全评价的质量。因此，指标体系必须科学、客观、合理、尽可能全面地反映影响系统安全的所有因素，这就必须按照一定的原则去分析和判断。

（1）目的性原则

指标体系要紧紧围绕改进系统安全这一目标来设计，并由代表系统安全各组成部分的典型指标构成，多方位、多角度地反映系统的安全水平。

（2）科学性原则

指标体系结构的拟订、指标的取舍、公式的推导等都要有科学的依据，评价结果才具有可信性。

（3）系统性原则

指标体系要包括系统安全所涉及的众多方面，使其成为一个完整系统。

相关性，要运用系统论的相关性原理不断分析，而后组合设计安全评价指标体系。

层次性，要形成阶层性的功能群，层次之间要相互适应并具有一致性，每项上层指标都要有相应的下层指标与其相适应。

整体性，不仅要注意指标体系整体的内在联系，而且要注意整体的功能和目标。

综合性，指标体系的设计不仅要有反映事故状况的指标，更重要的是要有反映隐患的指标，事前与事后综合，不同时期（历史、现状、将来）综合才能更为客观和全面。

（4）可操作性原则

指标体系的设计要求概念明确、定义清楚，能方便地采集数据与收集情况。指标体系的内容不应太繁太细，过于庞杂和冗长，否则会给评价工作带来不必要的麻烦。

（5）时效性原则

指标体系不仅要反映一定时期系统安全的实际情况，还要随着社会价值观念的变化不断调整，否则，可能会因不合时宜而导致决策失误。

（6）突出性原则

指标选择不仅要全面，还要区别主次、轻重，以保证能够集中力量控制住那些发生频率高、后果严重的事件。

（7）可比性原则

指标体系中同一层次的指标，应该满足可比性的原则，即具有相同的计量范围、计量口径和计量方法，指标取值宜采用相对值，尽可能不采用绝对值。

（8）定性与定量相结合的原则

指标体系的设计应在定性分析的基础上，还要进行量化处理。只有通过量化，才能较为准确地揭示事物的本质。

2. 评价指标的筛选

在实际的安全综合评价活动中，所选择的评价指标对于评价结果起着至关重要的作用。初选评价指标时应将事故指标与隐患指标相结合，避免单用一类指标评价的片面性。同时应以尽可能少的“主要”评价指标用于实际评价，这就需要对初选的评价指标集合按某种方法进行筛选。目前，常用的评价指标的筛选方法包括专家调研法和极小极大离差法。

（1）专家调研法

评价者可根据评价目标及评价对象的特征，在所设计的调查表中列出一系列的评价指标，分别征询专家对评价指标的意见，然后进行统计处理，并反馈咨询结果，经几轮咨询后，如果专家意见趋于集中，则由最后一次咨询确定出具体的评价指标。

（2）极小极大离差法

先求出各评价指标 x_j 的最大离差 r_j，即

$$r_j = \max_{1 \leqslant i,k \leqslant n} \{|x_{ij} - x_{kj}|\} \tag{3-62}$$

再求出 r_j 的最小值，即

$$r_0 = \min_{1 \leqslant j \leqslant m} \{r_j\} \tag{3-63}$$

当 r_0 接近于零时，则可删除与 r_0 相应的评价指标。

例如，根据上述评价指标体系建立的 8 条原则，可以建立轨道交通运输人员安全保障评价指标体系和设备安全保障评价指标体系，如图 3-12 和图 3-13 所示。

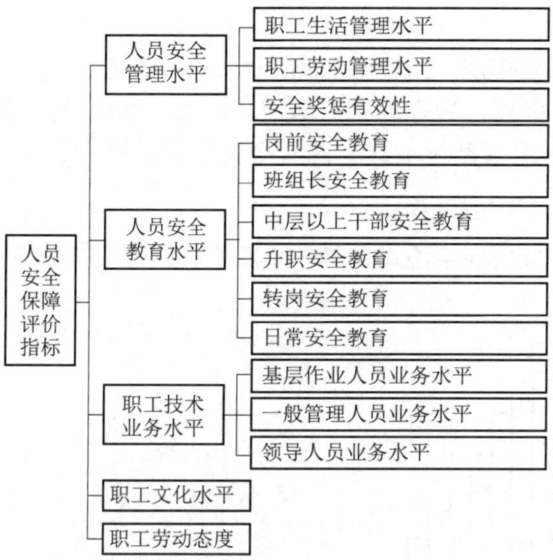

图 3－12 人员安全保障评价指标体系

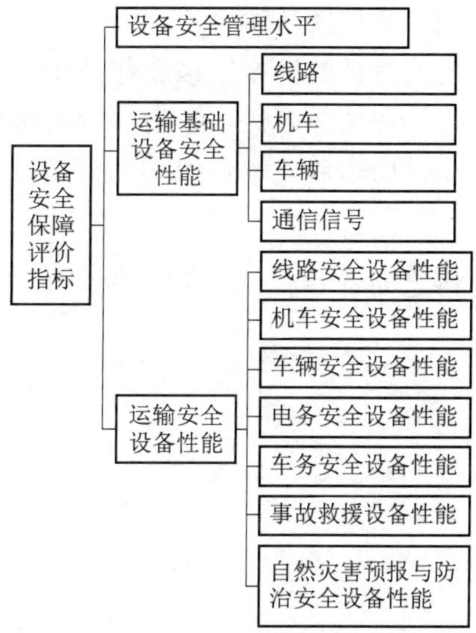

图 3－13 设备安全保障评价指标体系

3. 基础评价指标评价值的确定

基础评价指标即评价指标体系中不能再进一步分解的指标，可分为定性基础评价指标和定量基础评价指标，简称定性指标和定量指标。因此，基础评价指标评价值的确定可分为两部分，即定性指标评价值的确定和定量指标评价值的确定。

1）定性指标评价值的确定

定性指标评价值具有模糊和非定量化的特点，很难用精确的数字来表示，可采用模糊数学的方法对模糊信息进行量化处理，目前比较常用的方法是专家评分法和集值统计法。

（1）专家评分法

请 m 个专家对取定的一组指标 $x_1, x_2, \cdots, x_n$ 分别给出隶属度 $A(x_i)(i=1, 2, \cdots, n)$的估计值 $r_{ij}(i=1, 2, \cdots, n;\ j=1, 2, \cdots, m)$，则指标 x_i 的隶属度 r_i 可由下式估计

$$r_i = \frac{1}{m}\sum_{j=1}^{m} r_{ij}\ (i=1,2,\cdots,n) \tag{3-64}$$

式中：r_{ij}——第 j 位专家对第 i 个指标的评价值。

由专家评分法得出的评判矩阵为一列向量

$$\boldsymbol{R} = \begin{pmatrix} r_1 \\ r_2 \\ \vdots \\ r_n \end{pmatrix} \tag{3-65}$$

利用专家评分法得出的评分结果的精确性主要依赖于评价对象的复杂性、信息全面性及专家对评价对象了解的全面性和确切性。当这些条件不充分，专家无法找出一个确切的数值时，可以让专家给出一个判断范围，这是比较客观的选择。专家给出的判断范围越小，说明专家对问题的把握性越大；反之，则越小。不同专家对同一问题所给出的判断范围，可以看作一个随机集的若干独立实现，可应用集值统计法来确定定性指标评价值。

（2）集值统计法

集值统计的样本则被看作一个随机集的独立实现。具体做法为：选择 m 位专家，专家选择应视具体情况而定。给出评价指标值的两个极点，为方便专家赋值，取 0、100 两点，然后请专家给出指标 x_i 评价值的区间估计，得到 m 位专家对指标 x_i 的一个集值统计序列

$$[r_{11},r_{12}],[r_{12},r_{22}],\cdots,[r_{1m},r_{2m}]$$

将这 m 个区间落影到评价指标值域轴上，得到样本落影函数，样本落影直方图如图 3－14 所示。

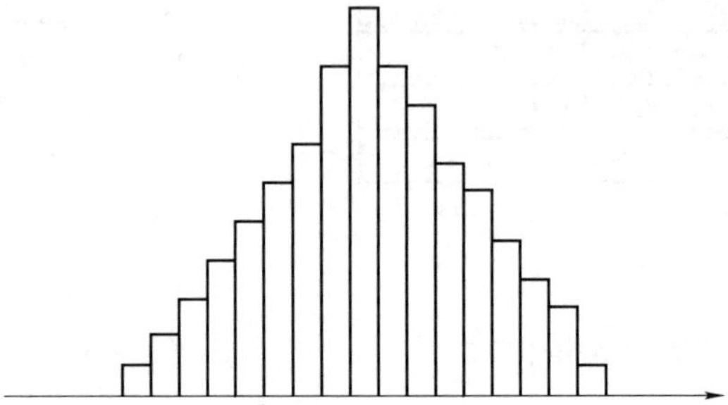

图 3－14　样本落影直方图

$$\overline{X}(r)=\frac{1}{m}\sum_{k=1}^{m}X\left[r_{1k},r_{2k}\right]^{(r)} \tag{3-66}$$

其中

$$X\left[r_{1k},r_{2k}\right]^{(r)}=\begin{cases}1, r_{1k}<r<r_{2k}\\0,其他\end{cases} \tag{3-67}$$

取 $r_{\max}=\max\left\{r_{21},r_{22},\cdots,r_{2m}\right\}$， $r_{\min}=\min\left\{r_{11},r_{12},\cdots,r_{1m}\right\}$，则指标 x_i 的评价值为

$$E(r)=\frac{\int_{r_{\min}}^{r_{\max}}\overline{X}(r)r\mathrm{d}r}{\int_{r_{\min}}^{r_{\max}}\overline{X}(r)\mathrm{d}r}=\frac{\sum_{k=1}^{m}\left[(r_{2k})^2-(r_{1k})^2\right]}{2\sum_{k=1}^{m}(r_{2k}-r_{1k})} \tag{3-68}$$

2）定量指标评价值的确定

由于定量指标的计量单位各不相同，不具有可比性，所以在确定指标实际值之后，要进行评价指标类型的一致化和评价指标的无量纲化处理。

（1）评价指标类型的一致化

一般来说，指标 $x_1,x_2,\cdots,x_n$ 中，可能含有“极大型”指标、“极小型”指标、“居中型”指标和“区间型”指标。对于某些定量指标（如客运量、货运量、安全天数等），我们自然期望它们的取值越大越好，这类指标称为极大型指标；而对于诸如事故起数、伤亡人数、经济损失、事故率等一类指标，我们自然期望它们的取值越小越好，这类指标称为极小型指标；如机动车保有量、道路里程等指标，我们既不期望它们的取值越大越好，也不期望它们的取值越小越好，而是期望它们的取值越居中越好，我们称这类指标为居中型指标；而区间型指标是期望其取值以落在某个区间内为最佳的指标。

若指标 $x_1,x_2,\cdots,x_n$ 中既有极大型指标、极小型指标，又有居中型指标或区间型指标，需对评价指标的类型进行一致化处理。以定性地判断综合评价值是否取值越大越好，或是取值越小越好，或是取值越居中越好。

对于极小型指标 x，令

$$x^* = M - x \quad \text{或} \quad x^* = \frac{1}{x} \ (x > 0) \tag{3-69}$$

式中：M ——指标 x 的一个允许上界。

对于居中型指标 x，令

$$x^* = \begin{cases} \dfrac{2(x-m)}{M-m}, & m \leqslant x \leqslant \dfrac{M+m}{2} \\ \dfrac{2(M-x)}{M-m}, & \dfrac{M+m}{2} \leqslant x \leqslant M \end{cases} \tag{3-70}$$

式中：

m ——指标 x 的一个允许下界；

M ——指标 x 的一个允许上界。

对于区间型指标 x，令

$$x^* = \begin{cases} 1.0 - \dfrac{q_1 - x}{\max\{q_1 - m, M - q_2\}}, & x < q_1 \\ 1.0, \ q_1 \leqslant x \leqslant q_2 \\ 1.0 - \dfrac{x - q_2}{\max\{q_1 - m, M - q_2\}}, & x > q_2 \end{cases} \tag{3-71}$$

式中：

$[q_1, q_2]$ ——指标 x 的最佳稳定区间；

M，m ——指标 x 的允许上界和允许下界。

这样，非极大型评价指标 x 便可转变为极大型指标了。同理，也可将所有指标均转化为极小型指标或区间型指标。

（2）评价指标的无量纲化

无量纲化（指标数据的标准化、规范化）是通过数学变换来消除原始指标单位影响的方法。指标无量纲化过程也就是求解隶属函数的过程，各种无量纲化公式，也就是指标的隶属函数。求定量指标隶属度的无量纲化方法多种多样，应根据各个指标本身的性质确定其隶属函数公式，可采用极值法对评价指标进行无量纲化处理。

如果令 $M_j = \max\{x_{ij}\}, m_j = \min\{x_{ij}\}$，则

$$x_{ij}^* = \frac{x_{ij} - m_j}{M_j - m_j} \tag{3-72}$$

且 $x_{ij}^* \in [0,1]$。

当评价值取值在 $[0,100]$ 上时，对于极大型、极小型和适中型指标，其无量纲化公式分别如下。

① 极大型指标。

$$x_{ij}^*=\begin{cases}100, & x_{ij}\geqslant M_j \\ 100\cdot\dfrac{x_{ij}-m_j}{M_j-m_j}, & m_j<x_{ij}<M_j \\ 0, & x_{ij}\leqslant m_j\end{cases} \tag{3-73}$$

② 极小型指标。

$$x_{ij}^*=\begin{cases}100, & x_{ij}\leqslant m_j \\ 100\cdot\dfrac{M_j-x_{ij}}{M_j-m_j}, & m_j<x_{ij}<M_j \\ 0, & x_{ij}\geqslant M_j\end{cases} \tag{3-74}$$

③ 适中型指标，即指标值越接近某一固定值越好的指标。

$$x_{ij}^*=\begin{cases}100\cdot\dfrac{x_{ij}-m_j}{x_{m_j}-m_j}, & m_j<x_{ij}\leqslant x_{m_j} \\ 100\cdot\dfrac{M_j-x_{ij}}{M_j-x_{m_j}}, & x_{m_j}\leqslant x_{ij}<M_j \\ 0, & x_{ij}\leqslant m_j, x_{ij}\geqslant M_j\end{cases} \tag{3-75}$$

式中：x_{m_j}——适中型指标的固定值，$m_j\leqslant x_{m_j}\leqslant M_j$。

3.6.2 权重系数的确定

表征评价指标对评价目的的相对重要性程度差异，可用权重系数来表示。权重系数应满足下列条件

$$\begin{cases}w_j\geqslant 0 \quad (j=1,2,\cdots,m) \\ \sum\limits_{j=1}^{m} w_j=1\end{cases} \tag{3-76}$$

式中：w_j——评价指标 x_j（$j=1, 2, \cdots, m$）的权重系数。

如何确定权重系数，是综合评价的核心问题。当被评价对象及评价指标（值）都给定时，综合评价（或对各被评价对象进行排序）的结果就依赖于权重系数了。因此对权重系数的确定应特别谨慎。确定权重系数的主要方法包括集值迭代法、特征值法（层次分析法）、G_1 法和 G_2 法等，其中层次分析法较为常用。

层次分析法（AHP）的基本过程为：首先将复杂问题分解成递阶层次结构，然后将下一层次的各因素相对于上一层次的各因素进行两两比较判断，构造判断矩阵，通过对判断矩阵的计算，进行层次单排序和一致性检验，最后进行层次总排序，得到各因素的组合权重，并通过排序结果分析和解决问题，大体可分为以下 4 个步骤。

1）建立递阶层次结构

这是 AHP 中最重要的一步，首先要把问题条理化、层次化，构造出一个层次分析的结构

模型。在这个结构模型下，复杂问题被分解为若干元素，这些元素又按其属性分成若干组，形成不同层次。同一层次的元素对下一层次的某些元素起支配作用，同时它又受上一层次元素的支配。

2）构造判断矩阵

对于递阶层次结构中各层上的元素可以依次相对于与之有关的上一层元素，进行两两比较，从而构造一系列的判断矩阵。判断矩阵 $\boldsymbol{A}=(a_{ij})_{n\times n}$ 具有下述性质

$$a_{ij}>0,\ \ a_{ij}=\frac{1}{a_{ji}},\ \ a_{ii}=1\ \ (i,j=1,2,\cdots,n) \tag{3-77}$$

其中，$a_{ij}(i,j=1,2,\cdots,n)$ 代表元素 U_i 与 U_j 相对于其上一层元素重要性的比例标度。一般采用 1～9 比例标度对重要性程度赋值（表 3－10）。

表 3－10　判断矩阵标度及其含义

标　度	含　义
1	表示两个元素相比，具有同等重要性
3	表示两个元素相比，前者比后者稍微重要
5	表示两个元素相比，前者比后者明显重要
7	表示两个元素相比，前者比后者强烈重要
9	表示两个元素相比，前者比后者极端重要
2，4，6，8	表示上述相邻判断的中间值
倒数	若元素 i 与元素 j 的重要性之比为 a_{ij}，那么元素 j 与元素 i 重要性之比为 $a_{ji}=1/a_{ij}$

3）计算单一准则下元素的相对权重并进行一致性检验

设判断矩阵 $\boldsymbol{A}$ 的最大特征根为 $\lambda_{\max}$，其相应的特征向量为 $\boldsymbol{W}$，解判断矩阵 $\boldsymbol{A}$ 的特征根问题

$$\boldsymbol{AW}=\lambda_{\max}\boldsymbol{W} \tag{3-78}$$

所得 $\boldsymbol{W}$ 经归一化后，即为同一层次相应元素对于上一层次某一因素相对重要性的权重向量。

由于客观事物的复杂性及人们对事物认识的模糊性和多样性，所给出的判断矩阵不可能完全保持一致，有必要进行一致性检验，计算一致性指标 CI

$$\mathrm{CI}=\frac{\lambda_{\max}-n}{n-1} \tag{3-79}$$

式中：n——判断矩阵阶数。

若随机一致性比率 $\mathrm{CR}=\mathrm{CI}/\mathrm{RI}<0.10$，则判断矩阵具有满意的一致性，否则需要调整判断矩阵的元素取值。平均随机一致性指标 RI 取值如表 3－11 所示。

表 3－11　平均随机一致性指标 RI 取值

n	1	2	3	4	5	6	7	8	9	10
RI	0.00	0.00	0.58	0.90	1.12	1.24	1.32	1.41	1.45	1.49

4）计算组合权重并进行一致性检验

计算组合权重是指计算同一层次所有因素对于最高层因素相对重要性的权重。若上一层次 A 含有 m 个因素 $A_1, A_2, \cdots, A_m$，其组合权值为 $a_1, a_2, \cdots, a_m$，下一层次 B 包含 n 个因素 $B_1, B_2, \cdots, B_n$，它们对于因素 A_j 的相对权值分别为 $b_{1j}, b_{2j}, \cdots, b_{nj}$（当 B_i 与 A_j 无关时，$b_{ij} = 0$），此时 B 层因素的组合权重由表 3-12 给出。

表 3-12　组合权重计算表

层次	A_1	A_2	$\cdots$	A_m	B 层组合权重
	a_1	a_2	$\cdots$	a_m	
B_1	b_{11}	b_{12}	$\cdots$	b_{1m}	$\sum_{j=1}^{m} a_j b_{1j}$
B_2	b_{21}	b_{22}	$\cdots$	b_{2m}	$\sum_{j=1}^{m} a_j b_{2j}$
$\vdots$	$\vdots$	$\vdots$	$\vdots$	$\vdots$	$\vdots$
B_n	b_{n1}	b_{n2}	$\cdots$	b_{nm}	$\sum_{j=1}^{m} a_j b_{nj}$

此外，还需要进行递阶层次组合判断的一致性检验，该步也是从上到下逐层进行的。若 B 层某些因素相对于 A_j 的层次单排序一致性指标为 CI_j，相应的平均随机一致性指标为 RI_j，则 B 层随机一致性比率 CR 为

$$\mathrm{CR} = \frac{\sum_{j=1}^{m} a_j \mathrm{CI}_j}{\sum_{j=1}^{m} a_j \mathrm{RI}_j} \tag{3-80}$$

当 CR＜0.10 时，认为 B 层组合判断具有满意的一致性；否则，需要重新调整判断矩阵的因素取值。

3.6.3　综合评价模型

所谓多指标（或多属性）安全综合评价，就是指通过一定的数学模型（或算法）将多个评价指标值“合成”为一个整体性的安全综合评价值。可用于“合成”的数学方法较多，问题在于如何根据评价目的（或准则）及被评价系统的特点来选择较为合适的合成方法。也就是说，在获得 n 个系统的安全评价指标值 $\{x_{ij}\}(i=1, 2, \cdots, n; j=1, 2, \cdots, m)$ 的基础上，尚须选用或构造综合评价函数

$$\boldsymbol{y} = f(\boldsymbol{w}, \boldsymbol{x}) \tag{3-81}$$

式中：

$\boldsymbol{w}=(w_1, w_2, \cdots, w_m)^{\mathrm{T}}$——指标权重向量；

$\boldsymbol{x}=(x_1, x_2, \cdots, x_m)^{\mathrm{T}}$——被评价对象（系统）的状态向量（评价指标值）。

式（3-81）可采用线性加权综合法和非线性加权综合法进行合成。

1）线性加权综合法

$$\begin{cases} y = \sum_{j=1}^{m} w_j x_j \\ \sum_{j=1}^{m} w_j = 1 \quad (0 \leqslant w_j \leqslant 1, j = 1, 2, \cdots, m) \end{cases} \tag{3-82}$$

式中：

y——安全综合评价值；

w_j——指标 x_j 相应的权重系数；

m——指标个数。

2）非线性加权综合法

$$\begin{cases} y = \prod_{j=1}^{m} x_j^{w_j} \ (x_j > 0) \\ \sum_{j=1}^{m} w_j = 1 (0 \leqslant w_j \leqslant 1, j = 1, 2, \cdots, m) \end{cases} \tag{3-83}$$

由式（3－81）可求出各评价对象（系统）的安全综合评价值 $y_j = f(w_j, x_j)$，根据 y_j 值与既定的安全目标值进行判断比较，确定被评价对象（系统）的危险程度，以便采取相应的安全措施。

3.7 事故多发位置鉴别

3.7.1 事故多发位置的定义

事故多发位置（accident-prone location，hazardous location，black spot）是指在所定的统计周期内，特定的路网范围（点、段、区域）对应某种算法得到的交通事故发生水平评定指标明显高于类似地点、类似交通状态下区域路网上的平均指标。合理地确定统计时间周期、特定的路网范围、评定指标和鉴别方法等，是鉴别事故多发位置的关键。

根据事故集中发生范围的大小，可以将事故多发位置分为事故多发点、事故多发段和事故多发区域 3 种情况。澳大利亚学者 K. W. Ogden 认为：多发点是指道路的某些特征点（或很小一个区段）上集中了超常数量的事故，如交叉口和桥梁，“多发点”的长度一般不超过 0.5 km；多发段是指有一定长度的一个路段集中发生超常数量的事故，其长度一般为 1～5 km；事故多发区域的大小一般在 5 km^2 以上，这一区域应具有一定的功能特征，如居民区、商业区、城市路网、公路网等。

国内一些学者通过研究认为事故多发位置的统计周期在 1～3 年内，可以获得较为全面的反映道路属性的交通事故数据。事故多发点一般取 200 m 内，事故多发路段一般取 200～5 000 m，对于高等级道路的取值可适当延长，山区道路的取值应短一些。

事故多发位置的评定指标为能反映交通事故某一特征或数量的事故指标，包括事故的绝对指标和相对指标，如事故数量、事故率；评定指标的临界值为“正常”与“突出”。

绝对指标如事故起数、死亡人数、受伤人数、直接经济损失等，其中事故起数反映了事故发生的频度，死亡人数、受伤人数和直接经济损失反映了事故发生的严重程度。但是绝对指标总是静止的、孤立的，无法反映实际道路、交通条件的差异对事故的影响。

相对指标是指在绝对指标的基础上，引入了一些与事故有直接或内在联系的相关因素作为比较的基础，常用的相关因素主要有车辆保有量、交通量、人口、区域面积等，从而使相对于这些相关因素的事故指标有较好的可比性。具体内容可参见 3.3.2 节的相关内容。

例如，英国对事故多发位置以事故起数为评定指标，认为一年发生 4 起以上交通事故，在 0.1 km 范围内称为危险路段；一年发生 40 起以上交通事故，在 1 km^2 范围内称为事故易发地区。

3.7.2 事故多发位置的鉴别方法

事故多发位置的鉴别方法是根据选定的指标，将指标值“异常”的位置从“正常”的指标中选出来。这里主要包含两项工作：① 常值的确定，即认为在什么范围内的指标值是正常值；② 被鉴别位置处的指标值与正常值的比较。

1. 事故数法

事故数法是以事故起数为指标，以一定时期各路段发生的事故数为依据来确定事故多发位置。通过确定正常事故起数的标准值，若在规定时间和范围内事故起数大于标准值，则被认为是事故多发位置。

事故数法的优点主要表现在：算法简单，指标选择方便，只要依据既定的标准值，直接根据事故统计数据即可得到结果，此法在我国实践中的应用较普遍。

事故数法的局限性主要体现在：

① 事故数法的使用直接受事故统计资料的限制，适用于较小的行政区域内。在使用时间上，应以事故统计最短周期的倍数进行；

② 事故数法没有考虑在同一道路上不同地点的交通量及环境条件；

③ 标准值确定较为困难，而且不同道路、不同地区标准值更难以统一；

④ 事故数法的准确度直接受统计资料准确度的影响，可作为一个初步预测事故多发点的方法，为进一步准确定量分析提供帮助。

2. 事故率法

事故率法是以事故率为指标，确定正常事故率的标准，若在规定时间和范围内的事故率大于标准值，则被认为是事故多发位置。这种方法考虑了交通量的影响因素，比事故数法更为合理，事故率指标可采用车公里事故率、当量事故率或死亡率等。一般适用于以下两种情况：

① 有长时间的统计资料，能够获得研究区域内较稳定的事故平均水平数据；

② 道路的等级、交通量、车速等运营状况相对接近，这样才能对各路段进行比较。

如果是交通量相差悬殊的道路，用此法在同一标准下计算，所得结果可能会把交通量很小、事故水平较低的地方确定为事故多发段。

3. 事故数–事故率法（矩阵法）

鉴于事故数法和事故率法各有优缺点，单独使用对反映事故状况都有片面性，可以将两者结合起来，形成事故数–事故率法（矩阵法）。该法对每个被研究的道路单元进行事故数和事故率计算，然后将事故起数作为横坐标，车公里事故率作为纵坐标，找出两者的分布。整个坐标面可以分为 4 个区域（图 3－15），Ⅰ区为高事故率、高事故数区；Ⅱ区为高事故率、低事故数区；Ⅲ区为低事故率、高事故数区；Ⅳ区为低事故率、低事故数区。若数据落入Ⅰ区，则可列为事故多发段，落入Ⅳ区则为安全路段，落入Ⅱ、Ⅲ区则应对这些点进行进一步分析后作出判断。具体分析步骤如下。

① 假设有 n 个路段，根据各路段 K 年的事故数、年平均日交通量计算第 i 段事故率 R_i（起/百万车公里）。

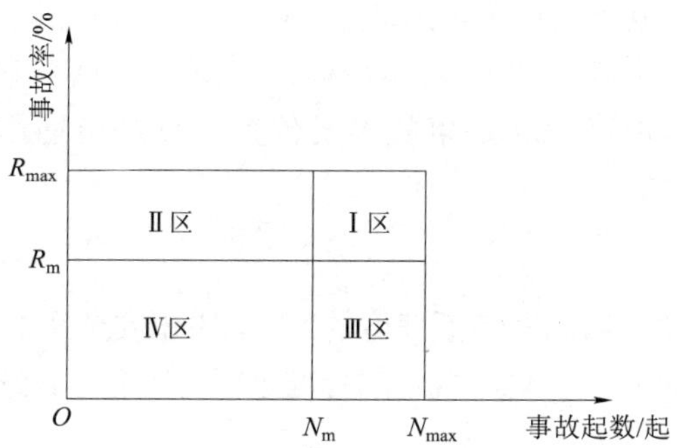

图 3－15　事故数－事故率法

$$R_i = \frac{N_i \times 10^6}{365 \times \text{AADT}_i \times L_i \times K} \tag{3-84}$$

式中：

AADT_i——第 i 段年平均日交通量，辆/d；

N_i——第 i 段 K 年内的事故起数，起；

L_i——第 i 段路段长度，km；

K——事故数统计年数，年。

② 计算所有路段平均事故起数 N_m 和平均事故率 R_m。

$$N_m = \frac{1}{n}\sum_{i=1}^{n} N_i \text{，} \quad R_m = \frac{1}{n}\sum_{i=1}^{n} R_i \tag{3-85}$$

根据 N_m 和 R_m 可以确定事故多发段和安全区域的划分，即矩阵中的Ⅰ区和Ⅳ区。当某路段交通事故起数和事故率均大于 N_m 和 R_m 时，肯定落在Ⅰ区，即为事故多发段；当路段交通事故起数和事故率均小于 N_m 和 R_m 时，即为安全区域。

③ 对落入Ⅱ区和Ⅲ区内的路段进行判断。

方法 1：Ⅱ区事故率较高、事故起数较低，可采用事故率法，即当某路段事故率高达一定程度时，该路段可确定为事故多发段；Ⅲ区事故起数较高、事故率较低，可采用事故数法，即当某路段事故起数高达一定程度时，该路段可确定为事故多发段。

方法 2：引入判断系数 ε_1 和 ε_2，对于落入Ⅱ区内的路段，如果有 $R_i > \varepsilon_1 \times R_m$，则判定该路段为事故多发段；同样，对于落入Ⅲ区内的路段，如果有 $N_i > \varepsilon_2 \times N_m$，则判定该路段为事故多发段。其中判断系数 ε_1 和 ε_2 应大于 1，具体值可视情况而定。如在道路整改方面可根据整改投资情况而定。ε_1 值和 ε_2 值越小，被判定为事故多发段的路段就越多。

4. 事故率系数法（全系数法）

事故率系数法主要考虑道路条件对交通安全的影响，分别研究了不同道路条件与事故的量化关系，得到综合影响系数 $K_{总}$ 作为综合评价的指标。计算公式为

$$K_{总}=K_1K_2K_3\cdots K_{14} \tag{3-86}$$

其中，K_1～K_{14} 分别为不同道路条件下的相对安全系数，包括交通量系数、平曲线半径系数、纵坡系数、路面宽系数、路肩宽系数、路面摩阻系数、路旁建筑系数、交叉口类型系数、交叉口视距系数、车道数系数、居民点系数、视距系数、桥面宽度系数、直线长度系数等。

应用该方法时，首先确定道路中第 i 路段的相对安全系数，把这些系数相乘，计算出第 i 路段的综合影响系数 $K_{总i}$；其次以路段为横坐标，以综合影响系数为纵坐标，可绘制出总计的事故率系数图，图中的“顶峰”就是事故多发位置。该法可适用于不同交通状况事故多发位置的鉴别，有广泛的应用价值。

5. 安全系数法

安全系数法从研究汽车沿危险路段前后速度的差异，引出安全系数 $K_{安全}$ 作为事故多发位置的评价指标，通过计算具体路段的 $K_{安全}$，再与既定的标准进行比较而得到结论。其计算公式为

$$K_{安全}=\frac{U_1}{U_2} \tag{3-87}$$

式中：

U_1——危险路段的实际平均行车速度，km/h；

U_2——安全速度（设计行车速度），km/h。

该法同时结合大量调查资料，规定单辆小汽车的评价标准：当 $K_{安全}$ 为 0.8～1.0 时，可认为是安全的路段；当 $K_{安全}$ 为 0.6～0.8 时，可认为是较小危险路段；当 $K_{安全}$ 为 0.4～0.6 时，可认为是危险路段；当 $K_{安全}$ 小于 0.4 时，可认为是很危险路段。该方法主要研究行车速度的变化，在等级较高的道路上较为适用。

6. 累计频率曲线法

在一条道路上，如果道路条件处处一样，则可认为事故发生的位置与道路条件无关；在统计量足够大时，事故沿道路分布理论上是均匀的。但实际上，道路条件不可能处处一样，使实际的事故发生分布沿道路是不均匀的，即发生少量事故和不发生事故的路段占大部分，集中发生较多事故的路段是少部分，并且事故数越高的路段所占的比例越小。因此将单位长度路段按发生的事故数排序，计算其累计频率，则能分离出累计频率很小，但事故数（率）很高的位置，作为事故多发路段的可能位置。

累计频率曲线法以每一单位长度（常用 1 km）发生的事故起数为横坐标，以发生大于某一事故起数的累计频率为纵坐标，绘制累计频率曲线。具体分析步骤如下。

① 收集资料。调查事故数据；调查道路设施资料，包括路线平面、纵断面和横断面现状资料，路面状况（损坏状况、摩阻系数）、路肩状况，安全设施（护栏、标志、标线），道路周边环境（路侧建筑、行道树），交叉口等，最后收集分段交通量资料。

② 分段单元划分。将整条道路划分成等长的小单元（通常以 1 km 为单位），计算每一单元上的事故数。

③ 计算发生 n 起事故的频率 a_n 和累计频率 A_n 。

$$a_n = \frac{\text{发生}\,n\,\text{起事故的单元数}}{\text{总单元数}}, \quad A_n = \sum_{i=1}^{n} a_i \tag{3-88}$$

④ 初步选定事故多发位置。根据累计频率曲线上的突变点，初步选定累计频率小于突变点的路段为事故多发位置。对事故集中在某分段单元两端的情况，应对其前一单元或后一单元的事故做进一步分析，以避免由于等间距分隔单元而遗漏事故多发点。

⑤ 现场勘查路面、超高等现场道路状况，超速、超车等车辆行驶状况，村庄、路边店、加油站、绿化等周边环境，排除非道路因素，以确定事故多发位置。

⑥ 分析事故原因并提出改进措施。从交通标志标线、交通组织和管理方式、工程等方面提出改善措施。

当沿线交通量变化不大或缺乏交通量资料时，累计频率曲线法的评价指标可采用公里事故数；当沿线交通量变化较大时，可采用车公里事故率。

累计频率曲线法在确定事故的“正常值”和“突出值”时采用了一个相对的概念，对一条道路不事先定“正常值”是多少，“突出值”是多少，而是直接找出“突出”的点，则“突出点”上的事故数（率）就是这条道路上的“突出值”。这样就避免了一个统一的“正常值”不能适应各条道路不同的事故状况的矛盾。因此累计频率曲线法适用面广，适用于事故状况差别大、道路安全基础研究缺乏等情况。

例题 3-7 某条道路 K0+000～K503+000 路段发生事故起数 359 起，发生 n 起事故的公里段数如表 3-13 所示，试用累计频率曲线法初步判别事故多发位置。

表 3-13 发生 n 起事故的公里段数

事故起数 n/起	发生 n 起事故的公里段数/km	事故起数 n/起	发生 n 起事故的公里段数/km
0	347	5	5
1	65	6	3
2	41	8	3
3	22	9	1
4	15	10	1

解： ① 收集资料，进行事故数据调查和公路设施资料调查，具体见累计频率曲线法分析步骤，并收集分段交通量资料。

② 以 1 km 为单位，进行路段单元划分，参见表 3-13。

③ 用公式（3-88）计算发生 n 起事故的频率和累计频率，如表 3-14 所示。

表 3-14 事故频率和事故累计频率

事故起数 n/起	发生 n 起事故的公里段数/km	频率/%	累计频率/%
0	347	69.98	69.98
1	65	12.92	81.91
2	41	8.15	90.06

续表

事故起数 n/起	发生 n 起事故的公里段数/km	频率/%	累计频率/%
3	22	4.37	94.43
4	15	2.98	97.42
5	5	0.99	98.41
6	3	0.59	99.01
8	3	0.59	99.60
9	1	0.2	99.80
10	1	0.2	100.00

④ 做累计频率曲线（图 3－16）。根据图 3－16 累计频率曲线的趋势，“突变点”处的累计频率为 97.42%，事故率为 4 起/km，即小于 4 起的路段单元为 97.42%，而达到 4 起的路段单元占 2.98%，但事故起数为 146 起，占全部 359 起事故的 40.67%。因此，将事故率达到 4 起的路段初步定为事故多发位置。

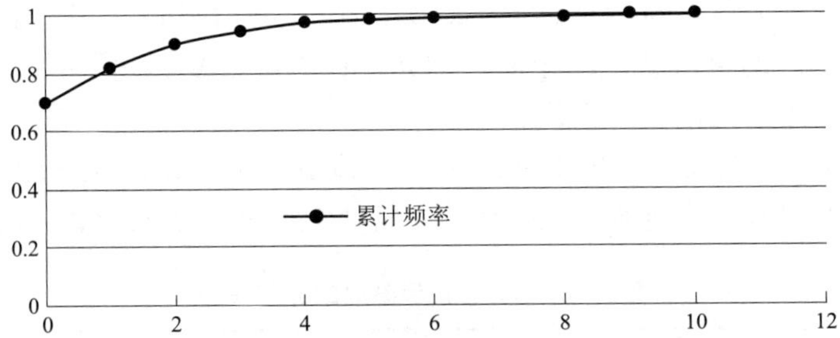

图 3－16　累计频率曲线

3.8　交通冲突技术

交通冲突技术（traffic conflict technology，TCT）是按照一定的标准，对冲突发生过程及严重程度进行定量测量与判别，并应用于安全评价的技术方法。交通冲突技术是一种典型的非事故统计间接评价法，以“近似事故”的间接观测为基础，依照一定的标准，对冲突发生过程及严重程度进行定量测量和判别，是一种较为有效的交通安全评价方法。它克服了以事故统计方法为基础的交通安全评价体系存在的缺陷。例如：① 交通事故的发生是相当稀少的，这很容易使交通安全评价产生错误判断；② 采用事故绝对数直接评价交通安全，是基于历史事故统计数据来选择和决定改善方案的，可能对期望安全改善效果作出不合实际的估计；③ 采用高精度的事故资料必须进行深入的调查分析研究，这将需要大量的人力、物力。

交通冲突技术于 20 世纪 50 年代开始在美国应用，1967 年 Perkins 和 Harris 最早进行了系统开发与应用，其目的是调查通用汽车公司的车辆在驾驶时是否与其他车辆一样。目前，交通冲突技术在世界许多国家得到广泛应用，可以对交通运营系统的许多方面如地点安全度、安全改善措施的效果等进行快速评价，以改善安全评价的信度和有效度。同时，根据交通冲突的严重程度，还可反映交通系统中人（驾驶人、骑车人、行人）的安全感的大小。

3.8.1　交通冲突技术的基本概念

1. 交通冲突的定义

美国的定义：交通冲突是指驾驶人的躲避行动或交通违法行为。躲避行动是由制动灯显示表明的车辆制动和由车道改变表明的原定行驶方向的改变。

欧洲国家的定义：交通冲突是指交通行为者在参与道路交通过程中，与其他交通行为者发生相会、超越、交错、追尾等交通遭遇时，有可能导致发生交通损害危险的交通现象。

中国的定义：交通冲突是指两个或多个道路使用者在一定的时间和空间上彼此接近到一定程度，如果其中一方不及时采取避险行为，必然导致事故发生的交通事件。

交通冲突过程示意图如图 3－17 所示。

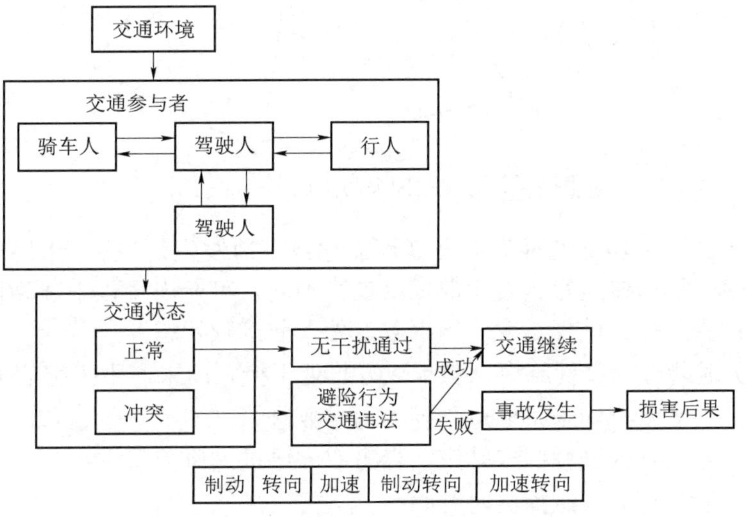

图 3－17　交通冲突过程示意图

由图 3－18 可见，交通冲突是在交通环境中，交通参与者出现的一种非正常的交通状态，这种非正常的状态就是避险行为或交通违法行为。交通冲突过程表示为两个做相对运动的对象在一定时间内相互逼近的空间变化趋势，这一特定的时空变化关系可由时间、距离、速度等参数予以定量描述。

2. 交通冲突的类型

根据不同的分类方法，交通冲突具有以下类型。

① 按测量对象的运动方向不同可分为左转弯冲突、直行冲突、右转弯冲突。

② 按发生冲突的状态不同可分为正向冲突、侧向冲突、超车冲突、追尾冲突、转弯冲突。

③ 按冲突参与者的类型不同可分为机动车－机动车冲突、机动车－自行车冲突、机动车－行人冲突。

④ 按冲突的严重程度不同可分为严重冲突、非严重冲突。

3. 交通冲突与交通事故的关系

交通冲突的实质是交通行为不安全因素的表现形式，是潜在的事故“苗子”，其发展可导致事故发生，即事故始于冲突。交通冲突与交通事故的关系可用冲突的严重性进行描述，如图 3－18所示。

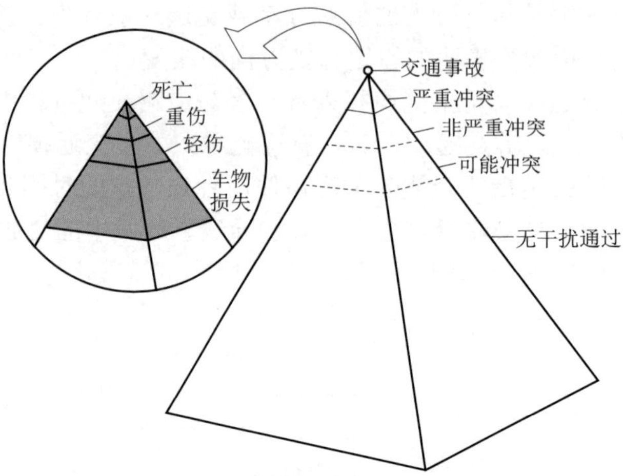

图 3－18　交通冲突与交通事故的关系

交通事故始于冲突，但交通冲突的发展可能导致事故发生，也可能因采取的避险行为得当而避免事故发生。根据避险行为发生时间（T_b）不同，可能出现以下 3 种情况。

$0<T_b<\infty$：避险行为过程结束，当事双方处于非接触状态。

$T_b=0$：① 避险行为过程结束，当事双方正处于接触而未产生损害后果的临界状态；
② 当事双方均未采取避险行为而导致碰撞。

$T_b<0$：① 避险行为过程尚未结束，当事双方已进入碰撞状态；
② 避险行为与碰撞同时开始；
③ 避险行为的开始迟于碰撞发生。

4. 交通冲突的参数

事故分析方法的研究表明，事故勘查测量主要是根据 $T=S/V$（时间 T、距离 S、速度 V）这一基本关系式，分别采用 $V-S$，$T-V$ 或 $T-S$ 三类测量参数来研究肇事责任者与事故接触点的关系。因此交通冲突作为未产生损害后果的“准事故”，其测量参数可作如下选择。

（1）冲突距离

冲突距离是指完全制动时距冲突发生点的距离。可以由受过专门训练的冲突观察员进行现场观测；或由定点自动追踪摄像－屏幕监控系统进行追踪遥测记录。

（2）冲突速度

冲突速度是指冲突发生瞬间的车辆速度。可以由经雷达测速仪训练的冲突观察员进行现场测量；由雷达测速仪－自动摄像－计算机监控系统进行追踪遥测记录；由车载记录仪（黑匣子）－计算机处理系统进行追踪测量记录。

（3）冲突时间

冲突时间是指当事者的避险行为生效瞬间至冲突发生点的时间。可以选用现场人工观测，选择冲突距离、冲突速度作为测量参数导出冲突时间值。

（4）冲突率

冲突率是指单位当量交通量中交通冲突数的大小。其中交通冲突数可表征道路安全水平（如安全设施、道路几何设计、道路使用者法规意识等水平），当量交通量代表交通流状况（如交通流向、交通量等）。采用上述两个指标之比作为道路安全的判断指标，具有较高的可信度。

3.8.2 严重冲突的判别

由图 3-19 所示的交通冲突与交通事故的关系可知，交通冲突中的严重冲突与交通事故之间的关系最为接近，包含近似事故和事故，这正是交通安全间接评价所要研究的对象。因此判别严重冲突与非严重冲突，对严重冲突作出明确的定义，成为交通安全间接评价的核心问题。

根据 TCT 的定义，应用距离与速度参数对冲突当事方的相对位置变化关系进行观测记录，并用时间参数导出安全临界标准，可判断出冲突与事故的接近程度。

研究表明，冲突与事故之间的趋向关系可由“冲突严重性”予以描述，冲突的严重性越高，事故发生的可能性越大。交通冲突可由冲突行为心理变化特征与冲突状态变化特征两种测量途径来描述。

（1）冲突行为心理变化的测量

研究表明，冲突行为心理变化如表 3-15 所示。

表 3-15 冲突行为心理变化表

冲突类型	危险预测时间	心理反应	避险行为
非严重冲突	充分的驾驶反应时间； 较充分的驾驶反应时间	不紧张，反应从容； 注意力范围略有缩小； 综合判断能力下降	压刹，点刹； 预防性转向； 压刹时伴有小幅度转向； 加速绕行
严重冲突	极短的驾驶反应时间； 没有驾驶反应时间	紧张，反应突然； 注意力范围急剧缩小； 基本依赖于驾驶习惯的条件反射	点刹； 紧急制动； 大幅度转向

严重冲突以两个道路使用者之间的相互作用将导致损害后果为基本特征，而冲突的严重性则是根据“距事故发生的时间（TTA）”来测定的，即 TTA 的值越低，冲突的严重性越高。道路使用者对严重冲突反应的强烈程度远高于非严重冲突，这一反应是道路使用者对危险感知和注意的程度。根据对表 3-15 的分析，冲突行为心理测试的途径可归纳为：

① 冲突当事人感知危险的机会（判断时间）；

② 冲突当事人感知危险的程度（反应水平）；

③ 冲突当事人避让危险的能力（避险方式）。

（2）冲突状态变化的测量

大多数交通事故的发生都伴随着不同形式的避险行为，这就意味着大多数车辆在肇事前均存在着速度或方向上的状态变化且具有瞬间突变特征，因此可以认为：

① 避险行为是冲突主体（机动车驾驶人）对事故危险反应的必然行为；

② 避险行为的发生必然导致车辆的运动状态发生可见的瞬间变化；

③ 由避险行为引起的车辆运动速度或方向改变的瞬间位置，可以作为冲突测量的一个观

测始点。

为了衡量冲突的严重程度，可采用综合反映了空间距离、速度、减速度及转向能力等的“空间距离法”。这种方法包括以下 3 个参数。

TTC（time to conflict）——距冲突点的连续时间。指在道路使用者双方的速度和方向都不变而冲突必然发生的情况下，从某瞬时直到冲突发生的时间间隔。

TTA（time to accident）——距事故发生的时间。指在道路使用者双方的速度和方向都不变而事故必然发生的情况下，由其中一方开始采取避险行为的那一瞬间直到事故发生这一段时间间隔。实际上它就是作用者一方开始采取避险行为的那一瞬间的 TTC。

MTTC（minimum of time to conflict）——距冲突点的最小时间。

这 3 个参数 TTC、TTA、MTTC 的相互关系，如图 3－19 所示。图中横坐标表示车辆行驶时间，纵坐标就是车辆距冲突点的连续时间。

① 时距曲线 1 表示车辆速度的大小和方向没有变化，它是与两个坐标成 45° 的斜直线。如果不采取避险行为，沿着图中虚线继续下去，将与横轴相交，此时 TTC＝0 就是冲突点。

② 若能在此之前采取避险行为（如踩刹车制动），车速将逐渐减小，这就是时距曲线 2 所代表的情形。时距曲线 2 与曲线 1 分界点的纵坐标，就是开始采取避险行为时的 TTA，而时距曲线 2 的最低点就是最小时距 MTTC。

③ 时距曲线 3 从冲突结束的瞬间陡然上升。表明过最低点后，由于其中一方避险行为生效，冲突过程结束。

研究表明，一起严重冲突的发生可定义为距事故发生的时间小于或等于 1.5 s，即 TTA≤1.5 s。这是在车速不超过 50 km/h 的情况下总结出来的，它简单明了，便于操作，但没有与车速相联系是它的主要缺陷。因为同样是 TTA＝1.5 s 这个临界值，对于低速车辆完全来得及避免事故的出现，这样的冲突并不严重；而对于高速车辆很可能来不及避免事故的出现，这当然是一次严重冲突。因此一个 TTA 值不能代表严重性的同等水平，需要把速度变量引入冲突严重性的判别标准中。

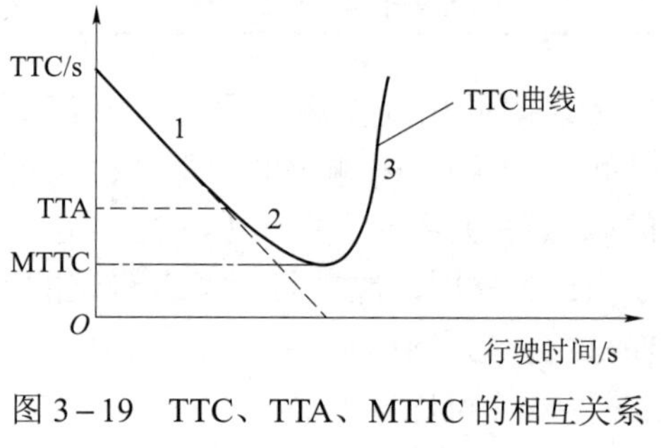

图 3－19 TTC、TTA、MTTC 的相互关系

3.9 主成分分析

3.9.1 概述

主成分分析（principal components analysis，PCA）是指通过压缩和删除一些对系统代表性较小的指标，将存在关联的多指标降维简化为少数几个相互独立的、且能包含原始指标大

部分信息的新综合指标的一种多元统计方法。通过主成分分析产生的新综合指标称为原始指标的主成分。

城市交通安全系统是一个由多因素组成的复杂系统，其多因素之间具有一定的关联关系。因此，可以用主成分分析城市交通安全系统，即考虑用较少的新因素代替原来较多的旧因素，同时新因素尽可能多地保留原因素所反映的信息。主成分分析作为基础的数学分析方法，其实际应用十分广泛，比如人口统计学、数量地理学、分子动力学模拟、数学建模、数理分析等学科中均有应用，是一种常用的多变量分析方法。近年来，主成分分析在交通运输领域的应用也越来越多。例如，利用主成分分析研究不同地区不同路面的综合安全性、不同城市的城市道路的安全状况、城市道路应急疏散能力、城市物流发展水平、城市的生态交通系统水平、城市道路交叉口之间的相关性、交通噪声优化及空管安全评估方面等。

主成分分析在城市交通安全系统中的应用作了两个层次的线性合成：① 将原始指标通过恰当的线性组合而成主成分，按累计方差贡献率不低于某个值（如 0.85）的原则确定前几个主成分，以反映原始指标的信息；② 各主成分以各自的方差贡献率为权重，通过线性加权求和得到综合评价指标来分析和评价城市交通安全系统，以反映各主成分的信息。

1. 主成分分析的应用条件

主成分分析的应用，要求数据满足以下条件：① 多个变量；② 不同变量之间存在一定相关性。

替代原始指标的主成分，需要具备两个特征：① 简化指标维度的同时，保留原始指标的大部分信息；② 各主成分之间不相关，含有的信息不重叠。

2. 主成分分析的优缺点

主成分分析的优点主要体现在：

① 主成分分析法根据评价指标中存在着一定相关性的特点，用较少的指标来代替原来较多的指标，并使这些较少的指标尽可能地反映原来指标的信息，从根本上解决了指标间的信息重叠问题，又大大简化了原来的指标体系；

② 主成分分析中的各综合因子的权重不是人为确定的，而是根据其贡献率的大小确定的，使得综合评价结果唯一，而且客观合理。

主成分分析的缺点主要体现在：

① 主成分分析的计算过程比较烦琐，且对样本量的要求较大；

② 主成分分析根据样本指标进行综合评价，评价结果跟样本量的规模有关系；

③ 主成分分析假设指标之间的关系都为线性关系，如若指标之间为非线性关系，可能导致评价结果出现偏差。

3.9.2 分析步骤

1. 评价指标的选取

评价指标的选择对主成分分析结果至关重要，在选取指标时，应遵循科学性、系统性、可操作性、决策性、代表性和独立性的原则，力求较全面、真实、完善地反映被评价对象的安全水平。指标数量选得过少，分析结果中的主成分因子难以全面科学地反映样本的实际情况；选得过多，会出现一个主成分因子在多个指标上出现较高载荷，因而失去该因子的显著意义。

表 3-16 为城市道路条件安全影响因素指标体系，该体系分为 3 级，其中一级指标为目标层（1 项）；二级指标为中间层（5 项），三级指标为基准层（17 项）。

表 3-16　城市道路条件安全影响因素指标体系

一级指标（目标层）	二级指标（中间层）	三级指标（基准层）
城市道路条件安全影响因素	特殊路段	城乡结合路段人车混杂
		桥涵路面过窄
		隧道较窄
		隧道限制高度
		长隧道内照明差，可见度低
	路面条件	涉水路面
		路面凹凸不平
		路面下沉
		路障
	道路线形	平面直线
		平面曲线
		纵坡度
		竖曲线
	道路安全设施	标志标线不完善
		无防护栏或护栏缺失
		信号灯控制或设置不合理
		无路灯或路灯损坏
	平面交叉口	环形交叉口
		三路交叉口
		四路交叉口
		多路交叉口

2. 原始指标数据的标准化采集

设有 n 个样本数，p 个指标数，可得数据矩阵

$$\boldsymbol{X}=(x_{ij})_{n\times p} \tag{3-89}$$

式中：x_{ij} ——第 i 个样本的第 j 项指标值，$i=1,2,\cdots,n; j=1,2,\cdots,p$ 。

对样本数据矩阵进行标准化转换，$\boldsymbol{Z}=(\boldsymbol{Z}_1,\boldsymbol{Z}_2,\cdots,\boldsymbol{Z}_n)^{\mathrm{T}}$，$\boldsymbol{Z}_i=(z_{i1},z_{i2},\cdots,z_{ip})$，其中

$$z_{ij}=\frac{x_{ij}-\overline{x}_j}{s_j} \tag{3-90}$$

式中：$\overline{x}_j$ ——第 j 项指标值的平均值；

$$\overline{x}_j = \frac{\sum_{i=1}^{n} x_{ij}}{n} \tag{3-91}$$

s_j^2——第 j 项指标值的平方差。

$$s_j^2 = \frac{\sum_{i=1}^{n}(x_{ij} - \overline{x}_j)^2}{n-1} \tag{3-92}$$

3. 对标准化阵 *Z* 求相关系数矩阵

相关系数矩阵

$$\boldsymbol{R} = (r_{jk})_{p\times p} \tag{3-93}$$

式中：r_{jk}——指标 j 与指标 k 的相关系数。

$$r_{jk} = \frac{1}{n-1}\sum_{i=1}^{n} z_{ij} z_{ik} = \frac{1}{n-1}\sum_{i=1}^{n}\left[\frac{x_{ij} - \overline{x_j}}{S_j}\right]\left[\frac{x_{ik} - \overline{x_k}}{S_k}\right] \tag{3-94}$$

其中，$r_{ij} = 1$，$r_{jk} = r_{kj}$，$i = 1, 2, \cdots, n; j = 1, 2, \cdots, p; k = 1, 2, \cdots, p$。

4. 求相关矩阵 *R* 的特征根，特征向量，确定主成分

由特征方程$|\lambda E - R| = 0$，可求得 p 个非负特征根 $\lambda_g(g = 1, 2, \cdots, p)$，将 λ_g 按其大小顺序排列为 $\lambda_1 \geqslant \lambda_2 \geqslant \cdots \geqslant \lambda_p \geqslant 0$，它是主成分的方差，其大小描述了各个主成分在描述被评价对象上所起作用的大小。

由特征方程式，每一个特征根对应一个特征向量 $L_g(L_g = l_{g1}, l_{g2}, \cdots, l_{gp})$，$g = 1, 2, \cdots, p$，将标准化后的指标变量转换为主成分

$$F_g = l_{g1}Z_1 + l_{g2}Z_2 + \cdots + l_{gp}Z_p \tag{3-95}$$

其中，F_1 成为第一主成分，F_2 成为第二主成分，…，F_p 成为第 p 主成分。

5. 求方差贡献率，确定主成分个数

一般主成分个数等于原始指标个数，如果原始指标个数较多，进行综合评价时就比较麻烦。主成分分析就是选取尽量少的 k 个主成分（$k<p$）来进行综合评价，同时还要使损失的信息量尽可能少。其中 k 值由累计方差贡献率决定，即

$$\sum_{g=1}^{k} \frac{\lambda_g}{\sum_{g=1}^{k} \lambda_g} \geqslant 0.85 \tag{3-96}$$

6. 对 *k* 个主成分进行综合评价

先求每一个主成分的线性加权值 $F_g = l_{g1}Z_1 + l_{g2}Z_2 + \cdots + l_{gp}Z_p$，$g = 1, 2, \cdots, k$，再对 k 个主成分进行加权求和，即得最终评价值，权数为每个主成分的方差贡献率 $\frac{\lambda_g}{\sum_{g=1}^{p}\lambda_g}$，最终评价值 F 为

$$F = \sum_{g=1}^{k}\left(\frac{\lambda_g}{\sum_{g=1}^{p}\lambda_g}\right)F_g \tag{3-97}$$

例题 3－8 设标准化矩阵 $\boldsymbol{Z}=(\boldsymbol{Z}_1,\boldsymbol{Z}_2)^{\mathrm{T}}$ 的相关系数矩阵为 $\boldsymbol{R}=\begin{pmatrix}1 & 0.4\\ 0.4 & 1\end{pmatrix}$，试从相关系数矩阵 $\boldsymbol{R}$ 出发求出总体主成分。

解：

① 由特征方程 $|\lambda\boldsymbol{E}-\boldsymbol{R}|=0$

则 $\begin{vmatrix}1-\lambda & 0.4\\ 0.4 & 1-\lambda\end{vmatrix}=0$，即 $(1-\lambda)^2-0.16=0$

可求得两个非负特征根，将其按其大小顺序排列为 $\lambda_1=1.4>\lambda_2=0.6$。

② 由特征方程式，每一个特征根对应一个特征向量。

- 设 $\lambda_1=1.4$ 对应的单位特征向量为 $(l_{11},l_{21})^{\mathrm{T}}$，则 $(l_{11},l_{21})^{\mathrm{T}}$ 满足

$$\begin{pmatrix}-0.4 & 0.4\\ 0.4 & -0.4\end{pmatrix}\begin{pmatrix}l_{11}\\ l_{21}\end{pmatrix}=\begin{pmatrix}0\\ 0\end{pmatrix}$$

$\lambda_1=1.4$ 对应的单位特征向量为

$$\begin{pmatrix}l_{11}\\ l_{21}\end{pmatrix}=\begin{pmatrix}\dfrac{1}{\sqrt{2}}\\ \dfrac{1}{\sqrt{2}}\end{pmatrix}$$

其对应的主成分为

$$F_1=\frac{\sqrt{2}}{2}Z_1+\frac{\sqrt{2}}{2}Z_2$$

- 设 $\lambda_2=0.6$ 对应的单位特征向量为 $(l_{12},l_{22})^{\mathrm{T}}$，则 $(l_{12},l_{22})^{\mathrm{T}}$ 满足

$$\begin{pmatrix}0.4 & 0.4\\ 0.4 & 0.4\end{pmatrix}\begin{pmatrix}l_{12}\\ l_{22}\end{pmatrix}=\begin{pmatrix}0\\ 0\end{pmatrix}$$

$\lambda_2=0.6$ 对应的单位特征向量为

$$\begin{pmatrix}l_{12}\\ l_{22}\end{pmatrix}=\begin{pmatrix}\dfrac{1}{\sqrt{2}}\\ -\dfrac{1}{\sqrt{2}}\end{pmatrix}$$

其对应的主成分为

$$F_2=\frac{\sqrt{2}}{2}Z_1-\frac{\sqrt{2}}{2}Z_2$$

3.10 事故再现分析

3.10.1 概述

事故再现分析是指应用数学、力学和工程学等分析事故现场的交通工具停止及损坏状况、

人员伤亡及各种形式的痕迹情况，对事故发生的全过程进行推理，利用计算机进行事故动态模拟仿真，从而形象地再现交通事故发生的真实过程。

国外从 20 世纪 80 年代陆续开发了面向对象的具有交互式图形用户界面的仿真软件 EDSMARCDU、PC－CRASH、SMASH，利用这些软件的数据库，用户可以方便地建立各种轮胎模型和车辆模型。20 世纪 90 年代中期，美国 EDC 公司开发出了人－车－环境仿真平台 HVE（human-vehicle-environment），该平台几乎兼容所有的事故再现软件，利用集成的 3D 图形库，用户可以方便地建立各种事故仿真环境，也可以从一些建模软件导入模型，减少了建模时间，扩大了仿真范围。我国学者从 20 世纪 90 年代开始研究车辆碰撞的事故再现，清华大学与云南省道路交通管理科学技术研究所合作开发了“道路交通事故再现分析系统”，长安大学完成了教育部重点项目“道路交通事故分析与模拟技术研究”，吉林大学交通安全实验室开发了“道路交通事故快速分析系统”。

结合先进的计算机仿真和人工智能技术，研制新的模型和算法，提高事故再现分析结果的可靠性，开发出实用型专家系统，是事故再现分析今后发展的重点，主要体现在以下几个方面。

① 建立高精度三维道路交通事故再现模型。例如，模型中考虑了车辆碰撞的塑性变形、非线性轮胎力学模型等，并且计算模型向简化实用的方向发展。

② 考虑人－车－路－环境之间的影响。可再现事故中的车辆行为，推断和模拟驾驶人在事故中的驾驶行为、生理和心理变化，事故对环境的影响等。

③ 开发实用的专家系统。结合模糊数学和神经网络等方法，开发完备的知识库，并不断充实和更新专家经验，体现智能化水平，使其成为快速、高效、准确的事故分析专家。

1. 事故再现分析的作用

事故再现分析的主要目的是再现事故发生过程、探明事故发生原因，其作用主要体现在以下几个方面。

① 揭示事故典型类型和形态，提出改进交通安全管理、车辆安全设计、交通安全设施等措施。

② 不但可以为交通管理部门快速、准确处理道路交通事故提供技术支持，也可以为交通事故管理部门提供避免交通事故和减轻交通事故严重程度的理论依据。

③ 是进行事故鉴定和事故原因分析的主要办法之一。基于事故现场所遗留的各种迹证，解释事故发生的整个过程或其中片段。

④ 能够确定造成碰撞及伤亡的各种物理因素。如车辆行驶轨迹、速度、方向及碰撞接触点、时间、车辆损坏状况、制动痕迹、车辆及人员的最终停止点等。可以作为交通事故责任认定和事故成因分析的根据，还可为安全统计分析提供数据。

⑤ 事故再现仿真以图像方式动态地显示出事故发生的过程，使分析结果更加直观形象，易于解读，也大大减轻了事故分析人员的工作量。

2. 事故再现分析的内容和过程

事故再现分析可分为事故过程分析、碰撞点确定、碰撞形态分析和事故现场分析，其内容包括以下几个方面。

① 事故相关人、车判定，碰撞过程中车辆行驶路线、行驶状态及碰撞位置的确定，损坏

及伤害的测定。

② 车辆运动学与动力学模型的建立。其中以碰撞过程中车辆行驶路线及碰撞位置的确定为重点，以事故再现模型的建立为难点，以车速计算为核心。

③ 驾驶行为与策略的确定。

事故再现分析的基本过程如下。

① 前处理。通过人工或摄影测量方法进行事故现场信息采集，获取真实可靠的数据，绘制事故现场图并将各种参数数据输入计算机。

② 事故再现。利用事故再现模型计算未知参数，分析计算，进行运动学和动力学再现，以再现事故发生的全过程。

③ 后处理。通过图像或动画仿真等给出最终的分析结果。

3. 事故再现分析的方法

事故再现分析是在相关事故痕迹检验、分析的基础上，运用能量守恒定律、动量（矩）守恒定律及汽车动力学理论等原理还原事故的过程。主要方法有有限元法、神经网络法、力学分析法等。

1）有限元法

有限元法的基本思想是将连续的求解区域离散为一组数量有限个，且按一定方式联结在一起的单元组合体。由于单元能按不同的联结方式进行组合，且单元本身又可以有不同形状，因此可以模型化几何形状复杂的求解域。当单元足够小、网格划分得足够细密时，这个由近似所产生的误差随着网格细化而逐步收敛，因此计算精度也可以得到充分保证。

汽车碰撞时车身结构在剧烈碰撞动态载荷作用下，极短时间内会发生非线性复杂变化，是一个同时包含几何非线性、材料非线性、边界非线性的复杂力学问题。对该类高度非线性问题，采用基于显式中心差分法的非线性有限元法比较高效。

2）神经网络法

神经网络具有通过学习逼近任意非线性映射的能力。将神经网络作为辨识器和建模工具，实质上是将神经网络作为实际系统的黑箱模型，利用实际系统的输入/输出数据训练网络，使神经网络可以获得输入/输出数据之间的非线性映射关系。

根据碰撞事故的特点，决定以主要吸能零部件关键点变形量作为事故评价指标，$X_1, X_2, \cdots, X_n$，n 为关键点数目。由事故现场调查和测量数据得到评价指标的测量值 $X_{1e}, X_{2e}, \cdots, X_{ne}$，由计算机模拟得到评价指标的计算值 $X_{1c}, X_{2c}, \cdots, X_{nc}$。

$$D_i = \frac{X_{ie} - X_{ic}}{X_{ie}} \tag{3-98}$$

$$E = 1 - \sum_{i=1}^{n} D_i^2 \tag{3-99}$$

式中：

$D_i(D_1, D_2, \cdots, D_n)$——测量值与计算值的偏差；

E——事故再现度，E 越接近 1，说明事故再现结果越接近真实情况。

以关键点变形量的测量值和仿真计算值偏差为神经网络的输出数据，以汽车碰撞事故发生前瞬时的运动参数（如运动速度、角速度等）作为输入数据，训练神经网络，在网络训练满足精度要求后，可以得到汽车运动参数与关键点变形量偏差值线性映射关系。

将事故再现度 E 作为目标函数，神经网络的输入作为优化变量，对训练完毕的神经网络进行优化，使得关键点变形量的测量值和仿真计算值偏差 D_i 最小，此时事故再现度 E 最大，可认为碰撞过程模拟结果是真实事故的再现。

3）力学分析法

力学分析法是指由车辆的最终位置开始，结合现场所遗留的种种迹证，如碰撞后车辆滑行距离、滑行方向、损毁程度、制动痕迹长度、路面特性、车辆特性等，运用相关理论方法、实验数据及专家经验建立动力学模型往回推算，即碰撞后阶段—碰撞阶段—碰撞前阶段，使整个事故过程的实际情况在时间和空间上得以再现。

力学分析法的分析重点包括碰撞力的大小、碰撞力的方向及其作用点、碰撞点的确定、事故车辆行驶速度等。本节以力学分析法为例，介绍其在事故车辆行驶速度、车辆碰撞位置分析中应用。

3.10.2 事故车辆行驶速度分析

事故车辆行驶速度分析是指利用车辆的制动印迹、碰撞抛落物及碰撞力学原理，对制动车速、碰撞车速等进行推算，是事故再现分析的核心，也是事故责任认定和事故原因分析的重点。

1. 根据制动印迹长度推算制动车速

汽车制动时，如果车轮制动器的制动力大于轮胎与路面的附着力，汽车将沿着行驶方向在路面上滑移。此时，汽车所具有的动能将主要消耗于车轮与路面之间的摩擦，根据功能原理，有

$$\frac{1}{2}mv_0^2 = mg\varphi S \pm mgiS \tag{3-100}$$

式中：

m——车辆质量，kg；

v_0——制动车速，m/s；

S——制动印迹长度，m；

φ——轮胎与路面的附着系数，城市道路可取 0.45～0.70；

i——道路纵坡坡率，%；

g——重力加速度，9.81 m/s^2。

则制动车速为

$$v_0 = \sqrt{2gS(\varphi \pm i)} \tag{3-101}$$

2. 根据抛落物推算碰撞车速

车辆在碰撞瞬间，由于剧烈震动和较大的减速度，车体上的易碎构件等可能碎裂、松脱，并受惯性力的作用向车辆行驶方向抛出。如果测出抛落物的飞行距离和它原来在车辆上的位置高度，则可根据抛物体的运动规律来推算车辆在碰撞瞬间的车速，即碰撞车速。

$$v_c = L\sqrt{\frac{g}{2H}} \tag{3-102}$$

$$V_c = \frac{7.97L}{\sqrt{H}} \quad (3-103)$$

式中：

v_c——碰撞车速，m/s；

V_c——碰撞车速，km/h；

H——抛落物原位置高度，m；

L——抛落物飞行距离，m；

g——重力加速度，取 9.81 m/s^2。

现场测量飞行距离 L 时，应首先确定车辆碰撞接触点的位置。当无法或不能准确地判断碰撞接触点的位置时，可利用车辆上不同高度处抛落物的不同落地位置推算碰撞车速（图 3－20）。

$$V_c = \frac{2.21(L_1 - L_2 + c)}{\sqrt{H_1} - \sqrt{H_2}} \text{（其中 } L_1 > L_2\text{）} \quad (3-104)$$

式中：

L_1、L_2——抛落物飞行距离，m；

c——抛落物原位置之间的水平距离，m；

H_1、H_2——抛落物的原位置高度，m。

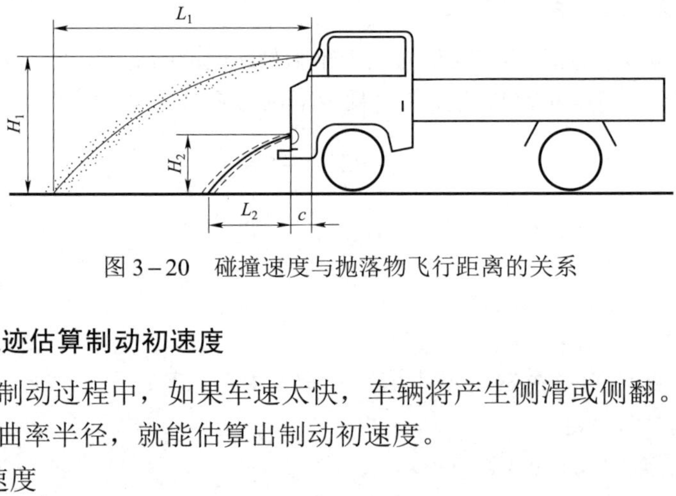

图 3－20 碰撞速度与抛落物飞行距离的关系

3. 根据侧滑轨迹估算制动初速度

车辆在转弯并制动过程中，如果车速太快，车辆将产生侧滑或侧翻。只要能测出侧滑或侧翻时制动轨迹的曲率半径，就能估算出制动初速度。

① 侧滑临界速度

$$v_\varphi = \sqrt{\frac{\varphi' + i_y}{1 - \varphi' i_y} gR} \quad (3-105)$$

式中：

v_φ——侧滑临界速度，m/s；

φ'——路面横向摩擦系数，$\varphi' = 0.97\varphi + 0.08$；

φ——轮胎与路面的附着系数，对于城市道路可取 0.45～0.70；

i_y——超高，%；

R——平曲线半径，m。

② 侧翻临界速度

$$v_h = \sqrt{\frac{b + 2hi_y}{2h - bi_y} gR} \tag{3-106}$$

式中：

v_h——侧翻临界速度，m/s；

i_y——超高，%；

h——车辆重心高度，m；

b——车轮间距，m。

4. 有碰撞的制动车速

在很多情况下，车辆在制动滑移过程中发生了碰撞，此时，车辆制动前的车速称为有碰撞的制动车速。若碰撞后车辆不再运动，即依据功能平衡原理，可推算出车辆的制动车速为

$$v_a = \sqrt{2gS(\varphi \pm i) + v_c^2} \tag{3-107}$$

式中：

v_a——有碰撞的制动车速，m/s；

S——制动印迹长度，m；

φ——轮胎与路面的附着系数，对于城市道路可取 0.45～0.70；

i——道路纵坡坡率，%；

v_c——车辆碰撞速度，m/s。

3.10.3 车辆碰撞位置的确定

车辆碰撞位置的确定，大致有以下几种方法。

① 根据肇事车制动拖印的转折点确定，因为两车碰撞时，行驶方向会有变化，路面上拖印会有转折，所以肇事车制动拖印的转折位置往往就是两车碰撞位置。

② 根据抛落物的位置确定。两车碰撞时，车体有震动，减速度又很大，使原来附在车体上的泥土等物体脱落下来，据此可以确定碰撞位置。

③ 根据肇事车停止位置、摩托车停止位置、自行车停止位置及人体（血迹）位置等反推碰撞位置。

④ 通过视频、图像判断车辆在道路上的位置。随着道路上的监控设备及车载行驶记录仪使用的逐步增加，越来越多的视频、图像为鉴定工作提供了有利的鉴定条件。一般可以采用基于摄影测量的图像处理法及视频、图像比对法判断行驶车道。

例题 3-9 某肇事货车在一条平直道路上发生交通事故，该车整备质量 8 000 kg，额定总质量 20 000 kg，车轮间距 2.0 m，装载货物后重心高度 2.5 m，事故现场留有 36 m 制动印迹，轮胎与路面的附着系数为 0.55。① 试计算制动速度；② 若该车辆在半径 400 m 的弯道上行驶，路面超高 3%。试求其侧滑和侧翻两种情况下的临界速度。

解：① 已知 S=36 m，φ 取值为 0.55，i=0%，根据公式 $v_0 = \sqrt{2gS(\varphi \pm i)}$ 得

$$v_0 = \sqrt{2 \times 9.81 \times 36 \times 0.55} = 19.71 \text{（m/s）}$$

即车辆制动速度为 19.71 m/s。

② 已知 $\varphi=0.55$，$R=400$ m，$i_y=3\%$，根据公式 $\varphi'=0.97\varphi+0.08$ 得 $\varphi'=0.61$

根据公式 $v_\varphi=\sqrt{\dfrac{\varphi'+i_y}{1-\varphi' i_y}gR}$ 得

$$v_\varphi=\sqrt{\frac{0.61+0.03}{1-0.61\times0.03}\times9.81\times400}=50.58\text{（m/s）}$$

即车辆侧滑临界速度为 50.58 m/s。

已知 $b=2.0$ m，$h=2.5$ m，$i_y=3\%$，$R=400$ m，根据公式 $v_h=\sqrt{\dfrac{b+2hi_y}{2h-bi_y}gR}$ 得

$$v_h=\sqrt{\frac{2.0+2\times2.5\times0.03}{2\times2.5-2.0\times0.03}\times9.81\times400}=41.32\text{（m/s）}$$

即车辆侧翻临界速度为 41.32 m/s。

复习思考题

1. 什么是交通安全分析？其分析的对象是什么？
2. 什么是交通安全评价?其含义包含哪 3 个方面的内容？
3. 什么叫安全标准？确定一个系统的安全标准应考虑哪些因素？
4. 请对比分析常见的交通安全分析和评价方法。
5. 选择交通安全风险评估方法时应注意哪些问题？
6. 调查典型的城市轨道交通车站，编制其安全检查表，并采用安全检查表对该车站进行安全评价。
7. 简述城市交通事故统计的范围和内容有哪些。
8. 简述城市道路和轨道交通交通事故统计指标有哪些。
9. 简述交通事故统计图法有哪些，各自的优缺点和作用是什么。
10. 如何进行事故树的定性分析和定量分析？两种方法之间有何内在联系？
11. 试结合运输事故实例编制事故树，并求出最小割集和最小径集。
12. 简述模糊聚类法的特点及其分析步骤。
13. 模糊聚类分析中，模糊关系具有哪几种性质？
14. 简述模糊聚类中的传递闭包法。传递闭包法和布尔矩阵法的异同点是什么？
15. 什么是交通安全综合评价？请说明其评价步骤。
16. 如何建立合理的安全评价指标体系？指标权重系数是如何确定的？
17. 什么是事故多发位置？其鉴别方法包括哪些？各有何优缺点？
18. 查阅资料选择典型道路路段，采用适当的方法对该路段进行事故多发位置的鉴别。
19. 什么是交通冲突技术？应用交通冲突技术进行安全评价时的优点包括哪些？
20. 交通冲突的参数包括哪些？如何判别严重冲突？
21. 简述主成分分析的基本思想、作用及其优缺点。

22. 什么是主成分的贡献率与累计贡献率?

23. 主成分分析需要注意什么? 实际应用时如何确定主成分的个数?

24. 简述事故再现分析的概念、内容和作用。

25. 事故再现分析的主要方法有哪些? 你认为在事故再现分析过程中最重要的是什么,并说明理由。

26. 事故再现分析的车速类型有哪些? 为什么要进行事故车辆行驶速度分析?

27. 如何判断车辆的碰撞位置?

28. 2019 年某市机动车保有量为 636.5 万辆,常住人口为 2 153.6 万人,道路总里程为 22 400 km,全年共发生交通死亡事故 623 起,交通事故 3 108 起,其中受伤 2 788 人,死亡 1 258 人,直接经济损失 3 513.0 万元。请根据以上数据计算该市道路交通事故相对指标值。

29. 表 3-17 为 2014—2020 年中国道路交通事故的统计数据,请根据表 3-17 绘制 2014—2020 年中国道路交通事故死亡人数柱状图和直接经济损失折线图。

表 3-17 2014—2020 年中国道路交通事故的统计数据

年份	事故起数/起	受伤人数/人	死亡人数/人	直接经济损失/万元
2014	196 812	211 882	58 523	107 512.9
2015	187 781	199 880	58 022	103 691.7
2016	212 846	226 430	63 093	120 759.9
2017	203 049	209 654	63 772	121 311.3
2018	244 937	258 532	63 194	138 455.9
2019	247 646	256 101	62 763	134 619.9
2020	244 674	250 723	61 703	131 360.6

30. 某事故树有最小割集:$\{X_1,X_2\},\{X_2,X_3,X_4\},\{X_4,X_5\},\{X_3,X_5,X_6\}$。设各基本事件的发生概率为 $q_1=0.05,q_2=0.03,q_3=0.01,q_4=0.06,q_5=0.04,q_6=0.02$,试用各种近似算法计算顶事件的发生概率(精确到$10^{-6}$)和各基本事件的结构重要度、概率重要度和临界重要度。

第 4 章

城市交通事故预测

交通事故预测是为了掌握交通事故的未来状况和发展趋势，以便及时采取相应的对策，有效地控制各种影响因素，从而可以有针对性地进行事故预防和控制。事故预测不但是城市交通安全系统风险管理的重要组成，也对提高城市交通安全管理水平具有十分重要的意义。本章在介绍交通事故预测的概念、目的、程序、方法和预测基础指标的基础上，着重介绍了时间序列预测、回归预测、灰色预测、神经网络预测等各种预测方法及相关事故预测模型。通过本章的学习使学生能够利用所学的相关知识，合理选择预测方法和模型对城市交通安全系统的某个方面进行预测分析。

4.1 概　　述

4.1.1 预测的基本概念

1. 预测的含义

预测是指预先推测或测定，即在掌握现有信息的基础上，依照一定的方法和规律对未来的事情进行测算，以预先了解事情发展的过程和结果。采用现代科学手段在对现有信息资料进行精密分析后作出对自然状况的预报及利用各种政治理论学说对人类社会发展进行推断。

预测是一种科学活动，这是由预测前提的科学性、预测方法的科学性和预测结果的科学性决定的。

1）预测前提的科学性

预测前提的科学性包括三点：一是预测必须以客观事实为依据，即以反映这些事实的历史与现状的资料和数据为依据进行判断；二是作为预测依据的事实资料与数据，还必须通过抽象上升到规律性的认识，并以这种规律性认识作为指导；三是预测必须以正确反映客观规律的科学理论作为指导。

2）预测方法的科学性

预测方法的科学性包括两点：一是各种预测方法是在预测实践经验的基础上总结出来，并经过理论证明与实践检验；二是预测方法的应用不是随意的，它必须依据预测对象的特点合理选择和正确应用。

3）预测结果的科学性

预测结果的科学性包括两点：一是预测结果是由已认识的客观对象发展的规律性和事实资料为依据，采用定性与定量相结合的科学方法作出的科学推断，并由科学的方式加以表述；二是预测的结果在允许的误差范围内可以验证预测对象已经发生的事实，同时在条件不变的情况下，预测结果能够经受实践的检验。

科学预测的认识可以表述为以下几条原理。

（1）可知性原理

可知性原理是指人们不但可以认识推测对象的过去和现在，而且还认为事物都有一个延续发展的原则，可以通过对历史和现状及这种延续性进行分析来推测未来，关键是要掌握事物发展的客观规律，注意事物的全过程的统一，即过去、现在和未来的有机统一。

（2）系统性原理

系统性原理是指预测过程中要强调预测对象内在与外在的系统性，要突出系统的功能和系统的完整性。缺乏系统观点的预测，将导致顾此失彼的决策。

（3）可能性原理

可能性原理是指预测对象的发展有各种各样的可能，而不是只存在单一的可能性。对预测对象进行的预测，实际上是对它的发展的各种可能性进行预测。

（4）惯性原理

惯性原理是指根据事物或现象发展变化的惯性或延续性进行推理和判断。惯性是指事物或现象的发展变化遵循一定的内在客观规律，支配过去和现在的规律也将延续到未来。所以，过去和今天的发展状况将会或多或少地影响到其未来。

（5）类推原理

类推原理是指根据事物或现象之间的相似性进行推理和判断。通过寻找相似性并分析对象类似事物的规律，根据已知事物的发展变化规律及特征，推断预测对象未来的状态或特征。

（6）相关原理

相关原理是研究预测对象与其相关事物间的相关性，利用相关事物的特性来推断预测对象的未来状态。

（7）概率推断原理

概率推断原理是指当预测结果以较大概率出现时，认为这个结果可以成立。

2. 交通事故预测

交通事故是随机事件，它不仅受到交通系统中各要素状态的制约，还受到社会的、自然的多种偶然因素的影响，使交通事故发生的时间、空间和特征等呈现出偶然性。从表面上看，事故发生似乎没有规律可循，其实，交通事故偶然性的表象始终受其内部的规律所支配。这种规律已被大量的交通事故的研究结果所证实，它是客观存在的。它揭示了交通事故相关要素之间的必然联系。这种联系不断重复出现，在一定条件下经常起作用，并决定着交通事故的发展变化。由此可见，认识并利用交通事故的客观发展规律，对交通事故的发展变化进行科学预测是可行的。

交通事故预测是对交通系统中可能导致事故发生的原因、频数、损失后果、系统风险的变化趋势或状态进行科学的预测与判断。它是预测学理论、方法与安全系统工程在交通运输领域中的应用，是适应交通发展的需要和人类的安全需求而逐渐成熟起来的一门学科。

因此，交通事故预测可以定义为：交通事故预测是以交通运输系统（如某一城市或地区、某一条道路或轨道线路）为研究范围，通过调查等手段获得研究范围内与交通事故有关的信息（人口、车辆、基础设施条件、气候、历史事故等），采用现代数学方法（统计学、灰色理论、模糊数学等），预测未来年研究范围内的交通事故发生情况。

（1）交通事故预测的目的和作用

交通事故预测的目的是掌握交通事故的未来状况和发展趋势，以便及时采取相应的对策，避免工作中的盲目性和被动性，有效地控制各种影响因素，减少交通事故的发生。

交通安全预测是科学决策的重要前提。在交通规划、设计、管理、法规和教育等方面，交通安全的科学决策非常重要，不仅在数量上越来越多，而且在时间和质量的要求上也越来越高。因此，做好交通事故预测的工作，对改善交通系统具有十分重要的意义。

交通事故预测的作用主要有：

① 预测交通事故的发展趋势，为制定预防交通事故对策和交通安全宣传教育提供依据；

② 预测交通事故的变化特点，为制定针对性防范措施和交通法规提供依据；

③ 预测交通事故的近期状态特征，为制定合理的交通安全管理目标提供依据。

（2）交通事故预测分类

交通事故预测按照预测目标可以分为事故率预测和事故数预测。事故率预测是用来揭示未来年事故的发展趋势；事故数预测是用来揭示未来年事故的发展程度。

按照预测方式不同，交通事故预测可以分为定性预测和定量预测。定性预测是指运用定性预测技术，对交通事故未来年情况进行总体的判断；定量预测是指利用定量分析技术，对交通事故未来年状态作出数量的估计。但在实际应用中大多是定性和定量相结合来预测。

按照预测范围不同，交通事故预测可以分为宏观预测和微观预测。宏观预测是指对较大区域的总体性和趋势性的交通事故进行预测；微观预测是指对某一地点、路段交通事故的变化情况进行预测。

3. 交通事故预测程序

交通事故预测一般分为 3 个阶段。

第一阶段是设计过程，从确定预测目标开始，经过收集、分析有关信息，直到初步选定预测方法。

第二阶段是建模过程，选择预测方法，建立预测模型并分析模型的合理性。

第三阶段是预测与评价过程，进行预测并对预测值进行检验、评价。在此过程中，要综合分析各种因素的影响，采用多种方法研究和修正，通过科学的判断，得到最终的预测结果。

此外还要对预测结果继续跟踪检测，以证实它是否适用，并在必要时建议修正预测结果。交通事故预测的程序如图 4－1 所示，具体步骤如下。

（1）确定预测目标

交通事故预测的目标是指预测的项目、类型、范围及预测精度要求等。预测目标应根据决策的要求确定，预测目标直接影响预测过程的具体要求和做法。

（2）收集并分析相关信息

相关信息是指与交通事故预测相关的各种数据和资料，这是进行预测的基础。因此，应根据预测目标的具体要求，收集预测所需的各种数据和资料。同时对收集来的各种信息进行分析、处理，整理出真实可用的信息，在这个过程中要对事故信息进行检验核查，使信息真实，没有差错。

（3）选择预测方法

每项预测虽然可以使用多种预测方法，但是，由于预测目标的要求、预测条件和环境的限制，实际预测中，只能选择一种或几种预测方法。在选择预测方法的过程中，要比较分析各种预测方法。

（4）建立预测模型

选定了预测方法后，就要估计预测方法中的参数，建立预测模型。然后，进行检查和评价，确定预测模型能否反映交通事故未来发展规律。如果能，则说明该模型可用；如果不能或相差较大，则应舍弃该方法，重新建立其他方法的模型。

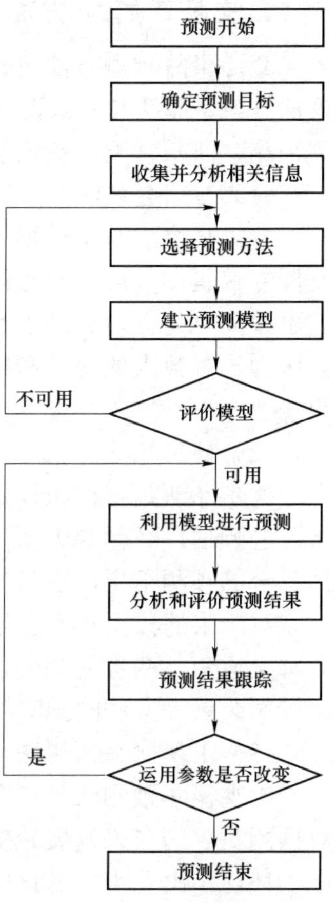

图 4－1　交通事故预测的程序

（5）利用模型进行预测

根据收集并分析、处理的与预测相关的数据和资料，运用预测模型，进行预测或推测出预测结果。

（6）分析和评价预测结果

利用预测模型预测的结果，不一定与实际完全相符，因此，有必要对预测结果加以分析和评价。通常的做法有：

① 根据经验检查、判断预测结果的合理性和真实性，并对预测结果加以修正；

② 可以采用多种方法进行预测，然后经过比较和综合分析，确定最佳预测结果；

③ 通过对政策、重大事件及突变因素对交通事故产生的影响的分析，对预测结果进行合理修正。

（7）预测结果跟踪

输出预测结果后，还需要对可能得到的实际数据进行跟踪，以便检验预测结果或对预测模型进行必要的修正，并在预测过程中不断地修改完善预测模型，使之能继续被使用。预测跟踪的另一个作用是可以分析产生预测误差的主要原因。

4. 交通事故预测方法

交通事故预测方法可分为定性预测方法和定量预测方法。常用的定性预测方法有专家会议法、德尔菲法（专家调查法）、主观概率预测法、类推法等；常用的定量预测方法有时间序列预测、回归预测、灰色预测、神经网络预测等。

（1）专家会议法

专家会议法是指根据规定的原则选定一定数量的专家，按照一定的方式组织专家会议，发挥专家集体效应，对预测对象未来的发展趋势及状况作出判断的方法。专家会议法预测交通事故简单易行，有助于互相启发与补充，容易产生一致的意见。但在实施过程中容易受社会压力、多数人的观点和权威人物意见的影响，因此预测结果不一定能反映各位专家的真实想法。

（2）德尔菲法

德尔菲法是指按照规定的程式，先由各位专家独立地对所预测对象的未来发展趋势提出自己的预估，经预测主持者审查、修改、提出意见，再发回到各位专家手中。这时专家们根据综合的预测结果，参考他人意见完善自己的预测，即开始下一轮估计。如此反复，直到各专家对未来的预测基本一致为止的方法。德尔菲法融合了专家个人判断和专家会议法的优点，同时又避免了两者的缺陷，具有匿名性、反馈性和收敛性等特点。因此，采用德尔菲法可能比专家会议等方法的预测精度要高一些。但这种方法仍然属于专家的主观预测范畴。

（3）主观概率预测法

主观概率预测法是指在对预测对象进行理论分析的基础上，根据预测者的知识和经验，对预测对象的未来发展趋势进行主观估计的方法。该分析方法简便易行，在发展趋势比较正常，环境不出现重大变化的情况下，结果比较可靠。但在预测过程中也带有主观因素，所获取的数据资料很难体现规律性等缺点，因此严肃性与科学性较为欠缺。

（4）类推法

类推法是指通过对不同预测对象的某些相似性类推出其他相似性，从而预测其在其他方面存在类似的可能性的方法。该方法只要运用的依据恰当，对比分析细致，则准确度较高。

（5）时间序列预测

时间序列预测是指根据预测目标自身的时间序列特性，揭示其自身发展变化的特征、趋势和规律，通过预测模型外推来预测事物未来可能达到的规模、水平或速度的一种预测方法。该方法的优点是：可以根据过去的变化趋势利用统计学方式预测未来，通常符合事物发展的规律；若同时注重季节性和周期性变化对具体时间节点的影响，预测结果将更加准确；承认随机变量可能对最终结果造成的影响。该方法的缺点是：仅使用时间作为分析因子，未考虑其他因素的影响；仅按照历史数据进行预测，未考虑市场变化的可能性。

（6）回归预测

回归预测是指通过建立一个或一组自变量与相关随机变量的回归分析模型，来预测相关随机变量的未来值的一种数理统计方法。回归预测的优点是：应用于分析多因素模型时，更加简单和方便；当采用相同的回归模型与数据时，可以计算出唯一的预测结果；同时该方法可以准确地计量各个变量之间的相关程度。该方法的缺点是：计算过程较为复杂；如果变量之间相关性不强，可能会得出错误的预测结果。

（7）灰色预测

灰色预测是指通过对少量的、不完全的信息建立预测模型，进而对预测对象发展规律作出模糊性的长期描述的一种预测方法。该方法不需要大样本，样本不需要具备规律性分布，计算工作量小，准确度较高。但是该预测方法还存在缺陷，可能导致无尽的修正工作，使预测变得烦琐而不可靠。

（8）神经网络预测

神经网络预测是指根据历史数据（训练集），构建神经网络模型，建立从输入到输出之间的映射关系，并且假定该映射关系在未知的预测集上也同样成立，从而在给定预测集输入的基础上给出输出，实现预测的一种方法。该方法可以有效处理对机理不甚了解或不能用数学模型表示的系统，对需处理大量原始数据而不能用规则或公式描述的问题，表现出极大的灵活性和自适应性。但其算法学习速度慢，网络训练有可能失败。

5. 交通事故预测方法的选择原则

由于交通事故预测的困难性和复杂性，选择合适的预测方法进行预测显得十分重要。在交通事故预测中，没有任何一个模型的预测功效总是优越于其他模型，也就是说不存在任何一个预测模型可能在所有的方面总是最佳的。因此基于一定的预测评价准则，合理选择交通事故预测方法及对应模型显得尤为重要。交通事故预测方法的选择一般应遵循以下基本准则。

（1）合理性准则

交通事故预测是对其发展规律的模拟。因此预测模型应具有与预测对象发展规律相一致的性质，即利用模型计算的预测结果应与利用经验、逻辑判断出的发展趋势相一致。

（2）精确性准则

在实际应用中，预测精确度是评价和选择预测方法应考虑的一个十分重要的因素，人们总是乐于接受精度高的预测方法。衡量精确性的指标主要有拟合精度和预测精度。

（3）稳定性原则

稳定性原则是指一个交通事故预测模型能在较长时期内准确反映预测对象的发展变化情况。预测模型的稳定性还体现在其参数和预测能否接受统计数据变化等因素的影响上。

（4）简单性准则

当两个模型的预测能力相差不大时，形式简单、容易运用的模型是优先选择的对象。众多研究表明，复杂的交通事故预测模型，未必比简单的模型准确。对于具有相同精度的预测模型，从使用方便、省时、省力等方面考虑，较简单方法更具优越性。

（5）费用准则

预测精确性与进行预测所投入的人力、物力、财力密切相关，高预测精度常伴随着高的投入费用，在选择预测方法时应对提高精度所获得的利益和投入进行权衡。

（6）谨慎性原则

谨慎性原则是针对不确定因素，要求处理的时候保持谨慎、稳健和安全的态度，充分估计可能发生的风险和损失，尽量少计或者不计可能发生的收益，提高警惕，以便应付外部环境的变化，把风险损失缩小或限制在极小的范围内。

（7）其他准则

在进行预测方法的选择时还应考虑其他一些准则，如机理准则（所选择的预测方法应该是可解释的，且与预测事件的本身机理相吻合）、适用范围准则（在满足预测精度的前提下，预测方法适用的范围越广越好）、时限准则（在满足预测精度的前提下，预测的时限越长越好）、适应性准则（预测方法是否适应环境的变化）等。

交通事故的发生是一种十分复杂的随机现象，受到交通管理水平、车辆、基础设施条件、交通组成、人的交通行为、社会经济及政治等多种因素的影响，交通事故的变化规律也复杂多样。因此选择交通事故预测方法，要根据具体的预测目标、数据性质、预测精度要求等条件综合考虑，确定合理有效的预测方法。

此外，在预测实践中，可以科学地将不同的预测方法进行适当组合，形成组合预测方法，以提高预测精度。例如，生成数列与回归组合预测模型的预测精度要比单独灰色预测模型高很多。因为这种组合预测模型综合了生成数列和回归分析的优点，生成数列揭示了数列的内在规律性，回归分析能较好地反映交通事故受主要因素影响的量化关系。

4.1.2 预测分析基础

1. 中位数

中位数是指由 n 个数据构成的一组数，把它们按照由小到大的次序排列起来，排列在中间的那个数为这组数据的中位数。假设 $x=\{x_i,i=1,2,\cdots,n\}$ 是按由小到大的次序排列好的一组数据，用 Me 表示中位数，那么

$$\mathrm{Me}=\begin{cases} x_{\frac{n+1}{2}} & ,\quad n\text{ 是奇数} \\ \dfrac{1}{2}\left(x_{\frac{n}{2}}+x_{\frac{n}{2}+1}\right) & ,\quad n\text{ 是偶数} \end{cases} \tag{4-1}$$

2. 范围

表征范围的一种最简单的办法就是用一组数据中的最大值减去最小值所得到的差。设一组数据 $x=\{x_i,i=1,2,\cdots,n\}$，R 表示这组数据的范围，那么

$$R=\max(x_i)-\min(x_i) \tag{4-2}$$

范围 R 是表征数据离散程度的一个指标。范围 R 越大，数据的离散程度越大，数据之间的差异越大；反之，范围 R 越小，数据的离散程度越小，数据之间的差异越小。

3. 离差

离差是指一组数据 $x=\{x_i,i=1,2,\cdots,n\}$ 中每一个数据 x_i 与算术平均数 $\bar{x}$ 的差，用 d_i 表示

$$d_i=x_i-\bar{x} \tag{4-3}$$

显然，所有离差之和为零，因为 $\sum_{i=1}^{n}d_i=\sum_{i=1}^{n}(x_i-\bar{x})=0$

离差度量一组数据 $x=\{x_i,i=1,2,\cdots,n\}$ 的离散程度，离差可能是正数，也可能是负数，也可能是零。

4. 方差

度量一组数据 $x=\{x_i,i=1,2,\cdots,n\}$ 的离散程度除了用范围和离差这两个指标外，还可以用“方差”和“标准离差”。方差是指一组数据 $x=\{x_i,i=1,2,\cdots,n\}$ 离差平方的平均数，用 σ^2 表

示；标准离差是指方差σ^2的平方根，用σ表示。

$$\sigma^2=\frac{1}{n}\sum_{i=1}^{n}(x_i-\overline{x})^2=\frac{1}{n}\sum_{i=1}^{n}d_i^{\,2} \tag{4-4}$$

$$\sigma=\sqrt{\frac{1}{n}\sum_{i=1}^{n}(x_i-\overline{x})^2} \tag{4-5}$$

5. 最小二乘法

最小二乘法是由数学家高斯在19世纪首次使用的。在经典的数理统计学中一直被广泛应用，是预测方法中最常用的原则之一。设一组数据$x=\{x_i, i=1,2,\cdots,n\}$，$P$为这一组数据的估计量，$e_i$为$x_i$与$P$之差。那么

$$e_i=x_i-P \tag{4-6}$$

最小二乘法的原则就是要使每一个数据x_i与估计量P的误差平方和最小，即“最小二乘法原则”或“最小平方法原则”。那么

$$e_i^{\,2}=(x_i-P)^2 \tag{4-7}$$

对n个误差平方求和

$$\sum_{i=1}^{n}e_i^{\,2}=\sum_{i=1}^{n}(x_i-P)^2 \tag{4-8}$$

以P为变量，对式（4-8）求导数求其极值，则有

$$\frac{\mathrm{d}\left(\sum_{i=1}^{n}e_i^{\,2}\right)}{\mathrm{d}P}=-2\sum_{i=1}^{n}(x_i-P)=0 \tag{4-9}$$

那么

$$\sum_{i=1}^{n}(x_i-P)=0 \tag{4-10}$$

$$\sum_{i=1}^{n}x_i-nP=0 \tag{4-11}$$

$$P=\frac{1}{n}\sum_{i=1}^{n}x_i=\overline{x} \tag{4-12}$$

这表明选取$x=\{x_i, i=1,2,\cdots,n\}$的平均数作为这组数据的估计量时，所对应总的误差平方之和最小。

6. 相关系数

设x和y是两个成对出现的变量，它们的观测值分别是(x_1,y_1)，(x_2,y_2)，…，(x_n,y_n)，如果x和y这两个变量之间存在着相互关系，则称x和y为相关变量。判断x和y是否有相互关系、相关程度和类型可用相关系数r定量地表示。相关系数r可通过下式计算

$$r=\frac{\sum_{i=1}^{n}(x_i-\overline{x})(y_i-\overline{y})}{\sqrt{\sum_{i=1}^{n}(x_i-\overline{x})^2\sum_{i=1}^{n}(y_i-\overline{y})^2}}=\frac{n\sum_{i=1}^{n}x_iy_i-\sum_{i=1}^{n}x_i\sum_{i=1}^{n}y_i}{\sqrt{\left(n\sum_{i=1}^{n}x_i^{\,2}-\left(\sum_{i=1}^{n}x_i\right)^2\right)\left(n\sum_{i=1}^{n}y_i^{\,2}-\left(\sum_{i=1}^{n}y_i\right)^2\right)}}$$

(4-13)

式中：

r——变量 x 和 y 的相关系数；

$\overline{x}$ 、$\overline{y}$——变量 x 和 y 的算术平均数。

$$\overline{x}=\frac{1}{n}\sum_{i=1}^{n}x_i,\quad \overline{y}=\frac{1}{n}\sum_{i=1}^{n}y_i \tag{4-14}$$

根据相关系数 r 可以得到以下 5 条规则。

① 如果 $|r|=1$ 表示点 (x_i,y_i) 完全处在一条直线上，如图 4-2（a）所示；

② 如果 $|r|=0$，表示点 (x_i,y_i) 随机地、无规则地散布着，如图 4-2（b）所示；

③ 如果 r 是正数，x 和 y 有成正比例趋势，如图 4-2（c）所示；

④ 如果 r 是负数，x 和 y 有成反比例趋势，如图 4-2（d）所示；

⑤ 如果 $|r|$ 由 0 逐渐变到 1，表示点 (x_i,y_i) 一开始散开逐渐汇聚到一条直线上。

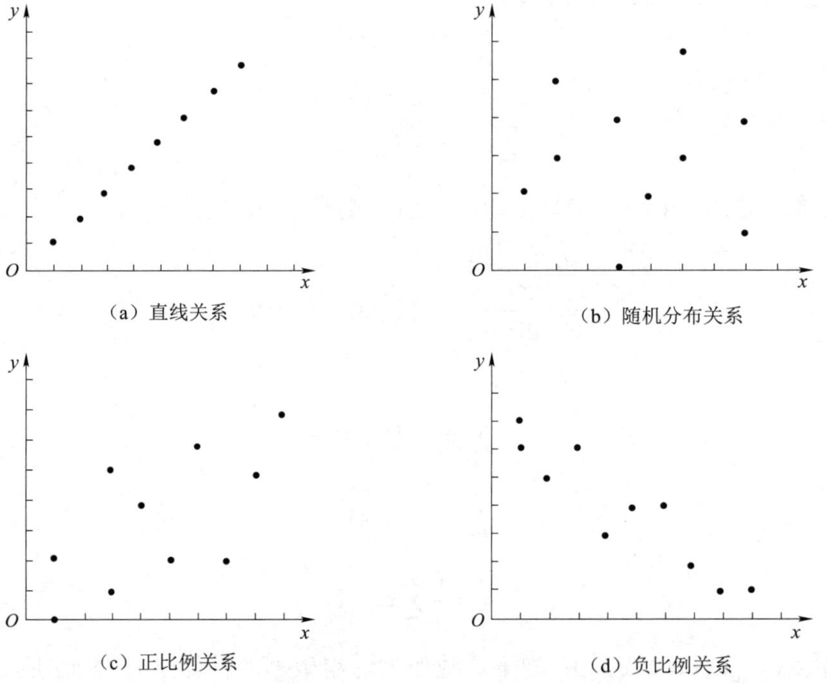

图 4-2 变量 x 和 y 相关关系的类型

7. 回归

“回归”一词来自高尔顿（F. Galton）的论著，是指因变量 y 能随自变量 x 的改变而变化。一般包含两个方面的含义：① 通过回归的计算，在一定的置信度下，可以从自变量 x 的值来估计对应的因变量 y 的取值；② 如果自变量 x 的引入可使因变量 y 的离散程度缩小的话，那么变量 x 和 y 之间存在回归关系。

自变量 x 每变化一个单位时引起相应的因变量 y 所变动的平均数称为回归系数。

严格来说相关和回归是不同的，有相互关系的两个变量不一定是从属关系，即在两个变量中分不清因果；但是有回归关系的两个变量之间一般都具有从属的因果关系。

4.2　时间序列预测

时间序列预测是指将预测对象按照时间顺序排列起来，构成一个所谓的时间序列，从所构成的这一组时间序列过去的变化规律，推断今后变化的可能性及其变化趋势和变化规律。时间序列预测适用于短期交通事故预测。常用的时间序列预测方法有移动平均数法、加权移动平均数法、指数平滑法和趋势调整指数平滑法等。不同的时间序列预测方法都有一个共同的前提条件，即在进行预测前必须识别出时间序列的基本特征，也就是它的数据模式。

4.2.1　时间序列的数据模式

时间序列是指数据按时间顺序排列，且每个数据都是在相同时间间隔内产生的。时间序列主要包括以下几种类型。

（1）随机时间序列

在城市交通系统中，随机现象到处存在，很多时间序列都具有随机性特征，如统计所得到的若干年中每年某个城市道路交通事故数。

（2）平稳时间序列

平稳时间序列所构成的时间序列总是保持在一定的水平，上下相差不大，其数值与时期没有关系，只与时间间隔（时期长短）有关，如统计某城市轨道交通车站每天下午 3:00—5:00 到站客流量所构成的时间序列。

（3）非平稳时间序列（有趋势时间序列）

某个时间序列在相同时间间隔内的变化量大小相同，则为线性趋势时间序列；在相同时间间隔内的变化量大小不同，则为非线性趋势时间序列。

（4）季节性时间序列

在城市交通系统中季节性时间序列相当普遍，人们的出行往往受到气候、节假日和季节因素的影响，如按月统计北京南站的旅客人数，春节所在月份的旅客人数大大高于其他月份，这种现象每隔 12 个月都出现一次。

1. 自相关系数

设 $x_1,x_2,\cdots,x_t,\cdots,x_n$ 是一个时间序列的 n 个观测值，把它组成 $(n-k)$ 对数据，即 $(x_1,x_{1+k}),(x_2,x_{2+k}),\cdots,(x_t,x_{t+k}),\cdots,(x_{n-k},x_n)$，那么

$$r_k=\frac{\sum_{t=1}^{n-k}(x_t-\overline{x})(x_{t+k}-\overline{x})}{\sum_{t=1}^{n}(x_t-\overline{x})^2} \tag{4-15}$$

式中：

r_k——时间序列 $x_1,x_2,\cdots,x_t,\cdots,x_n$ 的第 k 个自相关系数（时间延迟为 k 的自相关系数），表征 t 时期的观测值 x_t 与 $(t+k)$ 时期的观测值 x_{t+k} 之间的相关程度。当 $k=1$ 时，r_1 为时间序列 $x_1,x_2,\cdots,x_t,\cdots,x_n$ 的第一个自相关系数（时间延迟为 1 的自相关系数），表征时间序列中 t 时期的观测值 x_t 对 $(t+1)$ 时期观测值 x_{t+1} 的影响程度；当 $k=2$ 时，r_2 为

时间序列 $x_1,x_2,\cdots,x_t,\cdots,x_n$ 的第二个自相关系数（时间延迟为 2 的自相关系数），表征时间序列中 t 时期的观测值 x_t 对 $(t+2)$ 时期观测值 x_{t+2} 的影响程度。

$\bar{x}$——时间序列 $x_1,x_2,\cdots,x_t,\cdots,x_n$ 的算术平均值。

$$\bar{x}=\frac{1}{n}\sum_{t=1}^{n}x_t \tag{4-16}$$

2. 时间序列类型的判别

设一个时间序列 $x_1,x_2,\cdots,x_t,\cdots,x_n$，可采用自相关系数及其 χ^2 显著性检验判别其时间序列类型，判别规则如下。

① 当该时间序列所有的自相关系数 $r_1,r_2,\cdots,r_k$ 都近似地等于零时，即自相关系数的平均值等于零，方差等于 $\frac{1}{n}$，标准离差等于 $\frac{1}{\sqrt{n}}$，那么这个时间序列是一个随机时间序列。

在实际应用中，若一个时间序列前 20 个自相关系数 r_k 满足

$$-\frac{1.96}{\sqrt{n}}\leqslant r_k\leqslant+\frac{1.96}{\sqrt{n}} \tag{4-17}$$

那么有 95%的置信程度认为所有自相关系数 r_k 与零没有显著性差异，该时间序列是一个随机时间序列。

② 当该时间序列的自相关系数 r_1 比较大，与零有显著性差异，而 r_2 要比 r_1 小，r_3 要比 r_2 小，其余的自相关系数都与零没有显著性差异（即接近于零），该时间序列是一个平稳时间序列。

③ 当该时间序列的自相关系数 r_1 最大，$r_2,r_3,\cdots,r_k$ 逐渐递减，但有相当数量的自相关系数与零有显著性差异，该时间序列是一个非平稳时间序列。

④ 当该时间序列的自相关系数以固定的频率出现高峰，而其他的自相关系数都接近于零，该时间序列是一个季节性时间序列。

⑤ 自相关系数的 χ^2 检验。

设一个时间序列 $x_1,x_2,\cdots,x_t,\cdots,x_n$，其前 m 个自相关系数分别为 $r_1,r_2,\cdots,r_m$，那么

$$Q=n\sum_{k=1}^{m}r_k^2 \tag{4-18}$$

其中，Q 为参数，用于 χ^2 检验中（表 4－1）判别自相关系数是否与零有显著性差异。

当自由度 $v=m-1$，置信度为 95%时，若表 4－1 中所对应的 χ^2 值比 Q 小，则表明有 95%置信度认为在 m 个自相关系数中至少有一个或一个以上的自相关系数与零有显著性差异，该时间序列不是随机性时间序列，是其他某种数据模式；若表 4－1 中所对应的 χ^2 值大于或等于 Q，则表明有 95%置信度认为这 m 个自相关系数与零没有显著性差异，该时间序列是一个随机时间序列。

表 4－1　χ^2 的数值表

v	置信度/%									
	0.5	1	2.5	5	10	90	95	97.5	99	99.5
1	0.000 039	0.000 16	0.000 98	0.003 9	0.015 8	2.71	3.84	5.02	6.63	7.88
2	0.01	0.020 1	0.050 6	0.102 6	0.210 7	4.61	5.99	7.38	9.21	10.6
3	0.071 7	0.115	0.216	0.352	0.584	6.25	7.81	9.35	11.34	12.84

续表

ν	置信度/%									
	0.5	1	2.5	5	10	90	95	97.5	99	99.5
4	0.207	0.297	0.484	0.711	1.064	7.78	9.49	11.14	13.28	14.86
5	0.412	0.554	0.831	1.15	1.61	9.24	11.07	12.83	15.09	16.75
6	0.676	0.872	1.24	1.64	2.2	10.64	12.59	14.45	16.81	18.55
7	0.989	1.24	1.69	2.17	2.83	12.02	14.07	16.01	18.48	20.28
8	1.34	1.65	2.18	2.73	3.49	13.36	15.51	17.53	20.09	21.96
9	1.73	2.09	2.7	3.33	4.17	14.68	16.92	19.02	21.67	23.59
10	2.16	2.56	3.25	3.94	4.87	15.99	18.31	20.48	23.21	25.19
11	2.6	3.05	3.82	4.57	5.58	17.28	19.68	21.92	21.73	26.76
12	3.07	4.57	4.4	5.23	6.3	18.55	21.03	23.34	26.22	28.3
13	3.57	4.11	5.01	5.89	7.04	19.81	22.36	24.74	27.69	29.82
14	4.07	4.66	5.63	6.57	7.79	21.06	23.68	26.12	29.14	31.32
15	4.6	5.23	6.26	7.26	8.55	22.31	25	27.49	30.58	32.8
16	5.14	5.81	6.91	7.96	9.31	23.54	26.3	28.85	32	34.27
18	6.26	7.01	8.23	9.39	10.86	25.99	28.87	31.53	34.81	37.16
20	7.43	8.26	9.59	10.85	12.44	28.41	31.41	34.17	37.57	40
24	9.89	10.86	12.4	13.85	15.66	33.2	36.42	39.36	42.98	45.56
30	13.79	14.95	16.79	18.49	20.60	40.2	43.77	46.98	50.89	53.67
40	20.71	22.16	24.43	26.51	29.05	51.81	55.76	59.34	63.69	66.77
60	35.53	40.48	40.48	43.19	46.46	74.4	79.08	83.3	88.38	91.95
120	83.85	91.58	91.58	95.7	100.62	140.23	146.57	152.21	158.95	163.64

3. 非平稳时间序列的转化

设某个时间序列$x_1,x_2,\cdots,x_t,\cdots,x_n$为一个非平稳时间序列，可用相邻数据的差值来构成一个新的时间序列，那么

$$\nabla x_t = x_t - x_{t-1} \tag{4-19}$$

式中：∇x_t——时间序列$x_1,x_2,\cdots,x_t,\cdots,x_n$在$t$时刻的一次差分值。

第一次差分后所形成的新的时间序列有$n-1$个观测值，为原时间序列x_t的第一次差分。对这个新的时间序列可以用自相关分析的方法检验它是否具有平稳性。

① 若第一次差分后新的时间序列$\nabla x_2,\nabla x_3,\cdots,\nabla x_n$是一个平稳时间序列，可用相应的预测模型求出$\nabla x_{n+1}$的估计值，那么时间序列$x_1,x_2,\cdots,x_t,\cdots,x_n$的预测值$x_{n+1}$为

$$x_{n+1} = x_n + \nabla x_{n+1} \tag{4-20}$$

② 若第一次差分后的时间序列经过自相关分析不是平稳时间序列，再对第一次差分后的时间序列进行一次差分

$$\nabla^2 x_t = \nabla x_t - \nabla x_{t-1} = x_t - 2x_{t-1} + x_{t-2} \tag{4-21}$$

式中：$\nabla^2 x_t$——时间序列 $x_1, x_2, \cdots, x_t, \cdots, x_n$ 在 t 时刻的二次差分值。

③ 第二次差分后所形成的新的时间序列有 $n-2$ 个观测值，为原时间序列 x_t 的第二次差分。对这个新的时间序列可以用自相关分析的方法检验它是否具有平稳性。

若第二次差分后新的时间序列 $\nabla^2 x_3, \nabla^2 x_4, \cdots, \nabla^2 x_n$ 是一个平稳时间序列，可用相应的预测模型求出 $\nabla^2 x_{n+1}$ 的估计值，那么时间序列 $x_1, x_2, \cdots, x_t, \cdots, x_n$ 的预测值 x_{n+1} 为

$$x_{n+1} = 2x_n - x_{n-1} + \nabla^2 x_{n+1} \tag{4-22}$$

一般情况下，一个非平稳时间序列最多经过两次差分以后就可以转化为平稳时间序列。

例题 4-1 2009—2020 年中国道路交通事故发生起数如表 4-2 所示，请分析此道路交通事故时间序列的类型。

表 4-2 2009—2020 年中国道路交通事故发生起数

年份	2009	2010	2011	2012	2013	2014
道路交通事故发生起数/起	238 351	219 521	210 812	204 196	198 394	196 812
年份	2015	2016	2017	2018	2019	2020
道路交通事故发生起数/起	188 781	212 846	203 049	244 937	247 646	244 674

解：2009—2020 年中国道路交通事故时间序列的数量 $n=12$。

① 对该时间序列进行自相关分析。该时间序列的算术平均数 $\bar{x}$ 为

$$\bar{x} = \frac{1}{n}\sum_{t=1}^{n} x_t = \frac{1}{12} \times 2\,610\,019 = 217\,502(\text{起})$$

根据公式（4-22），取 $k=5$，该时间序列的第一自相关系数 r_1 的计算过程为

$$r_1 = \frac{\sum_{t=1}^{n}(x_t - \bar{x})(x_t - \bar{x})}{\sum_{t=1}^{n}(x_t - \bar{x})^2}$$

$$= \frac{(238\,351 - 217\,502)(219\,521 - 217\,502) + (219\,521 - 217\,502)(210\,812 - 217\,502) + \cdots +}{(238\,351 - 217\,502)^2 + (219\,521 - 217\,502)^2 + \cdots +} \rightarrow$$

$$\leftarrow \frac{(247\,646 - 217\,502)(244\,674 - 217\,502)}{(244\,674 - 217\,502)^2} = 0.573$$

该时间序列的自相关系数计算结果如表 4-3 所示。

表 4-3 自相关系数计算结果

k	1	2	3	4	5
r_k	0.573	0.301	−0.148	−0.299	−0.447

② 自相关系数的 χ^2 检验。该时间序列对应的 Q 为

$$Q = n\sum_{k=1}^{m} r_k^{\ 2} = 12\times[0.573^2 + 0.301^2 + (-0.148)^2 + (-0.299)^2 + (-0.447)^2] = 8.76$$

自由度 $\nu = m-1 = 5-1 = 4$，置信度取 95%，查 χ^2 的数值表（表 4-1），得到 $\chi^2 = 9.49$，显然 $\chi^2 > Q$，因此有 95%置信度认为该时间序列是随机时间序列。

4.2.2　移动平均数法

移动平均数法是指把历史数据采用某种方式（如算术平均和加权平均等）进行平均，并以平均数作为预测值的方法。移动平均数法是一种简单实用的初级定量预测方法，但预测精度不高，对趋势变化反应迟钝。

1. 算术移动平均数法

算术移动平均数法是指把历史数据加以算术平均，并以算术平均数作为预测值的方法。其模型为

$$\overline{Y_A} = \frac{\sum_{i=1}^{n} y_i}{n} \tag{4-23}$$

式中：

$\overline{Y_A}$——预测值的算术平均数；

y_i——第 i 个历史数据；

n——参加平均的历史数据的个数。

2. 加权移动平均数法

加权移动平均数法是指把历史数据进行加权平均，并以加权后的平均数作为预测值的方法。该方法认为越靠近预测期的数据对预测值的影响越大，因而对不同时期数据应采取不同权数进行预测。其预测模型为

$$\overline{Y_N} = \frac{\sum_{i=1}^{n} w_i y_i}{\sum_{i=1}^{n} w_i} \tag{4-24}$$

式中：

$\overline{Y_N}$——预测值的加权平均数；

y_i——第 i 个历史数据；

w_i——第 i 个历史数据的加权值。

3. 移动平均数法的特点

移动平均数法的优点主要体现在以下几个方面。

① 移动平均数法对原序列有修匀或平滑的作用，使得原序列的上下波动被削弱了，而且平均的时距项数 n 越大，对数列的修匀作用越强。

② 移动平均数法的时距项数 n 为奇数时，只需一次移动平均，其移动平均值作为移动平均项数的中间一期的趋势代表值；而当移动平均项数 n 为偶数时，移动平均值代表的是偶数

项的中间位置的水平，无法对正某一时期，则需要再进行一次相邻两项平均值的移动平均，才能使平均值对正某一时期（移正平均），也成为中心化的移动平均值。

③ 当序列包含季节变动时，移动平均数法的时距项数 n 应与季节变动长度一致，才能消除季节变动的影响；当序列包含周期变动时，时距项数 n 应和周期长度基本一致，才能较好地消除周期变动的影响。

④ 移动平均的项数不宜过大。

移动平均数法在进行预测时能平滑掉突然的需求波动对预测结果的影响，但其运用时也存在着如下问题。

① 虽然时距项数 n 越大会使平滑波动效果越好，但也会使预测值对数据实际变动更不敏感。

② 移动平均值所呈现的是过去水平上的预测值，并不能呈现出将来的预测值波动。

③ 移动平均数法需要大量的以往统计数据。

④ 移动平均数法会引进大量新数据，导致平均值不断变化，预测值不断变化。

4.2.3 指数平滑法

指数平滑法是采用递推预测的方法，用本期的实际值与本期的预测值来预测下一期的值。原始数据经过平滑处理后，数据便呈现出内在的变化趋势。在实际预测中，对平滑值进行适当计算，构成相应的线性或非线性趋势预测模型。

指数平滑法按照平滑次数分为一次指数平滑、二次指数平滑、三次指数平滑、高次指数平滑和趋势调整指数平滑等。其中，一次指数平滑、二次指数平滑、三次指数平滑较常用。

1. 一次指数平滑

设 x_t 为时间序列中第 t 时点的观测值，每次平滑地求算术平均值所采用的观测值个数为 n，在第 t 时点的指数平滑值 S_t 为

$$S_t = \frac{1}{n}(x_t + x_{t-1} + x_{t-2} + \cdots + x_{t-n+1}) \tag{4-25}$$

一次指数平滑数列的递推公式为

$$S'_t = \alpha x_t + (1-\alpha)S'_{t-1} \tag{4-26}$$

式中：S'_t——第 t 时点的指数平滑值，即为第 $t+1$ 时点的预测值 $y_{t+1}, y_{t+1} = S'_t$ 或 $y_t = S'_{t-1}$；确定 S'_t 迭代计算时初始值 S'_0，最常用的方法是，令 $S'_0 = x_1$（时间序列的首项）。α——平滑系数，一般 α 介于 0～1 之间。

α 的大小可以反映新旧数据对趋势变化的影响。在实际应用中，α 是根据时间序列的变化特性来选取的。若时间序列的波动不大，比较平稳，则 α 应取小一些，如 0.1～0.3；若时间序列具有迅速且明显的变动倾向，则 α 应取大一些，如 0.6～0.9。实质上，α 是一个经验数据，通过多个值进行试算比较而定，哪个 α 值引起的预测误差小，就采用哪个。

2. 二次指数平滑

二次指数平滑是以相同的平滑系数 α，对一次指数平滑数列 S'_t 再进行一次指数平滑，构成时间序列的二次指数数列 S''_t。

同上，初始值 $S_0' = S_0'' = x_1$，则

$$S_t' = \alpha x_t + (1-\alpha)S_{t-1}'$$
$$S_t'' = \alpha S_t' + (1-\alpha)S_{t-1}' \tag{4-27}$$

3. 三次指数平滑

它是在二次指数平滑的基础上对时间序列进行三次指数平滑，同样令 $S_0' = S_0'' = S_0''' = x_1$，则

$$S_t' = \alpha x_t + (1-\alpha)S_{t-1}'$$
$$S_t'' = \alpha S_t' + (1-\alpha)S_{t-1}'' \tag{4-28}$$
$$S_t''' = \alpha S_t'' + (1-\alpha)S_{t-1}'''$$

4. 指数平滑预测模型

对经过处理的数据（平滑值），再进行适当变换即可构成下述预测模型。预测 T 时刻后，即（$t+T$）时刻的预测值 y_{t+T}。

① 线性模型

$$y_{t+T} = a_t + b_t T \tag{4-29}$$

② 非线性模型

$$y_{t+T} = l_t + m_t T + n_t T^2 \tag{4-30}$$

该模型是对应三次指数平滑使用的。式（4-29）和式（4-30）中，y_{t+T} 为 $t+T$ 时刻的预测值，T 是指以 t 为起点向未来延伸到 T 时刻，即表示 t 以后的外推时间。

线性模型中 a_t，b_t 可通过下式求得

$$a_t = 2S_t' - S_t''$$
$$b_t = \frac{\alpha}{1-\alpha}(S_t' - S_t'') \tag{4-31}$$

非线性模型中 l_t，m_t，n_t 可按如下公式求得

$$l_t = 3S_t' - 3S_t'' + S_t'''$$
$$m_t = \frac{\alpha}{2(1-\alpha)^2}[(6-5\alpha)S_t' - 2(5-4\alpha)S_t'' + (4-3\alpha)S_t'''] \tag{4-32}$$
$$n_t = \frac{\alpha^2}{2(1-\alpha)^2}(S_t' - 2S_t'' + S_t''')$$

例题 4-2　2009—2020 年中国道路交通事故发生起数如表 4-2 所示。请采用 2019 年三次指数平滑非线性预测模型预测 2020 年、2021 年道路交通事故发生起数并对 2020 年的道路交通事故预测数进行误差分析。

解：

采用平滑系数 $\alpha = 0.2$

指数平滑的初始值 $S_{2009}' = S_{2009}'' = S_{2009}''' = x_{2009} = 238\,351$（起）

根据指数平滑值计算公式，依次计算 2010—2020 年一次、二次、三次指数平滑值。其中 2010 年的一次、二次、三次指数平滑值的计算过程如下。

$$S'_{2010}=\alpha x_{2010}+(1-\alpha)S'_{2009}=0.2\times 219\ 521+0.8\times 238\ 351=234\ 585（起）$$
$$S''_{2010}=\alpha S'_{2010}+(1-\alpha)S''_{2009}=0.2\times 234\ 585+0.8\times 238\ 351=237\ 598（起）$$
$$S'''_{2010}=\alpha S''_{2010}+(1-\alpha)S'''_{2009}=0.2\times 237\ 598+0.8\times 238\ 351=238\ 200（起）$$

2009—2020 年一次、二次、三次指数平滑值如表 4－4 所示。

表 4－4　2009—2020 年一次、二次、三次指数平滑值　　单位：起

年份	2009	2010	2011	2012	2013	2014
一次指数平滑值	238 351	234 585	229 830	224 704	219 442	214 916
二次指数平滑值	238 351	237 598	236 044	233 776	230 909	227 711
三次指数平滑值	238 351	238 200	237 769	236 971	235 758	234 149
年份	2015	2016	2017	2918	2019	2020
一次指数平滑值	209 689	210 320	208 866	216 080	222 393	226 850
二次指数平滑值	224 106	221 349	218 852	218 298	219 117	220 664
三次指数平滑值	232 140	229 982	227 756	225 864	224 515	223 745

根据非线性预测模型 $y_{t+T}=l_t+m_tT+n_tT^2$，2019 年的 l_{2019}、m_{2019}、n_{2019} 分别为

$$l_{2019}=3S'_{2019}-3S''_{2019}+S'''_{2019}=3\times 222\ 393-3\times 219\ 117+224\ 515=234\ 343（起）$$

$$\begin{aligned}m_{2019}&=\frac{\alpha}{2(1-\alpha)^2}[(6-5\alpha)S'_{2019}-2(5-4\alpha)S''_{2019}+(4-3\alpha)S'''_{2019}]\\&=\frac{0.2}{2\times(1-0.2)^2}[(6-5\times 0.2)\times 222\ 393-2\times(5-4\times 0.2)\times 219\ 117+(4-3\times 0.2)\times 224\ 515]\\&=5\ 427（起）\end{aligned}$$

$$n_{2019}=\frac{\alpha^2}{2(1-\alpha)^2}(S'_{2019}-2S''_{2019}+S'''_{2019})=\frac{0.2^2}{2\times(1-0.2)^2}(222\ 393-2\times 219\ 117+224\ 515)=271（起）$$

那么 2019 年中国道路交通事故三次指数平滑非线性预测模型为

$$y_{2019+T}=234\ 343+5\ 427T+271T^2$$

2020 年中国道路交通事故预测值和相对误差分别为

$$y_{2020}=234\ 343+5\ 427\times 1+271\times 1=240\ 041（起）$$

$$E_{r2020}=\frac{240\ 042-244\ 674}{244\ 674}\times 100\%=-1.89\%$$

2021 年中国道路交通事故预测值为

$$y_{2021}=234\ 343+5\ 427\times 2+271\times 2^2=246\ 281（起）$$

4.3　回归预测

回归预测是指从被预测的对象（因变量、被解释变量）和它的自变量（解释变量）之间的因果关系出发，通过建立回归模型，根据惯性原则，预测对象未来发展的一种定量方法。回归预测的基本思想是：虽然自变量与因变量之间没有严格的确定性的函数关系，但是可以设法找出最能代表它们之间近似关系的数学模型——回归方程式，然后根据回归方程式求出所要求的预测值。

回归预测按照自变量的多少，可分为一元回归预测和多元回归预测；按照自变量和因变量之间的关系，可分为线性回归预测和非线性回归预测。

① 一元线性预测。这是一种最简单的回归预测形式，包含一个自变量和一个因变量，且成线性关系。

② 一元非线性预测：包含一个自变量和一个因变量，它们之间成非线性关系。

③ 多元线性回归预测：包含两个或两个以上的自变量，因变量和自变量之间成线性关系。

④ 多元非线性回归预测：包含两个或两个以上的自变量，因变量和自变量之间成非线性关系。

回归预测是交通安全系统预测的常用方法。回归预测能较好地反映交通事故与各种影响因素之间的因果关系，并且能够容易地建立模型和检验预测结果，因而回归预测在交通事故预测中的应用最为普遍，但是回归预测要求样本量大、数据波动不大、规律性强等条件，否则预测精度便会受到影响。另外，由于回归预测对新旧数据同等对待，只注重对过去数据的拟合，因此其外推性能较差，对变化趋势反应迟钝。

回归预测的步骤如下。

（1）确定回归预测中的自变量和因变量

由于回归预测用于预测一个事物如何随其他事物的变化而变化。因此回归预测的第一步应确定哪个事物是需要被解释的，那个变量就是因变量；哪些事物是用于解释其他事物的，那些变量就是自变量。

（2）确定回归模型

根据函数拟合方式，通过观察散点图确定应通过哪种数学模型来概括回归线。如果因变量和自变量之间存在线性关系，则应进行线性回归分析，建立线性回归模型；反之，如果因变量和自变量之间存在非线性关系，则应进行非线性回归分析，建立非线性回归模型。

（3）建立回归预测方程

根据原始样本数据和所确定的回归模型，在一定的统计拟合准则下估计出模型中的各个参数，得到一个确定的回归预测方程。

（4）对回归预测方程进行检验

由于回归预测方程是在原始样本数据基础上得到的，回归预测方程是否真实地反映了因变量和自变量之间的相互关系，以及回归预测方程能否用于预测等都需要相应检验。常用的检验方法包括回归方程的拟合优度检验、回归方程的显著性检验、回归系数的显著性检验等。

（5）利用回归预测方程进行预测

根据所建立的回归预测方程对新数据的未知因变量取值进行预测。

4.3.1 线性回归模型

影响交通事故的因素往往有多个，线性回归预测多数是利用多元线性回归方程，通过寻找与因变量具有较强关联关系的因素作为自变量，计算回归系数，并经过相关性分析和显著性检验后，最终确定回归预测方程。

1. 多元线性回归方程

以预测对象为因变量 y，诸影响因素为自变量 $x_j(j=1,2,\cdots,p)$，因变量与各个自变量之间存在线性关系，从理论上可表述为：

$$y=\beta_0+\beta_1 x_1+\beta_2 x_2+\cdots+\beta_k x_p+\varepsilon \tag{4-33}$$

式中：

y——因变量，如交通事故数或死亡人数等；

x_j——第 j 个自变量，$j=1, 2, \cdots, p$，如第 j 个事故影响因素；

p——自变量的个数，如事故影响因素的总数；

β_0——回归常数；

$\beta_j(j=1,2,\cdots,p)$——偏回归系数，虽未知但为某一固定数值；

ε——随机误差，是一个随机变量。

公式（4－33）只反映理论上诸影响因素与预测对象之间的线性关系。$\beta_0,\beta_1,\cdots,\beta_p$ 的精确值是无法得到的，只能通过对 y 及 x_j 的实际观测值的统计处理得到其估计值。公式（4－33）应满足两个前提条件：① 随机误差的期望为 0；② 随机误差的方差应为一个特定值。

对因变量 y 和自变量 x_j 的实际观察值进行统计处理，可得到 y 与 x_j 实际观测值之间的线性关系为

$$y=\hat{\beta}_0+\hat{\beta}_1 x_1+\cdots+\hat{\beta}_p x_p+e \tag{4-34}$$

式中：

$\hat{\beta}_0$——回归常数估计值；

$\hat{\beta}_j(j=1,2,\cdots,p)$——偏回归系数估计值，表示当其他自变量保持不变时，x_j 每变动一个单位所引起的因变量 y 的平均变动数量；

e——回归余项，也称为残差项。

假设有 n 个实际观察值（样本数据），则多元线形回归预测模型可以表述为

$$y_i=\hat{\beta}_0+\hat{\beta}_1 x_{1i}+\cdots+\hat{\beta}_p x_{pi}+e_i,\quad i=1,2,\cdots,n \tag{4-35}$$

式中：

y_i——因变量 y 第 i 个预测值；

x_{pi}——第 p 个自变量 x_p 的第 i 个观测值；

e_i——第 i 个回归余项。

公式（4－35）可表示为

$$\boldsymbol{Y}=\boldsymbol{BX}+\boldsymbol{e} \tag{4-36}$$

式中：

$$\boldsymbol{Y}=\begin{bmatrix} y_1 \\ y_2 \\ \vdots \\ y_p \end{bmatrix},\quad \boldsymbol{B}=\begin{bmatrix} \hat{\beta}_1 \\ \hat{\beta}_2 \\ \vdots \\ \hat{\beta}_p \end{bmatrix},\quad \boldsymbol{e}=\begin{bmatrix} e_1 \\ e_2 \\ \vdots \\ e_p \end{bmatrix},\quad \boldsymbol{X}=\begin{bmatrix} 1 & x_{11} & x_{21} & \cdots & x_{p1} \\ 1 & x_{12} & x_{22} & \cdots & x_{p2} \\ \vdots & \vdots & \vdots & \cdots & \vdots \\ 1 & x_{1n} & x_{2n} & \cdots & x_{pn} \end{bmatrix}$$

利用最小二乘法得到偏回归系数估计值为

$$\hat{\beta}_i=(\boldsymbol{X}^{\mathrm{T}}\boldsymbol{X})^{-1}\boldsymbol{X}^{\mathrm{T}}\boldsymbol{Y} \tag{4-37}$$

2. 回归方程的统计检验

（1）回归方程的拟合优度检验

多元回归方程的拟合优度检验是从对因变量 y 取值变化的成因分析入手，通过检验样本数据点 $(x_i,y_i)(i=1,2,\cdots,n)$ 聚集在回归面周围的密集程度，从而评价回归方程对样本数据的代表程度。因变量各观测值与其算术平均值的差异主要由两方面原因造成：① 自变量取值的不同；② 其他随机因素。那么

$$\sum_{i=1}^{n}(y_i-\overline{y})^2=\sum_{i=1}^{n}(\hat{y}_i-\overline{y})^2+\sum_{i=1}^{n}(y_i-\hat{y}_i)^2 \tag{4-38}$$

式中：

$\sum_{i=1}^{n}(y_i-\overline{y})^2$——因变量的总离差平方和（$S_{\mathrm{ST}}$）；

$\sum_{i=1}^{n}(\hat{y}_i-\overline{y})^2$——由自变量引起的因变量变差平方和（回归平方和，$S_{\mathrm{SR}}$）；

$\sum_{i=1}^{n}(y_i-\hat{y}_i)^2$——由随机误差引起的因变量变差平方和（剩余平方和，S_{SE}）；

y_i——因变量的预测值；

$\hat{y}_i$——因变量的实际值；

$\overline{y}$——因变量的算术平均值。

即

$$S_{\mathrm{ST}}=S_{\mathrm{SR}}+S_{\mathrm{SE}} \tag{4-39}$$

在因变量的总离差平方和 S_{ST} 中，如果 S_{SR} 所占的比例远大于 S_{SE} 所占的比例，则回归方程的拟合优度会较高。拟合优度的统计量正是基于这种基本思想构造出来的。多元线性回归方程的拟合优度检验的数学定义为

$$R^2=1-\frac{\dfrac{S_{\mathrm{SE}}}{n-p-1}}{\dfrac{S_{\mathrm{ST}}}{n-1}} \tag{4-40}$$

式中：

R^2——调整的判定系数；

$n-p-1$——S_{SE}的自由度；

$n-1$——S_{ST}的自由度；

$\frac{S_{SE}}{n-p-1}$——均方误差。

调整的判定系数R^2越接近1，拟合优度越高，本质上也是拟合优度检验基本思路的体现。

（2）回归方程的显著性检验

回归方程的显著性检验是检验因变量与所有自变量之间的线性关系是否显著，用线性模型描述是否恰当。回归方程的显著性检验采用方差分析的方法，由公式（4–40）可知，如果由自变量引起的因变量的变差平方和S_{SR}在因变量的总离差平方和S_{ST}中占有较大比例，则表示因变量与所有自变量的线性关系明显，利用线性模型反映它们之间的关系是恰当的；反之，如果占有较小比例，则表示因变量与所有自变量的线性关系不明显，利用线性模型反映它们之间的关系是不恰当的。

多元线性回归方程显著性检验采用F统计量，F统计量服从自由度为（p，$n-p-1$）的F分布。其数学定义为

$$F=\frac{S_{SR}/p}{S_{SE}/(n-p-1)} \tag{4–41}$$

多元线性回归方程显著性检验假设：$\beta_1=\beta_2=\cdots=\beta_p=0$，即无论各个$x_i$取值如何变化都不会引起$y$的线性变化，$y$与$x$的全体不存在线性关系。多元线性回归方程显著性检验假设：β_1，β_2，…，β_p不同时为零，即因变量y与自变量x全体的线性关系显著，可以用线性模型描述它们之间的关系。

根据公式（4–41）计算F统计量。根据给定的置信度α，自由度（p，$n-p-1$），查F数值检验表（α=95%）（表4–5），得到$F_\alpha(p,n-p-1)$。

若$F>F_\alpha(p,n-p-1)$，则β_1，β_2，…，β_p不同时为零，因变量与自变量全体的线性关系显著，模型的F检验通过，模型可用于预测；

若$F\leqslant F_\alpha(p,n-p-1)$，则$\beta_1$，$\beta_2$，…，$\beta_p$同时为零，因变量与自变量全体的线性关系不显著，模型的F检验未通过，模型不可用于预测。

（3）回归系数的显著性检验

回归系数的显著性检验是研究回归方程中的每个自变量与因变量之间是否存在显著的线性关系。即研究自变量能否有效地解释因变量的线性变化，它们能否保留在线性回归方程中。回归系数显著性检验采用t检验，对于多元线性回归方程，t检验的统计量t_j为

$$t_j=\frac{\dfrac{\hat{\beta}_i}{\hat{\sigma}^2}}{\sqrt{\sum_{i=1}^{n}(x_{ji}-\overline{x}_j)^2}} \quad (i=1,2,\cdots,p) \tag{4–42}$$

式中：

$\hat{\beta}_i$——偏回归系数β_i的估计值；

$\hat{\sigma}^2$——方差σ^2的估计值，$\hat{\sigma}^2 = \frac{1}{n-p-1}\sum_{i=1}^{n}(y_i - \hat{y}_i)^2$。

多元线性回归方程的回归系数显著性检验假设：$\beta_i = 0$，第i个偏回归系数与零无显著差异。即当$\beta_i = 0$时，无论x_i取值如何变化都不会引起y的线性变化，自变量x_i与因变量y之间不存在线性关系。

根据公式（4-42）计算统计量t_j。根据给定的置信度α，自由度（p，$n-p-1$），查t数值检验表（表4-6），得到$t_\alpha(p, n-p-1)$。

若$t_j > t_\alpha(p, n-p-1)$，则β_i与零有显著差异，因变量y与自变量x_i的线性关系显著，x_i应该保留在回归方程中；

若$t_j \leqslant t_\alpha(p, n-p-1)$，则$\beta_i$与零无显著差异，因变量$y$与自变量$x_i$的线性关系不显著，$x_i$不应该保留在回归方程中。

表4-5　F数值检验表（α=95%）

自由度 $n-p-1$	自变量数目 p																		
	1	2	3	4	5	6	7	8	9	10	12	15	20	24	30	40	60	120	∞
1	161	200	216	225	230	234	237	239	241	242	244	246	248	249	250	251	252	253	254
2	18.5	19.0	19.2	19.2	19.3	19.3	19.4	19.4	19.4	19.4	19.4	19.4	19.4	19.5	19.5	19.5	19.5	19.5	19.5
3	10.1	9.55	9.28	9.12	9.01	8.94	8.89	8.85	8.81	8.79	8.74	8.70	8.66	8.64	8.62	8.59	8.57	8.55	8.53
4	7.71	6.94	6.59	6.39	6.26	6.16	6.09	6.04	6.00	5.96	5.91	5.86	5.80	5.77	5.75	5.72	5.69	5.66	5.63
5	6.61	5.79	5.41	5.19	5.05	4.95	4.88	4.82	4.77	4.74	4.68	4.62	4.56	4.53	4.50	4.46	4.43	4.40	4.37
6	5.99	5.14	4.78	4.53	4.39	4.28	4.21	4.15	4.10	4.06	4.00	3.94	3.87	3.84	3.81	3.77	3.74	3.70	3.67
7	5.59	4.74	4.35	4.12	3.97	3.87	3.79	3.73	3.68	3.64	3.57	3.51	3.44	3.41	3.38	3.34	3.30	3.27	3.23
8	5.32	4.46	4.07	3.84	3.69	3.58	3.50	3.44	3.39	3.35	3.28	3.22	3.15	3.12	3.08	3.04	3.01	2.97	2.93
9	5.12	4.26	3.86	3.63	3.48	3.37	3.29	3.23	3.18	3.14	3.07	3.01	2.94	2.90	2.86	2.83	2.79	2.75	2.71
10	4.96	4.10	3.71	3.48	3.33	3.22	3.14	3.07	3.02	2.98	2.91	2.85	2.77	2.74	2.70	2.66	2.62	2.58	2.54
11	4.84	3.98	3.59	3.36	3.20	3.09	3.01	2.95	2.90	2.85	2.79	2.72	2.65	2.61	2.57	2.53	2.49	2.45	2.40
12	4.75	3.89	3.49	3.26	3.11	3.00	2.91	2.85	2.80	2.75	2.69	2.62	2.54	2.51	2.47	2.43	2.38	2.34	2.30
13	4.67	3.81	3.41	3.18	3.03	2.92	2.83	2.77	2.71	2.67	2.60	2.53	2.46	2.42	2.38	2.34	2.30	2.25	2.21
14	4.60	3.74	3.34	3.11	2.96	2.85	2.76	2.70	2.65	2.60	2.53	2.46	2.39	2.35	2.31	2.27	2.22	2.18	2.13
15	4.54	3.68	3.29	3.06	2.90	2.70	2.71	2.64	2.59	2.54	2.48	2.40	2.33	2.29	2.25	2.20	2.16	2.11	2.07
16	4.49	3.63	3.24	3.01	2.85	2.74	2.66	2.59	2.54	2.49	2.42	2.35	2.28	2.24	2.19	2.15	2.11	2.06	2.01
17	4.45	3.59	3.20	2.96	2.81	2.70	2.61	2.55	2.49	2.45	2.38	2.31	2.23	2.19	2.15	2.10	2.06	2.01	1.96

续表

自由度 $n-p-1$	自变量数目 p																		
	1	2	3	4	5	6	7	8	9	10	12	15	20	24	30	40	60	120	∞
18	4.41	3.55	3.16	2.93	2.77	2.66	2.58	2.51	2.46	2.41	2.34	2.27	2.19	2.15	2.11	2.06	2.01	1.97	1.92
19	4.38	3.52	3.13	2.90	2.74	2.63	2.54	2.48	2.42	2.38	2.31	2.23	2.16	2.11	2.07	2.02	1.97	1.93	1.88
20	4.35	3.49	3.10	2.87	2.71	2.60	2.51	2.45	2.39	2.35	2.28	2.20	2.12	2.08	2.04	1.98	1.93	1.90	1.84
21	4.32	3.47	3.07	2.84	2.68	2.57	2.49	2.42	2.37	2.32	2.25	2.18	2.10	2.05	2.01	1.95	1.90	1.87	1.81
22	4.30	3.44	3.05	2.82	2.66	2.55	2.46	2.40	2.39	2.36	2.23	2.15	2.07	2.03	1.98	1.94	1.89	1.84	1.78
23	4.28	3.42	3.03	2.80	2.64	2.53	2.44	2.37	2.39	2.27	2.20	2.13	2.05	2.01	1.96	1.91	1.86	1.81	1.76
24	4.26	3.40	3.01	2.78	2.62	2.51	2.42	2.36	2.38	2.25	2.18	2.11	2.03	1.98	1.94	1.89	1.84	1.79	1.73
25	4.24	3.39	2.99	2.76	2.60	2.49	2.40	2.34	2.28	2.24	2.16	2.09	2.01	1.96	1.92	1.87	1.82	1.77	1.71
30	4.17	3.32	2.92	2.69	2.53	2.42	2.33	2.27	2.21	2.16	2.09	2.01	1.93	1.89	1.84	1.79	1.74	1.68	1.62
40	4.08	3.23	2.84	2.61	2.45	2.34	2.25	2.18	2.12	2.08	2.00	1.92	1.84	1.79	1.74	1.69	1.64	1.58	1.51
60	4.00	3.15	2.76	2.53	2.37	2.25	2.17	2.10	2.04	1.99	1.92	1.84	1.75	1.70	1.65	1.59	1.53	1.47	1.39
120	3.92	3.07	2.68	2.45	2.29	2.18	2.09	2.02	1.96	1.91	1.83	1.75	1.66	1.61	1.55	1.50	1.43	1.35	1.25
∞	3.84	3.00	2.60	2.37	2.21	2.10	2.01	1.94	1.88	1.83	1.75	1.67	1.57	1.52	1.46	1.39	1.32	1.22	1.00

表 4-6　*t* 数值检验表

自由度 $n-p-1$	置信度 α										
	75%	80%	85%	90%	95%	97.5%	99%	99.5%	99.75%	99.9%	99.95%
1	1.000	1.376	1.963	3.078	6.314	12.71	31.82	63.66	127.3	318.3	636.6
2	0.816	1.061	1.386	1.886	2.920	4.303	6.965	9.925	14.09	22.33	31.60
3	0.765	0.978	1.250	1.638	2.353	3.182	4.541	5.841	7.453	10.21	12.92
4	0.741	0.941	1.190	1.533	2.132	2.776	3.747	4.604	5.598	7.173	8.610
5	0.727	0.920	1.156	1.476	2.015	2.571	3.365	4.032	4.773	5.893	6.869
6	0.718	0.906	1.134	1.440	1.943	2.447	3.143	3.707	4.317	5.208	5.959
7	0.711	0.896	1.119	1.415	1.895	2.365	2.998	3.499	4.029	4.785	5.408
8	0.706	0.889	1.108	1.397	1.860	2.306	2.896	3.355	3.833	4.501	5.041
9	0.703	0.883	1.100	1.383	1.833	2.262	2.821	3.250	3.690	4.297	4.781
10	0.700	0.879	1.093	1.372	1.812	2.228	2.764	3.169	3.581	4.144	4.587
11	0.697	0.876	1.088	1.363	1.796	2.201	2.718	3.106	3.497	4.025	4.437
12	0.695	0.873	1.083	1.356	1.782	2.179	2.681	3.055	3.428	3.930	4.318
13	0.694	0.870	1.079	1.350	1.771	2.160	2.650	3.012	3.372	3.852	4.221
14	0.692	0.868	1.076	1.345	1.761	2.145	2.624	2.977	3.326	3.787	4.140
15	0.691	0.866	1.074	1.341	1.753	2.131	2.602	2.947	3.286	3.733	4.073

续表

自由度 $n-p-1$	置信度α										
	75%	80%	85%	90%	95%	97.5%	99%	99.5%	99.75%	99.9%	99.95%
16	0.690	0.865	1.071	1.337	1.746	2.120	2.583	2.921	3.252	3.686	4.015
17	0.689	0.863	1.069	1.333	1.740	2.110	2.567	2.898	3.222	3.646	3.965
18	0.688	0.862	1.067	1.330	1.734	2.101	2.552	2.878	3.197	3.610	3.922
19	0.688	0.861	1.066	1.328	1.729	2.093	2.539	2.861	3.174	3.579	3.883
20	0.687	0.860	1.064	1.325	1.725	2.086	2.528	2.845	3.153	3.552	3.850
21	0.686	0.859	1.063	1.323	1.721	2.080	2.518	2.831	3.135	3.527	3.819
22	0.686	0.858	1.061	1.321	1.717	2.074	2.508	2.819	3.119	3.505	3.792
23	0.685	0.858	1.060	1.319	1.714	2.069	2.500	2.807	3.104	3.485	3.767
24	0.685	0.857	1.059	1.318	1.711	2.064	2.492	2.797	3.091	3.467	3.745
25	0.684	0.856	1.058	1.316	1.708	2.060	2.485	2.787	3.078	3.450	3.725
26	0.684	0.856	1.058	1.315	1.706	2.056	2.479	2.779	3.067	3.435	3.707
27	0.684	0.855	1.057	1.314	1.703	2.052	2.473	2.771	3.057	3.421	3.690
28	0.683	0.855	1.056	1.313	1.701	2.048	2.467	2.763	3.047	3.408	3.674
29	0.683	0.854	1.055	1.311	1.699	2.045	2.462	2.756	3.038	3.396	3.659
30	0.683	0.854	1.055	1.310	1.697	2.042	2.457	2.750	3.030	3.385	3.646
40	0.681	0.851	1.050	1.303	1.684	2.021	2.423	2.704	2.971	3.307	3.551
50	0.679	0.849	1.047	1.299	1.676	2.009	2.403	2.678	2.937	3.261	3.496
60	0.679	0.848	1.045	1.296	1.671	2.000	2.390	2.660	2.915	3.232	3.460
80	0.678	0.846	1.043	1.292	1.664	1.990	2.374	2.639	2.887	3.195	3.416
100	0.677	0.845	1.042	1.290	1.660	1.984	2.364	2.626	2.871	3.174	3.390
120	0.677	0.845	1.041	1.289	1.658	1.980	2.358	2.617	2.860	3.160	3.373
∞	0.674	0.842	1.036	1.282	1.645	1.960	2.326	2.576	2.807	3.090	3.291

4.3.2　非线性转化

1. 非线性关系的类型

在变量间相关关系的分析中，变量之间的关系并不总表现出线性关系，非线性关系也是极为常见的，如果直接用一条回归直线来回归拟合，误差会很大，预测结果往往会不理想。对于变量间相互关系为非线性关系，无法直接通过线性回归来分析或直接建立线性模型的，可通过绘制散点图来粗略考察这种非线性关系。变量之间的非线性关系分为本质线性关系和本质非线性关系。

本质线性关系是指变量关系形式上虽然呈非线性关系（如二次曲线），但可通过变量变换化为线性关系，并可最终进行线性回归分析建立线性模型。对于本质线性关系，为了寻找一条最佳拟合曲线，尽可能准确地反映变量之间的关系，可用最小二乘法等原则，从若干个模型中选取一个均方差最小的模型。本质线性关系示例如表 4-7 所示。

本质非线性关系是指变量关系不仅形式上呈非线性关系，也无法通过变量变换化为线性关系，最终无法进行线性回归分析建立线性模型。

表 4-7　本质线性关系示例

模型名	回归方程	变量变换后的线性方程
二次曲线	$y=\beta_0+\beta_1 x+\beta_2 x^2$	$y=\beta_0+\beta_1 x+\beta_2 x_1$ （其中，$x_1=x^2$）
复合曲线	$y=\beta_0\beta_1^x$	$\ln y=\ln\beta_0+(\ln\beta_1)x$
增长曲线	$y=\mathrm{e}^{\beta_0+\beta_1 x}$	$\ln y=\beta_0+\beta_1 x$
对数曲线	$y=\beta_0+\beta_1\ln x$	$y=\beta_0+\beta_1 x_1$ （其中，$x_1=\ln x$）
三次曲线	$y=\beta_0+\beta_1 x+\beta_2 x^2+\beta_3 x^3$	$y=\beta_0+\beta_1 x+\beta_2 x_1+\beta_3 x_2$ （其中，$x_1=x^2$，$x_2=x^3$）
S 曲线	$y=\mathrm{e}^{\beta_0+\frac{\beta_1}{x}}$	$\ln y=\beta_0+\beta_1 x_1$ （其中，$x_1=\frac{1}{x}$）
指数曲线	$y=\beta_0\mathrm{e}^{\beta_1 x}$	$\ln y=\ln\beta_0+\beta_1 x$
逆函数	$y=\beta_0+\frac{\beta_1}{x}$	$y=\beta_0+\beta_1 x_1$ （其中，$x_1=\frac{1}{x}$）
幂函数	$y=\beta_0 x^{\beta_1}$	$\ln y=\ln\beta_0+\beta_1 x_1$ （其中，$x_1=\ln x$）

2. 非线性转化示例

（1）复合曲线非线性转化

假设因变量 y 和自变量 x 的关系是复合曲线形式

$$y=\beta_0\beta_1^x \tag{4-43}$$

为了根据观测值$(y_1, x_1),(y_2, x_2),\cdots,(y_n,x_n)$估计 β_0 和 β_1 的数值，要对因变量观测值 y 进行变换，取自然对数

$$\ln y=\ln(\beta_0\beta_1^x)=\ln\beta_0+x\ln\beta_1 \tag{4-44}$$

令 $\acute{y}=\ln y$，$a=\beta_0$，$b=\ln\beta_1$，则可以转化成线性形式

$$\acute{y}=a+b^x \tag{4-45}$$

（2）增长曲线非线性转化

假设因变量 y 和自变量 x 的关系是以 e (e=2.718 28…)为底的增长曲线形式。

$$y = e^{\beta_0 + \beta_1 x} \tag{4-46}$$

为了根据观测值(y_1, x_1), (y_2, x_2), …, (y_n, x_n)估计β_0和β_1的数值，先要把因变量的观测值y加以变换，取它的自然对数，那么

$$\ln y = \ln(e^{\beta_0 + \beta_1 x}) = \beta_0 + \beta_1 x \tag{4-47}$$

令

$$\acute{y} = \ln y$$

则转化成线性关系

$$\acute{y} = \beta_0 + \beta_1 x \tag{4-48}$$

根据$(\acute{y}_1, x_1)$, $(\acute{y}_2, x_2)$, …, $(\acute{y}_n, x_n)$，按直线回归分析方法，计算出回归系数β_0和β_1，再按式（4–46）还原成回归模型

$$\hat{y} = e^{\beta_0 + \beta_1 x} \tag{4-49}$$

（3）S 曲线非线性转化

假设因变量y和自变量x为如图 4–3 所示的 S 曲线形式。

$$y = e^{a - \frac{b}{x}} \tag{4-50}$$

对式（4–50）两边取对数

$$\ln y = \ln\left(e^{a - \frac{b}{x}}\right) = a - \frac{b}{x} \tag{4-51}$$

令$\acute{y} = \ln y$，$\acute{x} = -\frac{1}{x}$，那么就可转化为线性形式

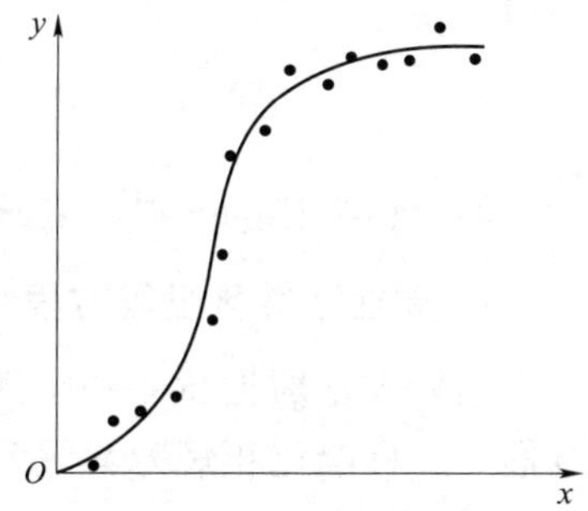

图 4–3 S 曲线

$$\acute{y} = a + b\acute{x} \tag{4-52}$$

4.3.3 多元逐步回归模型

逐步回归预测是根据自变量对因变量作用程度的大小来决定该变量是否引入而提出的。多元逐步回归预测是按照自变量x_1，x_2，…，x_m对因变量y作用程度的大小来决定该变量是否引入或剔除，自动地从大量可供选择的变量中，选择重要的变量，以建立回归方程的预测方法。

1. 数据准备

回归分析的原始数据包括两部分：一部分是自变量x_1，x_2，…，x_m及因变量y的观测值；另一部分是只有自变量的观测值，因变量y的取值未知，称为预测数据部分。

（1）输入模型原始数据

$$\boldsymbol{X} = \begin{bmatrix} x_{11} & x_{12} & \cdots & x_{1m} & y_1 \\ x_{21} & x_{22} & \cdots & x_{2m} & y_2 \\ \vdots & \vdots & & \vdots & \vdots \\ x_{n1} & x_{n2} & \cdots & x_{nm} & y_n \end{bmatrix} \tag{4-53}$$

其中，n为样品个数，m为自变量个数。

（2）数据预处理变换

由于回归系数与自变量所取的单位（或数量级）有关，而各个自变量取不同的量纲的情况是常见的，因而不能将回归系数直接进行比较。为了消除这个影响，对自变量和因变量都要加以标准化。

令因变量 $y_i = x_{i,m+1}$，则变量 x_j $(j=1,2,\cdots,m+1)$ 的算术平均值为

$$\overline{x}_j = \frac{1}{n}\sum_{i=1}^{n} x_{ij} \quad (j=1,2,\cdots,m+1) \tag{4-54}$$

其离差平方和为

$$l_j = \sum_{i=1}^{n}(x_{ij} - \overline{x}_j)^2 \quad (j=1,2,\cdots,m+1) \tag{4-55}$$

进行变换

$$x_{ij}^{\ *} = \frac{x_{ij} - \overline{x}_j}{l_j} \quad (i=1,2,\cdots,n; j=1,2,\cdots,m+1) \tag{4-56}$$

经过标准化的变量，其算术平均值为0，离差平方和为1。

2. 建立标准化正规方程组

由标准化数据建立的正规方程组的系数矩阵即为变量间的相关系数矩阵，称为标准化正规方程组。标准化正规方程组为

$$\begin{cases} r_{11}\hat{\beta}_1^* + r_{12}\hat{\beta}_2^* + \cdots + r_{1m}\hat{\beta}_m^* = r_{1(m+1)} \\ r_{21}\hat{\beta}_1^* + r_{22}\hat{\beta}_2^* + \cdots + r_{2m}\hat{\beta}_m^* = r_{2(m+1)} \\ \qquad\vdots \\ r_{m1}\hat{\beta}_1^* + r_{m2}\hat{\beta}_2^* + \cdots + r_{mm}\hat{\beta}_m^* = r_{m(m+1)} \end{cases} \tag{4-57}$$

设标准化正规方程组左端的系数为矩阵即零步矩阵，在计算技巧上为了方便，把 $\boldsymbol{R}^{(0)}$ 扩充为

$$\boldsymbol{R}^{(0)} = \begin{bmatrix} r_{11} & r_{12} & \cdots & r_{1m} & r_{1(m+1)} \\ r_{21} & r_{22} & \cdots & r_{2m} & r_{2(m+1)} \\ \vdots & \vdots & & \vdots & \vdots \\ r_{m1} & r_{m2} & \cdots & r_{mm} & r_{m(m+1)} \\ r_{(m+1)1} & r_{(m+1)2} & \cdots & r_{(m+1)m} & r_{(m+1)(m+1)} \end{bmatrix} \tag{4-58}$$

其中，r_{ij} 是相关系数，即

$$r_{ij} = \frac{\sum_{k=1}^{n}(x_{ik} - \overline{x}_i)(x_{jk} - \overline{x}_j)}{\sqrt{\sum_{k=1}^{n}(x_{ik} - \overline{x}_i)^2}\sqrt{(x_{jk} - \overline{x}_j)^2}} \quad i,j=1,2,\cdots,m+1 \tag{4-59}$$

3. 逐步计算

假设已经计算了 l 步（包括 $l=0$），这时初始的 $\boldsymbol{R}^{(0)}$ 已经变换为

$$\boldsymbol{R}^{(l)}=\begin{bmatrix} r_{11}^{(l)} & r_{12}^{(l)} & \cdots & r_{1m}^{(l)} & r_{1(m+1)}^{(l)} \\ r_{21}^{(l)} & r_{22}^{(l)} & \cdots & r_{2m}^{(l)} & r_{2(m+1)}^{(l)} \\ \vdots & \vdots & \vdots & \vdots & \vdots \\ r_{m1}^{(l)} & r_{m2}^{(l)} & \cdots & r_{mm}^{(l)} & r_{m(m+1)}^{(l)} \\ r_{(m+1)1}^{(l)} & r_{(m+1)2}^{(l)} & \cdots & r_{(m+1)(m)}^{(l)} & r_{m+1,m+1}^{(l)} \end{bmatrix} \tag{4-60}$$

① 为了衡量某一个自变量对因变量作用的大小，定义 V_i 为方差贡献系数（回归方程中引入 x_i 后对回归平方和的贡献）。首先对已经引入的自变量 $x_i(i=1,2,\cdots,l)$ 计算方差贡献 $V_i^{(l+1)}$，即 $l+1$ 步的 V_i 为

$$V_i^{(l+1)}=\frac{\left(r_{i(m+1)}^{(l)}\right)^2}{r_{ii}^{(l)}} \tag{4-61}$$

在逐步回归预测中，一方面要引入贡献最大的自变量，另一方面要提出贡献最小的自变量，其标准用 F 检验值来确定。

从 $V_i^{(l+1)}(i=1,2,\cdots,l)$ 中选出最小的，记为 $V_{i,\min}^{(l+1)}$，计算 $F_2^{(l+1)}$

$$F_2^{(l+1)}=\frac{V_{i,\min}^{(l+1)}(n-l-1)}{r_{(m+1)(m+1)}^{(l)}} \tag{4-62}$$

根据给定的置信度 α，自由度（p，$n-p-1$），查 F 数值表（表 4–5），得到 $F_\alpha(p,n-p-1)$。如果 $F_2^{(l+1)}\leqslant F_\alpha(p,n-p-1)$，则将贡献最小的变量从回归方程中剔除。

② 在第 $l+1$ 次对第 $k(k=1,2,\cdots,m+1)$ 列消去的变换公式为

$$r_{ij}^{(l+1)}=\begin{cases} r_{kj}^{(l)}/r_{kk}^{(l)} & (i=k,j\neq k) \\ r_{ij}^{(l)}-r_{ik}^{(l)}r_{kj}^{(l)}/r_{kk}^{(l)} & (i\neq k,j\neq k) \\ 1/r_{kk}^{(l)} & (i=k,j=k) \\ -r_{ik}^{(l)}/r_{kk}^{(l)} & (i\neq k,j=k) \end{cases} \tag{4-63}$$

如果不存在应被剔除的变量，则进行引入变量的计算，转入下一步。

③ 对未引入方程的变量计算其方差贡献 $V_i^{(l+1)}(i=l+1,\cdots,m)$，从中选出最大的，即 $V_{i,\max}^{(l+1)}$。计算 $F_1^{(l+1)}$

$$F_1^{(l+1)}=\frac{V_{i,\max}^{(l+1)}(n-l-2)}{r_{(m+1)(m+1)}^{(l)}-V_{i,\max}^{(l+1)}} \tag{4-64}$$

根据给定的置信度 α，自由度（p，$n-p-1$），查 F 数值表（表 4–5），得到 $F_\alpha(p,n-p-1)$。如果 $F_1^{(l+1)}>F_\alpha(p,n-p-1)$，则将该方差贡献最大的变量引入回归方程。

④ 对 $\boldsymbol{R}^{(l)}$ 按式（4–60）进行消去运算，得到结果为 $\boldsymbol{R}^{(l+1)}$。

⑤ 重复①～④的计算，直到既无变量引入也无变量剔除为止。

4. 计算最终结果

① 引入方程变量系数（设已有 s 个自变量引入回归方程，到 l 步结束）：

$$\hat{\beta}_l = \sqrt{\frac{S_{yy}}{S_{ii}}} r_{i(m+1)}^{(l)}, i = 1, 2, \cdots, s \tag{4-65}$$

其中，S_{ii} 和 S_{yy} 分别为自变量 x_i 和因变量 y 的离差平方和。

$$S_{ii} = \sum_{k=1}^{n}(x_{ki} - \overline{x}_i)^2，\quad S_{yy} = \sum_{k=1}^{n}(y_k - \overline{y})^2 \tag{4-66}$$

其中，$\overline{x}_i$ 和 $\overline{y}$ 分别为自变量 x_i 和因变量 y 的算术平均值。

$$\overline{y} = \frac{1}{n}\sum_{k=1}^{n} y_k，\quad \overline{x}_i = \frac{1}{n}\sum_{k=1}^{n} x_{ki} \tag{4-67}$$

② 常数项 $\hat{\beta}_0$：

$$\hat{\beta}_0 = \overline{y} - \sum_{i=1}^{s} \hat{\beta}_l \overline{x}_i \tag{4-68}$$

③ 回归值 $\hat{y}_k$ 与偏差值 ε：

$$\hat{y}_k = \hat{\beta}_0 + \sum_{i=1}^{s} \hat{\beta}_l x_{ik} \tag{4-69}$$

$$\varepsilon = y_k - \hat{y}_k \tag{4-70}$$

④ 复相关系数 R 和剩余标准差 S_y：

$$R = \sqrt{1 - r_{(m+1)(m+1)}^{(l)}} \tag{4-71}$$

$$S_y = \sqrt{\frac{r_{(m+1)(m+1)}^{(l)}}{n - l - 1} S_{yy}} \tag{4-72}$$

4.3.4 典型的交通安全事故回归预测模型

1. 英国伦敦大学斯密德公式

斯密德教授于 1949 年根据欧洲 20 个国家 10 余年的交通事故调查结果，通过回归分析得出交通死亡人数的非线性回归模型

$$D = 0.000\,3(NP^2)^{1/3} \tag{4-73}$$

式中：

D——交通事故死亡人数；

N——汽车拥有量；

P——人口数。

2. Koornstra 模型

Koornstra 将道路交通死亡数视为风险和外出量的函数，其中风险为年车公里死亡数，外出量为年车公里数。Koornstra 模型为

$$F_t = aV_t^b V_{t-k}^c \left[\left(\frac{V_{\max}}{V_{t-k}} \right)^d - 1 \right]^e \tag{4-74}$$

式中：

F_t——第 t 年的死亡数；

V_t——第 t 年的车公里数；

k——时间间隔，年；

$V_{\max}$——车公里数的饱和值；

a、b、c、d、e——回归常数。

从方法本身来讲，回归预测用于交通事故，存在以下不足：

① 要求大样本量；

② 要求样本有很好的分布规律；

③ 可能出现量化结果与分析结果不符的情况；

④ 基于回归分析的交通安全事故模型缺乏对交通事故安全结构和事故发生机理的描述。

4.4 灰色预测

4.4.1 概述

“灰色系统”的概念是由邓聚龙教授于 1982 年首先提出，即把既含有已知信息又含有未知信息的系统称为灰色系统，灰色系统是黑箱概念的一种推广。其中灰色是指对系统内部信息的认知程度。作为两个极端，白色代表对系统内部信息完全了解，黑色代表信息完全未知。

1. 灰色预测的含义

灰色预测是一种对含有不确定因素的系统进行预测的方法。灰色预测通过鉴别系统因素之间发展趋势的相异程度，进行关联分析，并对原始数据进行生成处理来寻找系统变动的规律，生成有较强规律性的数据序列，然后建立相应的微分方程预测模型，从而预测事物未来发展趋势的状况。

（1）关联分析

关联分析是指根据因素之间发展态势的相似或相异来衡量因素之间的关联程度，从而揭示灰色系统的主要特性，是一种相对性的排序分析。关联分析的目的是找出影响预测对象的主要因素，是灰色系统分析和预测的基础。其衡量指标为关联度，关联程度越大，因素间的关系越密切。

（2）微分方程预测模型

微分方程预测模型是指对生成变换后的数据序列所建立的微分方程模型。在灰色预测中一般采用 GM 模型作为微分方程预测模型。GM 模型可针对数量少、数据完整性和可靠性较低的数据序列，利用微分方程来充分挖掘数据本性，并对其进行建模。该过程所需信息少、精度较高、运算简便、易于检验，也不需考虑分布规律或变化趋势等。

GM (1, 1)模型是灰色预测的核心模型，该模型由一个单变量的一阶微分方程构成。其中 GM 是 grey model 即灰色模型的缩写，第一个“1”表示模型的阶数，第二个“1”表示变量的个数。GM (1, *n*)则表示有 *n* 个变量的一阶微分方程灰色模型。

GM (1, 1)模型主要用于复杂系统某一主导因素特征值的拟合和预测，以揭示主导因素变化规律和未来发展变化态势。该模型对原始数据序列进行一次累加生成数据序列，新的数据序列相应的曲线可以应用特定函数无限拟合，把拟合函数作为基础模型，将预测值做几次滚动累加还原，以预测出发展趋势。

GM (1, 1)模型作为灰色系统理论重要组成部分，适合于小样本数据的预测。在样本缺乏导致信息不足的情况下能充分利用所观察到的决策信息，给出较高精度的预测结果。

（3）模型精度检验与预测

当预测模型选定之后，需要模型精度检验才能判定其是否合理。模型精度检验一般有三种方法：相对误差检验法、关联度检验法、后验差检验法。当模型满足精度要求时，即可通过所建立的模型对事物的发展趋势进行预测。

2. 灰色预测的特点

灰色预测的特点主要体现在以下几个方面：

① 在预测过程中不需要大量样本；

② 对于不确定因素的复杂系统预测效果较好；

③ 计算工作量小；

④ 定量分析结果与定性分析结果一致；

⑤ 准确度也较高，误差小。

4.4.2 GM (1, 1)模型预测步骤

对于离散型的观察序列，GM (1, 1)模型是一种广泛使用的形式。本书以灰色 GM (1, 1)模型为对象介绍灰色预测的过程。

1. 关联分析

设参考数列（预测对象的原始数据列）为 $\boldsymbol{x}_0=\{x_0(1),x_0(2),\cdots,x_0(t)\}$，被比较数列（影响因素的原始数据列）为 $\boldsymbol{x}_i$，且

$$\boldsymbol{x}_i=\{x_i(1),x_i(2),\cdots,x_i(t)\}\quad(i=1,2,\cdots,m)\tag{4-75}$$

$\xi_i(t)$ 为曲线 x_0 与 x_i 在第 t 点的关联系数。

$$\xi_i(t)=\frac{\min\min\left|x_0(t)-x_i(t)\right|+\rho\max\max\left|x_0(t)-x_i(t)\right|}{\left|x_0(t)-x_i(t)\right|+\rho\max\max\left|x_0(t)-x_i(t)\right|}\tag{4-76}$$

式中：

$\left|x_0(t)-x_i(t)\right|$——第 t 点 x_0 与 x_i 的绝对差；

$\min\min\left|x_0(t)-x_i(t)\right|$——两级最小差；

$\max\max\left|x_0(t)-x_i(t)\right|$——两级最大差；

ρ——分辨系数，在 0～1 之间取值，一般取 $\rho=0.5$。

设数列 $\boldsymbol{x}_i$ 与 $\boldsymbol{x}_0$ 的关联度为 r_i，其值为

$$r_i = \frac{1}{n}\sum_{t=1}^{n}\xi_i(t) \tag{4-77}$$

根据关联度 r_i 的大小，可确定用于灰色预测的原始数据列 $\boldsymbol{X}^{(0)}$。

例题 4-3 表 4-8为因变量 $x_0(t)$ 和自变量 $x_1(t)$，$x_2(t)$，$x_3(t)$ 的原始数据，计算 3 个自变量对因变量的关联度。

表 4-8 原始数据表

t	1	2	3	4	5	6	7	8	9	10
$x_0(t)$	2.88	2.67	4.73	5.44	5.97	6.37	6.06	6.99	8.02	7.77
$x_1(t)$	5.729	7.364	8.649	9.865	11.461	11.019	13.303	15.692	17.155	19.518
$x_2(t)$	18.978	20.976 6	23.586 2	26.551	28.761	31.378 9	34.743 1	39.651 8	42.551 8	47.681 8
$x_3(t)$	101.777 5	104.700 8	106.354	105.394	107.251 9	107.393 5	112.269 6	118.506 8	121.682 8	123.353 5

解：

① 根据公式（4-76），分别计算因变量 $x_0(t)$ 和自变量 $x_1(t)$，$x_2(t)$，$x_3(t)$ 的差值，计算结果如表 4-9 所示。

表 4-9 因变量与自变量的差值表

t	$x_0(t)-x_1(t)$ 的差值	$x_0(t)-x_2(t)$ 的差值	$x_0(t)-x_3(t)$ 的差值
1	-2.849	-16.098	-98.898
2	-4.694	-18.307	-102.031
3	-3.919	-18.856	-101.624
4	-4.425	-21.111	-99.954
5	-5.491	-22.791	-101.282
6	-4.649	-25.009	-101.024
7	-7.243	-28.683	-106.210
8	-8.702	-32.662	-111.517
9	-9.135	-34.532	-113.663
10	-11.748	-39.912	-115.584

② 根据表 4-8 确定 $\min\min|x_0(t)-x_i(t)|$ 和 $\max\max|x_0(t)-x_i(t)|$。

$$\min\min|x_0(t)-x_i(t)| = |-2.849,\ -16.098,\ -98.898| = 2.849$$

$$\max\max|x_0(t)-x_i(t)| = |-11.748,\ -39.912,\ -115.584| = 115.584$$

③ 计算关联系数。

取参数 $\rho = 0.5$，根据公式（4-76），得到因变量 $x_0(t)$ 和自变量 $x_1(t)$，$x_2(t)$，$x_3(t)$ 的关联系数如表 4-10 所示。

表 4-10 因变量 $x_0(t)$ 和自变量 $x_1(t)$，$x_2(t)$，$x_3(t)$ 的关联系数表

t	1	2	3	4	5	6	7	8	9	10
$\xi_1(t)$	1.000	0.970	0.983	0.975	0.958	0.971	0.932	0.912	0.906	0.872
$\xi_2(t)$	0.821	0.797	0.791	0.769	0.753	0.732	0.701	0.670	0.657	0.621
$\xi_3(t)$	0.387	0.379	0.380	0.384	0.381	0.382	0.370	0.358	0.354	0.350

④ 计算关联度。

由公式（4-77），得到因变量 $x_0(t)$ 和自变量 $x_1(t)$， $x_2(t)$， $x_3(t)$ 的关联度分别为

$$r_1=\frac{1}{n}\sum_{t=1}^{n}\xi_1(t)=\frac{1}{10}\times(1.000+0.970+0.983+0.975+0.958+0.971+0.932+0.912+0.906+0.872)$$

$$=0.948$$

$$r_2=\frac{1}{n}\sum_{t=1}^{n}\xi_2(t)=\frac{1}{10}\times(0.821+0.797+0.791+0.769+0.753+0.732+0.701+0.670+0.657+0.621)$$

$$=0.731$$

$$r_3=\frac{1}{n}\sum_{t=1}^{n}\xi_3(t)=\frac{1}{10}\times(0.387+0.379+0.380+0.384+0.381+0.382+0.370+0.358+0.354+0.350)$$

$$=0.373$$

即 $r_1=0.948$， $r_2=0.731$， $r_3=0.37$。

根据关联度的大小，可知由因变量 $x_0(t)$ 和自变量 $x_1(t)$，$x_2(t)$ 所构成的原始数据可作为灰色预测的原始数据列 $\boldsymbol{X}^{(0)}$。

2. 给定原始数据列 $\boldsymbol{X}^{(0)}$

$$\boldsymbol{X}^{(0)}=\{x^{(0)}(1),\ x^{(0)}(2),\cdots,x^{(0)}(n)\} \tag{4-78}$$

其中，$x^{(0)}(t)\geqslant 0$，$t=1$，2，…，n。

$\boldsymbol{X}^{(1)}$为$\boldsymbol{X}^{(0)}$的 1-AGO 序列

$$\boldsymbol{X}^{(1)}=\{x^{(1)}(1),x^{(1)}(2),\cdots,x^{(1)}(n)\} \tag{4-79}$$

$$x^{(1)}(t)=\sum_{i=1}^{t}x^{(0)}(i),t=1,2\cdots,n \tag{4-80}$$

则 GM (1, 1)的原始形式为

$$x^{(0)}(t)+ax^{(0)}(t)=b \tag{4-81}$$

3. 构造背景值

设 $\boldsymbol{X}^{(0)}$，$\boldsymbol{X}^{(1)}$如以上定义所示， $\boldsymbol{Z}^{(1)}=\{z^{(1)}(1),\ z^{(1)}(2),\cdots,z^{(1)}(n)\}$ 为模型的背景值序列。

$$z^{(1)}(t)=0.5\times(x^{(1)}(t)+x^{(1)}(t-1)),t=2,3,\cdots,n \tag{4-82}$$

式中：$\boldsymbol{Z}^{(1)}$——$\boldsymbol{X}^{(1)}$的紧邻均值生成序列。

4. 白化方程

$$\frac{\mathrm{d}x^{(1)}}{\mathrm{d}t}+ax^{(1)}(t)=b \tag{4-83}$$

式中：

a——发展系数，表征对累加值 x 发展态势的量化；

b——灰作用量，表征系统受到的所有影响因素的总和。

采用最小二乘法对公式（4－83）中的参数 a，b 求解。

① 构造数据矩阵：

$$[a,b]^{\mathrm{T}}=(\boldsymbol{B}^{\mathrm{T}}\boldsymbol{B})^{-1}\boldsymbol{B}^{\mathrm{T}}\boldsymbol{Y} \tag{4-84}$$

② 构造矩阵向量：

$$\boldsymbol{Y}=\begin{bmatrix}x^{(0)}(2)\\x^{(0)}(3)\\\vdots\\x^{(0)}(n)\end{bmatrix},\quad \boldsymbol{B}=\begin{bmatrix}-z^{(1)}(2)&1\\-z^{(1)}(3)&1\\\vdots&\vdots\\-z^{(1)}(n)&1\end{bmatrix} \tag{4-85}$$

③ 做最小二乘法计算，求参数 a，b：

$$\widehat{x_1}(i)=\left(x^{(0)}(1)-\frac{b}{a}\right)\mathrm{e}^{-a(i-1)}+\frac{b}{a} \tag{4-86}$$

5. $\boldsymbol{X}^{(0)}$ 的还原方程式

$$\hat{x}^{(0)}(t)=(1-\mathrm{e}^{a})\left[x^{(0)}(1)-\frac{b}{a}\right]\mathrm{e}^{-a(t-1)},\ t=1,2,\cdots,n \tag{4-87}$$

对上述方程进行求解即可得到预测值。图4－4为GM (1, 1)模型的计算程序。

城市交通安全系统作为一个抽象系统，很难确定影响系统的全部因素，更不可能确定因素之间的映射关系，因此可将城市交通安全系统视为灰色系统。交通事故存在于此系统中。事故的发生受众多因素的影响和制约，但又很难找出全部影响因素，即影响事故发生的信息不明确、不完全，同时不同因素对事故影响的大小也不同。

基于传统的事故统计方法对交通事故进行预测时，普遍存在着“小样本、长周期、大区域、低信度”的缺陷，直接影响到预测结果的精确性。灰色理论以“部分信息已知、部分信息未知”的“小样本”“贫信息”的不确定问题为研究对象，通过对部分已知信息的生产开发，提取有价值的信息，实现对系统运行行为的正确认识。因此可以在城市交通安全系统中得到很好的应用。

在城市交通安全系统中应用GM (1, 1)模型进行预测时，可将城市的道路或城市轨道交通系统视为灰色系统，把交通事故当作灰色量，对影响交通事故的有关因素进行关联分析，找出主要的影响因素，建立生成数列和灰色预测模型。但是灰色系统建模也有其特定的使用条件：如建模数据必须为光滑离散函数，且灰色系统模型仅能描述一个随时间按指数规律单调增长或衰减的过程。在实际预测中，可运用定性和定量相结合或灰色预测与其他方法构造预测模型，这样预测精度会有很大的提高。

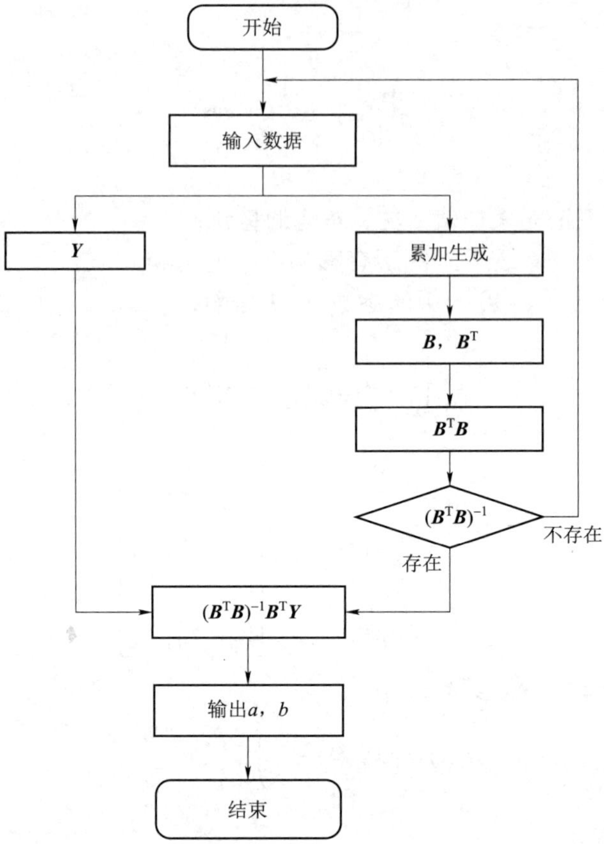

图 4－4　GM (1, 1)模型的计算程序

4.4.3　GM (1, 1)模型的讨论

GM (1, 1)模型是灰色预测理论的核心模型，关于经典 GM (1, 1)模型的研究主要集中在以下 6 个方面。

（1）GM (1, 1)模型性质的研究

研究 GM (1, 1)模型的性质、找出 GM (1, 1)模型的建模条件是发展 GM (1, 1)模型建模新技术、提高灰色预测精度的关键。

（2）GM (1, 1)模型的初始值选取问题

在原有初始值选取的基础上，可以选取序列终点数据、最小偏差中间数据、原始序列与模拟序列偏差平方和最小、原始累加序列与模拟累加序列偏差平方和最小等作为初始值。

（3）GM (1, 1)模型背景值的选取

目的是通过优化模型的背景值，提高模型的模拟和预测精度。

（4）运用缓冲算子提高模型模拟精度

GM (1, 1)对于瞬间扰动比较大的系统，预测效果并不十分理想，往往出现了较大的偏差。刘思峰将此类系统取名为“冲击扰动系统”，“缓冲算子”能够有效地消除系统扰动对预测效果的影响。

假设某系统真实行为的数据序列为

$$X = \{x(1),\ x(2), \cdots, x(n)\} \tag{4-88}$$

在观测该数据序列时，由于受到某些因素的影响，这一序列被一冲击扰动因子所扰动，导致观察到的序列发生了变化。假设观察到的数据序列为

$$X' = \{x'(1), (2), \cdots, x'(n)\} \tag{4-89}$$

存在

$$X' = X + \varepsilon \tag{4-90}$$

其中，$\varepsilon = (\varepsilon_1, \epsilon_2, \cdots, \varepsilon_n)$为冲击扰动项。

缓冲算子 D 按照其对观察序列的作用方向分为强化缓冲算子和弱化缓冲算子两种。当对某一数据序列施用一个缓冲算子 D 后，其原有的增长（衰减）速度或者震荡幅度增强，则 D 为强化缓冲算子；反之，当对某一序列施用一缓冲算子 D 后，其原有的增长（衰减）速度或者震荡幅度减弱，则 D 为弱化缓冲算子。加入缓冲算子 D 后，其数据序列为

$$XD = (x(1)d, x(2)d, \cdots, x(n)d) \tag{4-91}$$

其中，d 为构造的缓冲算子。

使用弱化或强化缓冲算子处理以后，可以消除由于某一特定因素的作用导致的冲击对系统的扰动作用，从而增强预测的准确性。

（5）提高原始序列光滑度

可采用对数变换、幂函数变换、对数幂函数变换、各种复合变换来改善原始序列的光滑度，以提高 GM (1, 1)模型的模拟、预测精度。

（6）在 GM (1, 1)模型的基础上构建新模型

例如，系统云灰色模型（system cloud grey model，SCGM）主要用于研究贫信息、多因子、不确定的错综复杂事物，离散灰色 DGM (1, 1)模型继承了 GM (1, 1)模型优点的同时，及时地将扰动因素考虑进去，提高了预测精度。

4.5 神经网络预测

传统的预测方法是基于相关原理、类推原理、惯性原理和概率推断原理等，所基于的基本思想与假定可归结如下：

① 事物之间的关联程度是可以测量的；

② 任何事物的发生与发展都是有原因的，原因相同，结果就相同；

③ 过去产生一定规律性的力量，在未来也会产生同样的规律性；

④ 初始条件越精确给定，预测结果就会越有效；

⑤ 事物的发展存在惯性，未来可以从过去得到延伸；

⑥ 只要解释变量是充分的，被解释变量的拟合误差就可以减小。

传统的预测方法的主要思想是“线性”的，然而被预测的对象通常是由相互之间非线性作用的多种因素组成的开放的复杂系统，简单、线性、封闭的系统只是极少数情况，为此对事物发展规律的把握应当从线性观向非线性观转变。

交通运输安全系统中，事故的发生是由人、车、路、环境诸因素相互耦合失调而导致的，这些因素之间通过高度的非线性关系相互影响、相互作用，且具有较大的随机性和突变性，

事故与致因因素之间、各致因因素之间的作用关系也很难给出。传统的线性分析方法无法深刻揭示这些问题，存在较大的局限性，使得预测结果无法令人满意。而非线性预测可以弥补此方法的不足，对现代预测有着重要的意义。

4.5.1 人工神经网络

人工神经网络（artificial neural network，ANN）是一个非线性动力学系统，其特点在于信息的分布存储和并行协同处理，由许许多多并行运算的简单单元组成，这些单元类似于生物神经系统的神经元。虽然单个神经元的结构和功能较为简单，但是大量神经元构成的网络系统所能实现的功能相当强大。它具备很强的集体运算、容错性、自适应性和自组织性，还具有联想、综合和对现有实际情况进行推广的能力。

在人工神经网络中发生的动力学过程分为快过程和慢过程两类。

快过程是指人工神经网络的计算过程，是人工神经网络活跃状态的模式变换过程。人工神经网络在外界输入的刺激下会进入兴奋模式，由于神经元之间相互联系及其本身所具有的动力学性质，兴奋模式会迅速演变而进入平衡状态，计算过程就是通过这一类模式变换而实现的。快过程是短期记忆的基础，从输入状态到其临近的平衡状态的映射是多对一的对应关系。

慢过程是指人工神经网络的学习过程，人工神经网络只有通过学习才能逐步具备快过程的变换能力。在慢过程中，神经元之间的连接强度将根据环境信息发生缓慢的变化，将环境信息逐步存储于人工神经网络中。慢过程的目标是形成一个具有一定结构的自组织系统，这个自组织系统与环境交互作用，把环境的规律反映到自身结构上来，并从外界获取知识。

1. 人工神经网络的一般框架

图 4－5 是一个人工神经网络的一般框架结构。神经元用“○”表示，每个神经元之间通过相互连接形成一个网络拓扑，这个网络拓扑的形式即为神经网络的互连模式。不同的神经网络模型对神经网络的结构和互连模式都有一定的要求和限制，如多层次、全互连等。神经网络以外的部分（虚线框之外的部分）统称为神经网络的环境。神经网络从其所处的环境中获取信息，对信息进行加工处理之后作用于所处的环境中。

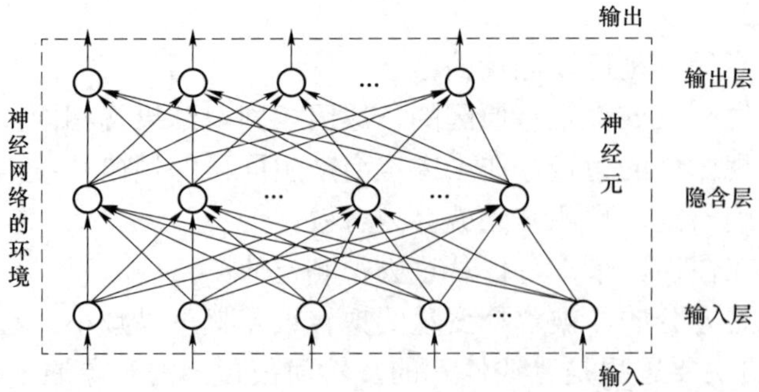

图 4－5 人工神经网络的一般框架结构

各个神经元之间的连接不只是一个单纯的传递信号的通道，而是在每对神经元之间的连接上有一个加权系数，这个加权系数可以加强或减弱上一个神经元的输出对下一个神经元的刺激。

在神经网络中，修改权值的规则称为学习算法。在网络结构中，神经元之间的连接强度不是常量，而是根据经验或在学习过程中改变，实现系统的“进化”和“智能化”。

2. 人工神经网络的能力

人工神经网络的能力包含以下两个方面的含义：神经网络的存储能力，即在一个有 N 个神经元的神经网络中，可以存储多少位的信息；神经网络的计算能力，即神经网络能够对哪些问题进行求解。

存储能力和计算能力构成了信息科学技术的两个基本问题，也同样构成了神经网络理论的两个基本问题。

（1）神经网络的存储能力

一个存储器的信息表达能力定义为其可以分辨的信息类型的对数值。包含 N 个神经元的神经网络的信息表达上限为 $\mathrm{lb}(2^{(N-1)^{2^N}})^N$ 位，下限为 $\mathrm{lb}(2^{0.33[N/2]^2})^{[N/2]}$ 位（其中 $[N/2]$ 为小于或等于 $N/2$ 的最大整数）。N 个神经元的神经网络可以存储 2^{N-1} 个信息，即可以区分 2^{N-1} 个不同的网络。

（2）神经网络的计算能力

计算就是从一个符号行出发得到另一个符号行。对于神经网络而言，计算即为给定一组输入而得到一组输出，即由输入到输出的过程。具体到某一个网络，计算的关键问题就是存在一个映射过程，它将一个给定的问题映射到一个寻找最佳解的网络上。

3. 人工神经网络的基本特征

人工神经网络具有以下基本特征。

（1）大规模的并行计算与分布式存储能力

传统计算机的计算和存储是相互独立的，而在 ANN 中，无论是单个神经元还是整体神经元都兼有信息处理和存储的双重功能，这两种功能自然融合在同一网络中。ANN 计算过程的并行性决定了其对信息的高速处理能力。

（2）非线性映射能力

对多层前馈网络，由于它能学习和存储大量输入—输出模式映射关系，无须事先了解描述这种映射关系的数学方程。只要能提供足够的样本模式供 BP 网络进行学习训练，它便能完成有 m 维输入空间到输出空间的非线性映射。

（3）较强的鲁棒性和容错性

由于信息的分布存储和集体协作，每个信息处理单元既包括对集体的贡献又无法决定网络的整体状态。因此，局部神经网络的故障并不影响整体网络的非线性处理能力。

（4）自适应、自组织、自学习的能力

神经网络最突出的特点就是具有自适应、自组织、自学习的能力，它可以处理各种变化的信息。而且在处理信息的同时，非线性动力系统本身也在不断变化，即可以通过对信息的有监督和无监督学习实现对任意复杂函数的映射，从而适应环境的变化。

（5）非局域性

一个神经网络通常由多个神经元广泛连接而成，一个系统的整体行为不仅取决于单个神经元的特征，而且可能由神经元之间的相互作用、相互连接所决定，通过神经元之间的连接，模拟大脑的非局域性，联想记忆就是非局域性的典型例子。

（6）泛化能力

多层前馈网络学习训练后，还能将所提取的样本对中的非线性映射关系存储在权值矩阵中。在其后的工作阶段，当向网络输入未曾出现过的非样本数据训练时，网络也能完成由输入空间向输出空间的正确映射。此种能力称为多层前馈网络的泛化能力，是衡量多层前馈网络性能优劣的一个重要指标。

（7）非凸性

一个系统的演化方向在一定条件下将取决于某个特定的状态函数。非凸性是指某系统的能量函数有多个极值，故系统具有多个较稳定的平衡状态，这将导致系统演化结果的多样性。

4.5.2 BP 神经网络预测模型

从 20 世纪 40 年代开始，各国的科学家从不同角度对生物神经系统进行了不同层次的描述和模拟，建立起了各种各样的神经网络模型。具有代表性的有感知器线性网络（perceptron liner network）、BP 神经网络（back propagation neural network）、RBF 神经网络（radial basis function neural network）、双向联想记忆（bidirectional associative memory）、霍普菲尔德模型（Hopfield model）、自组织神经网络（self-organization neural network）及回归神经网络（regression neural network）等。下面以 BP 神经网络为例介绍其在交通事故预测中的应用。

反向传播神经网络（BP 神经网络）是实现非线性可微分函数进行权值训练的多层网络，目前，BP 网络主要用于函数逼近、模式识别、分类及数据压缩等。

BP 算法的基本思想是：学习过程由信号的正向传播与误差的反向传播两个过程组成。正向传播时，输入样本信息从输入层输入，经各隐含层逐层处理后，传向输出层。若输出层的实际输出与期望输出不符合，则转入误差的反向传播阶段。误差反向传播时，将输出误差以某种形式通过隐含层向输入层逐层反传，并将误差分摊给各层的所有单元，从而获得各层单元的误差信号，此误差信号即作为修正各单元权值的依据。这种通过信号的正向传播与误差的反向传播调整各层权值的过程，周而复始进行，权值不断地被调整，也就是网络的学习训练过程。此过程一直进行到网络输出的误差减小到可接受的程度或进行到预先设定的学习次数为止。

任一连续非线性函数或映射均可由 1 个 3 层神经网络实现，其中 3 层神经网络模型对于非线性系统具有较好的建模能力。因此在构建交通事故神经网络预测模型时，可选用 3 层 BP 神经网络结构，即 1 个输入层、1 个隐含层和 1 个输出层。

输入层单元数目可根据交通事故影响因素的关联分析或选定的预测指标来确定。隐含层单元数目可在兼顾网络学习能力和学习速度的基础上，采用试算法确定。输出层为交通事故的预测值。

图 4−6 是 3 层交通事故 BP 神经网络预测模型结构。假设网络的输入层有 n 个神经元，输出层有 q 个神经元，隐含层有 p 个神经元，输入层至隐含层的连接权为 W_{ij}，隐含层至输出层的连接权为 V_{jt}，隐含层各单元的阈值为 θ_j，输出层各单元的阈值为 γ_t。

令输入层向量 $\boldsymbol{A}_k=[a_1^k,a_2^k,\cdots,a_n^k]$，隐含层各单元输入激活值向量 $\boldsymbol{S}_k=[s_1^k,s_2^k,\cdots,s_p^k]$，隐含层各单元输出向量 $\boldsymbol{B}_k=[b_1^k,b_2^k,\cdots,b_p^k]$，输出实际值向量 $\boldsymbol{C}_k=[c_1^k,c_2^k,\cdots,c_q^k]$，希望输出向量 $\boldsymbol{Y}_k=[y_1^k,y_2^k,\cdots,y_q^k]$，输出层各单元输入激活值向量 $\boldsymbol{L}_k=[l_1^k,l_2^k,\cdots,l_q^k]$。

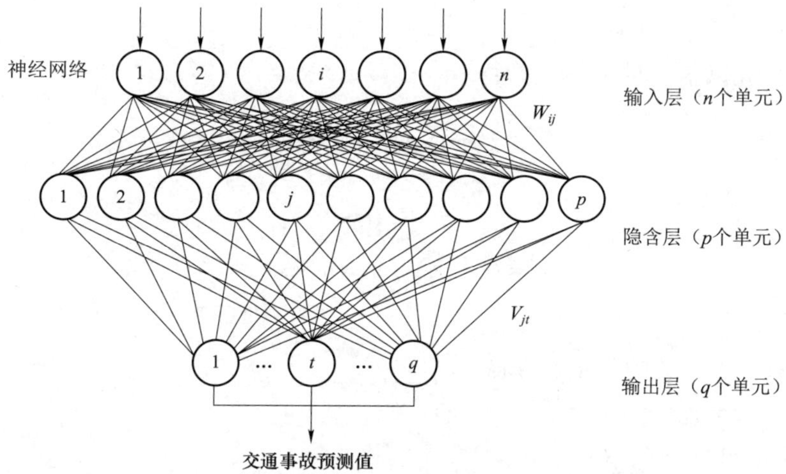

图 4-6　3 层交通事故 BP 神经网络预测模型结构

其中，$i=1,2,\cdots,n$；$j=1,2,\cdots,p$；$t=1,2,\cdots,q$；$k=1,2,\cdots,m$，m 为学习模式对数。

激活函数采用 Sigmoid 函数（S 型函数），其数学表达式为

$$f(x)=\frac{1}{1+\mathrm{e}^{-\alpha x}} \tag{4-92}$$

式中：α——S 型函数的斜率参数。

通过改变参数，可获取不同斜率的 S 型函数，如图 4-7 所示。

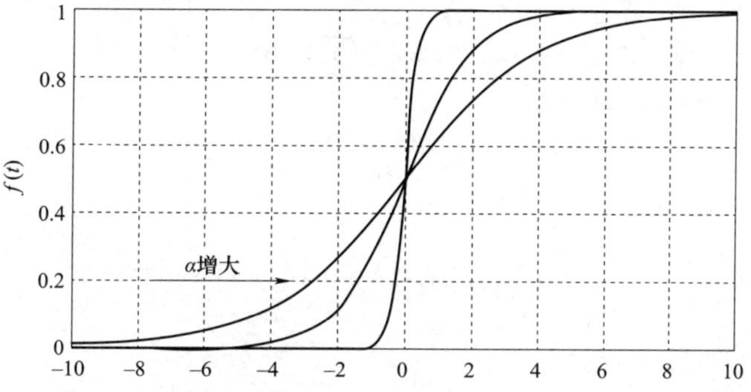

图 4-7　S 型函数

全局误差函数 E 采用实际输出与希望输出偏差的平方和误差进行计算

$$E=\sum_{k=1}^{m}\sum_{t=1}^{q}(c_t^k-y_t^k)^2 \tag{4-93}$$

1. SPDS 算法

虽然 BP 神经网络可在任意希望的精度上逼近任意的非线性连续函数，但 BP 神经网络具有学习速度慢、网络不易收敛的缺点。为此，可采用单参数动态搜索算法（single parameter dynamic search algorithm，简称 SPDS 算法）来弥补这一不足，即在每个搜索步骤中，让网络的一个参数变化，进行精确的一维搜索，以加快网络的收敛速度。一维搜索的目的是寻找误差的极小点，每次搜索后根据新的参数值修改有变动的网络状态。SPDS 算法中不同参数对应

的目标函数如下。

① 输出层单元阈值γ_t的目标函数：

$$E_1 = \sum_{k=1}^{m}(c_t^k - y_t^k)^2 \tag{4-94}$$

$$c_t = f(l_t) \tag{4-95}$$

$$y_t = (l_t - \gamma_t) + \gamma_t = w(k) + z \tag{4-96}$$

式中：

$w(k)$——只与k有关的常数，$w(k) = l_t - \gamma_t$；

z——变量，$z = \gamma_t$。

因此，搜索的目标函数为

$$E_1(z) = \sum_{k=1}^{m}\{f[w(k) + z] - y_t^k\}^2 \tag{4-97}$$

② 隐含层到输出层的连接权重V_{jt}的目标函数：

$$E_2 = \sum_{k=1}^{m}(c_t^k - y_t^k)^2 \tag{4-98}$$

$$y_t = \left(l_t - \sum_{j=1}^{p} V_{jt} b_j\right) + \sum_{j=1}^{p} V_{jt} b_j = w_2(k) + w_1(k) \times z \tag{4-99}$$

其中

$$w_2(k) = l_t - \sum_{j=1}^{p} V_{jt} b_j \tag{4-100}$$

$$w_1(k) = b_j \tag{4-101}$$

因此，搜索的目标函数为

$$E_2(z) = \sum_{k=1}^{m}\{f[w_2(k) + w_1(k) \cdot z] - y_t^k\}^2 \tag{4-102}$$

③ 隐含层阈值θ_j的目标函数：

$$E_3 = \sum_{k=1}^{m}\sum_{t=1}^{q}(c_t^k - y_t^k)^2 \tag{4-103}$$

$$y_t = \left(l_t - \sum_{j=1}^{p} V_{jt} b_j\right) + \sum_{j=1}^{p} V_{jt} b_j = L(k,t) + \sum_{j=1}^{p} V_{jt} b_j \tag{4-104}$$

$$b_j = f(s_j) \tag{4-105}$$

$$s_j = s_j - \theta_j + \theta_j = w(k) + z \tag{4-106}$$

其中

$$L(k,t) = l_t - \sum_{j=1}^{p} V_{jt} b_j \tag{4-107}$$

$$w(k) = s_j - \theta_j \tag{4-108}$$

因此，搜索的目标函数为

$$E_3(z)=\sum_{k=1}^{m}\sum_{t=1}^{q}\{f[L(k,t)+f(w(k)+z)\cdot V_{jt}]-y_t^k\}^2 \tag{4-109}$$

④ 输入层到隐含层连接权值 W_{ij} 的目标函数：

$$E_4=\sum_{k=1}^{m}\sum_{t=1}^{q}(c_t^k-y_t^k)^2 \tag{4-110}$$

$$y_t=\left(l_t-\sum_{j=1}^{p}V_{jt}b_j\right)+\sum_{j=1}^{p}V_{jt}b_j=L(k,t)+\sum_{j=1}^{p}V_{jt}b_j \tag{4-111}$$

$$s_j=\left(s_j-\sum_{i=1}^{n}W_{ij}a_j\right)+\sum_{i=1}^{n}W_{ij}a_i=w_2(k)+w_1(k)z \tag{4-112}$$

其中

$$L(k,t)=l_t-\sum_{j=1}^{p}V_{jt}b_j \tag{4-113}$$

$$w_2(k)=s_j-\sum_{i=1}^{n}W_{ij}a_i \tag{4-114}$$

$$w_1(k)=a_i \tag{4-115}$$

因此，搜索的目标函数为

$$E_4(z)=\sum_{k=1}^{m}\sum_{t=1}^{q}\{f[L(k,t)+f(w_2(k)+w_1(k)\cdot z)\cdot V_{jt}]-y_t^k\}^2 \tag{4-116}$$

2. BP 神经网络预测模型的学习

BP 神经网络预测模型学习算法的具体步骤如下，学习过程如图 4-8 所示。

① 连接权及阈值初始化。给输入层至隐含层的连接权 W_{ij}、隐含层至输出层的连接权 V_{jt}、隐含层各单元的阈值 θ_j 及输出层各单元的阈值 γ_t 赋予 $[-1,+1]$ 之间的随机值。

② 随机选取一模式对输入模式向量 $\boldsymbol{A}_k=[a_1^k,a_2^k,\cdots,a_n^k]$、与输入模式相对应的希望输出向量 $\boldsymbol{Y}_k=[y_1^k,y_2^k,\cdots,y_q^k]$ 提供给 BP 神经网络。

③ 用 $\boldsymbol{A}_k=[a_1^k,a_2^k,\cdots,a_n^k]$、$W_{ij}$ 和 θ_j 计算隐含层各神经元的输入激活值 s_j，通过激活函数（4-92）计算隐含层各单元的输出 b_j。

$$b_j=f(s_j)=\frac{1}{1+\exp\left(-\sum_{i=1}^{n}W_{ij}a_i+\theta_j\right)} \tag{4-117}$$

$$s_j=\sum_{i=1}^{n}W_{ij}a_i+\theta_j \tag{4-118}$$

④ 用 b_j、V_{jt} 和 γ_t 计算输出层各单元的输入激活值 l_t，通过激活函数（4-92）计算输出层各单元的输出实际值 c_t。

$$c_t=f(l_t)=\frac{1}{1+\exp\left(-\sum_{j=1}^{p}V_{jt}b_j+\gamma_t\right)} \tag{4-119}$$

其中

$$l_t = \sum_{j=1}^{p} V_{jt} b_j + \gamma_t \tag{4-120}$$

⑤ 阈值 γ_t 的调整。根据目标函数（4-97），求 z_0，使 $E_1(z_0) = \min E_1(z), z_0$ 即为 γ_t 的新值。同时依据新值调整 l_t、c_t。

⑥ 连接权 V_{jt} 的调整。根据目标函数（4-102），求出 z_0，使 $E_2(z_0) = \min E_2(z)$，z_0 即为 V_{jt} 的新值。同时依据新值调整 l_t、c_t。

⑦ 阈值 θ_j 的调整。根据目标函数（4-109），求出 z_0，使 $E_3(z_0) = \min E_3(z)$，z_0 即为 θ_j 的新值。同时依据新值调整 l_t、c_t、s_j、b_j。

⑧ 连接权 W_{ij} 的调整。根据目标函数（4-116），求出 z_0，使 $E_4(z_0) = \min E_4(z)$，z_0 即为 W_{ij} 的新值。同时依据新值调整 l_t、c_t、s_j、b_j。

⑨ 随机选取下一个学习模式对提供给网络，返回到第③步，直至全部 m 个模式对训练完毕。

⑩ 重新从 m 个学习模式对中随机选取一个模式对，返回到第③步，直至网络全局误差函数 E 小于预先设定的限定值 ε 或学习次数大于预先设定的数值。

⑪ 存储 W_{ij}、V_{jt}、θ_j、γ_t，以备预测值的计算。

⑫ 计算交通事故预测值。在网络训练之后，预测值由下式求得

$$N^{t+1} = \sum_{j=1}^{q} V_{jt} b_j - \gamma_t \tag{4-121}$$

⑬ 对 N^{t+1} 值进行数据处理（与输入样本进行同样的等比变换）即可得到最终的预测结果。

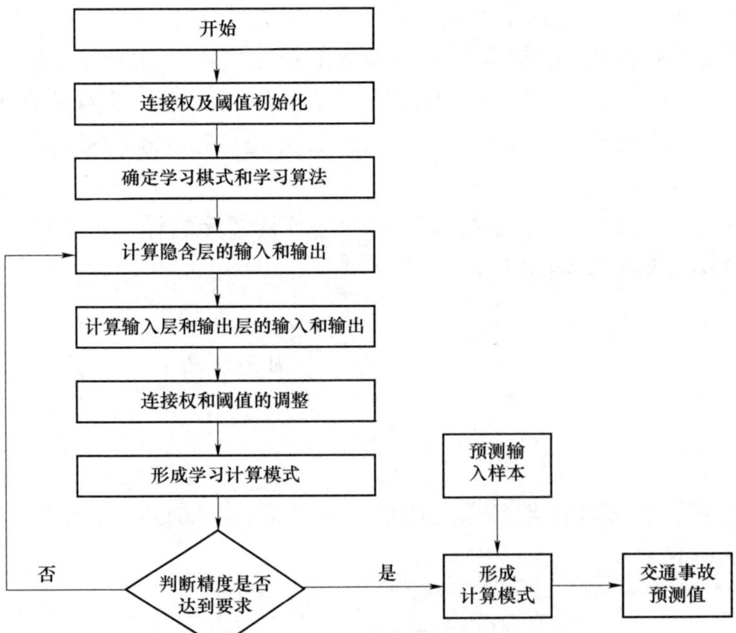

图 4-8 PB 神经网络预测模型的学习过程

BP 神经网络最主要的优势是具有可以以任意精度逼近任何非线性函数的能力，因而得到越来越广泛的应用。然而其仍然存在不足，例如：

① 由于 BP 神经网络算法是非线性优化，易形成局部极小，而得不到全局最优；

② BP 神经网络算法的学习效率低，收敛速度慢，并且收敛速度始终与初始权值的选择有关；

③ BP 神经网络算法的网络结构（如隐含层节点数的选择）尚缺乏严格的理论指导；

④ 训练时加入新样本易遗忘旧样本，学习参数的取值无通用准则且存在过度拟合的现象。

为了克服上述缺点，可采用一些办法来改进 BP 神经网络，如把灰色理论与神经网络相结合的灰色神经网络算法神经网络模型、模糊数学理论与神经网络相结合而成的模糊神经网络模型、遗传算法与神经网络相结合的遗传算法神经网络模型、模拟退火算法和神经网络相结合的模拟退火算法神经网络模型等都可以改善 BP 神经网络的能力。

复习思考题

1. 简述如何理解预测前提和结果的科学性。
2. 简述科学预测的基本原理。
3. 什么叫交通事故预测？交通事故预测的目的和意义是什么？
4. 简述交通事故预测程序。
5. 交通事故预测方法可以分为哪几类，分别包括哪些方法？
6. 交通事故预测方法的选择有哪些原则？
7. 简述平均数的种类及其计算方法。
8. 当一组数据离散程度越小，其范围如何变化？简述范围和离散程度之间的关系。
9. 简述最小二乘法的原则。它主要应用于哪些方面？
10. 什么是相关系数？当相关系数计算结果为正数或负数时，代表什么含义？
11. 简述时间序列的概念、类型及判别方法。
12. 如何将非平稳时间序列转化为平稳时间序列？
13. 简述移动平均数法。
14. 指数平滑法根据平滑次数可以分为哪些类型？指数平滑预测模型有哪几种？列出其相关公式。
15. 简述回归预测的概念、分类及优缺点。
16. 简述回归预测的步骤。
17. 什么是本质线性关系和本质非线性关系？
18. 简述逐步回归预测法基本原理。
19. 简述回归方程的拟合优度检验。
20. 简述灰色预测及其特点。
21. 什么是灰色关联分析？它在灰色预测中的主要作用是什么？
22. 灰色预测模型中一般采用的微分方程预测模型是什么？它具有什么样的特点？

23. 简述 GM (1, 1)模型，谈谈你对它的理解。

24. 简述 GM (1, 1)模型预测步骤。

25. 请结合你的理解，谈谈灰色预测模型在城市交通系统的应用及发展。

26. 结合书中相关内容，总结关于经典 GM (1, 1)模型的研究主要集中在哪些方面。

27. 简述人工神经网络的概念并画出人工神经网络的一般框架。

28. 人工神经网络的基本特征有哪些?

29. 简述 BP 算法的基本思想。

30. 绘出 BP 神经网络预测模型的学习过程。

31. 简述 BP 神经网络的优点、不足及其适用范围。

32. 给定一组数据 $x_i = (0.759, 0.654, 0.257, 0.589, 0.326, 1.029, 0.987, 1.122)$，计算这组数据的算术平均数、加权平均数、几何平均数及范围。

33. 已知某时间序列 $x_i = (2578, 2606, 2639, 2671, 2702, 2733, 2765, 2796, 2829, 2859, 2892, 2921)$，请判断该序列类型。

34. 表 4−11 为因变量 $x_0(t)$ 和自变量 $x_1(t)$，$x_2(t)$ 的原始数据，计算两个自变量对因变量的关联度。

表 4−11　因变量 $x_0(t)$和自变量 $x_1(t)$，$x_2(t)$的原始数据

t	1	2	3	4	5	6	7	8	9	10
$x_0(t)$	2.84	2.56	4.63	5.40	6.97	6.57	6.06	7.99	8.02	9.77
$x_1(t)$	5.729	7.464	8.659	9.865	11.561	11.010	14.303	15.892	15.155	18.518
$x_2(t)$	17.978	20.986	22.586	26.551	28.761	32.378	33.753	35.651	42.551	43.681

第 5 章

城市交通安全设计

交通安全设计是进行事故预防最有效的工程技术手段之一。本章在介绍了安全设计技术的实施原则、基于预防事故的安全设计技术、基于避免和减少事故损失的安全设计技术的基础上，结合城市道路和轨道交通安全设计的基本理念及相关设计规范，介绍了城市道路安全设计理念，城市道路平面、纵断面、横断面线形的安全设计，城市轨道交通车站防火、安全疏散和消防系统设计。通过本章的学习目的是使学生理解安全设计的基本手段，并可以将其应用于城市交通安全系统设计的实践中。

5.1　安全设计技术

安全设计技术可以划分为基于预防事故发生的安全设计技术及基于避免和减少事故损失的安全设计技术，这是事故预防和应急措施在技术上的保证。交通项目安全设计技术的实施原则可从以下 6 个方面加以考虑。

（1）防止人的失误的能力

必须能够防止在交通行为过程中发生的可能导致严重后果的人的失误。例如，针对驾驶人的观察、判断和操作 3 个环节，防止人的失误。

（2）对人失误后果的控制能力

人的失误是不可能完全避免的。因此，一旦人发生可能导致事故的失误时，应能控制或限制有关部件或元件的运行，保证安全。例如，铁路机车的自动停车装置。

（3）防止故障传递的能力

应能防止一个部件或元件的故障引起其他部件或元件的故障，以避免事故的发生。

（4）失误或故障导致事故的难易

在设计时，应保证 2 个或更多相互独立的失误或故障同时发生时才能导致事故的发生。例如，采用并联冗余系统。

（5）承受能量释放的能力

在运行过程中可能会产生高于正常水平的能量释放，应采取措施使系统能够承受这种释放。例如，加大系统的安全系数。

（6）防止能量蓄集的能力

能量蓄集的结果将导致意外的过量的能量释放。因而，应采取防止能量蓄集的措施，使能量不能积聚到发生事故的水平。

5.1.1 基于预防事故的安全设计技术

通过设计来消除和控制各种危险，防止所设计的系统在研制、生产、使用中发生导致人员伤亡和设备损坏的各种意外事故，是事故预防的最佳手段。为全面提高复杂系统的安全性能，在系统安全分析的基础上，必须在设计中采取各种有效措施来保证所设计的系统具有满足要求的安全性能。因此，为满足规定的安全要求，可以采用不同的安全设计技术。主要的安全设计技术有以下几种。

1. 控制能量

对于任何事故，其后果的严重程度与事故中所涉及的能量的大小与类型紧密相关，因而采用控制能量的方法，可以从根本上保证系统的安全性。例如，两辆汽车相撞损坏的严重程度与汽车所具有的动能成正比，降低汽车的速度就可以降低事故的损失程度。

2. 危险最小化设计

通过设计消除危险或使危险最小化，是避免事故发生、确保系统安全的最有效方法。而本质安全技术则是其中最理想的方法。所谓本质安全技术是指不是从外部采取附加的安全装置和设备，而是依靠自身的安全设计，进行本质方面的改善，即使发生故障或误操作，设备和系统仍能保证安全。

在本质安全系统中，人发生失误也不会导致事故，因为发生事故的条件不存在。但是在设计中使系统达到本质安全是很难的，可以通过设计使系统发生事故的风险尽可能最小化，或降低到可接受的水平。为达到这一目标，设计系统时应从以下两个方面采取措施。

（1）通过设计消除危险

通过选择恰当的设计方案、工艺过程和合适的原材料来消除危险因素。例如，消除运输工具中的突出部位，可防止突然刹车时对车内人员造成伤害。

（2）降低危险严重性

在不可能完全消除危险的情况下，可以通过设计降低危险的严重性，使危险不至于对人员和设备造成严重的伤害或损失。

3. 隔离

隔离是指采用物理分离、护板和栅栏等将已识别的危险同人员和设备隔开，以防止危险或将危险降低到最低水平，并控制危险的影响，这是最常用的一种安全技术措施。

基于预防事故的隔离措施包括分离和屏蔽两种。分离是指从空间或时间上进行隔离，屏蔽是指应用物理措施进行隔离。例如，限定有害工种的工作时间就可防止受到超量的危害，保障人的安全。屏蔽比分离更加可靠，因而最为常见。利用隔离措施，也可以将不相容的物质分开，以防止事故发生。

4. 闭锁、锁定和联锁

闭锁、锁定和联锁是一类最常用的安全技术措施，是防止不相容事件发生或事件在错误的时间发生或以错误的次序发生。

（1）闭锁

闭锁是指防止某事件发生或防止人、物等进入危险区域。例如，油罐车上的闭锁装置，可防止在车体未接地的情况下向车内加注易燃液体。

（2）锁定

锁定是指保持某事件或状态，或避免人、物脱离安全区域。例如，飞机弹射座椅上的保险销可避免地面人员误操作而引发座椅弹射。

（3）联锁

联锁是指保证在特定的情况下某事件不发生。联锁常用于下面3种情况：在意外情况下，联锁可尽量降低某事件意外出现的可能性；在某种危险状态下，联锁可确保操作人员的安全；在预定事件发生前，联锁可控制操作顺序和时间，防止错误的次序导致事故的发生。

5. 故障—安全设计

故障—安全设计是指在系统、设备的一部分发生故障或失效的情况下，在一定时间内也能保证安全的技术措施。一般情况下，故障—安全设计能在故障发生后，使系统、设备处于低能量状态，防止能量意外释放。故障—安全设计分为以下3种类型。

① 故障—安全工作设计。保证在采取矫正措施前，设备、系统正常地发挥其功能，这是最理想的工作方式。由于故障—安全装置本身也可能发生故障，因而不能将其与本质安全技术混为一谈。

② 故障—安全积极设计。故障发生后，保持系统以一种安全的形式带有能量，直至采取矫正措施。

③ 故障—安全消极设计。当系统发生故障时，使系统停止工作，并将能量降低到最低值，直至采取矫正措施。

6. 故障最小化

故障—安全设计在有些情况下并非总是最佳选择，如它可能会过于频繁地中断系统的运行，这对系统的运行是相当不利的，特别是对于需要连续运行的系统更是如此。因此，在故障—安全不可行的情况下，可采用故障最小化方法。故障最小化方法主要有降低故障率和实施安全监控两种形式。

（1）降低故障率

降低故障率是可靠性工程中用于延长元件和整个系统的期望寿命或故障间隔时间的一种技术。降低了可能导致事故的故障率，就会减少事故发生的可能性，以提高系统的安全性。通常有以下6种方案。

① 安全系数。一种降低故障率的经典方法是通过设计使结构或材料的强度大于可能承受的应力而达到降低故障率的目的，广泛应用于各种工程设计之中。例如，飞机结构的静强度设计的安全系数为1.5，基本上保证了飞机的安全性。

② 概率设计。在使用环境中，结构及材料的强度及其所承受的应力不是固定值，而是遵

循某一分布规律的随机变量。理论计算表明，在材料强度均值、安全系数相同的情况下，由于应力及强度的离散程度的变化，其可靠度值在 0.662 8～0.916 6 间变化。因此，采用强度与应力分布模型开展机械结构的概率设计，能更有效地降低故障率。

③ 降额。使元器件以承受低于其额定的应力方式使用。在实际应用中，实现降额的方法有两种：一种是降低元器件的工作应力；另一种是提高元器件的强度，即选用更高强度的元器件。例如，电子设备通常采用电子元器件降额以提高系统及设备的可靠性及安全性。

④ 冗余。通过提高系统的可靠性以提高系统的安全性。它通过采用多个部件或多个通道来实现同一功能，以达到提高系统安全性及可靠性的目的。例如，军用、民用、航天飞机的飞行控制系统等都采用了不同的冗余技术。

⑤ 筛选。通过筛选不仅可以排除绝大部分劣质元器件，也可以剔除那些虽然通过了一般检查，但显示出使用寿命偏短的元器件。

⑥ 定期更换。在元器件故障率升高之前，即在"浴盆曲线"接近右侧盆壁之前，及时更换元器件以保持元器件的低故障率。电子元器件的"浴盆曲线"如图 5-1 所示。

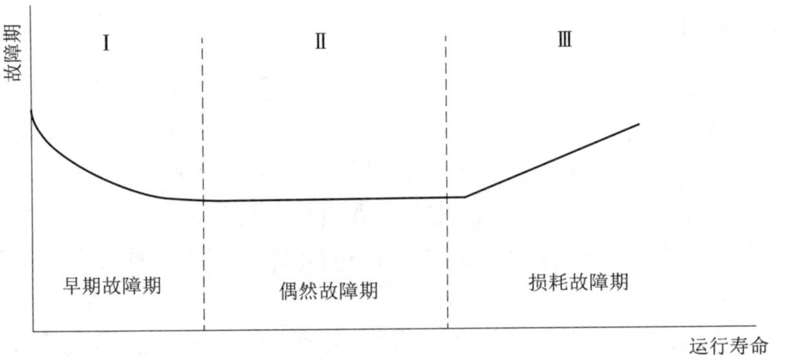

图 5-1 电子元器件的"浴盆曲线"

定期更换主要有两种方式：第一种是最常用的方式，即使用制造商提供的故障及寿命数据，推算出元器件的更换及维修日程；第二种则是注意元器件性能的降低和漂移，根据对变化的测定结果，可确定相应元器件的更换时间。例如，利用飞机发动机润滑油分析程序，分析发动机润滑油中各种金属含量的周期性测量，可以确定发动机的磨损程度并计划大修和更换。

（2）安全监控

利用安全监控系统对某些参数进行监测，可以保证这些参数达不到导致意外事件发生的危险水平，这是一种使系统故障最小化的方法。安全监控方法可以指出系统是否正常运行，是否产生了不希望的输出，或某参数是否已超过了特定的阈值等。通常情况下，安全监控系统往往也与警告、联锁或其他安全技术措施相结合，使操作者能够及时、正确地采取适当的措施。典型的安全监控系统通常包括 4 个功能，即检测、量度、判断和响应。检测和量度功能由检知部分来实现，因此典型的安全监控系统由检知、判断和响应 3 大部分组成。

检知部分主要由传感元器件构成，用来感知特定物理量的变化。通常检知部分的灵敏度比人的感官灵敏度高得多，所以能够发现人们难以直接察觉的潜在的变化。检知部分的传感元器件应安放在能感受到被测物理量参数变化之处，安装位置不当会使监控系统起不到应有的作用。

判断部分把检知部分感知的参数值与预先规定的参数值相比较，判断被监测对象状态是否正常。当响应部分的功能是由人来完成时，往往把预定的参数值定得低一些，以保证人有充足的时间作出恰当的决策和行动。

响应部分是在判断被监测对象存在异常，有可能出现危险时，实施适当的措施，如停止设备运行、停止装置运转、启动安全装置、向有关人员发出警告等。在不立即采取措施就可能发生严重事故的场合，应采用自动装置以迅速消除或控制危险。

7. 告警

告警通常用于向有关人员通告危险、设备问题和其他值得注意的状态，以便使有关人员采取纠正措施，避免事故发生。告警可按人的感觉方式分为视觉告警、听觉告警、嗅觉告警、触觉告警和味觉告警等。

（1）视觉告警

眼睛是人们感知外界的主要器官，视觉告警是最广泛应用的告警方式。视觉告警主要有亮度、颜色、信号灯、小旗和飘带、标记、标志、书面等告警方法。

① 亮度。为使人能集中注意力于危险区域，危险区域的亮度应高于无危险区域的亮度，如对有障碍物所在区域的照明可以减少人或车辆误入此区域的可能性。

② 颜色。通过明亮、鲜明的颜色，或明暗交替的颜色，引起人们的注意，发出告警信息，如环卫工人身穿橘红色的反光背心，使机动车辆易于发现与识别；有毒、有害、可燃、腐蚀性的气体、液体管路涂上特殊的颜色。

安全色分为红、蓝、黄、绿4种颜色。红色表示禁止、停止、消防和危险的意思。禁止、停止、消防和有危险的器件、设备或环境均应涂以红色的标记，如禁止标志、交通禁令标志、消防设备、停止按钮、停车刹车装置的操纵手柄、危险信号旗等。黄色表示提醒人们注意，需警告人们注意的器件、设备及环境均应涂以黄色的标记，如各种警告标志、道路交通标志和标线、危险机器和坑池周围的警戒线等警戒标记、防护栏杆及警告信号旗等。蓝色表示指令，要求人们必须遵守的规定，如指令标志、交通指示标志等。绿色表示给人们提供允许、安全的信息，如表示通行、机器启动按钮、安全信号旗等。

对比色则是使安全色更加醒目的反衬色，有黑、白两种颜色。黑色为黄色安全色的对比色，白色则为红、绿、蓝安全色的对比色。黑、白两色也可互为对比色。黑色用于安全标志的文字、图形符号、警告标志的几何图形和公共信息标志。白色则作为安全标志中红、绿、蓝三色的背景色，也可用于安全标志的文字和图形符号及安全通道、道路标志标线、铁路站台上的安全线等。红色与白色相间隔的条纹，比单独使用红色更加醒目，表示禁止通行、禁止跨越的意思，如道路交通所用的防护栏杆及隔离墩。黄色与黑色相间隔的条纹，比单独使用黄色更为醒目，表示特别注意的意思，用于各种机械在工作或移动时容易碰撞的部位，如移动式起重机的外伸腿、起重机的吊钩滑轮侧板、起重臂的顶端等。蓝色与白色相间隔的条纹，比单独使用蓝色更为醒目，表示指示方向，用于交通上的指导性导向标志等。

③ 信号灯。一种指示危险存在的常用方法。一般情况下，信号灯所用的颜色及所指的意义是：红色表示存在危险、紧急情况、故障、错误和中断等；黄色表示接近危险、临界状态、注意和缓行等；绿色表示良好状态、继续进行、准备好的状态、功能正常和在规定的参数限

度内；白色表示系统可用或系统在运行中；闪动的灯光可用于引起人们的注意或指示紧急事件，效果比固定灯光更好。

④ 小旗和飘带。飘带用于提醒、注意，如汽车超宽时在两边均系有飘带，提醒对面驾驶人的注意；小旗则用于表示危险状态，如爆破作业时挂上红旗以防止人员进入等。

⑤ 标记。在设备上或有危险的地方可以贴上标记以示警告，如指出高压危险，功率限制，负荷、速度或温度限制等，提醒人们危险因素的存在或需要穿戴防护用品等。

⑥ 标志。利用事先规定了含义的符号表示警告危险因素的存在或应采取的措施，如电子设备的高压电源、道路急转弯处的标志等。安全标志由安全色、几何图形和图形符号构成，分为禁止标志、警告标志、指令标志及提示标志，如图 5-2 所示。

禁止标志，是禁止人们不安全行为的一种图形标志。其基本形式为带斜杠的圆边框，图形背景为白色，圆环和斜杠为红色，图形符号为黑色。

警告标志，是提醒人们对周围环境引起注意，以避免可能发生危险的一种图形标志。其基本形式为正三角形边框，图形背景为黄色，三角形的边框及图形符号均为黑色。

指令标志，是强制人们必须作出某种动作或采用防范措施的一种图形标志。其基本形式是圆形边框，图形背景为蓝色，图形符号为白色。

提示标志，是向人们提供某种信息的一种图形标志。其基本形式是正方形边框，图形背景为绿色，图形符号及文字为白色。

（a）禁止机动车驶入　（b）注意行人　（c）立交直行和左转弯行驶　（d）起点

图 5-2　禁止、警告、指令及提示标志示例

⑦ 书面。在操作、维修规程、指令、手册、说明书及检查表中写进警告及注意事项，警告人们存在着危险因素，特别需要注意的事项及应采取的行动，必须使用的防护设备、服装或工具等，而且任何需要引起操作、使用者关注的危险都必须予以提及。

（2）听觉告警

在某些情况下，仅依靠视觉告警不足以引起人们的注意，如工作过于繁忙、不断走动的工作等。在特定范围内，听觉信号效果会更好。听觉信号还可以用来提醒人们注意视觉信号，并通过视觉信号掌握更详尽的信息。一般在下列情况下，应用听觉信号较为合适：

① 所传递的信息简短、简单、需要及时作出反应时；

② 视觉告警方式受到限制时，如光线的变化，操作者目视范围受限或对操作人员还有其他目视要求等；

③ 信号十分重要，需要多种告警信号相结合时，如消防报警装置；

④ 需要提醒有关人员注意进一步的信息时；

⑤ 习惯于采用听觉信号的场合；

⑥ 进行必要的声音通信时。

（3）嗅觉告警

通常只有当气体分子影响到鼻腔中约 645 mm^2 的微小敏感区域时，人才能闻到气味，因而嗅觉告警装置的应用受到了很大的限制。但嗅觉告警仍有一定的应用价值，如易燃易爆且无色无味的气体中加入某些气味剂，可以使人迅速感觉到有气体在泄漏并及时采取措施，避免事故发生。

（4）触觉告警

振动是触觉告警的主要方式。设备的过度振动表明设备运行不正常，如高速公路路面上凸起的分道线会通过振动的方式提醒驾驶者注意道路、方向等方面的变化。温度是触觉告警的另一种方式。维修人员通过触摸可确定设备是否工作正常，温度的升高意味着故障或过负荷等情况。

（5）味觉告警

味觉告警通常是用以确定或指示放入口中的食物、饮料或其他物质是否有危险存在。如某些药物，为防止婴幼儿误食、食用过量，在其中添加有苦味的添加剂就是典型的一例。在工业生产中极少用到味觉告警方式。

值得指出的是，并非采取了预防事故的安全技术，就完成了事故控制的工作。在实际工作中，为保证取得最佳的安全效果，必须先选择预防事故效果较好的安全技术措施。一般可按下面的次序选择：① 根除危险因素；② 限制或减少危险因素；③ 隔离、屏蔽或联锁；④ 故障一安全措施；⑤ 减少故障危险因素；⑥ 安全规程；⑦ 校正行动。

其中前两项应优先考虑。因为根除或控制危险因素可以实现“本质安全”。但在实际工作中，针对生产工艺或设备的具体情况，还要考虑生产效率、成本及可行性等问题，应综合地加以分析考虑，不能一概而论。

5.1.2 基于避免和减少事故损失的安全设计技术

只要有危险存在，尽管可能性很小，但总存在导致事故的可能性。另外事故发生后如果没有相应的措施控制局面，则事故的规模和损失可能会进一步扩大，甚至引起二次事故，造成更大、更严重的后果。因此，必须采取相应的应急措施，避免或减少事故损失。这类措施包括隔离、个体防护、能量缓冲装置、薄弱环节、逃逸、避难与营救等。

1. 隔离

隔离除作为一种广泛应用的事故预防方法之外，还经常用于减少因事故中能量剧烈释放而造成的损失。隔离技术在避免或减少事故损失方面的应用有距离隔离、偏向装置、封闭等。

（1）距离隔离

这是一种常用的对爆炸性物质的物理隔离方法。即把可能发生事故、释放出大量能量或危险物质的工艺、设备或设施布置在远离人群或被保护物的地方。例如，把爆破材料的加工制造和储存等安排在远离居民区和建筑物的地方。

（2）偏向装置

偏向装置是把大部分剧烈释放的能量导引到损失最小的方向。例如，在爆炸物质与人和关键设备之间设置坚实的屏障并用轻质材料构筑厂房顶部。当爆炸发生时，防护墙承受一部分能量，而其余能量则偏转向上，使损失减小。

（3）封闭

利用封闭措施可以控制事故造成的危险局面，限制事故的影响。

① 控制事故的蔓延，如在储藏有毒或易燃易爆液体的容器周围设置排泄设施可防止溢出物的扩散。

② 限制事故的影响，如盘山路转弯处的栏杆可以减小车辆失控时跌入山谷的可能性。

③ 为人员提供保护，如在隧道内设置避难洞室，并保证人员在该区域的安全。

④ 对材料、物资和设备予以保护，如飞机上的飞行数据记录器（俗称黑匣子），其外壳耐冲击、耐高温、耐潮湿、耐腐蚀，以保存飞机失事资料。

2. 个体防护

在对所发生的事故没有较好的技术控制措施或采用的措施仍不能完全保证人的生命安全的情况下，个体防护不失为一种好的解决方案。个体防护装备范围很广，但其应用方式主要有以下 3 种情况。

（1）必须进行危险性作业

由于危险因素不能根除，又必须进行相关作业，采用个体防护的方法可以起到防止特定危险对人员造成伤害的作用。这时采用的个体防护装备的针对性非常强，如在存在有毒有害气体的环境中工作时戴的防毒面具等。但必须指出的是，在条件可行的情况下，不应以个体防护代替根除或控制危险因素的设计或安全规程。

（2）进入危险区域

为调查研究或因其他原因进入极有可能存在危险的区域或环境时，也应佩戴相应的个体防护装备。例如，在火灾后进入现场调查或搜寻，应佩戴防毒装置等，但有时该区域的危险不十分明确，为达到防护的目的，此类个体防护设备需要考虑对多种潜在危险的防护问题。

（3）在紧急状态下

对于在紧急状态下使用的个体防护器具，因为事故或事件发生得非常突然，因而开始的几分钟就成为是控制危险还是造成灾难，是保证安全还是受到伤害的关键。这时的个体防护装备也起着至关重要的作用。一般来说，对于在紧急状态下使用的个体防护装备，在设计、使用功能等方面都有严格的要求，主要有以下 4 点：

① 使用简便，穿戴容易，能够迅速为人所用；

② 可靠性高且适用范围广，可有效地应付多种危险；

③ 不降低使用者的灵活性、可视性；

④ 装备本身对人无伤害。

3. 能量缓冲装置

利用能量缓冲装置在事故发生后吸收部分能量，可以保护有关人员和设备的安全，如工人戴的安全帽、汽车中的安全带，都可以吸收冲击能量，防止或减轻伤害。

4. 薄弱环节

薄弱环节是指系统中人为设置的容易出故障的部分。其作用是使系统中积蓄的能量通过薄弱环节得到部分释放，以小的代价避免严重事故的发生，达到保护人和设备的目的。常用的薄弱环节有：

① 电薄弱环节，如电路中的熔断器在电路产生过载电流时熔断，从而使电路切断，达到保护其他用电设备的目的；

② 热薄弱环节，如压力锅上由易熔材料构成的易熔塞，当压力超过限值时，易熔塞熔化，蒸汽从其中排出，达到减小压力、避免超压爆炸的目的；

③ 机械薄弱环节，如压力灭火器的安全隔膜，当灭火器由于过热而使压力过大，则隔膜会因超压而破裂，使灭火器的内部压力保持在规定限度内；

④ 结构薄弱环节，如主动联轴节中的剪切销，当持续过载会损坏传动设备或从动设备时，剪切销会先切断，保证设备的安全。

5. 逃逸、避难与营救

当事故发生到不可控制的程度时，则应采取措施逃离事故影响区域，采取避难等自我保护措施和为救援创造一个可行的条件。逃逸、避难与营救措施是降低事故损伤的有效手段。其中逃逸和避难是指人们使用本身携带的资源自身救护所做的努力；营救是指其他人员救护处于紧急情况下有危险的人员所做的努力。

逃逸、避难与营救设备对于保障人的生命安全是非常重要的。逃逸设备用于使有关人员逃离危险区，如大型公共设施中的各类安全疏散设施，飞机驾驶人的弹射座椅等；避难设备则是通过隔离等手段保证有关人员在危险区域的安全。消防人员使用的云梯消防车既是一种控制火灾事故的设备，也是一种典型的营救设备。

选取减少事故损失安全技术的优先次序为：① 隔离和屏蔽；② 接受小的损失；③ 个体防护；④ 逃逸和避难设备；⑤ 营救。

5.2 城市道路交通安全设计

国外在20世纪70年代开始对道路交通安全设计进行研究。美国是对道路交通安全设计非常重视的国家。1997年美国联邦公路局制定了《道路安全设计与运营指南》，规定道路设计和运营管理人员除遵循其他技术标准和规范外，还应特别遵循安全规范。同时建立了一个道路安全评价系统，该评价系统能帮助道路设计人员从道路安全的角度评价设计方案。

国内，交通运输部公路科学研究院完成了道路安全设计和评价、相关标准和规范制（修）订、道路安全设施产品及试验设备研发、道路安全监控预警系统开发与集成、道路交通事故分析与司法鉴定等，开发出了适应我国道路特点的安全设计和评价方法，完成了“道路交通安全技术”系列丛书。交通运输部2015年发布了《公路项目安全性评价规范》（JTG B05—2015），作为公路工程行业标准。

5.2.1 城市道路安全设计理念

从工程角度出发，维护城市道路交通安全是一项系统工程，涉及规划、设计、建设、运营管理等不同阶段，其中城市道路安全设计至关重要。目前对城市道路设计，对交通安全的理解应重视以下几点。

① 结构安全不等同于交通安全。城市道路的结构安全是保障交通安全的前提条件。交通安全在保证道路结构安全的基础上，更需要考虑交通的整体协调性，如保证隧道进出口照明渐变的连续性、保证运行车速一致性等。因此两者含义不完全等同。

② 符合设计规范或设计标准的不一定安全。即使设计指标满足既有标准，由于选用不当，也有可能形成安全隐患。这并没有否定既有标准的合理性，在进行城市道路安全设计时，应强调“灵活性设计”，避免对既有规范或标准的生搬硬套。

③ 重视细节设计。对于道路设施细节的重视，是宽容性设计理念的重要特点之一。

④ 重视运营效率和交通安全相协调。例如，从运营效率角度出发，车速越快越好，车速控制措施应尽量少，但车速过快是导致事故高发的重要因素之一，为保证安全，要设置限速措施。因此在设计阶段应对这两个因素协同考虑，避免极端化追求单目标最优。

城市道路安全设计理念包括宽容性设计理念、动态与协调理念、灵活性设计理念和以人为本设计理念等 4 个方面的内容。城市道路安全设计理念应贯穿于城市道路设计的各个方面。

1. 宽容性设计理念

宽容性设计理念是指道路设计要以人为本，容许驾驶人由于疲劳、恶劣天气、汽车故障等原因造成一些失误，避免驾驶人和其他道路使用者由于这些非主观因素的行为失误而遭受重大的交通事故，对危险起到消除或减缓的作用，所设计的道路应具有较强的“容错、纠错”功能。

1）基于车辆性能和驾驶人生理特点的道路线形宽容设计

① 在道路的平面、纵断面、横断面线形设计中应充分考虑车辆性能和驾驶人生理特点的局限性，道路线形应与车辆和人的特点相适应。

② 应尽量采用良好的线形参数，充分注意道路设计要素的一致性、协调性和诱导性。例如，避免小半径平曲线的突然出现，保持运行车速的一致性。

③ 基于交通工效学，路线设计不仅要考虑驾驶人在驾车行驶时所需要的“容许犯错”问题，还要考虑医学、人体测量学和美学等许多方面的问题。

④ 以满足车辆动力学需求为设计底线，以交通参与者在交通环境中的心理、生理等方面的“合理需要”为中心校核指标，综合考虑交通参与者、交通工具、道路设施与环境之间的相互协调，以安全、舒适作为交通设计的基本目标。

2）路侧宽容设计

路侧宽容设计是一种保证安全的有效手段，主要包括路肩、排水设施、边坡、交通附属设施（护栏、行道树、杆柱、解体消能设施）等宽容性设计。据调查，有很大比例的交通事故是由于车辆冲出路外所致，在交通事故多发路段进行路侧宽容设计，可使驾驶人犯错误之后尽可能地保证乘客的生命，可以有效地降低事故死亡率。

路侧宽容设计理念是以人为本，预防、容错、纠错，即允许驾驶人由于疲劳、天气、汽车机械故障等原因造成一些失误，以减少这种非主观因素带来的损失，是一种更加“宽容”的设计。其中路侧净区设计是路侧宽容设计理念中的一个重要组成部分，所谓路侧净区是指位于行车道外侧边缘与道路限界范围内的区域。路侧净区设计容许过错车辆一定程度地驶离路面，并为驶离路面的车辆提供一个安全返回的空间。该区域不应存在能导致碰撞伤害的坚硬危险物，驶出路外的车辆在该区域不会发生倾覆，行驶在净区内的车辆能够得到有效控制，并且能够再次安全地返回行车道。图 5-3 所示为路侧净区安全设计示意图。

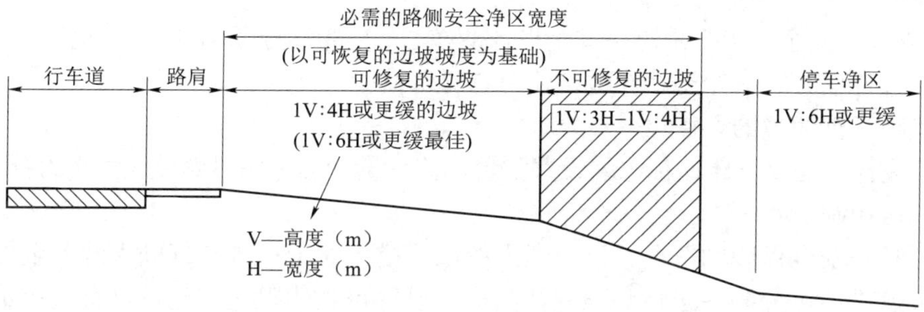

图 5-3　路侧净区安全设计示意图

2. 动态与协调理念

1）应采用运行速度这一动态指标进行城市道路设计

从 20 世纪 50 年代我国就引入了设计车速的概念，作为道路设计的关键指标，依据机动车动力性和实际地形条件，确定了不同等级道路有着不同的设计车速。设计车速的确定，决定了道路设计的其他相关要素（如平曲线半径、竖曲线半径、视距、车道宽等）。但这种方法有一定的局限性，本质上属于静态思维模式。实际上驾驶人在使用道路时是一种动态过程，不同的驾驶人采用不同的车速。由于人在处于静态和动态时有着不同的生理活动，因此采用运行速度进行道路设计才会更加切合实际。

2）城市道路应保证协调

这种协调有两个含义：一是各设计要素之间的协调；二是路线与周围环境之间的协调。其主要目的是强调不同的道路线形对乘客及驾驶人舒适度的影响，提高道路使用者的安全。例如，应适当采用大半径平曲线、反向曲线和同向曲线之间的直线不能太短、优化道路平曲线与纵曲线的组合、加强景观和绿化设计等。

3. 灵活性设计理念

灵活性设计理念是由美国联邦公路管理局（Federal Highway Administration，FHWA）在 *Flexibility in Highway Design* 一书中提出的。灵活性设计并不是试图去创建一个新的标准。它是建立在充分掌握和理解现有标准、规范本质的基础之上，在不降低安全性的前提下，通过合理选择标准、灵活运用设计指标，力求使道路更符合可持续发展的需要和利益目标。因此灵活性设计理念在城市道路设计中的应用包括以下几个方面：

① 灵活选用技术标准和设计指标，当受环境条件严格约束时，可以进行特殊设计；

② 根据道路功能、建设条件等，分段确定技术标准；

③ 根据城市规划，遵循地形、地质、安全和环保要求选线，合理布线并灵活选用设计指标；

④ 灵活确定不同设计车速的最小设计路段长度，对于特别困难路段，允许超标设计；

⑤ 用运行车速进行安全检查，检查设计参数和指标在实际运营中的效果；

⑥ 设计人员在进行设计时首先要确定道路设计的主题，再结合设计主题对道路绿化、设施等进行设计，将道路美学发挥得淋漓尽致。

4. 以人为本设计理念

“以人为本，安全至上”是道路安全设计的核心，它融合于宽容性、灵活性等诸多设计理念之中，在进行设计时应始终站在道路使用者的角度考虑问题。

（1）道路运营环境的人性化

例如，设计平面交叉路口标志牌设置数量、信息量，应考虑对驾驶人注意力分散的影响。

（2）车速控制

车速控制是安全保障的重要手段，适当的限速措施对于行人和驾驶人的安全保障具有积极意义。限速措施可分为警示性和强制性两类，设置得当的限速措施可以有效控制车速，同时不会引起驾驶人的明显反感。

例如，对于城市快速路，由于车辆行驶速度快，物理限速措施在降低速度的同时会引起驾驶人的不适，同时还可能成为事故诱因，可考虑采用警示性的限速措施，如立体减速标线、振荡标线等。

（3）弱势群体的保护

以人为本的交通安全设计主要体现在对行人及非机动车的保护。例如，应在平面交叉口注重渠化岛、安全岛的设计等。

5.2.2 道路线形安全设计案例

道路线形是指道路中心线的空间形状，可分为平面线形、纵断面线形和横断面线形。道路线形设计的好坏，对交通安全畅通具有极其重要的作用。道路线形设计的基本原则是：① 对汽车的行驶在力学上应安全、顺畅；② 从地形等条件来看，经济上要合理；③ 从驾驶人的视觉和心理来看，反应良好；④ 与环境或景观相协调、和谐。

1. 平面线形安全设计

平面线形包括直线、圆曲线、缓和曲线 3 种。平面设计的原则包括：

① 平面设计应符合城市路网规划、道路红线、道路功能，并应综合考虑土地利用、文物保护、环境景观、征地拆迁等因素；

② 平面设计应与地形地物、地质水文、地域气候、地下管线、排水等要求结合，并应符合各级道路的技术指标，应与周围环境相协调，线形应连续与均衡；

③ 平面线形应满足车辆行驶轨迹的要求。

1）直线

长直线设计一般不超过 $20V$（m；V 为设计速度，km/h）。在长直线安全设计时，应以 $20\,V_{85}$（85%位路段运行车速）作为长直线长度安全设计的控制标准。否则易引起驾驶人疲劳，造成驾驶人反应迟钝，易产生趋驶心理，造成超速行驶。

短直线一般出现在同向曲线或反向曲线之间，如图 5-4 和图 5-5所示。同向曲线间所夹直线过短，易形成视觉上的“断背曲线”，设计时最小长度应不小于 $6V$；反向曲线考虑其超高、加宽缓和段设置的需要，设计时最小长度应不小于 $2V$。

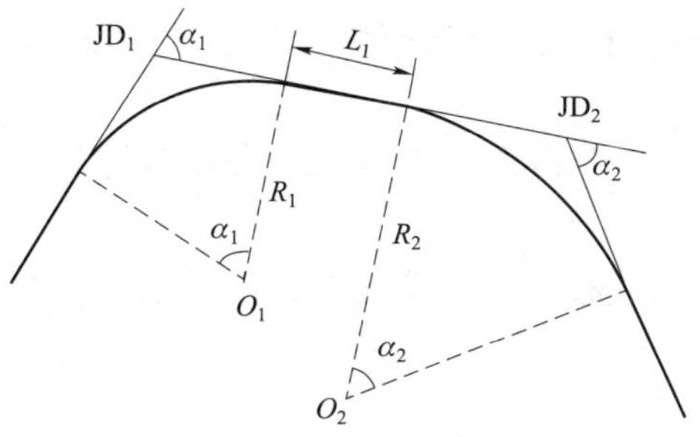

图 5–4　同向曲线间所夹直线

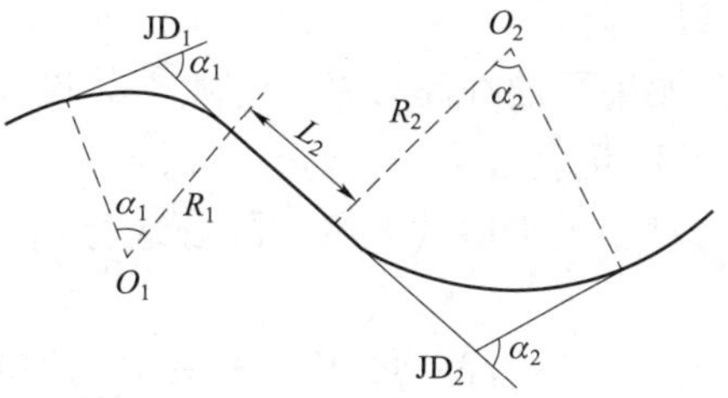

图 5–5　反向曲线间所夹直线

进行短直线安全设计时，若相邻路段间的 V_{85} 之差不大于 20 km/h，直线长度不调整；若相邻路段间的 V_{85} 之差大于 20 km/h，要保证反向曲线间直线最小长度不小于 2 V_{85}，同向曲线间直线最小长度不小于 6 V_{85}。

2）圆曲线

车辆在曲线上行驶时，会受到离心力的影响，离心力会使乘客感到不舒适并使汽车产生横向向外滑移和倾覆的可能，同时行车视距会受到线形和路侧的行道树、建筑物的影响。因此圆曲线半径、车速、超高和行车视距是影响车辆行驶安全的最主要因素。

图 5–6为美国道路交通事故起数与平曲线半径的关系。当平曲线半径小于 400 m 时，随着平曲线半径的减小，道路交通事故起数急剧增加；当平曲线半径大于 400 m 时，随着平曲线半径的增大，道路交通事故起数变化趋于平缓，交通安全状况趋于良好。

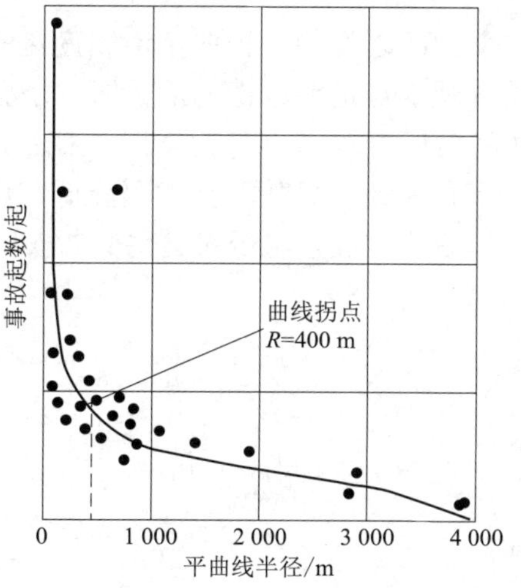

图 5–6　美国道路交通事故起数与平曲线半径的关系

表 5–1 为我国《城市道路工程设计规范》（CJJ 37—2012，2016 年版）对城市道路最小圆曲线半径和最大超高的规定。

表 5–1　最小圆曲线半径和最大超高

设计速度/（km/h）	100	80	60	50	40	30	20
一般最小半径/m	650	400	300	200	150	85	40
最大超高横坡/%	6	6	4	4	2	2	2

以汽车行驶在平曲线上的安全性和舒适性为设计依据，进行平曲线最小半径安全设计时，应保证以下几点：

① 如果平曲线路段的 V_{85} 大于其设计速度，首先要根据式 5–1 计算 V_{85} 速度下的平曲线半径，并满足表 5–1 所规定的要求；

② 对加大平曲线半径、降低运行速度两种方案进行技术经济比较，合理确定平曲线半径大小；

③ 保证圆曲线长度不小于按 V_{85} 速度行驶 3 s 的行程。

$$R=\frac{V_{85}^2}{127(\mu+i_{\mathrm{h}})} \tag{5-1}$$

式中：

R——V_{85} 速度下的平曲线半径，m；

V_{85}——85%位路段运行速度，km/h；

μ——横向力系数；

i_{h}——超高，%。

对于地形条件限制情况严重的路段，平曲线半径小于计算半径时，应采取必要的安全措施：① 设置“急弯”警告标志；② 设置限速标志；③ 设置强制减速设施；④ 设置视线诱导设施；⑤ 根据实际运行车速，确定是否需要增加超高；⑥ 平面视距保障，清除弯道内侧妨碍视距的树木、建筑物等障碍物，保证足够的停车视距。

3）缓和曲线

缓和曲线是设置在直线与平曲线之间的一种曲率连续变化的曲线。在道路中增加缓和曲线，会使车辆在正常转弯行驶时减少对道路摩擦力的需求，增强道路交通的安全性。图 5–7 为美国双车道道路设置缓和曲线前后事故率的变化情况。由图可见，当圆曲线半径小于 200 m 时，在直线与圆曲线之间设置缓和曲线，事故率会大幅降低，道路安全性会大大提高；而当圆曲线半径大于 200 m 时，缓和曲线的设置与否对道路交通安全的影响不明显。

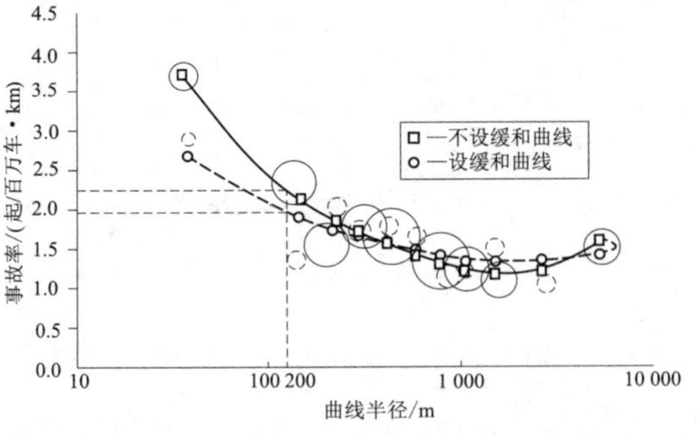

图 5–7 美国双车道道路设置缓和曲线前后事故率的变化情况

我国《城市道路工程设计规范》规定了城市道路缓和曲线最小长度，如表 5–2 所示。

表 5–2 城市道路缓和曲线最小长度

设计速度/（km/h）	100	80	60	50	40	30	20
缓和曲线最小长度/m	85	70	50	45	35	25	20

在缓和曲线安全设计时，应根据表 5-2 所规定的缓和曲线最小长度值，结合路段运行速度 V_{85} 进行检查，对于不满足的路段进行调整。受地形限制无法调整时，可在曲线入口处设置急弯警示标志、增设减速设施等安全措施。

4）行车视距

行车视距作为线形几何设计的重要因素，对道路行车安全、行车速度和通过能力都有很大的影响。图 5-8 为道路事故率与行车视距关系的示意图，由图可知事故率随着行车视距的增加而降低。当行车视距小于 100 m 时，事故率随着行车视距减小而显著升高；当行车视距大于 200 m 时，事故率随着行车视距增加而缓慢降低；当行车视距大于 600 m 时，事故率基本不再变化。

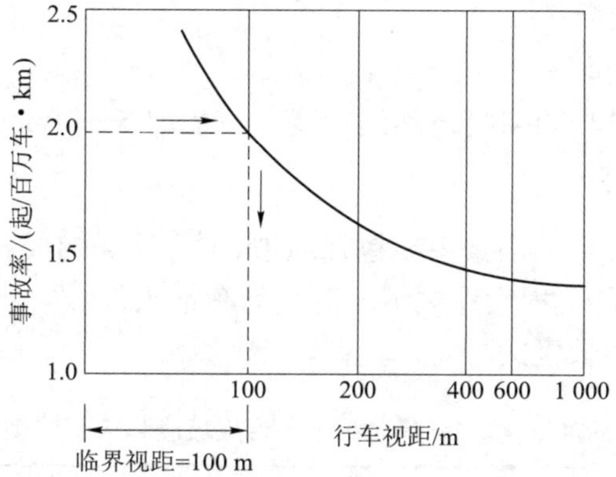

图 5-8 道路事故率与行车视距关系的示意图

在城市道路中，行车视距不足主要发生在下述几种场合：① 道路平面上的暗弯，即处于挖方路段的弯道和内侧有障碍物的弯道，见图 5-9（a）；② 纵断面上的凸形竖曲线，见图 5-9（b）；③ 下穿式立体交叉的凹形竖曲线，见图 5-9（c）。

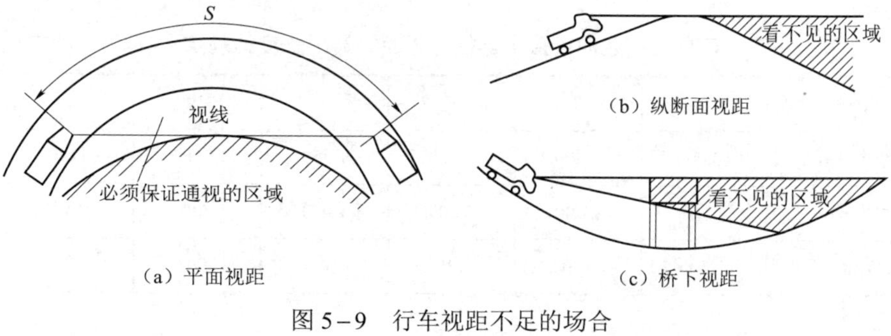

图 5-9 行车视距不足的场合

我国《城市道路工程设计规范》规定城市道路的停车视距应大于或等于表 5-3 中的规定值，积雪或冰冻地区的停车视距宜适当增长。

表 5-3 城市道路的停车视距

设计速度/（km/h）	100	80	60	50	40	30	20
停车视距/m	160	110	70	60	40	30	20

进行行车视距安全设计时，应按式（5-2）计算运行速度 V_{85} 下的停车视距，以评价设计是否满足视距需求。如果计算结果大于设计速度对应的停车视距，则需通过调整线形指标加大该路段的停车视距。

$$S_T = \frac{V_{85}t}{3.6} + \frac{KV_{85}^2}{254(\varphi+\psi)} + l_{安} \tag{5-2}$$

式中：

t——驾驶人反应时间，s，一般取 $t=2.5$ s；

φ——路面与轮胎之间的附着系数；

ψ——道路阻力系数，$\psi = f + i$，f 为滚动阻力系数，i 为道路纵坡，上坡为正，下坡为负；

K——制动系数，一般取 K 为 1.2～1.4；

$l_{安}$——汽车完全停止时与障碍物之间的距离，一般取 5～10 m。

2. 纵断面线形安全设计

纵断面线形影响交通安全的因素主要包括纵坡、坡长、竖曲线和平纵组合形式等。表 5-4 和表 5-5 分别为《城市道路工程设计规范》对机动车最大纵坡、合成坡度和坡长的规定，竖曲线最小半径与竖曲线最小长度的规定。

表 5-4 机动车最大纵坡、合成坡度和坡长的规定

设计速度/（km/h）	100	80	60	50	40	30	20
最大纵坡一般值/%	3	4	5	5.5	6	7	8
合成坡度/%	7.0		6.5		7.0		8.0
最大坡长/m	700	600	400	350	300	250	200

表 5-5 竖曲线最小半径与竖曲线最小长度的规定

设计速度/（km/h）	100	80	60	50	40	30	20
凸形竖曲线半径/m	10 000	4 500	1 800	1 350	600	400	150
凹形竖曲线半径/m	4 500	2 700	1 500	1 050	700	400	150
最小长度/m	210	170	120	100	90	60	50

城市道路纵断面安全设计时，根据表 5-4 和表 5-5 的规定，应结合路段运行车速 V_{85} 进行检查并做必要的调整。如条件不允许调整，可设置警告标志、限速标志、强制减速设施，或采取提高护栏的防撞能力等安全对策。

平纵组合的安全设计要重视以下几点。

① 平曲线和竖曲线必须相交时，应将竖曲线的起、终点放在缓和曲线内，如图 5-10 所示。

② 平曲线与竖曲线的大小应保持均衡，一般竖曲线半径应为平曲线半径的 10～20 倍。

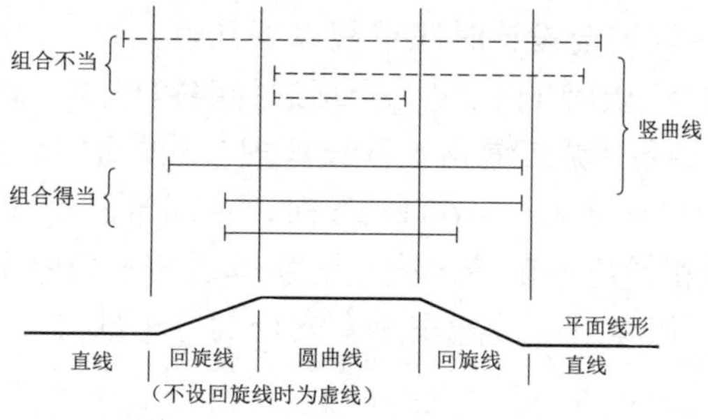

图 5－10　平曲线与竖曲线的组合

③ 要避免凸形竖曲线的顶部或凹形竖曲线的底部与反向平曲线的拐点重合，二者都存在不同程度的扭曲外观。前者会使驾驶人操作失误，引起交通事故；后者虽无视线诱导问题，但路面排水困难，易产生积水。

④ 避免急弯和陡坡的组合，以防止合成坡度过大而引起横向滑移和行车危险。

3. 横断面线形安全设计

1）横断面路幅安全设计

道路横断面形式、车道数、单车道宽度、路侧设置的正确与否直接影响到交通安全状况。表 5－6为某城市道路事故统计资料。由该表可知：① 事故率随车道数的增加而降低，双车道为 88 起/（亿车・km），4 车道为 86 起/（亿车・km），6 车道为 83 起/（亿车・km），8 车道为 81 起/（亿车・km）；② 双车道事故率最高，8 车道事故率最低；③ 中央分隔带可将对向车流分离，可以提高行车安全性；④ 机非分隔带没有解决对向车流问题，但随着车道数增加（如车道数为 6 车道），增加机非分隔带可降低事故率。

表 5－6　某城市道路事故统计资料

车道数类型	事故数/起	事故率/［起/（亿车・km）］	道路数/条	平均事故率/［起/（亿车・km）］	不同车道数事故率/［起/（亿车・km）］
双车道	169	1 584	18	88	88
4 车道	511	2 075	25	83	86
4 车道有中央分隔带	4	150	2	75	
4 车道有机非分隔带	59	404	4	101	
6 车道	357	1 078	11	98	83
6 车道有中央分隔带	20	76	1	76	
6 车道有机非分隔带	214	450	6	75	
8 车道	109	273	3	91	81
8 车道有中央分隔带	75	162	2	81	
8 车道有中央分隔带和机非分隔带	220	284	4	71	

因此城市道路横断面路幅安全设计时应重视以下几点。

① 根据交通调查，结合当地实际情况，合理选择路幅形式，确定合理车道数。

② 中间带最小宽度应满足《城市道路工程设计规范》的规定。当设计速度 $V \geqslant 60$ km/h 时，中间带最小宽度为 3 m；当设计速度 $V < 60$ km/h 时，中间带最小宽度为 2 m。

③ 合理设置应急车道和紧急停车带，应对应急车道、紧急停车道的宽度及位置进行合理的验算，确定其最佳宽度，保障发生故障车辆有安全的停车地方。

2）路侧安全设计

路侧安全设计是指在路侧范围内可以容许车辆在一定程度上驶离原路面，并有充分的时间和空间让车辆安全驶回原路面，可降低交通事故率，减轻事故损失。其设计内容主要包括路侧宽度、边坡坡度等。

① 直线段路侧宽度。填方和挖方路基路侧安全净区宽度按图 5－11 和图 5－12 分别计算。

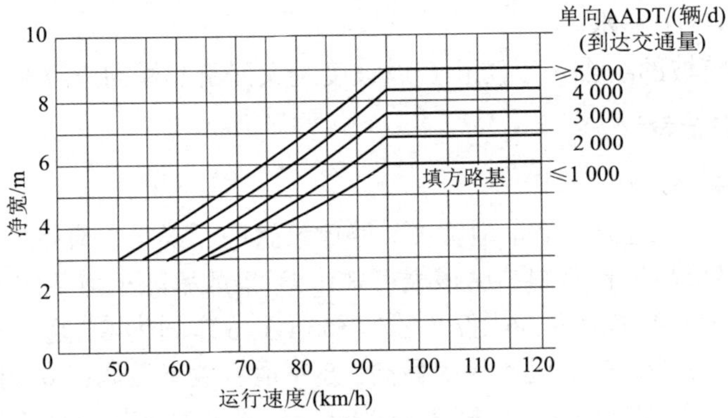

图 5－11　填方路基路侧安全净区宽度

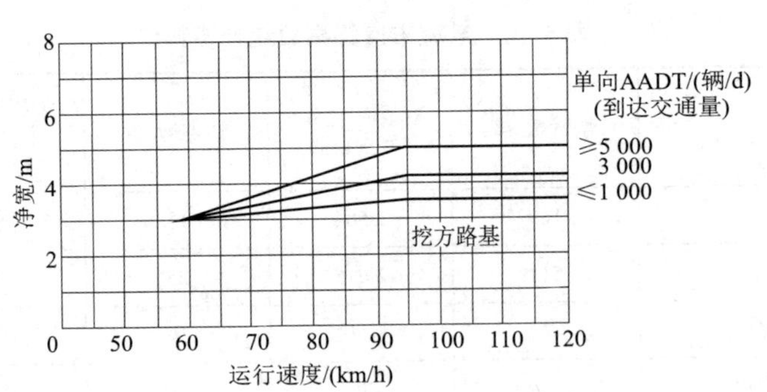

图 5－12　挖方路基路侧安全净区宽度

② 曲线段路侧宽度。曲线段路侧宽度可采用直线段路侧宽度乘以曲线系数 F_c 求得，F_c 与圆曲线半径的关系如图 5－13 所示。

③ 坡度大于 1:3.5 时，在此坡度范围内不能作为路侧安全净区；坡度在 1:5.5～1:3.5 时，可以利用 1/2 的边坡宽度作为路侧安全净区；坡度不大于 1:5.5 时，整个坡面较为平缓，全宽度都可以作为路侧安全净区。

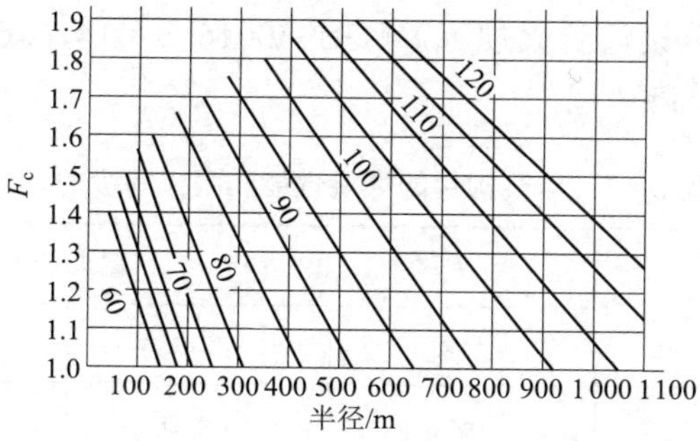

图 5－13　曲线系数 F_c 与圆曲线半径的关系

3）*弱势群体安全保护设施设计*

弱势群体安全保护设施设计内容主要包括人行道、人行横道、非机动车道和人行保护岛等。

① 人行道的最小宽度应不小于 1.8 m，在行人量大的路段（学校、商业区等），人行道最小宽度可增加至 2.4 m；人行道长度应延伸至下一个交叉口，或者能够覆盖交叉口周围行人频繁活动的区域。

② 人行横道位置应设置在驾驶人容易识别的地方，如设在分隔带端部向后 1～2 m 处；人行横道长度应不大于 15 m，其宽度不宜小于 5 m。

③ 非机动车道的最小宽度为 1.5 m，非机动车道的长度一般延伸至下一个交叉口。

④ 人行保护岛应和人行横道相连接；4 车道以上的交叉口，若进口道上存在开口且有行人穿越，可在进口道内设人行保护岛，最小长度为 4 m，最小宽度为 1.5 m。必要时可增设警告标志或者设置成标线式保护岛。

5.3　城市轨道交通车站防火安全设计

城市轨道交通系统既是城市最大的基础设施之一，也是一个独立的、封闭的系统，一旦发生灾害事故就会形成比较严重的后果。因此城市轨道交通系统应具有针对火灾、水淹、风灾、地震、冰雪和雷击等灾害的预防措施，并应以预防火灾为主，应贯彻“预防为主，防消结合”的方针。一座车站及其相邻区间的防火设计应按同一时间发生一起火灾计算。车站站台、站厅和出入口通道的乘客疏散区内不得设置商业场所，除地铁运营、服务相关设备、设施外，也不得设置妨碍乘客疏散的设备、设施及其他物体。

5.3.1　车站建筑防火

1. 防火等级

① 地下车站、区间、变电站等主体工程及出入口通道、风道、控制中心建筑的耐火等级应为 1 级。

② 地面出入口、风亭等附属建筑，地面车站、高架车站及高架区间的建、构筑物，耐火等级不得低于 2 级。

③ 重要设备用房应以耐火极限不低于 2 h 的隔墙和耐火极限不低于 1.5 h 的楼板与其他

部位隔开。表 5-7为《建筑设计防火规范》（GB 50016—2014，2018 年版）中建筑构件的燃烧性能和耐火等级的划分标准。

表 5-7 建筑构件的燃烧性能和耐火等级的划分标准 h

构件名称		耐火等级			
		一级	二级	三级	四级
墙	防火墙	不燃性 3.00	不燃性 3.00	不燃性 3.00	不燃性 3.00
	承重墙	不燃性 3.00	不燃性 2.50	不燃性 2.00	难燃性 0.50
	非承重外墙	不燃性 1.00	不燃性 1.00	不燃性 0.50	可燃性
	楼梯间和前室的墙 电梯井的墙 住宅建筑单元之间的墙和分户墙	不燃性 2.00	不燃性 2.00	不燃性 1.50	难燃性 0.50
	疏散走道两侧的隔墙	不燃性 1.00	不燃性 1.00	不燃性 0.50	难燃性 0.25
	房间隔墙	不燃性 0.75	不燃性 0.50	难燃性 0.50	难燃性 0.25
柱		不燃性 3.00	不燃性 2.50	不燃性 2.00	难燃性 0.50
梁		不燃性 2.00	不燃性 1.50	不燃性 1.00	难燃性 0.50
楼板		不燃性 1.50	不燃性 1.00	不燃性 0.50	可燃性
屋顶承重构件		不燃性 1.50	不燃性 1.00	难燃性 0.50	可燃性
疏散楼梯		不燃性 1.50	不燃性 1.00	不燃性 0.50	可燃性
吊顶（包括吊顶搁栅）		不燃性 0.25	难燃性 0.25	难燃性 0.15	可燃性

2. 防火分区的划分

① 地下车站站台和站厅公共区应划为一个防火分区。

② 设备与管理用房区每个防火分区的最大允许使用面积不应大于 1 500 m^2。

③ 地上车站站厅公共区采用机械排烟时，防火分区的最大允许建筑面积不应大于 5 000 m^2，其他部位每个防火分区的最大允许建筑面积不应大于 2 500 m^2。

④ 两个防火分区之间应采用耐火极限不低于 3 h 的防火墙和甲级防火门分隔，防火分区的楼板应采用耐火极限不低于 1.5 h 的楼板。

⑤ 地下车站消防专用通道及楼梯间应设置在有车站控制室等主要管理用房的防火分区

内，并应方便到达地下各层。

3. 车站安全出口设置

① 车站每个站厅公共区安全出口应设置不少于 2 个直通地面的安全出口。

② 地下单层侧式站台车站，每侧站台安全出口数量不应少于 2 个直通地面的安全出口。

③ 地下车站的设备与管理用房区安全出口的数量不应少于 2 个，其中有人值守的防火分区应有 1 个安全出口直通地面。

④ 安全出口应分散设置，当同方向设置时，两个安全出口之间净距不应小于 10 m。

⑤ 竖井、爬梯、电梯、消防专用通道等不应作为安全出口。

⑥ 地下换乘车站的换乘通道不应作为安全出口。

5.3.2　安全疏散

1. 疏散方向

① 地下车站站台层发生火灾时应往上层站厅方向疏散。

② 地下车站站厅层发生火灾时，应往地面疏散；站台层滞留乘客通过列车往下一站疏散；站厅层设于站台层之下的地下车站，当站厅发生火灾时，乘客直接从疏散口往地面疏散。当站台层发生火灾时，可往下层站厅层或地面疏散。

③ 地下一层侧式站台车站，当轨行区或侧站台发生火灾时，侧站台乘客均往地面疏散。

④ 高架车站站台层发生火灾时，往下层、站厅层或地面疏散；当下层站厅层发生火灾时，往地面疏散；滞留在站台上的乘客，通过列车往下站疏散。

⑤ 地面一层车站（一层为站台层，二层为站厅层）站台层发生火灾时，可往区间方向疏散，离开火灾源即可；站厅层发生火灾时，通过安全出口往地面疏散。

2. 疏散设施设计

① 每个区间隧道轨道区均应设置到达站台的疏散楼梯。

② 两条单线区间隧道应设联络通道，相邻两个联络通道之间的距离不应大于 600 m，联络通道内应设并列反向开启的甲级防火门，门扇的开启不得侵入限界。

③ 道床面应作为疏散通道，道床步行面应平整、连续、无障碍物。

④ 站台和站厅公共区内任一点，与安全出口疏散的距离不得大于 50 m。

⑤ 公共区内设于付费区与非付费区之间的栅栏应设栅栏门，检票口和栅栏门的总通行能力应与站台至站厅疏散能力相匹配。

⑥ 设备与管理用房直接通向疏散走道的疏散门至安全出口的距离：当房间疏散门位于两个安全出口之间时，疏散门与最近安全出口的距离不应大于 40 m；当房间位于走道两侧或尽端时，其疏散门与最近安全出口的距离不应大于 22 m。

⑦ 安全出口、楼梯和疏散通道的宽度应满足表 5–8 中的规定。设备与管理用房区进行房间平面布置时，疏散通道宽度不得小于 1.2 m，双面布置时不得小于 1.5 m。

表 5-8 车站各部位的宽度规定

名 称		最小宽度/m
岛式站台		8.0
岛式站台的侧站台		2.5
侧式站台（长向范围内设楼梯）的侧站台		2.5
侧式站台（垂直于侧站台开通道口设楼梯）的侧站台		3.5
站台计算长度不超过 100 m，且楼、扶梯不伸入站台计算长度	岛式站台	6.0
	侧式站台	4.0
通道或天桥		2.4
单向楼梯		1.8
双向楼梯		2.4
与上、下均设自动扶梯并列设置的楼梯（困难情况下）		1.2
消防专用楼梯		1.2
站台至轨道区的工作梯（兼疏散梯）		1.1

⑧ 地下出入口通道的长度不宜超过 100 m，当超过时应采取满足人员消防疏散要求的措施。

⑨ 车站站台公共区的楼梯、自动扶梯、出入口通道，应满足当发生火灾时在 6 min 内将远期或客流控制期中超高峰小时一列进站列车所载的乘客及站台上的候车人员全部撤离站台到达安全区的要求。乘客从站台层疏散至站厅公共区或其他安全区域的时间，应按下式计算

$$T=1+\frac{Q_1+Q_2}{0.9\left[A_1(N-1)+A_2B\right]}\leqslant 6\,\text{min} \tag{5-3}$$

式中：

Q_1——远期或客流控制期中超高峰小时一列进站列车的最大客流断面流量，人；

Q_2——远期或客流控制期中超高峰小时站台上的最大候车乘客，人；

A_1——1 台自动扶梯的通过能力，人/（min）；

A_2——疏散楼梯的通过能力，人/（min • m）；

N——自动扶梯数量，台；

B——疏散楼梯的总宽度，m，每组楼梯的宽度应按 0.55 m 的整倍数计算。

3. 疏散指示标志

① 疏散指示标志应设在不被遮挡的醒目位置。

② 疏散出口、安全出口等疏散指示标志不应设置在可开启的门、窗扇和其他可移动的物体上。

③ 疏散指示标志的尺寸应与空间大小相匹配。

④ 疏散通道出口处，疏散指示标志应设置在门洞边缘或门洞上部。当设于门洞边缘时，标志牌下边缘距地面的高度不应小于 2 m；也可设于门洞侧的墙面上，标志牌的中心点距地面高度应在 1.3～1.5 m。

⑤ 站台、站厅公共区在柱和墙面上应设置发光型疏散指示标志，标志牌的下边缘距地面不大于 1 m，间距不应大于 20 m 或二柱间距。

⑥ 疏散通道中，疏散指示标志宜设置在通道两侧及转角处的墙面上，标志牌的下边缘距地面不应大于 1 m。标志的间距不应大于 20 m，在疏散通道转角区不应大于 1 m。同时在吊顶下设与侧墙相呼应位置设置疏散指示标志，标志牌的下边缘距地面不应小于 2 m。

⑦ 自动扶梯起终点侧面及人行楼梯踏步立面宜设置发光型疏散指示标志。

⑧ 当地下区间隧道设有纵向疏散平台时，每隔 20 m 应设置可指示方向的疏散指示标志。

⑨ 地下区间之间的联络通道洞口应设疏散指示标志，标志牌下边缘距疏散平台的高度不应小于 2 m。

5.3.3 消防

1. 自动喷水灭火系统

消防系统是与火灾探测报警系统同时设置的。在火灾探测报警系统探测到火灾隐患后，就要启动消防系统，达到灭火的目的。最常见的有水灭火系统、自动喷水灭火系统、二氧化碳灭火系统、泡沫灭火系统、干粉灭火系统等。

自动喷水灭火系统根据控制阀和喷头的形式，可分为湿式系统、干式系统、预作用系统、开式系统。

（1）湿式系统

湿式系统是一种应用比较广泛、结构比较简单的自动喷水灭火系统。该系统的管道和喷头始终充满水，并且保持一定的压力，喷头一旦启动，水立刻喷出，喷水迅速，控火和灭火的成功率比较高。

（2）干式系统

在干式系统中，其管道和喷头内平时不充水，而充以压缩空气。干式系统由干湿两用阀、闭式喷头、水力警铃、排气加速器、自动充气装置和供水管道组成，该系统能独立完成自动探测、报警和喷水任务。

（3）预作用系统

预作用系统是将火灾自动探测报警技术和自动喷水灭火系统有机地结合在一起。该系统主要由闭式喷头、预作用阀、自动充气装置、供水管道和火灾自动探测报警装置组成。

在没有火灾时，该系统的配水干管同干式系统一样充满压缩空气。当系统中火灾探测器探测到本保护区域内发生火灾时，探测器向报警控制箱发出火灾信号，报警控制箱立刻发出信号打开预作用阀，向配水干管和喷头供水，使系统转为湿式系统。

（4）开式系统

开式系统主要由雨淋阀、开式喷头、火灾自动探测报警装置、水力警铃和供水管道等组成。雨淋阀的开启，由火灾自动探测装置控制，雨淋阀一旦打开后，所有的喷头同时喷水。

未发生火灾时，雨淋阀处于关闭状态，阀进口侧与水源相通，阀出口侧与配水干管相通，配水干管处于空管状态。当火灾探测器探测到保护区域内发生火灾时，火灾探测器向报警控制箱发出火灾报警信号，报警控制箱收到火灾信号后，立刻自动打开雨淋阀和水力警铃，水进入配水干管向开式喷头供水，系统投入工作。

2. 消防给水系统

① 地铁的消防给水水源应采用城市自来水，当沿线无城市自来水时，可采用其他消防给水水源。

② 地下车站的消火栓给水系统用水量定额应为 20 L/s；地下车站出入口通道、折返线及地下区间隧道的消火栓给水系统用水量定额应为 10 L/s。

③ 当城市自来水的供水量能满足消防用水的要求，而供水压力不能满足消防用水压力的要求时，应设消防增压、稳压设施，从市政管网直接引水。

④ 当城市自来水的供水量不能满足消防用水量要求或城市自来水管网为枝状管网时，地下车站及地下区间应设消防增压、稳压设施和消防水池。

⑤ 换乘车站消防给水系统宜采用一套系统。

⑥ 地面车站、高架车站消火栓给水系统采用消防泵加压供水时，应设置稳压装置及气压罐。

⑦ 地下车站及其相连的地下区间、长度大于 20 m 的出入口通道、长度大于 500 m 的独立地下区间，应设室内消火栓给水系统。

⑧ 地下车站和地下区间的室内消火栓给水系统应设计为环状管网；地下区间上下行线应各设置 1 根消防给水管，在地下车站端部和车站环状管网应相接。

⑨ 地面和高架车站室内消火栓超过 10 个，且室外消防用水量大于 15 L/s 时，应设计为环状管网。

⑩ 车站室内消火栓环状管网应有 2 根进水管与城市自来水环状管网或消防水泵连接。

3. 消火栓

① 消防枝状管道上设置的消火栓数量不应超过 4 个。

② 消火栓口径应为 DN65，水枪喷嘴直径应为 19 mm，每根水龙带长度应为 25 m，栓口距地面、楼板或道床面高度应为 1.1 m。

③ 车站的消火栓，宜设单口单阀消火栓，困难地段可设双口双阀消火栓箱。

④ 地下区间隧道的消火栓，宜设消火栓口，可不设消火栓箱，但水龙带和水枪应放在邻近车站站台端部的专用消火栓箱内。

⑤ 消火栓的布置应保证每个防火分区同层有两只水枪的充实水柱同时到达室内任何部位；

⑥ 地下车站水枪充实水柱长度不应小于 10 m。

⑦ 消火栓的间距应按计算确定，但单口单阀消火栓不应超过 30 m，双口双阀消火栓不应超过 50 m；地下区间隧道（单洞）内消火栓的间距不应超过 50 m；人行通道内消火栓间距不应超过 30 m。

⑧ 在地下车站出入口或新风亭的口部等处明显位置应设水泵接合器，并应在距水泵接合器 15～40 m 范围内设置室外消火栓或消防水池取水口。

⑨ 消防水池的有效容积应满足消防用水量的要求，消火栓系统的用水量应根据火灾延续时间 2 h 来计算。

复习思考题

1. 简述安全设计技术的基本原则。
2. 什么是本质安全技术？设计时采取的措施包括哪些？
3. 举例说明在城市交通系统中所采用的隔离安全设计技术。
4. 什么是故障—安全设计？
5. 降低故障率的安全设计技术有哪些？
6. 简述“浴盆曲线”的内涵，并说明其作用。
7. 告警的方式有哪几种？其适用情况是什么？
8. 简述安全色和对比色中各种颜色的含义和作用。
9. 简述城市道路安全设计理念。
10. 简述路侧宽容设计理念。
11. 简述城市道路平曲线安全设计的内容。
12. 简述道路平纵组合安全设计的要点。
13. 简述行车视距对行车安全的影响。
14. 简述横断面线形安全设计的内容。
15. 简述城市轨道交通车站疏散指示标志设计的内容。
16. 简述城市轨道交通车站疏散设施设计的内容。
17. 简述自动喷水灭火系统的类型及各自的特点。

第 6 章

城市交通安全预警和应急管理

预警和应急管理是风险管理的重要组成，是预防和减少事故损失的有效手段之一。本章主要介绍预警和应急管理在城市交通运输领域的应用和发展；预警管理、预警机制、应急管理和突发事件等基本概念；预警管理体系的构成和构建原则、预警系统的组成与实现、预警方法及预警系统信号的输出、应急预案的分类和结构、应急预案的内容，并在此基础上编制城市道路应急预案案例。其目的是通过本章的学习，使学生会用所学知识结合实际情况编制应急预案。

6.1 概　　述

风险究竟是什么？风险有哪些特征？人们对于这些问题答案的探索从来没有停止过，而事实上今天也没有完全确定一致的结论。从某种程度上来说，预警和应急管理都是风险管理范畴的进一步延伸和具体化。风险管理更强调事前管理，主要涉及风险的监测、识别、评估、转移、规避和控制等问题；而预警管理更多强调对于可以监测到的风险信号进行预先警示和提前预备的一系列管理措施；应急管理则不仅需要考虑事前的风险控制、应急准备，更会关注事发之后的处置、协调和救援等问题，面临着更为复杂且无法事先预知的实际情况的严峻考验。可以认为，预警管理、应急管理是风险管理这一母系统下的两个子系统，它们在过程上前后相继并有所交叉，在逻辑上有着因果关系或相关关系，如图 6-1所示。

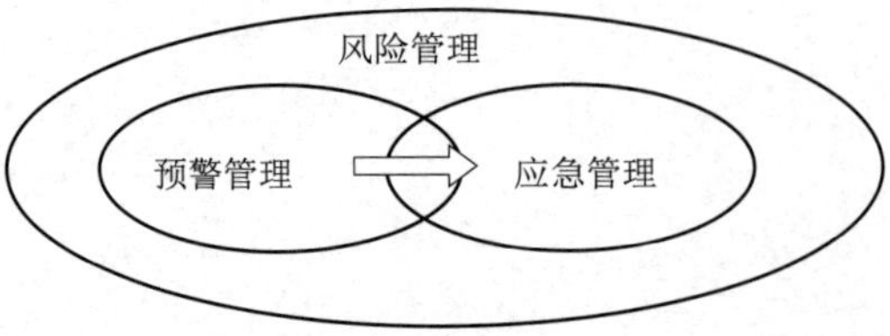

图 6-1　预警管理、应急管理与风险管理的关系

6.1.1 预警管理

1. 预警管理的概念

预警是指在事故发生前进行预先警告，即对将来可能发生的危险进行事先的预报，提醒相关当事人注意。预警管理是指为完成危险事件酝酿过程中一些征兆信息的确认、搜集与监测，确定不同预警级别的阈值或定性判据，并在危险事件形成前提供一定程度的遏制或减缓方案。

预警管理的起源可以追溯到 19 世纪末期，最初多出现在经济学领域。早在 1888 年的巴黎统计学大会上，就出现了以不同颜色作为经济状态评价的报告。20 世纪 30 年代，经济监测预警系统再度兴起，到 20 世纪 50 年代不断改进、发展并开始进入实际应用时期，美、日、英等国都建立了自己的一套经济预警系统。预警管理适用的领域很广：宏观上说，除了经济领域，在能源、环境和交通等领域也开始进行预警管理的研究与实施；微观上说，既可以在企业层面，也可以在大型临时性活动中根据现场情况进行预警，比如人群密度、人群流动速度的预警等。

2. 预警机制

预警机制是指能灵敏、准确地告示危险前兆，并能及时提供警示，使机构能采取有关措施的一种制度。预警机制的作用在于能超前反馈、及时布置、防风险于未然，最大限度地降低事故对生命和财产造成的侵害和损失。在构建预警机制过程中，需要综合考虑以下因素。

① 处理好点与面之间的关系。既要做到重点突出，又要防止顾此失彼。

② 处理好社会敏感与实际危害之间的关系。虽然两者之间具有一定的相关性，但社会敏感的突发公共事件未必就是危害性重大的事件；反之，亦然。

③ 处理好高发生概率与高危险之间的关系。有些事故发生概率很高，但危险性却未必高。而有些事故危险性很大，未必风险大，二者之间缺乏必然的联系。

④ 处理好预警机制的硬件与软件之间的关系。任何有效的预警机制都是由硬件（如设备、设施等）与软件（如技术、制度、政策、管理等）组成，实际建立中需要理顺二者之间的关系。

⑤ 防止重复投资，造成资源的浪费。

3. 预警管理的任务与特点

预警管理的任务是对各种事件征兆的监测、识别、诊断与评价，及时报警，并根据预警分析的结果对事故征兆的不良趋势进行矫正、预防与控制。其目标是通过对安全生产活动和安全管理进行监测与评价，警示安全生产过程中所面临的危害程度。预警管理在完成上述任务的基础上，具有以下特征。

（1）快速性

建立的预警系统应能够灵敏快速地进行信息搜集、传递、处理、识别和发布，这一系统的任何一个环节都必须建立在“快速”的基础上，失去了快速性，预警就失去了意义。例如，事故预警尚未发出，事故很可能已经发生，根本来不及发布事故警报，也不可能实施预控，事故预警这个“报警器”就没有发挥任何作用。

（2）准确性

预警不仅要求快速搜集和处理信息，更重要的是要对复杂多变的信息作出准确的判断。判断是否正确，关系到整个预警的成败。要在短时间内对复杂的信息作出正确判断，必须事先针对各种事故制定出科学、实用的信息判断标准和确认程序，并严格按照制定的标准和程序进行判断，避免信息判断及其过程的随意性。

（3）公开性

事故信息一经确认，就必须客观、如实地向企业和社会公开发布。因为控制事故发展和应急救援需要企业、社会的力量。由于事故的发生取决于人、机、环境、管理等多种复杂因素的影响，而预警预报无疑是减少事故发生的先决条件和有效手段之一。

（4）完备性

预警系统应能全面收集与事故相关的各类信息，从不同角度、不同层面全过程地分析事故的发展态势。

（5）连贯性

要想使预警分析不得出孤立、片面的错误结论，预警系统的每一次分析应以上次的分析为基础，紧密衔接，才能确保预警分析的连贯和准确。

4. 预警管理体系的构成

一个完整的预警管理体系应由外部环境预警系统、内部管理不良预警系统、预警信息管理系统和事故预警系统构成，其构成要素框架如图 6-2 所示。

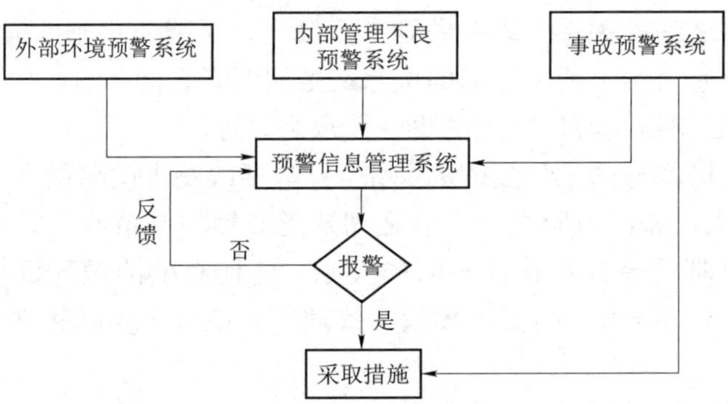

图 6-2　预警管理体系构成要素框架

1）外部环境预警系统

外部环境预警系统主要由自然环境突变的预警、政策法规变化的预警、技术变化的预警等构成。

（1）自然环境突变的预警

生产活动所处的自然环境突变诱发的事故，一方面是由自然灾害所造成的；另一方面，人类活动的破坏所造成的环境突变（如环境污染、社会治安等）反过来又导致安全生产事故的发生，对这些对象进行监测和警报是预警管理系统的基本内容之一。

（2）政策法规变化的预警

国家对行业政策的调整、法规体系的修正和变更，对安全生产管理影响非常大，应经常予以监测。

（3）技术变化的预警

现代安全生产的一个重要标志是对科学技术进步的依赖性越来越大，如现代交通运输系统，不仅涉及各种交通运输专业技术，而且也需要有防火防爆技术、计算监测技术、辨识和诊断技术等。因而预警管理体系应当关注技术创新、技术标准变动等的预警。

2）内部管理不良预警系统

内部管理不良预警系统主要由质量管理预警、设备管理预警、人的行为活动管理预警等构成。

（1）质量管理预警

质量管理预警就是针对生产过程中存在的质量问题，质量水平提高过程中的不当、错误、失误现象进行预警。质量管理预警系统应当建立在管理信息系统、数据库技术、专家系统技术及质量安全监控于一体的智能化管理系统之上。

（2）设备管理预警

设备管理预警对象是指生产过程中各种设备的维修、操作、保养等活动。该系统的主要功能是对设备资料数据的搜集和整理、设备使用情况的检查和评价、设备维修及时性评价、设备检修质量合格率的监督、设备工作时对环境污染的安全度评价、设备管理的预警对策等。

（3）人的行为活动管理预警

人的行为活动管理预警对象主要是指思想上的疏忽、知识和技能欠缺、性格上的缺陷、心理和生理弱点等。该预警系统的主要功能是收集有关人的活动信息，进行识别与选择，对人的行为活动进行评价与分析，对人的不良行为进行预警。

3）预警信息管理系统

预警信息管理系统以管理信息系统（MIS）为基础，专用于预警管理的信息管理，主要是监测外部环境与内部管理的信息。预警信息管理包括信息收集、处理、辨伪、存储、推断等过程，其流程如图6-3所示。

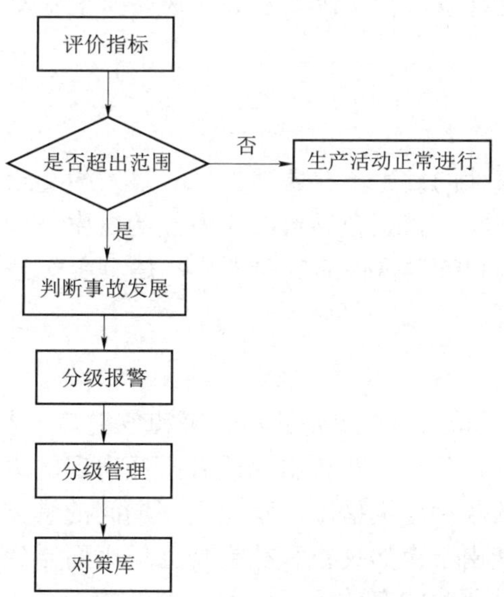

图6-3 预警信息管理的流程

4）事故预警系统

事故预警系统的主要任务是当事故难以控制时，作出警告和对策措施建议，是集计算机技术与专家系统技术为一体的智能化系统。因此，事故预警系统是以管理信息系统为基础，完成信息收集、处理、辨识、存储和推断等任务。

5. 预警管理体系的构建原则

事故的发生和发展是由于人的不安全行为、物的不安全状态及管理的缺陷等方面相互作用的结果，因此在事故预警管理战略上，应针对事故特点建立预警系统。在构建预警管理体系时，需以信息论、控制论、决策论及系统论为基础，建立科学标准化的预警系统，其遵循的原则应包括以下几点。

（1）及时性原则

实行事故预警的出发点是“居安思危”，即事故还在孕育和萌芽的时期，就能够通过细致的观察和研究，防微杜渐，提早做好各种防范的准备。预警系统只有及时地监测出异常情况，并将它及时地报告，才能及时采取有效措施，最大限度减少经济损失和人员伤亡。

（2）全面性原则

预警就是要对生产活动的各个领域进行全面监测，及时发现各个领域的异常情况，尽最大努力保证生命财产的安全，这是建立预警机制的宗旨。全面性原则主要体现在监测、识别、判断、评价和对策预警系统方面。

（3）高效性原则

鉴于事故的不确定性和突发性，预警机制必须以高效率为重要原则。只有如此，才能对各种事故进行及时预告，并制定合理适当的应急救援措施。

（4）引导性原则

预警基本功能是预测事故的发生和警示，不能说考虑到可能引起社会动荡就隐匿有关信息。预警正是在某种灾害、突发公共事件降临之前，提醒或引导人们应该怎么做或应该采取什么态度去应付和处理，这样既减少了因盲从、跟风带来的被动和生命、财产的损失，又是尊重公民基本权利的体现。

6.1.2 应急管理

交通事故及其他突发事件的发生具有偶然性，一旦发生会给人们的生命财产及交通运输系统的正常运营造成巨大影响，甚至会导致二次事故的发生。因此，如何对应急实施有效的管理，尽量预防和减少事故和突发事件的负面影响，是交通安全管理的重要内容之一。

1. 基本概念

1）应急管理

应急管理（emergency management）是针对灾害和危机等突发事件进行预防监测、应急处置和恢复重建的全过程管理，是指对即将出现或者已经出现的灾害而采取的一系列必要的救援措施，包括灾害发生前的各种备灾措施、紧急灾害期间的具体行动、灾害发生后的救灾工作，防止、避免和减少可能由于自然灾害和社会相互作用而导致灾害出现的减灾措施等。其目的就是尽最大可能地通过科学的有效组织协调，来保护人民生命及财产安全，将经济财产损失降到最低程度，促进社会和谐健康发展。

应急管理的内涵包括预防、预备、响应和恢复 4 个阶段。预防是指从应急管理的角度出发，防止突发事件或事故的发生、避免应急行动的相关工作；预备是指事故发生前采取的行动，目的是应对事故的发生，并提高应急行动能力、推进有效的响应工作，主要任务为制定应急预案及完善应急保障系统；响应是指事故发生后立即采取的行动，目的是保护生命、将财产损失降至最低程度；恢复在响应结束后立即进行，目的是使交通运营恢复到正常状态或得到进一步改善。

2）突发事件

突发事件（emergency event）是指突然发生，造成或者可能造成严重社会危害，需要采取应急处置措施予以应对的自然灾害、事故灾难、公共卫生事件和社会安全事件。

突发事件具有突发性、紧迫性、复杂性、不确定性、危害性等特点。突发事件的发生突然，其发展也非常迅速，随着突发事件的发展、演变，它所造成的损失可能会越来越大。因此，需要通过建立和发展应急管理体系，提高应急管理能力，实现突发事件快速应对。

3）应急预案

应急预案（应急计划）是指针对可能发生的突发事件和重大事故，为保证迅速、有序、有效地开展应急与救援行动，降低突发事件（重大事故）损失而预先制订的计划或方案。它是在辨识和评估潜在的突发事件（重大事故）发生可能性、发生过程、发生后果及影响严重程度的基础上，对应急机构的职责、人员、技术、装备、设施（备）、物资、救援行动、指挥与协调等方面预先作出的具体安排。

应急预案明确了在突发事件、重大事故发生之前、发生过程中及刚刚结束之后，谁负责做什么，何时做，以及相应的策略和资源准备等。

2. 应急管理体系

应急管理体系主要由组织体制、运行机制、法制基础及保障系统组成，其结构如图 6－4 所示。

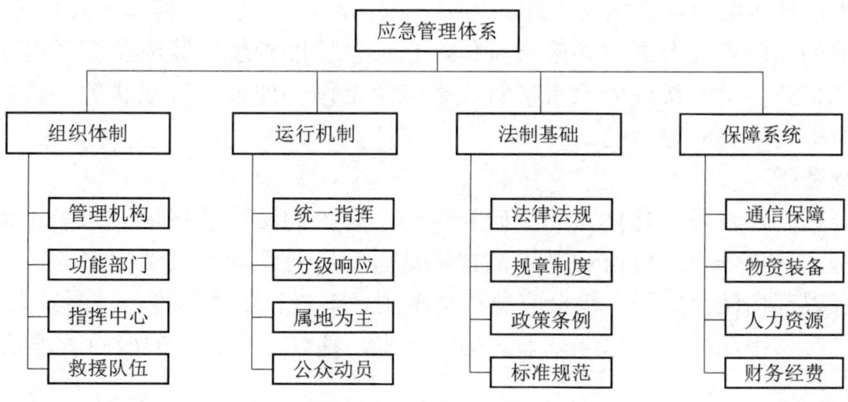

图 6－4　应急管理体系结构图

（1）组织体制

应急组织体制建设包括管理机构、功能部门、指挥中心和救援队伍等内容。由于行政管理体制与法律制度不同，各发达国家在应急管理组织机构的设置与职能上，也不尽相同，可归纳为两类：一类是建立综合性强的应急管理机构，实行集权化和专业化管理，统一应对和处理危机，代表性的国家是美国、俄罗斯、日本等；另一类是实行分权化和多元化管理，在应急管理中实行多部门参与和合作，代表性的国家是英国、德国、澳大利亚、新西兰等。

例如，图6-5为美国应急管理的组织机构体系，包括联邦、州、县、市、社区5个层次的应急管理与响应机构，比较全面地覆盖了美国本土各个领域。

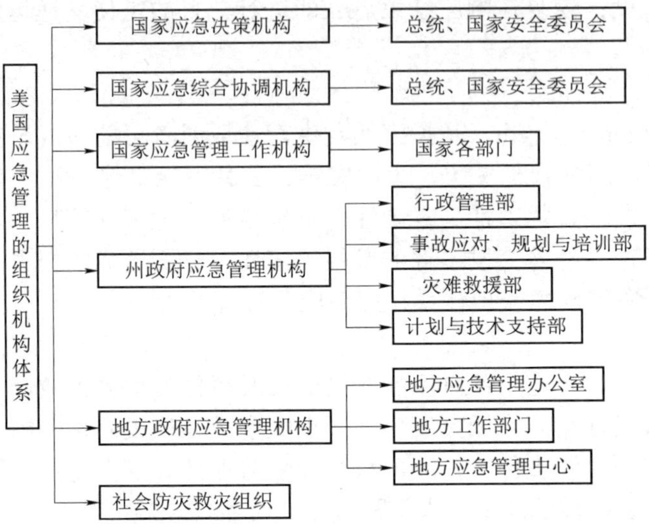

图6-5 美国应急管理的组织机构体系

国家级应急管理中心主要负责制定灾害应急管理方面的政策和法律，组织协调重大灾害应急救援，提供资金和科学技术方面的支持，组织开展应急管理的专业培训，协调外国政府和国际救援机构的援助活动等；州政府主要负责制定州一级的应急管理和减灾规划，建立和启动州级的应急管理中心，监督和指导地方应急机构开展工作，组织动员国民警卫队开展应急行动，在遇到重大灾害时及时向联邦政府提出援助申请；地方政府（县、市级）承担灾害应急一线职责，具体组织灾害应急工作。当灾害发生时，根据灾害应急管理职责和运作程序，由灾害发生地的政府首先开展灾害应急工作，当灾害发展到超过其应急管理权限和应对能力时，则逐级上报并由上一级政府负责接管灾害应急工作。如果灾害威胁大、影响面广，可直接由高层组织机构启动应急行动。

（2）法制基础

应急法制基础建设是应急体系的基础和保障，有关的法律法规可分为紧急状态法、应急救援管理条例、政府法令和标准。基于法律法规进行应急管理是发达国家的成功经验，应急管理的所有权限都由法律赋予，包括应急预案编制、审核和备案制度，信息发布和报告制度，应急救援制度等，都应通过法律法规形式确定下来，建立一套完善的应急管理法律体系。

（3）运行机制

应急运行机制包括统一指挥、分级响应、属地为主和公众动员。交通事故的应急处置过程，应严格遵守各项事故救援规章制度，坚持事故应急处置的统一集中指挥和多部门配合的原则。

（4）保障系统

应急保障系统包括通信保障、物资装备、人力资源和财务经费等。救援列车、救援队等专业应急救援队伍的培训和教育、救援设备的采购和维护、应急资金的合理配备和使用等共同构成了交通应急保障资源。

3. 中国应急管理的发展

1997 年 7 月，化学工业部发布了《关于实施化学事故应急救援预案加强重大化学危险源管理的通知》，首次提出了“化学事故应急救援预案编写提纲”。

2002 年 6 月，我国颁布了《安全生产法》，明确要求生产单位的主要负责人有组织制定并实施本单位的生产安全事故应急救援预案的职责，生产经营单位对重大危险源应登记建档，进行定期检测、评价、监控，并制定应急预案。

自 2003 年 SARS 暴发以来，国家投入很大力量组织制定国家突发公共事件总体应急预案、专项应急预案和部门应急预案。

2004 年 9 月，十六届四中全会明确提出：要建立健全社会预警体系，形成统一指挥、功能齐全、反应灵敏、运转高效的应急机制，提高保障公共安全和处置突发事件的能力。

2006 年 1 月 8 日，国务院发布了《国家突发公共事件总体应急预案》，对自然灾害、事故灾难、公共卫生事件和社会安全事件等 4 类突发公共事件，根据事件性质、严重程度、可控性和影响范围等因素分为Ⅰ级（特别严重）、Ⅱ级（重大）、Ⅲ级（较大）和Ⅳ级（一般），并建立了“红、橙、黄、蓝” 4 级预警。图 6-6 为特别重大突发事件应急管理工作流程示意图。

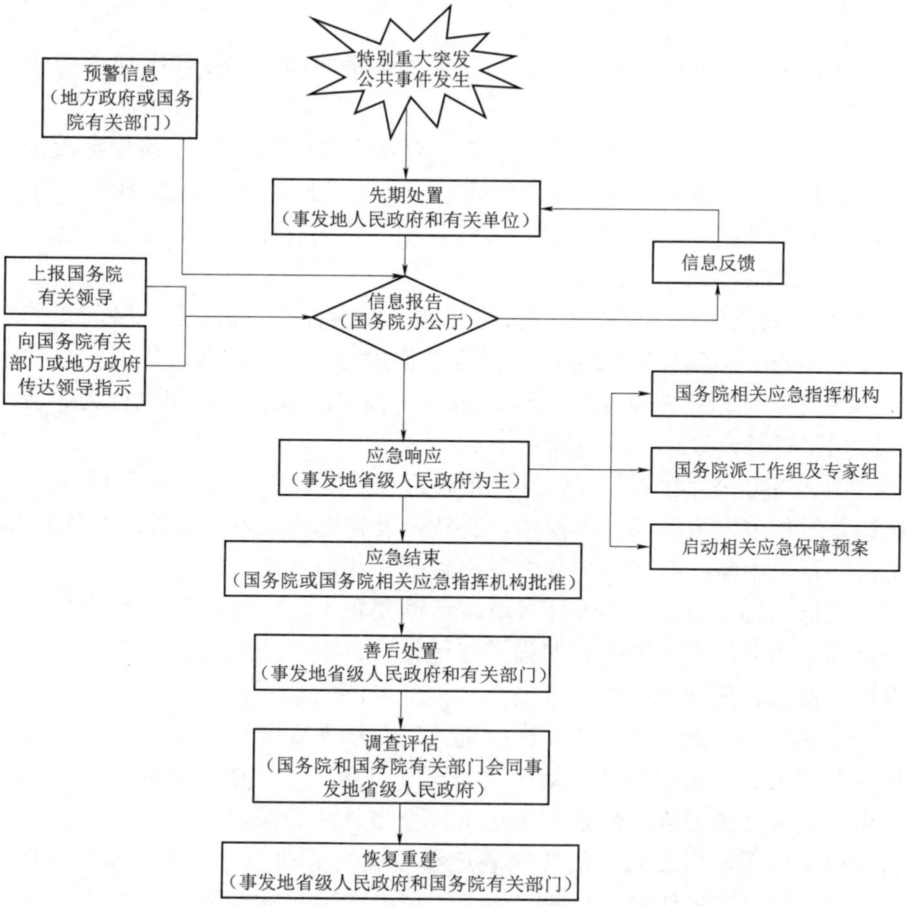

图 6-6　特别重大突发事件应急管理工作流程示意图

2006 年 1 月，国务院颁布了《国家安全生产事故灾难应急预案》《国家处置铁路行车事故应急预案》《国家处置民用航空器飞行事故应急预案》《国家海上搜救应急预案》《国家处置城市地铁事故灾难应急预案》《国家处置电网大面积停电事件应急预案》《国家核应急预案》《国家突发环境事件应急预案》《国家通信保障应急预案》等 9 个灾难类突发公共事件专项应急预案，初步形成了全国应急预案体系，应急管理体系建设加快推进。

2014 年，我国成立了国家安全委员会并提出了“总体国家安全观”，标志着我国开始从国家战略的高度来决策部署应急管理工作。十九大后成立了应急管理部和国家综合性消防救援队伍，开启了我国应急管理事业的新时代，我国应急管理主体机构变更为国安办、应急管理部（事故灾难、自然灾害）、公安部（社会治安）、卫健委（公共卫生），建立起一套涵盖四大类突发事件的管理体系。

2019 年，十九届四中全会要求构建“统一指挥、专常兼备、反应灵敏、上下联动”的应急管理体制。

2020 年，十九届五中全会提出：统筹发展和安全，建设更高水平的平安中国。坚持总体国家安全观，实施国家安全战略，把安全发展贯穿国家发展各领域和全过程，防范和化解影响我国现代化进程的各种风险。两次全会精神将我国的应急管理体系建设提升到了举足轻重的战略位置，不断加强国家的安全能力建设，走出一条具有中国特色的国家安全道路。

在交通运输领域应急管理方面，一系列规定和预案的颁布，使我国交通应急管理体系逐渐完善。

2008 年，公安部颁布实施了《高速公路交通应急管理程序规定》。该规定根据道路交通中断造成车辆滞留的影响范围和严重程度，将高速公路交通应急响应从高到低分为一级、二级、三级和四级，建立统一指挥、分级负责、部门联动、协调有序、反应灵敏、运转高效的高速公路交通应急管理机制。

2009 年 4 月，交通运输部制定了《公路交通突发事件应急预案》，各省市的交通主管部门也陆续下发交通及其运输保障应急预案或应急保障行动方案，来指导突发事件下公路应急运输工作。2009 年，交通运输部从应急运行机制、预案的可操作性和执行力、应急保障能力建设等方面对预案进行修订。

2015 年，国务院办公厅颁布了《国家城市轨道交通运营突发事件应急预案》。该预案对城市轨道交通运营过程中发生的因列车撞击、脱轨，设施设备故障、损毁，以及大客流等情况，造成人员伤亡、行车中断、财产损失的突发事件提出相应的应对措施。

2018 年，交通运输部办公厅颁布了《道路运输突发事件应急预案》，健全完善了道路运输突发事件应急预案体系，更加规范和加强道路运输突发事件的应急管理工作，有效应对道路运输突发事件，保障人民群众生命财产安全，恢复道路运输正常运行。

2018 年，交通运输部颁布了《城市轨道交通运营管理规定》。规定城市轨道交通所在地城市及以上地方各级人民政府应当建立运营突发事件处置工作机制，明确相关部门和单位的职责分工、工作机制和处置要求，制定完善运营突发事件应急预案。

在交通运输领域国家层面颁布的各项规定和预案的基础上，各地方政府也相继出台适应于本省、市、地区的突发事件应急预案。如《北京市道路突发事件应急预案》（2018）、《河北省交通运输厅道路运输突发事件应急预案》（2018）、《辽宁省道路运输突发事件应急预案》

（2021）、《天津市交通运输委员会突发事件综合应急预案》（2021）；《城市轨道交通突发事件应急预案》（2016）、《上海市轨道交通运营突发事件应急预案》（2020）等。这表明我国交通运输领域突发事件应急管理正走在一条快速、规范、科学的发展道路上。

6.2 预警系统的组成与实现

预警系统是建立预警机制的基础，它是在预警原理指导下，以事故现象的成因、特征及其发展作为研究对象，运用现代系统理论和预警理论，构建对同性质灾害事故能够起到“免疫”，并能够预防和“矫正”各种事故现象的一种“自组织”系统。预警系统也是一种以警报为导向，以矫正为手段，以免疫为目的的防错、纠错系统。

6.2.1 预警系统的组成

预警系统主要由预警分析系统和预控对策系统两部分组成。预警分析系统的作用是完成预警功能，主要由监测系统、预警信息系统、预警评价指标体系系统、预测评价系统等组成；预控对策系统根据具体警情确定控制方案，完成对事故的控制功能。

1. 监测系统

监测系统是预警系统的硬件部分，通过采集监测对象（如温度、压力、液位等）传感器的输出信号，将信号经过模拟/数字转换后形成数字信号输出，通过传输设施（同轴电缆、控制线、电源线、双绞线等）送入计算机进行处理，处理结果输出到操作控制台的显示器、监控系统大屏幕、记录仪、打印机等外围设备上。监测系统主要完成实时信息采集，并将采集信息存入计算机，供预警信息系统分析使用，其功能是采用各种监测手段获得有关信息和运行数据。

2. 预警信息系统

预警信息系统负责对信息进行存储、处理、识别，主要由信息网、中央信息处理系统和信息推断系统组成。信息网进行信息搜集、统计与传输；中央信息处理系统存储、处理从信息网传入的各种信息，并进行综合、甄别和简化；信息推断系统对缺乏的信息进行判断，并进行事故征兆的推断。这 3 个系统有机地结合，以完成预警信息系统以下的功能。

（1）信息收集

通过对各种实时监测信息来源进行组合和相互印证，使零散信息转变为整体化的具有预报性的可靠信息。

（2）信息处理

对各种监测信息进行分类、整理与统计分析，使之成为可用于预警的有用信息。

（3）信息辨伪

伪信息往往会导致预警系统的误警和漏警发生，它所产生的风险比信息不全更加严重。因此，对于初始信息不能直接应用，必须加以辨伪，去伪存真。信息辨伪的方法有以下 5 种：

① 进行多种来源信息的比较印证，如果相互之间存在矛盾，则必定是信息来源有误；

② 分析信息传输过程，以弄清信息所反映的时间点，并分析传输中可能出现的失误；

③ 进行事理分析，如果信息与事理明显相悖，信息来源有伪；

④ 反证性分析，即建立信息与目前事件状态之间的关系，然后由目前事件反证原有信息，若反证结果与原有信息误差较大，则证明信息来源有误或过时；

⑤ 不利性反证，即假定信息为真，然后分析在这种假设下可能出现的不利情况，若这种不利情况很多很严重，则这种信息应慎用。

（4）信息存储

信息存储的目的是进行信息积累以备用，应不断更新与补充。

（5）信息推断

利用现有信息或缺乏的信息进行判断，并进行事故征兆的推断。

3. 预警评价指标体系系统

预警评价指标体系系统主要完成评价指标的选取、预警准则和阈值的确定，其目的是使信息定量化、条理化和可操作化。

预警评价指标是指能敏感地反映危险状态及存在问题的指标，可分为潜在指标和显现指标两类。潜在指标主要用于对潜在因素或征兆信息定量化，显现指标则主要用于显现因素或现状信息的定量化，但在实际预警指标选取上主要考虑人、机、环境、管理等方面的有关因素。建立预警评价指标是预警系统开展识别、诊断、预控等活动的前提，是预警管理活动中的关键环节之一。

（1）建立预警评价指标的原则

① 灵敏性。指标能准确敏感地反映危险源的真实状态。

② 科学性。指标的选择、指标权重的确定、数据的选取、计算必须以公认的科学理论为依据，使指标既满足全面性和相关性要求，又能避免指标之间的相互重叠。

③ 动态性。事故发生过程本身是一个动态过程，因而要求评价指标应具有动态性，综合反映事故发展的趋势。

④ 可操作性。尽量利用现有统计资料及有关企业、行业的安全规范和标准。

⑤ 引导性。评价指标要体现所在行业的总体战略目标，以规范和引导企业未来发展的行为和方向。

⑥ 预见性。预警指标应选定能反映现状和预示未来的指标。

（2）预警评价指标的内容

预警评价指标的内容如表 6－1所示。

表 6－1 预警评价指标的内容

<table>
<tr><td rowspan="3">人的安全可靠性指标</td><td>生理因素</td><td>年龄、疾病、身体缺陷、疲劳、感知器官等</td></tr>
<tr><td>心理因素</td><td>性格、气质、情绪、情感、思想等</td></tr>
<tr><td>技术因素</td><td>经验、操作水平、紧急应变能力等</td></tr>
<tr><td rowspan="2">生产过程的环境安全性指标</td><td>内部环境</td><td>作业环境：作业场所的温度、湿度、采光、照明、噪声、振动等
内部社会环境：企业内部的政治、经济、文化、法律等</td></tr>
<tr><td>外部环境</td><td>自然环境：自然灾害、季节因素、气候因素、时间因素、地理因素等
社会环境：政治环境、经济环境、技术环境、法律环境、管理环境、家庭环境、社会风气等</td></tr>
</table>

续表

安全管理有效性指标	安全组织	安全计划、方针目标、行政管理
	安全法制	安全生产相关法规、规章制度、作业标准等
	安全信息	指令信息、动态信息、反馈信息等
	安全技术	管理方法、技术设备等
	安全教育	职业培训、安全知识宣传等
	安全资金	资金数量、资金投向、资金效益等
机（物）安全可靠性指标		设备运行不良、材料缺陷、危险物质、能量、安全装置、保护用品、储存与运输、各种物理参数（温度、压力、浓度等）

4. 预测评价系统

预测评价系统是指对评价对象的选择，根据预警准则选择预警评价方法，给出评价结果，根据危险级别状态进行报警。

1）评价对象

从安全系统原理的角度出发，预警系统中评价对象是导致事故发生的人、机、环境和管理等方面的因素；从事故的发展规律来看，评价对象也是生产过程中“外部环境不良”和“内部管理不善”等方面因素的综合。

2）预警方法

根据对评价指标的内在特性的了解程度，预警方法有指标预警、因素预警、综合预警 3 种形式。

（1）指标预警

指标预警是指根据预警指标数值大小的变动来发出不同程度的报警。如图 6–7 所示，设要进行报警的指标为 x，其安全区域为（x_a，x_b），初等危险区域为（x_c，x_a］和［x_b，x_d），高等危险区域为（x_e，x_c］和［x_d，x_f），则预警准则如下：

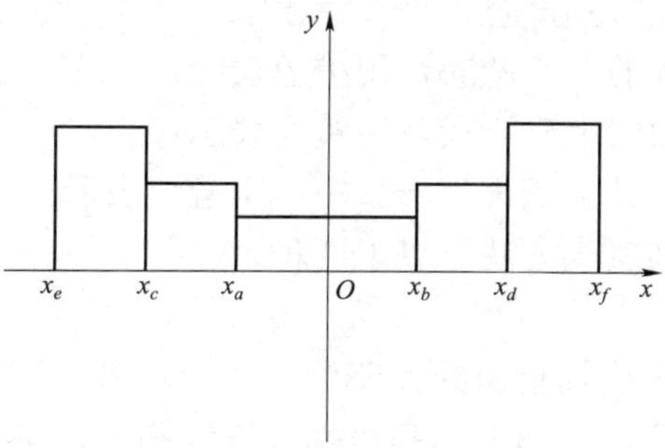

图 6–7 指标预警分级图

当 $x_a<x<x_b$ 时，不发出报警；

当 $x_c<x\leqslant x_a$ 或 $x_b\leqslant x<x_d$ 时，发出三级报警；

当 $x_e<x\leqslant x_c$ 或 $x_d\leqslant x<x_f$ 时，发出二级报警；

当 $x\leqslant x_e$ 或 $x\geqslant x_f$ 时，发出一级报警。

（2）因素预警

当某些因素无法采用定量指标进行报警时，可以采用因素预警。该预警方法相对于指标预警是一种定性预警，是一种非此即彼的警报方式。例如，在安全管理中，当出现人的不安全行为、管理上的缺陷时，发出报警。预警准则如下：

- 因素 x 出现时，发出报警；
- 因素 x 不出现时，不发出报警；
- 当预警指标 x 属于随机因素，则须用概率的形式进行报警。

（3）综合预警

将上述两种结合起来，并把诸多因素综合进行考虑，便得出一种综合报警模式。

3）预警阈值和准则

预警阈值的确定既要防止误报又要避免漏报。如果采用指标预警，一般可根据具体规程设定阈值，或者根据具体实际情况确定适宜的阈值；如果采用综合预警，一般根据经验和理论来确定预警阈值（综合指标临界值）。当综合指标值接近或达到这个阈值时，就意味着将有事故出现，可以将此时的综合指标值确定为预警阈值。

预警准则是指一套判别标准或原则，用来决定在不同预警级别情况下，是否应当发出警报及发出何种程度的警报。预警准则的设置要把握尺度，如果准则设计过松，则会使得有危险而未能发出警报，造成漏警现象，从而削弱了预警的作用；如果预警准则设置过严，则会导致不该发出警报时却发出了警报，导致误警，会使相关人员虚惊一场，多次误警会导致相关人员对报警信号失去信任。

4）预警系统信号输出及级别

对评价对象经过监测、识别、诊断、预测等活动过程后，预警系统需要对整个生产活动的安全状况作出评估，即预警系统信号输出和预警级别的给出，是预警活动的重要成果之一。预警信号一般采用国际通用的颜色表示不同的安全状况，按照事故的严重性和紧急程度，颜色依次为蓝色、黄色、橙色、红色，分别代表安全、一般、严重和特别严重 4 种级别（Ⅳ、Ⅲ、Ⅱ、Ⅰ级）。4 级预警如下：

Ⅰ级预警，表示安全状况特别严重，用红色表示；

Ⅱ级预警，表示受到事故的严重威胁，用橙色表示；

Ⅲ级预警，表示处于事故的上升阶段，用黄色表示；

Ⅳ级预警，表示生产活动处于正常生产状态，用蓝色表示。

一般信号输出和预警级别表示方法有以下两种。

（1）时序性预警信号输出

时序性预警级别反映了连续且全面的预警信息波动趋势。例如，生产过程中物理参数监测的数据变化，直接反映了危险性的大小和级别。该级别确定是以横坐标为时间坐标，一般设定为生产周期，或季、月为规定的间隔区，纵坐标设定为预警信号数值的定时输出。图 6-8 为一年中每月预警级别信号输出示意图。

（2）安全风险预警信号输出

通过对生产活动过程中以实体形态存在的第一类危险源状态信息和以第二类危险源状态信息为基础，进行信息的识别、诊断、评价。根据事故的严重程度和可能性给出安全风险预警级别，如图 6-9 所示。

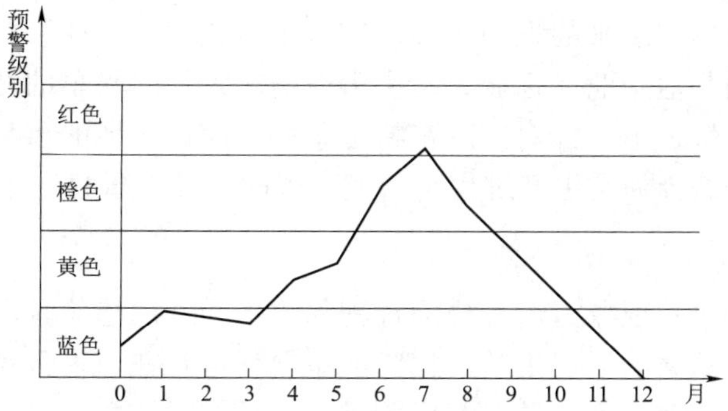

蓝色—安全（Ⅳ级）；黄色—一般（Ⅲ级）；橙色—严重（Ⅱ级）；红色—特别严重（Ⅰ级）

图 6－8　一年中每月预警级别信号输出示意图

可能性 \ 严重程度	可忽略的	局部性的	区域性的	灾难性的
经常发生的	Ⅲ	Ⅱ	Ⅰ	Ⅰ
偶然发生的	Ⅳ	Ⅲ	Ⅱ	Ⅰ
很少发生的	Ⅳ	Ⅲ	Ⅱ	Ⅰ
几乎不发生的	Ⅳ	Ⅲ	Ⅱ	Ⅰ

图 6－9　安全风险预警级别

6.2.2　预警系统的实现

完善的预警系统为实现事故预警提供了物质基础，预警系统通过预警分析和预控对策实现事故的预警和控制，预警分析完成监测、识别、诊断与评价功能，而预控对策完成对事故征兆的不良趋势进行纠错和治错的功能。

1. 监测

监测是预警活动的前提，监测的任务包括以下两个方面。

① 对安全系统中的薄弱环节和重要环节进行全方位、全过程的监测。

② 对大量的监测信息进行处理（整理、分类、存储、传输），建立信息档案，进行历史的和技术的比较。即通过对历史数据、即时数据的整理、分析、存储，建立预警信息档案，将监测信息及时、准确地输入下一个预警环节。

2. 识别

识别是运用评价指标体系对监测信息进行分析，以识别安全系统中各类事故征兆、事故诱因，以及将要发生的事故活动趋势。识别的主要任务是应用“适宜”的识别指标，判断已经发生的异常征兆、可能的连锁反应。所谓“适宜”，是针对本企业（或行业）事故的基本情况和事故的发展趋势而建立起来的识别指标，它既不是企业（行业）已发生事故的简单的历史纵向比较，也不是同其他企业（行业）发生事故情况进行的简单的社会横向比较，而是在横向纵向比较的双重评价之下，针对生产在特定条件下应该实现的事故控制绩效，结合企业外部环境的安全状态，综合判定生产过程是否发生或即将发生事故现象。

3. 诊断

对已被识别的各种事故现象，进行成因过程的分析和发展趋势预测，可以明确哪些现象是主要的，哪些现象是从属的、附生的。诊断的主要任务是在诸多致灾因素中找出危险性最高、危害程度最严重的主要因素，并对其成因进行分析，对其发展过程及可能的发展趋势进行准确定量的描述。

4. 评价

对已被确认的主要事故征兆进行描述性评价，以明确生产活动在这些事故征兆现象冲击下会遭受什么样的打击，判断此时生产所处状态是正常、警戒，还是危险、极度危险、危机状态，并把握其发展趋势，在必要时准确报警。

监测、识别、诊断、评价这 4 个环节的预警活动，是前后顺序的因果联系。监测是预警系统开展的前提，没有明确和准确的监测信息，后面 3 个环节的活动就是盲目的，甚至是无意义的；识别是预警系统至关重要的环节，实现事故现象的判别，使企业生产安全管理在繁杂多变的致灾因素中能确定预警工作重点，也使诊断和评价活动有明确的目标；诊断和评价是预警系统中技术性的分析过程，是指对主要事故现象的成因与过程进行分析，以及对事故损失后果进行评价，可使企业在采取预控对策或者危机管理对策时有科学的判断依据。

整个预警系统的工作过程，呈现一种前后有序、因果关联的关系。监测信息系统是整个预警管理系统所共享的，识别、诊断、评价这 3 个环节的结果将以信息方式存入监测系统中。这 4 个环节所使用的评价指标，也具有共享性和统一性。

6.3 应急预案管理

6.3.1 应急预案的分类和结构

1. 应急预案分类

按预案的适用对象范围，可以将应急预案分为综合预案、专项预案和现场预案 3 类，从而保证预案文件体系的层次清晰和开放性。

（1）综合预案

综合预案是整体预案，它从总体上阐述应急方针、政策、应急组织结构及相应的职责，应急行动的总体思路等。通过综合预案可以很清晰地了解应急体系及预案的文件体系，更重要的是，可以作为应急救援工作的基础和“底线”，即使对那些没有预料到的紧急情况，也能起到一般的应急指导作用。

（2）专项预案

专项预案是针对某种具体的、特定类型的紧急情况，如铁路列车冲突、脱轨、火灾、爆炸、恐怖袭击等的应急而制定的。专项预案是在综合预案的基础上，充分考虑了某特定灾害的特点，对应急的形式、组织机构、应急活动等进行更具体的阐述，具有较强的针对性。

（3）现场预案

现场预案是在专项预案的基础上，根据具体情况而编制的。它是针对特定具体场所的特殊危险及周边环境情况，在详细分析的基础上，对应急救援中的各种情况作出具体、周密而细致的安排，因而具有更强的针对性和对现场具体救援活动的指导性。

2. 应急预案的基本结构

各类交通应急预案因层次和应用范围不同其侧重点和表现形式不同，但都可以采用相似的基本结构，即基于应急任务或功能的“1+4”预案编制结构。“1”指的是基本预案，“4”指的是应急功能设置、标准操作程序、特殊风险预案和支持附件，如图 6－10 所示。

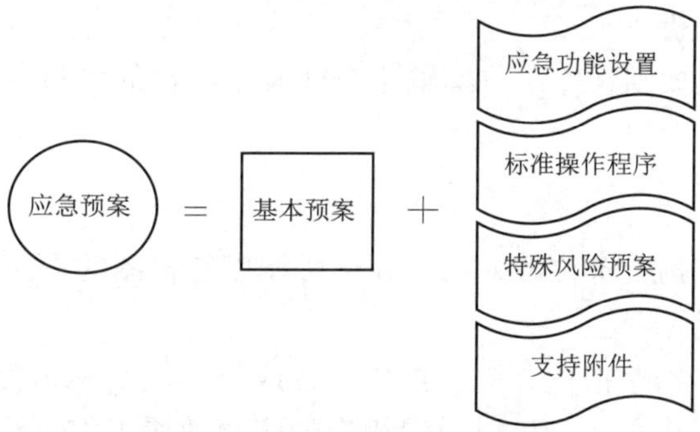

图 6－10　应急预案的基本结构

基本预案是应急预案的总体描述，主要阐述应急预案所要解决的紧急情况，应急的组织体系、方针、应急资源，应急的总体思路，并明确各级组织在应急工作行动中的职责等。

应急功能设置是针对在各类重大事故中采取的一系列基本应急行动和任务而编写的计划。

标准操作程序主要是针对每个应急活动执行部门，在进行具体应急活动时所规定的操作标准。

特殊风险预案是指根据各类事故灾难、灾害特征，需要对其应急功能作出针对性安排的特殊预案。

支持附件主要包括应急救援的有关支持保障系统的描述及有关的附图表。

6.3.2　应急预案的内容

应急预案是针对可能发生的各类重大事故所需的应急准备和应急行动而制定的指导性文件，总体上一个完整的应急预案大致包括下列核心内容。

1. 总则

（1）编制目的

简述应急预案编制的目的、作用等。

（2）编制依据

简述应急预案编制所依据的法律法规、规章，以及有关行业管理规定、技术规范和标准等。

（3）适用范围

说明应急预案适用的区域范围及事故的类型、级别。

（4）应急预案体系

说明本单位应急预案体系的构成情况。

（5）应急工作原则

说明本单位应急工作的原则，内容应简明扼要、明确具体。

2. 运输生产单位的危险性分析

（1）运输生产单位概况

运输生产单位概况主要包括单位地址、业务范围、从业人数、隶属关系，以及重大风险源、重要设施、目标、场所和周边布局情况。必要时，可附平面图进行说明。

（2）风险源与风险分析

风险源与风险分析主要阐述本单位运输生产业务中存在的风险源及风险分析结果。

3. 组织机构及职责

（1）应急组织体系

明确应急组织形式、构成单位或人员，并尽可能以结构图的形式表示出来。

（2）指挥机构及职责

明确应急救援指挥机构总指挥、副总指挥、各成员单位及其相应职责。应急救援指挥机构根据事故类型和应急工作需要，可以设置相应的应急救援工作小组，并明确各小组的工作任务及职责。

4. 预防与预警

（1）风险源监控

明确本单位对风险源监测监控的方式、方法及采取的预防措施。

（2）预警行动

明确事故预警的条件、方式、方法和信息的发布程序。

（3）信息报告与处置

按照有关规定，明确事故及未遂伤亡事故信息报告与处置办法。

① 信息报告与通知：明确24小时应急值守电话、事故信息接收和通报程序。

② 信息上报：明确事故发生后向上级主管部门和地方人民政府报告事故信息的流程、内容和时限。

③ 信息传递：明确事故发生后向有关部门或单位通报事故信息的方法和程序。

5. 应急响应

（1）响应分级

针对事故危害程度、影响范围和单位控制事态的能力，将事故分为不同的等级。按照分级负责的原则，明确应急响应级别。

（2）响应程序

根据事故的大小和发展态势，明确应急指挥、应急行动、资源调配、应急避险、扩大应急等响应程序。

（3）应急结束

明确应急终止的条件。事故现场得以控制，环境符合有关标准，导致次生、衍生事故隐患消除后，经事故现场应急指挥机构批准后，现场应急结束。

应急结束后，应明确：事故情况上报事项；需向事故调查处理小组移交的相关事项；事故应急救援工作总结报告。

6. 信息发布

明确事故信息发布的部门和发布原则，事故信息应由事故现场指挥部及时准确地向新闻媒体通报。

7. 后期处置

后期处置主要包括受伤人员处理、事故后果影响消除、恢复运输、善后赔偿、抢险过程和应急救援能力评估及应急预案的修订等内容。

8. 保障措施

（1）应急队伍保障

明确各类应急响应的人力资源，包括专业应急队伍、兼职应急队伍的组织与保障方案。

（2）通信与信息保障

明确与应急工作相关联的单位或人员通信联系方式和方法，并提供备用方案。建立信息通信系统及维护方案，确保应急期间信息通畅。

（3）经费保障

明确应急专项经费来源、使用范围、数量和监督管理措施，保障应急状态下运输生产单位应急经费的及时到位。

（4）应急物资装备保障

明确应急救援需要使用的应急物资和装备的类型、数量、性能、存放位置、管理责任人及其联系方式等内容。

（5）其他保障

根据本单位应急工作需求而确定的其他相关保障措施（如交通运输保障、治安保障、技术保障、医疗保障、后勤保障等）。

9. 培训与演练

（1）培训

明确对本单位人员开展的应急培训计划、方式和要求。如果预案涉及社区和居民，要做好宣传教育和告知等工作。

（2）演练

明确应急演练的规模、方式、频次、范围、内容、组织、评估、总结等内容。

10. 奖惩

明确事故应急救援工作中奖励和处罚的条件和内容。

11. 附则

（1）术语和定义

对应急预案涉及的一些术语进行定义。

（2）应急预案备案

明确应急预案的报备部门。

（3）维护与更新

明确应急预案维护与更新的基本要求，定期进行评审，实现可持续改进。

（4）制定与解释

明确应急预案负责制定与解释的部门。

（5）应急预案实施

明确应急预案实施的具体时间。

12. 附件

（1）有关应急部门、机构或人员的联系方式

列出应急工作中需要联系的部门、机构或人员的多种联系方式，并不断进行更新。

（2）重要物资装备的名录或清单

列出应急预案涉及的重要物资和装备名称、型号、存放地点和联系电话等。

（3）规范化格式文本

信息接收、处理、上报等规范化格式文本。

（4）关键的路线、标识和图纸

关键的路线、标识和图纸主要包括：警报系统分布及覆盖范围；重要防护目标一览表、分布图；应急救援指挥位置及救援队伍行动路线；疏散路线、重要地点等标识；相关平面布置图纸、救援力量的分布图纸等。

（5）相关应急预案名录

列出直接与本应急预案相关的或相衔接的应急预案名称。

（6）有关协议或备忘录

与相关应急救援部门签订的应急支援协议或备忘录。

6.3.3 突发事件应急预案案例

××市××区道路运输突发事件应急预案

1. 总则

（1）编制目的

为健全本区道路运输突发事件应急预案体系，完善应急处置机制，规范和加强道路运输突发事件的应急管理工作，有效应对道路运输突发事件，保障人民群众生命财产安全，恢复道路运输正常运行，制定本预案。

（2）编制依据

依据《中华人民共和国突发事件应对法》《道路运输突发事件应急预案》《城市道路管理条例》《××市突发事件总体应急预案框架指南》《××市突发事件总体应急预案》《××区突

发事件应急预案管理办法》《××市处置道路交通（含桥梁、隧道）突发事件应急预案（试行）》等相关规定。

（3）事件分级标准

道路运输突发事件按照性质类型、严重程度、可控性和影响范围等因素，分为四级，基于交通运输部《道路运输突发事件应急预案》，并结合××市具体情况，本预案将××市道路运输突发事件分为以下四级：Ⅰ级（特别重大）、Ⅱ级（重大）、Ⅲ级（较大）和Ⅳ级（一般），如表 6-2 所示。

表 6-2 ××市道路运输突发事件分级

级别	具体内容
Ⅰ级	1. 重要客运枢纽运行中断。造成或可能造成运行中断 48 小时以上，致使大量旅客滞留，恢复运行需要多部门协调，人员疏散需要跨省组织。 2. 特别重大道路运输安全事故。客运车辆、危险货物运输车辆以及包含客货运车辆在内的道路运输安全事故，造成 30 人以上死亡或失踪，或 100 人以上重伤的事故。 3. 重要物资道路运输应急保障。重要物资缺乏、价格大幅波动等原因可能严重影响全国或者大片区经济整体运行和人民正常生活，超出事发区域省级交通运输主管部门运力组织能力，需要跨省、跨部门协调。 4. 道路交通设施严重损伤，导致交通中断。交通抢险工程规模 1 000 万元以上；直接经济损失 1 亿元以上。 5. 其他。需要由交通运输部提供道路运输应急保障的边境口岸撤侨等其他突发事件
Ⅱ级	1. 重要客运枢纽运行中断。造成或可能造成运行中断 24 小时以上，致使大量旅客滞留，恢复运行需要多部门协调，人员疏散需要跨市组织。 2. 重大道路运输安全事故。客运车辆、危险货物运输车辆以及包含客货运车辆在内的道路运输安全事故，造成 10 人以上、30 人以下死亡或失踪，或 50 人及以上、100 人以下重伤的事故。 3. 重要物资道路运输应急保障。重要物资缺乏、价格大幅波动等原因可能严重影响省域内经济整体运行和人民正常生活，超出事发区域市级交通运输主管部门运力组织能力，需要跨市、跨部门协调。 4. 道路交通运输严重损失，导致交通中断。交通抢险工程规模 1 000 万元以上；直接经济损失 5 000 万元以上 1 亿元以下。 5. 其他。需要由省级交通运输主管部门提供道路运输应急保障的其他突发事件
Ⅲ级	1. 重要客运枢纽运行中断。造成或可能造成大量旅客滞留，事发区域县级交通运输主管部门提出跨县域道路运输应急保障请求。 2. 道路运输安全事故。造成 3 人以上、10 人以下死亡或失踪，或 10 人及以上、50 人以下重伤的事故；需要紧急疏散、转移一定区域范围内的人员。 3. 重要物资道路运输应急保障。发生因重要物资缺乏、价格大幅波动等原因可能严重影响市域内经济整体运行和人民正常生活，需要紧急安排跨县域道路运输保障。 4. 道路设施较大损失，导致交通中断。交通抢险工程规模 1 000 万元以上；直接经济损失 1 000 万元以上 5 000 万元以下。 5. 其他。需要由市级交通运输主管部门提供道路运输应急保障的其他突发事件
Ⅳ级	1. 一般客运枢纽运行中断。造成或可能造成旅客滞留。 2. 道路运输安全事故。造成 3 人以下死亡或失踪，或 10 人以下重伤的事故，或危及 3 人以下生命安全；需要紧急疏散、转移较小区域范围内的人员。 3. 道路交通设施轻微损失，导致交通需要部分封闭和改道。交通抢险工程规模 1 000 万元以下；直接经济损失 1 000 万元以下。 4. 其他。需要由县级交通运输主管部门提供道路运输应急保障的其他突发事件

注：重要客运枢纽是指除常规客运场站外，还包括含两种以上运输方式的综合运输场站。

（4）适用范围

本预案指导地方道路运输突发事件应急预案的编制和地方交通运输主管部门对道路运输突发事件的应对工作。本预案适用于××市××区道路运输突发事件的应对处置工作。

（5）应急预案体系

道路运输突发事件应急预案体系包括国家道路运输突发事件应急预案、地方道路运输突发事件应急预案及道路运输企业突发事件应急预案，如图 6-11 所示。

图 6－11 应急预案体系图

（6）应急工作原则

① 以人民为中心，安全第一。道路运输突发事件应对的预警、预测，以及道路运输事故的善后处置和调查处理应坚持以人民为中心，把保护人民群众生命、财产安全放在首位，不断完善应急预案，做好突发事件应对准备，把事故损失降到最低限度。

② 依法应对，预防为主。道路运输突发事件应对应按国家相关法律法规要求，不断提高应急科技水平，增强预警预防、应急处置与保障能力，坚持预防与应急相结合，常态与非常态相结合，提高防范意识，做好预案演练、宣传和培训工作，以及有效应对道路运输突发事件的各项保障工作。

③ 统一领导，分级负责。道路运输突发事件应急处置工作以属地管理为主，在各级人民政府的统一领导下，按照事件等级和法定职责，分工合作，共同做好突发事件的应急处置工作。由交通运输主管部门牵头，结合各地道路运输管理体制，充分发挥道路运输管理机构的作用，建立健全责任明确、分级响应、条块结合、保障有力的应急管理体系。

④ 规范有序，协调联动。建立统一指挥、分工明确、反应灵敏、协调有序、运转高效的应急工作响应程序，加强与其他相关部门的协作，形成资源共享、互联互动的道路运输突发事件应急处置机制，实现应急管理工作的制度化、规范化、科学化、高效化。

2. ××市××区道路运输安全危险性分析

（1）××市××区道路运输突发事件分类

对××市××区道路运输突发事件进行现场调查，分析道路交通中存在的有关问题，对其交通安全现状进行详细分析，为风险源控制及安全风险等级判定奠定数据理论基础。××市××区道路运输突发事件分类如表 6－3 所示。

表 6－3 ××市××区道路运输突发事件分类

事件类型	主要内容
道路坍塌	道路路基、路面全部或局部、高边坡发生塌陷，造成交通流持续中断，严重影响交通通行的事故
桥梁事故	桥梁发生倒塌、断裂或结构异常、发生较大损坏，危及桥梁行车安全的事故
隧道事故	隧道发生坍塌或衬砌发生变形，危及隧道行车安全的事故；隧道运营安全事故，如严重交通事故引发的火灾爆炸
其他设施损毁	道路交通设施损毁影响道路交通乃至中断，或造成人员伤亡的事故

（2）××市××区道路交通突发事件分级

本预案采用 RAC 风险分析法对××市××区道路运输突发事件进行分级。突发事件风险

可表示为

$$R = L \times C \tag{6-1}$$

式中：

R——风险；

L——发生事故的可能性；

C——发生事故的损失后果。

RAC 是一种常用的定性风险分析法，它是将决定突发事件风险的两个因素——发生事故的可能性 L 和发生事故的损失后果 C，按其特点划分为相应等级，从而形成一个风险评价矩阵，并赋以一定的加权值来定性地衡量风险大小的方法。突发事件风险分级标准如表 6-4 所示。

表 6-4　突发事件风险分级标准

突发事件风险指标判定标准				基于风险 R 的突发事件分级		
发生事故的可能性 L		发生事故的损失后果 C				
程度	分数值	程度	分数值	程度	数值	分级
完全可以预料	8～10	造成 30 人以上死亡或失踪，或 100 人以上重伤；或交通抢险工程规模 1 000 万元以上；直接经济损失 1 亿元以上	80～100	巨大风险	≥80	Ⅰ
相当可能	5～7	造成 10 人以上、30 人以下死亡或失踪，或 50 人及以上、100 人以下重伤；或交通抢险工程规模 1 000 万元以上；直接经济损失 5 000 万元以上 1 亿元以下	60～80	重大风险	[60，80)	Ⅱ
可能，但不经常	3～4	造成 3 人以上、10 人以下死亡或失踪，或 10 人及以上、50 人以下重伤；或交通抢险工程规模 1 000 万元以上；直接经济损失 1 000 万元以上 5 000 万元以下	30～50	中等风险	[30，60)	Ⅲ
可能性小，完全意外	1～2	造成 3 人以下死亡或失踪，或 10 人以下重伤的事故，或危及 3 人以下生命安全；或交通抢险工程规模 1 000 万元以下；直接经济损失 1 000 万元以下	10～30	可接受的风险	[10，30)	Ⅳ

基于“××市××区交通运输行业安全风险评估报告”，××市××区城市道路（含桥梁、隧道）风险分级评估结果如表 6-5 所示。

表 6-5　××市××区城市道路（含桥梁、隧道）风险分级评估结果

类别	突发事件	风险 R	风险分级	类别	突发事件	风险 R	风险分级
城市道路	车辆伤害事故	55	Ⅲ	桥梁	人行桥高处坠落事故	25	Ⅳ
	坍塌事故	50	Ⅲ		人行桥物体打击事故	15	Ⅳ
	物体打击事故	45	Ⅲ		路桥车辆伤害事故	20	Ⅳ
	机械伤害事故	60	Ⅱ		路桥坍塌事故	55	Ⅲ
隧道	车辆伤害事故	75	Ⅱ		路桥物体打击事故	25	Ⅳ
	坍塌事故	40	Ⅲ		路桥机械伤害事故	28	Ⅳ
	物体打击事故	10	Ⅳ	交通安全设施	物体打击事故	18	Ⅳ
	机械伤害事故	15	Ⅳ		车辆伤害事故	24	Ⅳ
	触电事故	12	Ⅳ		高处坠落事故	20	Ⅳ

由表 6-5 可知，××市××区城市道路（含桥梁、隧道）风险等级为：Ⅳ级，11 项；Ⅲ级，5 项；Ⅱ级，2 项。现以××市××区城市道路Ⅲ级突发事件应急响应为对象进行编制。

3. 道路运输应急组织机构

（1）国家道路运输应急组织机构

道路运输应急组织体系由国家、省、市和县四级组成。其中，国家道路运输应急组织机构如图 6-12 所示。

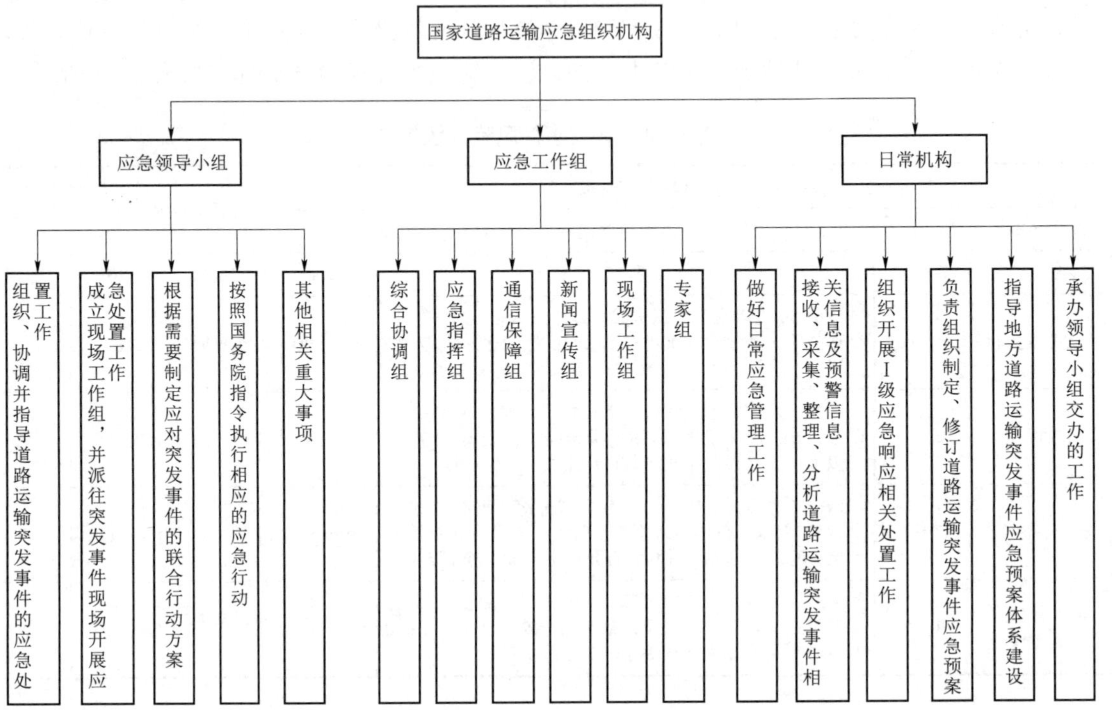

图 6-12　国家道路运输应急组织机构

（2）××市××区道路运输应急组织体系

省级、市级、县级交通运输主管部门负责本行政区域内道路运输突发事件应急处置工作的组织、协调、指导。可参照国家级道路运输突发事件应急组织机构组建模式，根据本地区实际情况成立应急组织机构，明确相应人员安排和职责分工。××市××区道路运输应急组织体系如图 6-13 所示。

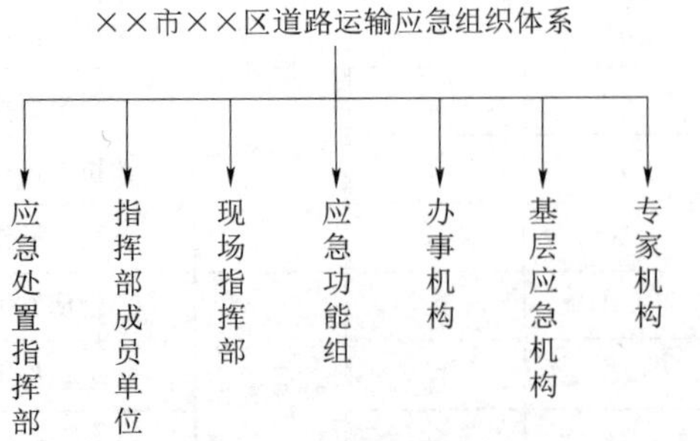

图 6-13　××市××区道路运输应急组织体系

（3）××市××区道路运输应急组织各体系职责

××市××区应急处置指挥部、指挥部成员单位、现场指挥部、应急功能组、办事机构、基层应急机构、专家机构的职责如表6－6所示。

表6－6　××市××区道路运输应急组织各体系职责

道路运输应急组织		职责
应急处置指挥部		① 贯彻执行预防和应对有关突发事件的法律法规、规章和政策； ② 统一领导道路交通突发事件的应急处置、事故抢险等工作； ③ 统筹专业应急物资、装备的储备和调用； ④ 启动和终止应急响应，组织成员单位按照各自职责开展应急处置工作； ⑤ 配合上级政府应急指挥机构处置发生在本辖区的道路交通突发事件； ⑥ 承办的其他相关事项
指挥部成员单位（部分）	××市交通运输局××区管理局	① 组织协调道路交通突发事件应急救援工作； ② 负责交通运输应急保障，组织协调各种交通运力，做好人员、设备和物资的运送工作； ③ 负责组织修复受损道路、桥梁、隧道等交通设施； ④ 监视交通网络运行，采集、分析、处理相关运行信息，发布、解除道路交通突发事件预警信息； ⑤ 督促协调车站等管理单位严密监控交通运行情况，及时播出气象预警信息，适时采取调整或取消车次、停运等措施，并将相关信息通过媒体及时告知公众，妥善安置滞留旅客
	综合办公室	提出道路交通突发事件有关新闻发布工作意见，指导成员单位有序开展新闻发布，收集网络舆情动态，指导成员单位开展道路交通应急救援有关舆情应对
	统战和社会建设局	根据指令，联系协调驻区部队参加应急处置
	发展和财政局	负责及时提供道路交通突发事件应急处置工作经费，并做好经费使用的监督管理工作
	科技创新和经济服务局	负责协调、监督供电部门及时修复损毁的公共区域内电力设施，恢复电力供应；负责协调通信部门及时修复损毁的公共区域内通信设施，恢复通信畅通；协调做好应急事件处置过程中生活必需品市场供应失衡时的物资市场调配供应
	教育和卫生健康局	牵头负责建立和完善新区突发事件卫生应急预案体系、卫生应急指挥体系和医疗卫生救援体系，组建医疗专家队伍和应急医疗救援队伍，组织储备医疗救治应急物资，开展道路交通突发事件医疗救援知识培训和演练，提高城市公共卫生管理和突发事件医疗卫生救援能力
指挥部成员单位（部分）	应急管理局	① 及时掌握突发事件事态进展情况，向市委、市政府总值班室报告； ② 协调相关应急资源参与突发事件处置工作，传达并督促有关部门（单位）落实市委、市政府有关决定事项和区领导批示、指示
	××市公安分局	① 协助进行事故中受影响的人员疏散与安置； ② 负责突发事件现场的警戒和证据保护工作； ③ 负责控制事故中的肇事者及违法犯罪人员
	××市××区消防救援大队和××市特勤大队	① 负责搜救道路交通突发事件中的伤亡人员，并转运到安全地点移交医疗救护人员； ② 负责事故中的火灾扑救
	××市交警大队	负责事发周边道路的交通管制，确保救援车辆的通行畅通，配合现场指挥部开展应急抢险，组织受灾群众疏散等工作
	各街道办事处	① 负责做好应急处置过程中所需的各类生活物资保障； ② 负责做好死亡人员的处置及遇难家属的安抚工作； ③ 协助做好事故中受影响的人员疏散与安置
	其他有关单位	按照“谁分管，谁负责”的原则，承担相应的应急处置工作
现场指挥部		① 执行应急指挥部的指令，及时汇报现场情况； ② 组织指挥道路交通突发事件现场的应急处置工作，及时掌握情况状况变化，制定现场处置方案，适时调整方案和调配应急救援力量协同作战； ③ 对全区的应急救援队伍、应急救援资源进行统一调度； ④ 提供道路交通突发事件信息发布所需要的资料； ⑤ 负责发布解除应急响应的指令信号

续表

道路运输应急组织		职责
应急功能组	综合协调组	记录道路交通突发事件发生、发展及处置情况，及时向上级汇报事件动态，传达上级指示，协助现场指挥官协调各工作组参与处置工作
	抢险救灾组	搜救并转移伤亡和失踪人员，消除事故引起的次生灾害事故、清理现场，快速查明事故原因，搜救受伤人员，并为事件调查收集有关资料
	治安警戒组	① 对道路交通突发事件现场及周边地区实施警戒，维持治安秩序，实施交通管制，建立应急救援“绿色通道”机制，疏散和撤离事故周边人员，核对伤亡人员人数和身份； ② 制服、缉拿犯罪嫌疑人，处置爆炸物； ③ 进行现场取证与保护，做好现场记录、录音和录像等
	医疗抢救组	在事件现场设立临时医疗救护站，开展现场救护、院前急救，并及时向医院转送；对救援人员进行医疗监护，为现场指挥官提供医疗咨询；报告人员伤亡情况和伤病员救治情况
	新闻宣传组	及时收集事故信息，正确引导社会舆论，跟踪事故舆论动态，避免谣言传播
	后勤保障组	及时提供资金、车辆、物资、装备、食品、供电、供水、供气和通信等方面的后勤服务和资源保障
	交通运输组	负责提供运输车辆，运送伤亡人员、受灾人员、救援设备、救灾物资
	应急专家组	组建应急专家组，由交通、应急、建筑、消防、急救等部门的专家组成，优先从××区专家库中选派，负责提供技术支持和决策依据，检查确认处置人员着装、器材及毁损建构筑物的安全状况
	环境保护组	由××市生态环境局××区管理局牵头，××市交通运输局××区管理局、××区科技创新和经济服务局、××区水务局、××区公安分局和属地街道办事处等单位参与
	调查评估组	及时查明突发事件的发生经过和原因，总结事件处置工作的经验教训，制定改进措施，评估事件损失
	善后处理组	实施救助、补偿、抚慰、抚恤等工作，安置受灾人员，妥善处理死难人员尸体；接受和管理社会各界捐赠，协调灾后重建；提供心理咨询辅导和司法援助；预防和解决因处置突发事件引发的矛盾和纠纷
办事机构		① 落实区道路交通突发事件应急指挥部部署的各项工作，传达上级领导的有关指示要求； ② 负责道路交通突发事件信息的接收、核实、处理、传递、通报、报告，执行区道路交通突发事件应急指挥部的应急指令； ③ 负责及时组织发布或配合上级单位发布关于道路交通突发事件及其处置情况的消息； ④ 负责监视道路交通网络运行，采集、分析、处理相关运行信息； ⑤ 负责建立应急工作联络员制度，牵头组织各成员单位交流沟通应急准备情况，共同研究应急工作中的问题； ⑥ 组织相关专家开展道路交通突发事件的研究工作； ⑦ 组织道路交通突发事件预防和处置的有关应急宣传、培训和演练等工作； ⑧ 编制区道路交通突发事件应急预案，并监督执行； ⑨ 参与道路交通突发事件的调查与评估工作； ⑩ 承办××区党工委、管委会和区应急委交办的职责范围内的其他事项
基层应急机构		街道办事处具体负责本辖区范围内道路交通突发事件的预防、应急准备和先期处置工作，根据需要加强应急管理机构建设。 社区应明确工作责任人，协助辖区街道办事处开展道路交通突发事件监测预警、信息报送、社会动员、宣传教育等工作。 其他基层组织和企事业单位在政府部门的指导下，依法开展道路交通突发事件预防和应对工作
专家机构		① 对应急准备工作中的重大问题进行研究，提供建议； ② 参加区道路交通突发事件应急指挥部办公室统一组织的活动及专题研究； ③ 应急响应时，根据区道路交通突发事件应急指挥部办公室的通知，进驻指定地点、研究分析道路交通突发事件的信息和有关情况，为应急决策提供建议； ④ 为现场指挥部应急处置提供决策建议和技术支持； ⑤ 参与事件调查

4. 预防与预警

1）风险源监控

××市交通运输局××区管理局督促辖区内道路桥梁运行管理单位、营运企业开展道路交通突发事件风险分析，加强日常检查，排查和消除安全隐患。

××市交警大队做好重要地段、重大节假日、重要会议、重大社会活动、气象灾害期间的交通疏散工作。加强道路视频监控系统、交通引导及信息发布等道路交通安全基础设施建设。

道路桥梁运行管理单位组织各道路（含桥梁、隧道）养护管理单位，根据桥梁、隧道的检查、检测制度，开展市政设施经常性检查、定期检测（常规定期检测、结构定期检测）和特殊检测，组织年度桥梁、隧道的检查、检测，确定各类设施的完好状况，并作出客观评价，编制评估报告。

危险货物运输车辆、客运车辆、出租车、校车、泥头车、重型货车的营运企业负责在车辆上安装使用具有卫星定位功能的行驶记录仪，建立和完善安全监测监控系统。

2）预警行动

当××市交通运输局××区管理局值班室接到道路交通突发事件信息，经值班领导判断不足以启动区级应急响应，但需要发布预警时，值班领导指令值班人员向××市××区主要领导、应急指挥部成员、各应急职能组组长传递预警信息。

预警信号采用国际通用的颜色表示不同的安全状况，按照事故的严重性和紧急程度，颜色依次为蓝色、黄色、橙色、红色，分别代表一般、较重、严重和特别严重4种级别（Ⅳ、Ⅲ、Ⅱ、Ⅰ级），采用风险R作为预警指标。预警标准与××市突发事件分级标准一致，具体如下：

当$10<R$时，不发出报警；

当$10\leqslant R<30$时，发出四级报警；

当$30\leqslant R<60$时，发出三级报警；

当$60\leqslant R<80$时，发出二级报警；

当$80\leqslant R$时，发出一级报警。

3）信息报告与处置

（1）信息来源

① ××市交通运输局××区管理局值班室接到的道路交通突发事件报告信息；

② 交警部门发现或接到的道路交通事故信息；

③ 公安、消防部门接到或发现的道路交通事故信息。

（2）信息传递

① ××市交通运输局××区管理局值班室接到道路交通突发事件信息后立即上报值班领导，值班领导判断是否符合启动预案条件，并报告区分管领导；

② 根据值班领导的指令，××市交通运输局××区管理局值班人员向××市××区总值班室、××市交通运输局值班室通报事故信息；

③ ××市××区交通运输应急指挥部接到信息后立即向××市××区主要领导、应急指挥部成员、各应急职能组及市交通运输局值班室传递事故信息；

④ 交警、公安、消防部门接到道路交通突发事件信息后立即转报××市交通运输局××区管理局值班室；

⑤ 其他部门接到道路交通突发事件信息后立即转报××市交通运输局××区管理局值班室，并通报××市交警大队。

5. 应急响应

（1）响应分级

道路运输突发事件应急响应分为国家、省、市、县四级部门响应。每级部门应急响应一般可分为Ⅰ级、Ⅱ级、Ⅲ级和Ⅳ级四个等级。其中，发生Ⅲ级道路运输突发事件时，由事发区域市级交通运输主管部门启动并实施市级部门应急响应。事发区域县级交通运输主管部门启动并实施县级部门应急响应，且响应级别不应低于市级部门应急响应级别。

（2）响应程序

收到地方交通运输部门上报的Ⅲ级道路运输突发事件或接到市政府责成处理的道路运输突发事件，交通运输管理局等相关部门和单位应及时核实有关情况，第一时间向相关负责人报告有关情况，并同时将有关情况上报局长。

相关负责人对事件进行分析研究，提出启动Ⅲ级应急响应及成立相关应急工作组的建议，经分管局领导同意后，报请局长核准。由局长或经局长授权的分管部领导宣布启动市交通运输局应对××事件Ⅲ级响应。图6－14为××市××区Ⅲ级应急响应流程。

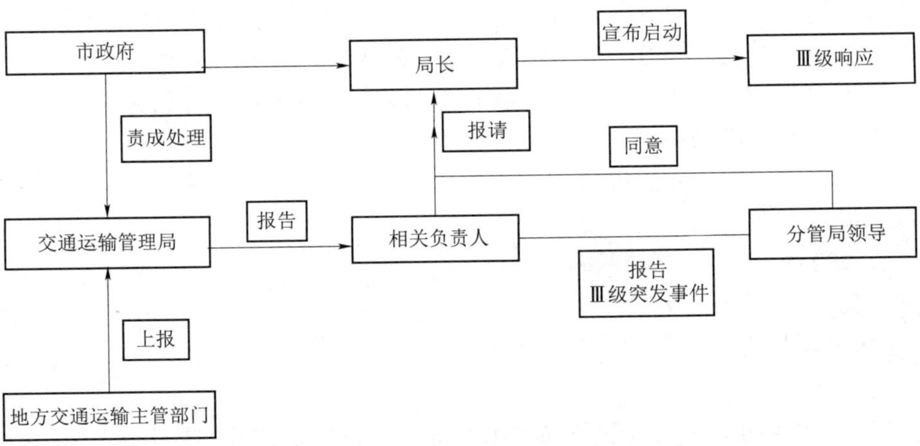

图6－14　××市××区Ⅲ级应急响应流程

（3）前期处置

接到事故信息后，交警、巡警、公安、消防等部门，以及事发地办事处立即赶赴事故现场，组织应急救援队伍赶赴现场开展人员抢救与搜索，转运伤员，处置次生事故，疏散事故现场无关人员、设置警戒线等应急处置工作。

（4）分类处置

启动Ⅲ级应急响应后，根据事件的不同类别，有效组织采取不同处置措施。

应对重要客运枢纽运行中断、重要物资道路运输应急保障的突发事件，应按照《关于道路运输应急保障车队建设的指导意见》（交运发〔2011〕682号）的规定，指挥调动××市级应急保障车队，协调与其他运输方式的联运工作，事发区域地方应急组织机构及相关市级应急队伍应积极配合，完成人员的疏散及重要物资的运输保障。

应对特别重大道路运输安全事故，在做好上述运力组织保障的基础上，还应按照《交通运输部突发事件应急工作暂行规范》（交应急发〔2014〕238 号）的规定，派现场工作组赶赴事故第一现场，指导地方交通运输主管部门配合其他相关部门开展事故救援工作，同时组织选派相关人员和专家参与事故调查及处理工作。

（5）响应终止

经领导小组会商评估，认为突发事件的威胁和危害得到控制或者消除，或××市政府有关单位发出宣布突发事件应急响应终止或降级的指令时，由部运输服务司商部应急办提出终止Ⅲ级应急响应或降低响应等级建议，报领导小组组长核准。

经报请领导小组组长核准后，终止××市交通运输局应对××事件Ⅲ级响应，或降级为Ⅳ级响应，同时取消Ⅲ级响应期间成立的领导小组及下设各应急工作组。

（6）后期处置

事发地交通运输主管部门配合属地人民政府，对因参与应急处理工作致病、致残、死亡的人员，给予相应的补助和抚恤；对因突发事件造成生活困难需要社会救助的人员，按国家有关规定负责救助。

事发地交通运输主管部门配合民政部门及时组织救灾物资、生活必需品和社会捐赠物品的运送，保障群众基本生活。

（7）总结评估

××市交通运输局应急响应终止后，相关部门和单位及时组织参与开展总结评估工作，客观评估应急处置工作成效，深入总结存在的问题和下一步改进措施，并报分管局领导。

县级部门应急响应终止后，事发地交通运输主管部门应当按照有关要求，及时开展事后总结评估工作，客观评估应急处置工作成效，深入总结存在问题和下一步改进措施，并按规定向本级人民政府和上级交通运输主管部门上报总结评估材料。

（8）信息报告

××市交通运输局按照有关规定向有关部门报送突发事件信息。

××市交通运输局和应急协作部门建立市级信息快速通报与联动响应机制，明确各相关部门的应急日常管理机构名称和联络方式，确定不同类别预警与应急信息的通报部门，建立信息快速沟通渠道，规定各类信息的通报与反馈时限，形成较为完善的突发事件信息快速沟通机制。

××市交通运输局和××县级交通运输主管部门建立完善市县道路运输应急信息报送与联动机制。道路运输突发事件信息应及时向可能受影响的县、地区通报。

Ⅲ级以上道路运输突发事件应急响应启动后，事发区域县级道路运输主管部门应当将应急处置工作进展情况及时报市级交通运输局，并按照“零报告”制度，形成定时情况简报，直到响应结束；相关部门和单位应当及时将进展信息汇总形成每日道路运输突发事件情况简报，上报领导小组。信息报告内容包括：事件的类型、发生时间、地点、发生原因、影响范围和程度、发生势态、受损情况、已采取的应急处置措施和成效、联系人及联系方式等。

6. 保障措施

（1）应急队伍保障

各级交通运输主管部门按照“统一指挥、分级负责，平急结合”的原则，通过平急转换机制，将道路运输日常生产经营与应急运输相结合，建立道路运输应急保障车队及应急队伍。

（2）通信与信息保障

在充分整合现有交通通信信息资源的基础上，加快建立和完善“统一管理、多网联动、快速响应、处理有效”的道路运输应急通信系统，确保道路运输突发事件应对工作的通信畅通。

（3）经费保障

各级交通运输主管部门应积极协调同级财政部门，落实道路运输应急保障所需的各项经费；同时，积极争取各级政府设立应急保障专项基金，并确保专款专用。 鼓励自然人、法人或者其他组织按照有关法律法规的规定进行捐赠或援助。

各级交通运输主管部门应当建立有效的监管和评估体系，对道路运输突发事件应急保障资金的使用及效果进行监管和评估。

（4）应急物资装备保障

应急指挥部成员单位在各自职责范围内建立应急物资和技术储备。

道路桥梁运行管理单位负责储备道路（含桥梁、隧道）的维修保养设备设施；市交通运输局负责与客运车辆的营运企业签订车辆保障协议，负责突发事件时紧急征用运输车辆；住房和建设局负责与建筑设施企业签订大型工程机械征用保障协议，确保突发事件时征用大型工程机械；鼓励公民、法人和其他组织为应对道路交通突发事件应急处置提供物资捐赠和支持。

（5）其他保障

道路交通突发事件应急指挥部各成员单位、其他有关部门按照各自职责完成其他相关应急保障工作。

7. 培训与演练

（1）应急培训

各级交通运输主管部门应当将应急教育培训纳入日常管理工作，并定期开展应急培训。

① 成员单位工作人员培训。应急指挥部成员单位应组织内部工作人员开展应急培训，提高应急管理意识、应急统筹能力、应急指挥水平和应急救援能力。

② 应急救援队伍人员培训。按照隶属关系和管理责任，由相关部门分别组织培训，提高应急处置、安全防护技能和救援协同作战的能力。

（2）应急演练

建立应急演练制度。组织定期或不定期的应急演练，地方交通运输主管部门要结合所辖区域实际，有计划、有重点地组织应急演练，至少每 3 年组织一次应急演练。应急演练结束后，演练组织单位应当及时组织演练评估。鼓励委托第三方进行演练评估。

8. 奖惩

对于在应急处置过程中表现突出、作出贡献的部门（单位）和个人，由应急指挥部提请应急办表扬和适当奖励；对在应急处置工作中有失职、渎职行为的有关单位和责任人，依照法律法规提请相关部门给予处罚。

9. 附则

（1）预案维护与更新

当出现下列情形之一时，市交通运输局将组织修改完善本预案，更新后报市政府：

① 预案依据的有关法律、行政法规、规章、标准、上位预案中的有关规定发生变化的；

② 道路运输突发事件应急机构及其职责发生重大变化或调整的；

③ 预案中的其他重要信息发生变化的；

④ 在突发事件实际应对和应急演练中发现问题需要进行重大调整的；

⑤ 预案制定单位认为应当修订的其他情况。

（2）预案制定与解释

本预案由市交通运输局负责制定、组织实施和解释。

（3）预案实施时间

本预案自印发之日起实施。

复习思考题

1. 简述预警管理、应急管理与风险管理的关系。

2. 什么叫预警管理和预警机制？

3. 简述预警管理的特点和任务。

4. 简述预警管理体系的构成及其构建应遵循的原则。

5. 简述预警系统的含义及其组成。

6. 预警信息系统主要由哪几个部分构成？预警信息系统可实现哪些功能？

7. 什么是预警评价指标？简述预警评价指标的内容。

8. 简述预测评价系统的定义。

9. 简述常用预警方法的种类及其特点。

10 什么是突发事件？它具有哪些特点？

11. 什么是应急管理？

12. 应急管理包括哪几个阶段？简述每个阶段的主要内容和目的。

13. 什么是应急预案？应急预案主要可分为哪几类？

14. 我国交通应急管理体系主要由哪几部分组成？请简述每个部分的主要内容。

15. 查阅资料分析国内外交通运输领域（道路、铁路、航空、水上、城市轨道等）应急管理的现状及发展。

16. 简述应急预案的基本结构。

17. 简述突发事件的应急响应过程。

18. 应急过程中保障措施主要有哪几个方面？

第 7 章

城市交通事故调查与处理

城市交通事故的调查与处理对于预防事故、提高城市交通系统的运营安全具有重要的现实意义。本章主要介绍城市交通事故调查、处理、认定及损害赔偿等的概念、内容、作用、执行步骤和具体要求。通过本章的学习，学生应掌握事故调查的概念、目的和意义，城市道路交通事故处理程序、责任认定的原则和方法等内容；理解事故现场勘查的原则、步骤和相关技术，以及城市轨道交通事故的处理等内容。

7.1 城市交通事故调查

7.1.1 概述

城市交通事故调查是根据现行的法律、行政法规、规章、规范及相关规定等，运用一定的科技及现代技术手段，按照一定的程序，对城市交通事故的原因、事故后果鉴定等进行实地勘查、现场调查及取证的行为。

事故调查的依据是现行的法律、行政法规、规章、规范及相关规定等，主要包括《中华人民共和国道路交通安全法》、《交通事故处理程序规定》、《道路交通事故痕迹物证勘验》、《城市轨道交通运营管理规定》、地方制定的城市道路和轨道交通安全相关办法和细则，如《上海市轨道交通运营安全管理办法》《深圳市城市轨道交通运营管理办法》等。

1. 事故调查的内容和对象

1）事故调查的内容

城市交通事故调查的内容主要包括交通事故的时间、地点、道路（轨道线路）、车牌号（列车号）、人员、物品、遗体、车辆路面痕迹等。表 7-1 为城市交通事故原因调查的对象。

表 7－1　城市交通事故原因调查的对象

城市道路交通事故	城市轨道交通事故
① 人（所有道路使用者）。主要包括机动车驾驶人、乘车人、骑自行车人、行人。例如机动车驾驶人饮酒、疏忽大意、违章、操作失误等；行人、非机动车驾驶人不遵守交通规则等。 ② 车辆。主要包括车辆的转向、制动、动力和电气等 4 个组成部分的性能，汽车技术状况的参数变化，导致机动车性能不佳、机件失灵或零部件损坏因素等。 ③ 道路环境条件。例如道路线形、路面损坏状况、自然环境条件，如雨、雪、雾天等。 ④ 交通条件。例如交通量、交通组成、运行条件、速度等	① 城市轨道交通工作人员。例如违章作业、业务不精、判断失误、身体因素等。 ② 乘客。例如各种因素导致的瞬间客流大量聚集拥堵从而容易引发群体性伤亡事件的发生。 ③ 设备故障。例如扶梯、信号等。 ④ 事故类型。例如恐怖暴力袭击、火灾、有毒有害的生物或气体的侵害、自然灾害和其他意外因素的侵害等

2）事故调查的对象

从理论上讲，所有事故，包括无伤害事故和未遂事故都在调查范围之内。但由于各方面条件的限制，特别是经济条件的限制，要达到这一目标不太现实。因此，进行事故调查并达到事故调查的最终目的，选择合适的事故调查对象相当重要。

（1）重大事故

所有重大事故都应进行事故调查，这既是法律的要求，也是事故调查的主要目的所在。因为如果这类事故再发生，其损失及影响都是难以承受的。重大事故不仅包括损失大的、伤亡多的事故，也包括那些在社会上甚至国际上造成重大影响的事故。

（2）未遂事故或无伤害事故

有些未遂事故或无伤害事故虽未造成严重后果，甚至几乎没有经济损失，但如果其有可能造成严重后果，也是事故调查的主要对象。判定该事故是否有可能造成重大损失，需要依靠安全管理人员的能力与经验。

（3）伤害轻微但发生频繁的事故

这类事故伤害虽不严重，但由于发生频繁，对安全生产会产生较大影响，而且突然频繁发生的事故，也说明管理上或技术上有不正常的问题，如不及时采取措施，累积的事故损失也会较大。事故调查是解决这类问题的最好方法。

（4）因管理缺陷引发的事故

管理系统缺陷的存在不仅会引发事故，而且也会影响工作效率，进而影响经济效益。因此，及时调查这类事故，不仅可以防止事故的再发生，也会提高经济效益。

（5）高危险工作环境的事故

由于高危险环境中极易发生重大伤害事故，造成较大损失，因而在这类环境中发生的事故，即使后果很轻微，也值得深入调查。只有这样，才能发现潜在的事故隐患，防止重大事故的发生。这类环境包括高空作业场所、易燃易爆场所、有毒有害的生产工艺等。

（6）适当的抽样调查

除上述诸类事故外，还应通过适当抽样调查的方式选取调查对象，及时发现新的潜在危险，提高系统的总体安全性。这是因为有些事故虽然不完全具备上述 5 类事故的典型特征，但却有发生重大事故的可能性，适当的抽样调查会增加发现这类事故的可能性。

2. 事故调查的目的和作用

1）事故调查的目的

事故调查的目的是防止事故的再发生，即：

① 满足法律的要求，收集违反法律的证据材料；

② 通过深入的调查分析，查出导致事故发生的深层次原因，特别是管理系统的缺陷，才有可能达到事故调查的首要目的，即防止事故的再发生；

③ 通过事故调查描述事故的发生过程，鉴别事故的直接原因与间接原因；

④ 积累事故资料，为事故的统计分析及类似系统、产品的设计与管理提供信息，为企业或政府有关部门安全工作的宏观决策提供依据；

⑤ 通过事故的调查，总结经验教训，教育广大干部职工，提高安全生产意识，避免违规行为，促讲生产的发展；

⑥ 根据事故调查的结果提出整改措施，控制事故或消除此类事故。

2）事故调查的作用

事故调查的作用可归纳为以下几个方面。

（1）事故调查工作是一种最有效的事故预防方法

事故的发生既有它的偶然性，也有必然性，即如果潜在事故发生的条件（一般称为事故隐患）存在，则什么时候发生事故是偶然的，但发生事故是必然的。因而，通过事故调查的方法，可以发现事故发生的潜在条件，包括事故的直接原因和间接原因，找出其发生、发展的过程，防止类似事故的发生。例如，某建筑工地叉车驾驶员午间休息时饮酒过量后，又进入工地现场，爬上叉车，使叉车前行一段后从车上摔下，造成重伤。如果按责任处理非常简单，即该驾驶员违章酒后驾车，但在其酒后进入工地驾车的过程中，为什么没有人制止或提醒他不要酒后驾车呢？如果在类似情况下有人制止，是否还会发生事故呢？答案是十分明确的。

（2）为制定安全措施提供依据

事故的发生是有因果性和规律性的，事故调查是找出这种因果关系和事故规律的最有效的方法，掌握了这种因果关系和规律性，就能有针对性地制定出相应的安全措施，包括技术手段和管理手段，达到最佳的事故控制效果。

（3）揭示新的或未被人注意的危险

任何系统，特别是具有新设备、新工艺、新产品、新材料、新技术的系统，都在一定程度上存在着某些尚未了解、掌握或被忽视的潜在危险。事故的发生给了人们认识这类危险的机会，事故调查是人们抓住这一机会的最主要的途径，只有充分认识这类危险，才有可能防止其产生。

（4）可以确认管理系统的缺陷

事故是管理不佳的表现形式，而管理系统缺陷的存在也会直接影响到企业的经济效益。事故的发生给了人们将坏事变成好事的机会，即通过事故调查发现管理系统存在的问题，加以改进后，就可以一举多得，既控制事故，又改进管理水平，提高企业经济效益。

（5）事故调查工作是高效的安全管理系统的重要组成部分

安全管理工作主要是事故预防、应急措施和保险补偿手段的有机结合，且事故预防和应急措施更为重要。既然事故调查的结果对于事故预防和应急计划的制定均有重要价值，因此，在安全管理系统中要具备事故调查处理的职能并真正发挥其作用，否则安全管理工作的目的和对象就会在人们的头脑中变得模糊起来。

（6）对于保险业有着特殊的意义

事故调查既可以确定事故真相，排除骗赔事件，减少经济损失；也可以确定事故经济损失，确定双方都能接受的合理的赔偿额；还可以根据事故的发生情况，进行保险费率的调整，同时提出合理的预防措施，协助被保险人减少事故，搞好防灾防损工作，降低事故率。

根据《生产安全事故报告和调查处理条例》，事故调查组应履行下列职责：

① 查明事故发生的经过、原因、人员伤亡情况及直接经济损失；

② 认定事故的性质和事故责任；

③ 提出对事故责任者的处理建议；

④ 总结事故教训，提出防范和整改措施；

⑤ 提交事故调查报告。

事故调查报告应当附具有关证据材料，事故调查组成员应当在事故调查报告上签名。事故调查报告则应当包括下列内容：

① 事故发生单位概况；

② 事故发生经过和事故救援情况；

③ 事故造成的人员伤亡和直接经济损失；

④ 事故发生的原因和事故性质；

⑤ 事故责任的认定及对事故责任者的处理建议；

⑥ 事故防范和整改措施。

这里我们必须要明确以下两个方面。

① 事故调查应满足法律要求，提供违反有关安全法规的资料，是司法机关正确执法的主要手段。

② 这里的事故调查与以确定事故责任为目的的事故责任调查过程存在本质上的区别。后者仅仅以确定责任为目的，不可能控制事故的再发生；前者则要分析探讨深层次的原因，为控制此类事故奠定良好的基础。

7.1.2　城市交通事故调查步骤

实施事故调查过程是事故调查工作的主要内容。一般的事故调查的基本步骤包括事故现场处理、事故现场勘查、人证的问询与保护、物证的收集与保护等主要工作。由于这些工作时间性极强，有些信息、证据是随时间的推移而逐步消亡，有些信息则有着极大的不可重复性，因而对于事故调查人员来讲，实施调查过程的速度和准确性显得尤为重要。只有把握住每个调查环节的中心工作，才能使事故调查过程进展顺利。

1. 事故现场处理

事故现场处理是事故调查的初期工作。对于事故调查人员来说，由于事故的性质不同及事故调查人员在事故调查中的角色的差异，事故现场处理工作会有所不同。通常事故现场处理程序如图 7－1 所示。

图 7-1　事故现场处理程序

（1）安全抵达现场

事故调查人员要使自己能够在携带了必要调查工具及装备的情况下，安全地抵达事故现场。在抵达现场的同时，应保持与上级有关部门的联系，及时沟通。

（2）现场危险分析

这是现场处理工作的中心环节。现场危险分析工作主要有观察现场全貌，分析是否有进一步危害产生的可能性及可能的控制措施，计划调查的实施过程，确定行动次序及考虑与有关人员合作，控制围观者，指挥志愿者等。

（3）现场营救

最先赶到事故现场的人员的主要工作就是尽可能地营救幸存者和保护财产。作为一名事故调查人员，应及时记录事故遇难者遗体的状态和位置并用照相和绘草图的方式标明位置，同时告诫救护人员必须尽早记下他们最初看到的情况，包括幸存者的位置、移动过的物体的原位置等。

（4）保护现场

这是下一步物证收集与人证问询工作的基础。其主要目的就是使与事故有关的物体痕迹、状态尽可能不遭到破坏，人证得到保护。

由于首先到达事故现场的有可能是企业职工、附近居民、抢救人员或警方人员，因此为保证调查组抵达现场之前不致因对现场进行不必要的干预而丢失重要的证据，争取企业职工，特别是厂长等基层干部及当地警察或抢救人员的合作是非常重要的。

① 在调查者抵达现场后，应建立一个中心，通过该中心与新闻媒体及时沟通，保证现场各方面的信息交换及控制好现场保护工作。

② 对目击者的保护还必须注意既要与他们保持联系或尽可能使他们滞留在现场，也要尽可能地避免目击者之间及与其他有关人员的沟通。争取最大限度地通过人证对事故进行了解。

③ 有些物证（如痕迹、液体和碎片等）极容易消失，因而要事先计划好这类证据的收集，准备好样品袋、瓶、标签等，并及时收集保存。

④ 如果需要清理现场或移动现场物品，如车祸发生后通道会阻塞，则应在移动或清理前对重要痕迹照相或画出草图，并测量各项有关数据。

值得特别指出的是，现场保护工作不是少数人就能完成的。事故调查人员应主动与在现场工作的其他人员沟通联系，多方合作，同时协调好保护现场与其他工作的矛盾，以合作的方式达到目的。

（5）防止进一步危害

在现场危险分析的基础上，应对现场可能产生的进一步的伤害和破坏及时采取行动，使二次事故造成的损失尽可能小。这类工作包括防止有毒有害气体的生成或蔓延，防止有毒有害物质的生成或释放，防止易燃易爆物质或气体的生成与燃烧爆炸，防止由火灾引起的爆炸等。

2．事故现场勘查

事故现场勘查主要是为了取得相应的证据，认定交通事故事实，是交通事故调查取证的一部分，是一种调查取证活动。事故现场勘查的作用主要有以下几个方面。

（1）为再现交通事故发生过程提供客观依据

交通事故的发生是一个复杂的动态演变过程，其发生遵循一定的规律，通过现场勘察与事故相关的人员、事故前车辆的运动轨迹及状态、事故过程中车辆相互接触时的动态变化、事故后车辆的静止位置，运用事故发生的规律性，可再现事故发生过程。

（2）是获取交通事故证据的重要途径

事故现场是交通事故的发生地，在事故发生过程中，车辆、道路、人员、各种物体相互作用，产生大量的痕迹物证，交通事故现场成为证据的集聚地，这些证据对于认定事故事实将发挥不可替代的作用。

（3）为交通事故调查取证奠定坚实基础

现场勘查是交通事故调查取证工作的一部分，是调查取证的初始工作，后续许多调查取证工作都是在现场勘查基础上展开的。

（4）为侦破交通肇事逃逸案提供破案线索

肇事逃逸车辆与事故现场的其他车辆、人员、道路、物体发生接触，形成能够反映肇事逃逸车辆的痕迹物证，这些痕迹物证蕴含着大量的肇事逃逸车辆的信息。

事故现场勘查是事故现场调查的中心环节。其主要目的是查明当事各方在事故之前和事发之时的情节、过程及造成的后果。通过对现场痕迹、物证的收集和检验分析，可以判明发生事故的主、客观原因，为正确处理事故提供客观依据，因而全面、细致地勘查现场是获取现场证据的关键。无论什么类型的事故现场，勘查人员都要力争把现场的一切痕迹、物证甚至微量物证收集、记录下来，对变动的现场更要认真细致地勘查，弄清痕迹形成的原因及与其他物证和痕迹的关系，去伪存真，确定现场的本来面目。在勘查前，应巡视现场周围情况，对现场全貌有了概括的了解后，再确定现场勘察的范围和勘察的顺序。

事故现场勘察工作是一种信息处理技术。由于其主要关注 4 个方面的信息，即人（people）、部件（part）、位置（position）和文件（paper），表述这 4 个方面的英文单词均以字母 p 开头，人们通常也称之为 4P 技术。

① 人，应以事故的当事人和目击者为主，但也应考虑维修、医疗、基层管理、技术人员、朋友、亲属或任何能够为事故调查工作提供帮助的人员。

② 部件，指失效的机器设备、通信系统、不适用的保障设备、燃料和润滑剂、现场各类碎片等。

③ 位置，指事故发生时的位置、天气、道路、操作位置、运行方向、残骸位置等。

④ 文件，指有关记录、公告、指令、磁带、图纸、计划、报告等。

3．人证的问询与保护

在事故调查中，人证的问询工作相当重要，大约 50%的事故信息是由证人提供的，而事故信息中大约有 50%能够起作用，另外 50%的事故信息的效果则取决于调查者怎样评价分析和利用它们。

所谓证人，通常是指看到事故发生或事故发生后最快抵达事故现场且具有调查者所需信息的人。广义上则是指所有能为了解事故提供信息的人，甚至有些人不知事故发生，却能提供有价值的信息。证人信息收集的关键之处在于迅速果断，这样就会最大限度地保证信息的完整性。有些调查工作耗时费力，收效甚微，主要原因是没有做到这一点。

在人证保护工作中，应当避免证人之间互相接触及其与外界的接触，并最好使其不离开现场，使问询工作能尽快开始，以期获得尽可能多的信息。

人证问询一般有两种方式。

① 审讯式。问询过程高度严谨，逻辑性强，且刨根问底，不放过任何细节、效率高。但有可能造成证人的反感从而影响双方之间的交流。

② 问询式。作证主要依赖于自愿，花费时间较多。问询中应鼓励其用自己的语言讲，尽量不打断其叙述过程，而是用点头、仔细聆听的方式，做记录或录音，最好不引人注意。

4. 物证的收集与保护

物证的收集与保护是现场调查的另一重要工作，前面提到 4P 技术中的 3P，即部件、位置、文件属于物证的范畴。保护现场工作的很主要的一个目的也是保护物证。几乎每个物证在加以分析后都能用以确定其与事故的关系，而在有些情况下，确认某物与事故无关也一样非常重要。

数据记录装置是另一类物证。它是为满足事故调查的需要而事先设置的记录事故前后有关数据的仪器装置，保证调查者能准确地找出事故的原因。如设备上的运行记录仪，道路、公共设施、车站等安装的摄像装置等。

5. 事故现场照相

事故现场照相是收集物证的重要手段之一。其主要目的是通过拍照的手段提供现场的画面，包括部件、环境及能帮助发现事故原因的物证等，证实和记录人员伤害和财产破坏的情况。特别是对于那些肉眼看不到的物证、现场调查时很难注意到的细节或证据、那些容易随时间消失的证据及现场工作中需移动位置的物证，现场照相的手段更为重要。

现场照相可为研究事故性质、分析事故进程、进行现场实验提供资料，为技术检验、鉴定提供条件，为审理提供证据，所以现场照相是现场勘察工作中的重要组成部分和不可缺少的技术手段。

现场照相应包括记录事故发生时间、空间及各自的特点，事故活动的现场客观情况及造成事故事实的客观条件和产生的结果，形成事故现场的主体的各种迹象。

（1）现场方位照相

现场方位照相是指拍照现场所处的位置及现场周围环境。凡是与事故有关的场所、景物都是拍照的范围。由于现场方位照相包括的范围大，所以拍照点应选在较高较远而又能显示现场及其环境特点的位置，并把那些能显示现场位置的永久性标志，如商场、车站、桥梁、街名、门牌、路标等拍摄在画面的明显位置上。

（2）现场概貌照相

现场概貌照相是指拍摄除了现场周围环境以外的整个现场状况。它表达现场内部情景，即拍照事故现场内部的空间、地势、范围，事故全过程在现场上所触及的一切现象和物体。现场概貌照相反映事故现场内部各个物体之间的联系和特点，表明现场的全部状况和各个具体细节，说明现场的基本特征，使人们看了后能对现场的范围、整个状况、特点等有一个比较完整的概念。

在进行现场概貌照相时，对现场的范围、现场内的物品、痕迹物证及遗留痕迹物证的位置等现场全部状况，要完整、系统、全面地反映出来，切忌杂乱无章地盲目乱拍。只有客观系统地全面拍照，才能避免遗漏或者搞错。

（3）现场重点部位照相

现场重点部位照相是指拍摄与事故有关的现场重要地段，对审理、证实事故情况有重要意义的现场上物体的状况、特点，现场遗留的与事故有关的物证的位置和物证与物证之间的特点等，以反映它们与现场及现场有关物体的关系。

事故现场的重点部位都是现场勘察工作的主要目标，所以在拍照时不但要求质量高，而且数量也应比较多。一个现场，特别是复杂现场，有多处重点部位或重点物品，对它们都要一一拍照，而且在许多情况下还要选取不同角度拍照。现场重点部位拍照往往在整套现场照相中占有重要的位置和较多的数量，所以现场照相人员应当认真地拍好现场的每个重点部位或重点物品，使它们能在审理中充分发挥应有的作用。

（4）现场细目照相

现场细目照相是指拍摄现场存在的具有检验鉴定价值和证据作用的各种痕迹、物证，以反映其形状、大小和特征。细目照相的内容很多，如遗体、活体上的痕迹，血迹的滴溅或喷溅方向，电事故的电击点，火灾事故的起火点，交通事故的接触点及工具的形状、号码、破损情况、撬压工具、脚印、文字、附着物等。现场细目照相所拍照的痕迹、物证，对揭露与证实事故真相具有重要的意义。

6. 事故现场绘图

事故现场绘图也是一种记录现场的重要手段。现场绘图与现场笔录、现场照相均有各自特点，相辅相成，不能互相取代。现场绘图是运用制图学的原理和方法，通过几何图形来表示现场活动的空间形态，是记录事故现场的重要形式，能比较精确地反映现场上重要物品的位置和比例关系。

（1）现场绘图的作用

① 用简明的线条、图形，把人无法直接看到或无法一次看到的整体情况、位置、周围环境、内部结构状态清楚地反映出来。

② 把与事故有关的物证、痕迹的位置、形状、大小及其相互关系形象地反映出来。

③ 对现场必须专门固定反映的情况，如有关物证、痕迹等的地面与空间位置、事故前后现场的状态，事故中人流、物流的运动轨迹等，可通过各种现场图显示出来。

（2）事故现场图的种类

① 现场位置图，是反映现场在周围环境中位置的示意图。对测量难度大的，可利用现有的厂区图、地形图等现成图纸绘制。

② 现场全貌图，是反映事故现场全面情况的示意图。绘制时应以事故原点为中心，将现场与事故有关人员的活动轨迹、各种物体运动轨迹、痕迹及相互间的联系反映清楚。

③ 现场中心图，是专门反映现场某个重要部分的图形。绘制时以某一重要客体或某个地段为中心，把有关的物体痕迹反映清楚。

④ 专项图（专业图），是把与事故有关的工艺流程、电气、动力、管网、设备、设施的

安装结构等用图形显示出来。

以上 4 种现场图，可根据不同的需要，采用比例图、示意图、平面图、立体图、投影图的绘制方式来表现，也可根据需要绘制出分析图、结构图及地貌等。

（3）现场绘图注意事项

① 图中应标明方向。

② 图中应标明天气、高度、距离、时间、绘制者等有关信息。

③ 图中应标明主要残骸及关键物证的位置。

④ 图中应标明受伤害者的原始存息地。

⑤ 图中应标明关键照片拍摄的位置和距离。

（4）表格

表格也是一种特殊形式的现场绘图，包含的主要信息包括统计数据和测量数据。这类数据以表格的形式加以记录，既便于取用，也便于比较，对调查者也有很大的帮助。

7.1.3 城市道路交通事故现场勘查相关规定

城市道路交通事故现场勘查的首要任务是查清事故事实，认定所发生的事件或案件是不是道路交通事故。如果是道路交通事故，按照道路交通事故进行处理。如果不是，由事故处理机构负责人批准，书面通知当事人。

1. 事故现场勘查的准备

根据《道路交通事故处理程序规定》规定，交通警察到达事故现场后，应当立即进行下列工作。

① 按照事故现场安全防护有关标准和规范的要求划定警戒区域，在安全距离位置放置发光或者反光锥筒和警告标志，确定专人负责现场交通指挥和疏导，维护良好的道路通行秩序。

② 因道路交通事故导致交通中断或者现场处置、勘查需要采取封闭道路等交通管制措施的，还应当在事故现场来车方向提前组织分流，放置绕行提示标志，避免发生交通堵塞。

③ 组织抢救受伤人员。

④ 指挥勘查、救护等车辆停放在便于抢救和勘查的位置，开启警灯，夜间还应当开启危险报警闪光灯和示廓灯。

⑤ 查找道路交通事故当事人和证人，控制肇事嫌疑人。

⑥ 其他需要立即开展的工作。

2. 事故现场勘查的内容

根据《道路交通事故处理程序规定》规定，交通警察应当对事故现场开展下列调查工作。

① 勘查事故现场，查明事故车辆、当事人、道路及其空间关系和事故发生时的天气情况。

② 固定、提取或者保全现场证据材料。

③ 查找当事人、证人进行询问，并制作询问笔录；现场不具备制作询问笔录条件的，可以通过录音、录像记录询问过程。

④ 其他调查工作。

具体来说，事故现场勘查包括以下 5 个方面的内容。

（1）时间调查

调查与事故有关的时间，如事故发生时间、相关车辆的出车时间、中途停车或收车时间、连续行驶时间等。与事故有关的时间参数是分析事故过程的一个重要参数。

（2）空间调查

调查现场内与事故有关的车辆、散落物、被撞物体等遗留痕迹的状态，用来确定车辆运动速度、行车路线及接触点等，为事故分析奠定基础。

（3）当事人身心调查

调查当事人的身心状态，如健康状况、情绪、心理状态、疲劳、饮酒及服用药物等情况。

（4）后果调查

调查人员伤亡情况，查明致伤和致死的部位及原因，记录车辆损坏和财产损失情况。

（5）车辆与周围环境调查

调查可能对事故产生影响的车辆的技术状况，道路及附属设施的状态，气候、天气条件等。

3. 事故现场勘查的任务

（1）调查事故现场基本情况

根据道路交通事故现场的构成要素，通过调查确定道路交通事故现场的具体情况。

① 道路交通事故发生的时间。

② 道路交通事故发生的地点，即事故车辆在道路纵向上的位置。

③ 事故现场的道路与交通环境。包括道路类型、等级、走向、横断面、线形、路面、照明、交通设施、环境等。

④ 事故车辆。查清事故车辆的号牌号码、类型、所有人及其住址、使用性质、品牌、检验、保险、灯光使用、装载、损坏后果等情况。

⑤ 事故当事人。查找事故当事人，核实当事人身份；认定当事人的交通方式与状态；确认事故车辆驾驶人，进行饮酒嫌疑检测；现场询问，取得当事人陈述。

⑥ 现场证人。查找现场证人，调查并记录现场证人的基本情况，进行现场询问，取得证人证言。

⑦ 事故现场的尸体检验。请医疗人员确认当场死亡，记录尸体的原始位置与状态，清理死者的遗留物品等。

（2）发现、固定和提取现场痕迹、物证

事故现场的痕迹包括地面轮胎痕迹、鞋底痕迹、挫划痕迹、沟槽痕迹、车体痕迹、衣着痕迹、体表损伤痕迹、其他痕迹等。现场物证主要有漆片、毛发、皮肉、血迹、玻璃碎片、车辆零部件、泥土等。现场上的各种痕迹、物证，都可成为直接或间接证明道路交通事故事实的证据。在现场勘查中，要全面、细致地发现和收集与道路交通事故有关的痕迹、物证，为准确地认定道路交通事故事实奠定基础。

（3）再现事故发生过程，查明事故原因

通过现场勘查，弄清在事故前、事故中和事故后，车辆、行人的运行方向、路线、速度和位置，事故当事人的交通安全违法行为，以及道路、交通环境对事故发生的客观影响，再现事故发生过程，查明事故原因，为准确地认定事故事实提供依据，为侦破交通肇事逃逸案件提供侦查方向、破案线索和证据。

（4）认定案件的性质

交通警察应当根据现场情况，确认案件性质和管辖。在道路交通事故处理中，可能遇到的事件或案件主要有以下几种。

① 过失造成人员伤亡、财产损失的事故。这是在事故处理中遇到最多的一类道路交通事故。

② 与交通工具有关的刑事犯罪案件。主要包括发生道路交通事故后的直接或间接故意杀人及伤害案件；以驾车的危险方法危害公共安全的案件；利用交通工具直接故意杀人、故意伤害的案件；制造假道路交通事故或伪装道路交通事故，诈骗钱财的案件；在公共交通管理范围以外的机动车肇事的案件。

③ 意外事故。由于人力不能抗拒的原因或者当事人无法预测的原因引发的道路交通事故。

④ 非道路交通性质的事故。道路施工过程中的工伤事故、体育竞赛事故、军事演习事故、铁路道口火车与机动车或行人事故等。

⑤ 其他。其他在道路上发生的类似于道路交通事故的事件、案件等。

（5）调查道路交通事故损害结果

道路交通事故损害结果包括人员伤亡和财产损失，损害结果是事故事实的一部分，在现场勘查中，调查人员伤亡是死亡还是受伤，调查车辆、货物及其他财物的损害程度，为准确地确定事故类别，适用的事故处理程序提供依据。

4. 痕迹物证勘验的原则

为了做好道路交通事故现场勘查工作，需要做好交通事故痕迹物证勘验工作，掌握痕迹物证检验鉴定原理及勘验原则是十分必要的。交通事故痕迹物证是指交通事故现场或从交通事故现场带走能证明交通事故真实情况的物品、物质和痕迹。物证是能够据以查明案件真实情况的一切物品和痕迹，痕迹是物证的一种形式。痕迹物证的真实性、准确性鉴定是一项技术性很强的工作，它的勘验需遵循一定的原则，具体如下。

① 应遵循合法、安全、及时、客观、规范、全面、科学的原则。

② 应由具备道路交通事故处理资格的交通警察或公安机关交通管理部门组织的专业技术人员承担，勘验人员应具备相关专业知识和专业技能。

③ 应根据道路交通事故的类型、特点及接触部位的异常现象，确定勘查重点和顺序。

④ 勘查中应采用绘图、照相、录像、录音、笔录、三维扫描等方式，对勘查发现的道路交通事故痕迹（以下简称痕迹）、道路交通事故物证（以下简称物证）的位置、分布、种类、数量、形状、尺寸等 进行固定、提取，并在道路交通事故现场勘查笔录中载明。

⑤ 勘查车体痕迹、物证时，应记录车辆的品牌、型号、颜色、核定载人数、核定载质量、号牌、车架号、发动机号、电机号、改装情况、驱动方式、驾驶方式等。

⑥ 勘查人体痕迹、物证时，应记录受害人在现场的原始位置、性别、身高、尸长、体型，衣着名称、颜色及穿着顺序等信息。勘查时应按照先衣着后体表的顺序。

⑦ 勘查道路时，应记录路口或路段类型、车道设置、道路坡度、弯道半径、路面性质及路面沉降、坑洞、凸凹等状况，交通标志、交通标线、交通信号灯、路灯等设施及被遮挡、污损情况，交通信号灯、路灯等设施的工作状态，护栏、警示柱、防撞墩、隔离带等安全防

护设施设置情况。

⑧ 道路交通肇事逃逸事故现场应提取现场遗留的所有可能与事故有关的痕迹、物证。

⑨ 事故现场周围有监控设备、事故车辆安装有行驶记录仪或车载事件数据记录仪、监控设备等，应及时提取。途经事故现场车辆安装有视频行驶记录装置的，宜提取相关信息。

⑩ 勘验工作应运用科学手段和方法，采用先进技术。勘验过程中，经常会遇到一些复杂的情况和专门性问题，特别是对微量痕迹物证的勘验，采用一般的方法是很难发现和提取的，因此要运用新的科学技术手段去提取发现新的物证痕迹。例如，红外线可以用来发现肉眼难以辨认的轮胎滚印，利用发光技术可以检验沥青、树脂、矿物油等。因此，运用科学的手段和方法发现、固定、提取、检验事故痕迹物证，对于提高道路交通事故痕迹物证勘验工作的质量具有重要的意义。

7.2　城市道路交通事故处理

城市道路交通事故的调查处理应当由公安机关交通管理部门负责，在城市道路交通事故处理过程中应遵循合法、公正、公开、便民、效率的原则，尊重和保障人权，保护公民的人格尊严。

城市道路交通事故分为财产损失事故、伤人事故和死亡事故。财产损失事故是指造成财产损失，尚未造成人员伤亡的道路交通事故。伤人事故是指造成人员受伤，尚未造成人员死亡的道路交通事故。死亡事故是指造成人员死亡的道路交通事故。财产损失事故可以由当事人自行协商处理；伤人事故应当由具有道路交通事故处理初级以上资格的交通警察主办；死亡事故应当由具有道路交通事故处理中级以上资格的交通警察主办。

7.2.1　城市道路交通事故处理程序

城市道路交通事故处理程序是指公安机关交通管理部门在依法处理道路交通事故的过程中，由事故办案民警的道路交通事故处理行为的方法、形式、步骤、权限、顺序和时限所构成的交通事故处理过程。

道路交通事故处理程序的构成要素：方法、形式、步骤、权限、顺序、时限。

道路交通事故处理程序的基本要素：方法不能改，形式不能变，步骤不能少，权限不能越，顺序不能乱，时限不能过，手续要完备。

按照城市道路交通事故处理程序的繁简程度可分为自行协商、简易程序和一般程序。

1. 自行协商

自行协商处理是指交通事故当事人自己商定责任和损害赔偿事宜，是快速解决交通事故纠纷的一种方式。《道路交通安全法》规定，在道路上发生交通事故，未造成人身伤亡，当事人对事实及成因无争议的，可以立即撤离现场，恢复交通，自行协商处理损害赔偿事宜；不自行撤离现场的，应当迅速报告执勤的交通警察或者公安机关交通管理部门。在道路上发生交通事故，仅造成轻微财产损失，并且基本事实清楚的，当事人应当先撤离现场再进行协商处理。

① 机动车与机动车、机动车与非机动车发生财产损失事故，当事人应当在确保安全的原

则下，采取现场拍照或者标划事故车辆现场位置等方式固定证据后，立即撤离现场，将车辆移至不妨碍交通的地点，再协商处理损害赔偿事宜。

② 非机动车与非机动车或者行人发生财产损失事故，当事人应当先撤离现场，再协商处理损害赔偿事宜。

③ 对应当自行撤离现场而未撤离的，交通警察应当责令当事人撤离现场；造成交通堵塞的，对驾驶人处以200元罚款。

交通事故当事人通过自行协商达成协议，应填写道路交通事故自行协商协议书，如表7-2所示。自行协商协议书应当写明事故发生的时间、地点、天气、当事人姓名、驾驶证号或者身份证号、联系电话、车辆类型和机动车牌号、保险公司、保险凭证号、事故形态、碰撞部位、事故责任等内容。

表7-2 道路交通事故自行协商协议书

事故日期	年 月 日 时 分	事故天气	
事故地点		事故形态	□追尾 □逆行 □倒车 □开车关门 □违反交通信号 □未按照规定让行 □其他
事故当事人情况			
甲方姓名		联系电话	
驾驶证号		车辆类型	
机动车牌号		碰撞部位	
保险凭证号		保险公司	
事故责任	□全部责任 □同等责任 □无责任		
乙方姓名		联系电话	
驾驶证号		车辆类型	
机动车牌号		碰撞部位	
保险凭证号		保险公司	
事故责任	□全部责任 □同等责任 □无责任		
协商情况			

当事人签字：

甲方： 乙方：

日期： 年 月 日 日期： 年 月 日

2. 简易程序

适用于简易程序的道路交通事故包括：财产损失事故；受伤事故中当事人伤势轻微，事故当事人一致同意适用简易程序处理的伤人事故。

① 适用于简易程序处理道路交通事故时，交通警察应当在固定现场证据后，责令当事人撤离现场，恢复交通。拒不撤离现场的，予以强制撤离。

② 撤离现场后，交通警察应当根据现场固定的证据和当事人、证人陈述等，认定并记录

道路交通事故发生的时间、地点、天气、当事人姓名、驾驶证号或者身份证号、联系电话、车辆类型和机动车牌号、保险公司、保险凭证号、事故形态、碰撞部位等。

③ 按照规定确定当事人的事故责任，当场制作道路交通事故认定书。

④ 不具备当场制作道路交通事故认定书条件的，交通警察应当在三日内制作道路交通事故认定书，并现场送达当事人。

⑤ 当事人共同请求调解的，交通警察应当当场进行调解，并在道路交通事故认定书上记录调解结果，由当事人签名，送达当事人。

3. 一般程序

一般程序是指除了适用简易程序以外，一般情况下道路交通事故处理适用的程序。一般程序适用范围较广，凡法律未明文规定适用简易程序的，都适用一般程序。

一般程序主要包括报警和受案、现场处置和调查、责任认定、处罚执行、损害赔偿调解等主要程序。

（1）报警和受案

公安交通管理部门接到当事人或其他人的报案之后，按照管辖范围予以立案。

（2）现场处置和调查

公安交通管理部门受理案件后，立即派员赶赴现场，抢救伤者和财产，勘查现场，收集证据。适用于一般程序处理的交通事故案件，至少要有两名交通警察进行处理。对于重大，特别重大的交通事故案件还需其他部门帮忙，比如医疗救护部门。

（3）责任认定

在查清交通事故事实的基础上，公安交通管理部门根据事故当事人的违章行为与交通事故的因果关系、作用大小等，对当事人的交通事故责任作出认定，并制作交通事故认定书。

（4）处罚执行

公安交通管理部门应依据有关规定，对肇事责任人予以警告、罚款、吊扣或吊销驾驶证、拘留的处罚。

（5）损害赔偿调解

对交通事故造成的人员伤亡及经济损失的赔偿，按照有关规定和赔偿标准，根据事故责任划分相应的赔偿比例，由公安交通管理部门召集双方当事人进行调解。双方同意达成协议，由事故调解人员制作并发给损害赔偿调解书。

7.2.2 城市道路交通事故的责任认定

城市道路交通事故责任认定是对当事人有无违法行为，违法行为与事故后果之间有无因果关系，以及违法行为在事故中的作用所进行的一种定性、定量的描述。事故认定准确与否，关系到整个事故处理工作的好坏。道路交通事故认定应当做到程序合法、事实清楚、证据确凿充分、适用法律正确、责任划分公正。

责任认定的目的，一方面要追究肇事者的责任，做到以责论处；另一方面，要公平、客观地确定当事人事故损害的赔偿份额；此外，还要对其他交通参与者进行教育、警戒；最后能够为研究交通事故发生规律，制定安全有效的安全防范措施和管理对策提供素材。

1. 道路交通事故责任认定的原则

在查清事故发生的真实情况后，公安机关交通管理部门应当根据当事人的行为对发生道路交通事故所起的作用以及过错的严重程度，确定当事人的责任。交通事故责任认定的原则为：

① 因一方当事人的过错导致道路交通事故的，承担全部责任；

② 因两方或者两方以上当事人的过错发生道路交通事故的，根据其行为对事故发生的作用以及过错的严重程度，分别承担主要责任、同等责任和次要责任；

③ 各方均无导致道路交通事故的过错，属于交通意外事故的，各方均无责任。

一方当事人故意造成道路交通事故的，他方无责任。

当事人的行为在事故发生中所起作用的大小，主要是根据路权和安全原则来判定，而路权原则是认定交通事故责任大小的根本原则。其先后程序如下：

① 当事人行为违反各行其道的规定；

② 当事人行为违反让行的规定；

③ 当事人行为违反交通规则的其他规定；

④ 当事人行为违反交通安全的原则。

2. 道路交通事故责任分类

道路交通事故责任分为全部责任、主要责任、同等责任、次要责任、无责任。

（1）全部责任

① 因一方当事人的过错导致道路交通事故的，承担全部责任。

② 当事人发生道路交通事故后逃逸的，承担全部责任。

③ 当事人故意破坏、伪造现场、毁灭证据的，承担全部责任。

（2）主要责任、同等责任和次要责任

因两方或者两方以上当事人的过错发生道路交通事故的，根据其行为对事故发生的作用以及过错的严重程度，分别承担主要责任、同等责任和次要责任。

（3）无责任

各方均无导致交通事故的过错，属于交通意外事故的，各方均无责任。

3. 道路交通事故认定书

道路交通事故认定书应当由交通警察签名或者盖章，加盖公安机关交通管理部门道路交通事故处理专用章，在制作后三日内分别送达当事人，并告知申请复核、调解和提起民事诉讼的权利、期限，图 7–2 为道路交通事故认定书（简易程序）。道路交通事故认定书应包括以下内容：

① 道路交通事故当事人、车辆、道路和交通环境等基本情况；

② 道路交通事故发生经过；

③ 道路交通事故证据及事故形成原因的分析；

④ 当事人导致道路交通事故的过错及责任或者意外原因；

⑤ 作出道路交通事故认定的公安机关交通管理部门名称和日期。

交通肇事逃逸案件尚未侦破，受害一方当事人要求出具道路交通事故认定书的，公安机关交通管理部门应当在接到当事人书面申请后十日内，确定各方当事人责任，制作道路交通事故认定书，并送达受害方当事人。道路交通事故认定书应当载明事故发生的时间、地点、受害人情况及调查得到的事实，以及受害方当事人的责任。

道路交通事故基本事实无法查清、成因无法判定的，公安机关交通管理部门应当出具道路交通事故证明，载明道路交通事故发生的时间、地点、当事人情况及调查得到的事实，分别送达当事人，并告知申请复核、调解和提起民事诉讼的权利、期限。

×××公安局交警大队

道路交通事故认定书（简易程序）

××××年　第×××号

故事时间				天气	
事故地点					
监事人		驾驶证号或者身份证号		联系电话	
交通方式		机动车型号、牌号		保险凭证号	
当事人		驾驶证或身份证号码		联系电话	
交通方式		机动车型号、牌号		保险凭证号	
当事人		驾驶证号或者身份证号		联系电话	
交通方式		机动车型号、牌号		保险凭证号	
交通事故事实及责任	当事人________、________、________ 交通警察________________　年　月　日　（印章）				
损害赔偿调解+结果	当事人________、________、________ 交通警察________________　年　月　日　（印章）				

有下列情形之一或者调解未达成及调解生效后当事人不履行的，当事人可以向人民法院提起民事诉讼：（一）当事人对交通事故认定有异议的；（二）当事人拒绝签名的；（三）当事人不同意由交通警察调解的。

图 7－2　道路交通事故认定书（简易程序）

4. 平面交叉口交通事故责任认定规定

平面交叉口是城市道路交通易于发生事故的地方，《中华人民共和国道路交通安全法实施条例》对通过平面交叉口的机动车和非机动车的行驶规则有明确的规定。

（1）机动车通过有交通信号灯控制的交叉路口，应当按照下列规定通行：

① 在划有导向车道的路口，按所需行进方向驶入导向车道；

② 准备进入环形路口的让已在路口内的机动车先行；

③ 向左转弯时，靠路口中心点左侧转弯，转弯时开启转向灯，夜间行驶开启近光灯；

④ 遇放行信号时，依次通过；

⑤ 遇停止信号时，依次停在停止线以外，没有停止线的，停在路口以外；

⑥ 向右转弯遇有同车道前车正在等候放行信号时，依次停车等候；

⑦ 在没有方向指示信号灯的交叉路口，转弯的机动车让直行的车辆、行人先行，相对方向行驶的右转弯机动车让左转弯车辆先行。

（2）机动车通过没有交通信号灯控制也没有交通警察指挥的交叉路口，应当遵守下列规定：

① 有交通标志、标线控制的，让优先通行的一方先行；

② 没有交通标志、标线控制的，在进入路口前停车瞭望，让右方道路的来车先行；

③ 转弯的机动车让直行的车辆先行；

④ 相对方向行驶的右转弯的机动车让左转弯的车辆先行；

⑤ 准备进入环形路口的让已在路口内的机动车先行；

⑥ 向左转弯时，靠路口中心点左侧转弯，转弯时开启转向灯，夜间行驶开启近光灯。

（3）非机动车通过有交通信号灯控制的交叉路口，应当按照下列规定通行：

① 转弯的非机动车让直行的车辆、行人优先通行；

② 遇有前方路口交通阻塞时，不得进入路口；

③ 向左转弯时，靠路口中心点的右侧转弯；

④ 遇有停止信号时，应当依次停在路口停止线以外，没有停止线的，停在路口以外；

⑤ 向右转弯遇有同方向前车正在等候放行信号时，在本车道内能够转弯的，可以通行，不能转弯的，依次等候。

（4）非机动车通过没有交通信号灯控制也没有交通警察指挥的交叉路口，应当遵守下列规定：

① 有交通标志、标线控制的，让优先通行的一方先行；

② 没有交通标志、标线控制的，在路口外慢行或者停车瞭望，让右方道路的来车先行；

③ 相对方向行驶的右转弯的非机动车让左转弯的车辆先行；

④ 转弯的非机动车让直行的车辆、行人优先通行；

⑤ 遇有前方路口交通阻塞时，不得进入路口；

⑥ 向左转弯时，靠路口中心点的右侧转弯。

5. 几种全责案例

（1）毁灭证据事故

小客车在非机动车道与自行车发生事故后，驾驶员将双方的车辆移至机动车道内，造成在机动车道接触的假象，小客车为全责，如图 7－3 所示。

（2）机动车进入非机动车道与同向行驶非机动车事故

当事人驾驶机动车进入非机动车道或非机动车通行范围内，刮撞同向行驶非机动车的，机动车为全责。如图 7－4 所示，小客车进入非机动车道，将同向行驶的非机动车撞倒，小客车为全责。

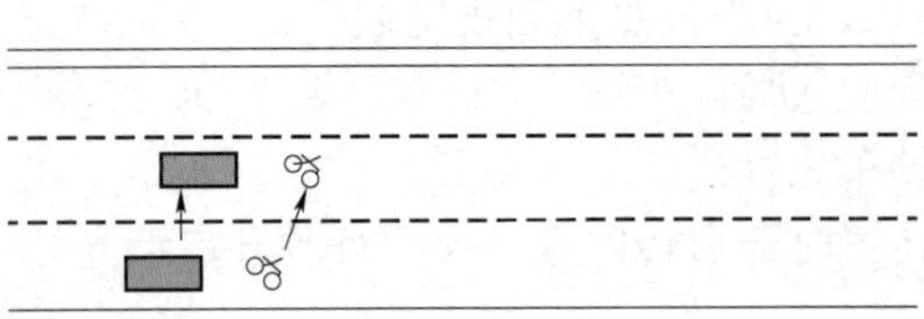

图 7－3　毁灭证据事故

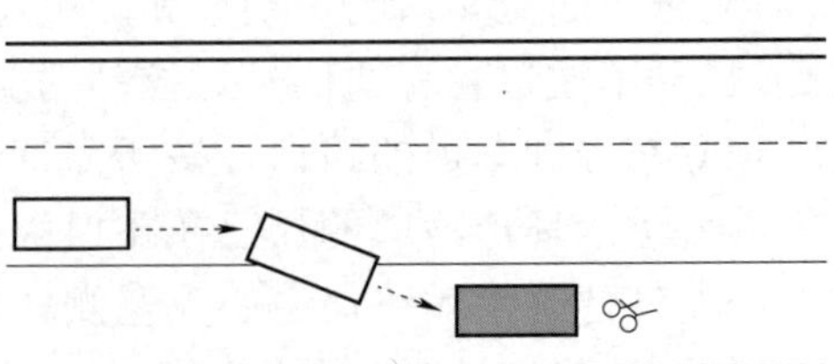

图 7－4　机动车进入非机动车道事故

（3）车辆刮撞依法在人行横道内行人事故

如图 7－5 所示，小客车进入人行横道与行人碰撞，小客车为全责。

（4）车辆未避让执行紧急任务的车辆

当事人驾驶车辆未避让执行紧急任务的警车、消防车、救护车、工程救险车的，未避让者为全责。如图 7－6 所示，大货车未避让救护车，大货车为全责。

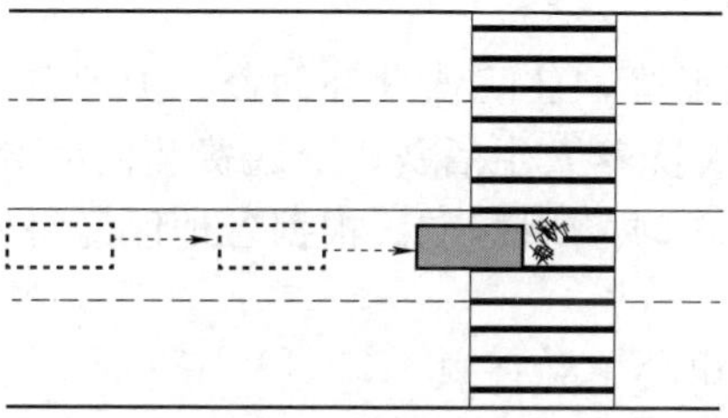

图 7－5 车辆刮撞行人事故

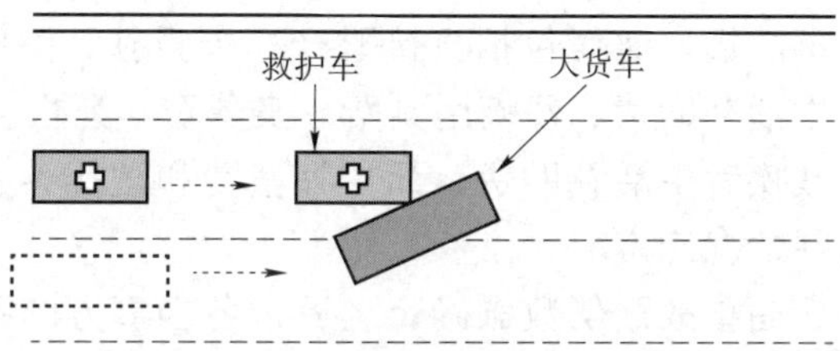

图 7－6 车辆与救护车事故

7.2.3 城市道路交通事故损害赔偿

在交通事故中，由于事故责任者的过错或者意外，造成事故受害人人身伤亡或者财产损失，即侵犯了事故受害人的人身权利和财产权利及其利益，构成了民法上的侵权损害事件。根据《中华人民共和国民法典》规定，行为人造成他人民事权益损害，不论行为人有无过错，法律规定应当承担侵权责任的，依照其规定。事故责任者、车辆驾驶人或者所有人、其他人员应当赔偿受害人的经济损失。故交通事故损害赔偿适用民法中的侵权责任法。

道路交通事故损害赔偿是指由于事故责任者的过错或者意外，侵害国家的、集体的财产，侵犯他人的人身权利和财产权利及其他利益而造成伤害，对受害人进行赔偿的民事责任。

1．事故损害赔偿责任的构成要件

（1）交通事故须在道路上发生

交通事故只有发生在道路上，才构成道路交通事故损害赔偿责任。交通事故是指车辆等交通工具驾驶人员、行人、乘车人及其他在道路上进行与交通有关活动的人员，因违章行为致人伤亡或财产损失的事故。

（2）损害事实

损害事实是指一定的行为致使受害人的人身权利、财产权利及其他利益受到侵害，并造成财产利益和非财产利益的减少或灭失的客观事实。道路交通事故损害赔偿须以受害人受有损害为必要条件，也就是说交通事故必须造成损害后果。如果只有违章行为，而无损害，则只能以行政制裁方法处罚，不应承担赔偿责任。

（3）当事人须有交通违章行为

交通事故的当事人一般为机动车、非机动车的驾驶人员，这些人员在道路上进行与交通有关的活动，均有交通违章行为。如果交通事故致害人没有交通违章行为，则其不承担或少承担交通事故损害赔偿责任。

（4）交通违章行为须与损害事实有因果关系

当事人的违章行为与交通事故有因果关系的，应当负交通事故责任。当事人没有违章行为或者虽有违章行为，但违章行为与交通事故无因果关系的，不负交通事故责任。

（5）主观过错

主观过错是指行为人实施其行为时的心理状态，包括故意和过失两种基本形态。故意是指行为人已经预见自己行为的结果，仍然希望它发生或者听任它发生的主观心理状态。而侵权责任上的过失是指行为人对受害人应负注意义务的疏忽或懈怠。

2．事故损害赔偿数额

事故损害赔偿包括直接财产损失折款、医疗费、误工费、住院伙食补助费、护理费、残疾者生活补助费、残疾用具费、丧葬费、死亡补偿费、被抚养人生活费、交通费及住宿费等。其中残疾者生活补助费、死亡补偿费和被抚养人生活费 3 项费用标准，根据各地区经济发展的实际情况确定。

交通事故赔偿数额确定之后，各当事方的赔偿金额可按下式计算

$$p_i = k_i \cdot Q\ (i=1, 2, \cdots, n) \tag{7-1}$$

式中：

p_i ——当事方 i 的赔偿金额，元；

k_i ——当事方 i 的责任系数，全部责任 $k_i=1$，主要责任 $k_i=0.6\sim0.9$，同等责任 $k_i=0.5$，次要责任 $k_i=0.1\sim0.4$；

n ——事故方的数量；

Q ——事故损害赔偿金额，元。

3．事故损害赔偿调解

（1）损害赔偿调解的一般规定

当事人可以采取以下方式解决道路交通事故损害赔偿争议：

① 申请人民调解委员会调解；

② 申请公安机关交通管理部门调解；

③ 向人民法院提起民事诉讼。

当事人申请人民调解委员会调解，达成调解协议后，双方当事人认为有必要的，可以根据《中华人民共和国人民调解法》共同向人民法院申请司法确认。当事人申请人民调解委员会调解，调解未达成协议的，当事人可以直接向人民法院提起民事诉讼，或者自人民调解委员会作出终止调解之日起 3 日内，一致书面申请公安机关交通管理部门进行调解。

当事人请求公安机关交通管理部门调解的，应当在收到道路交通事故认定书或者上一级公安机关交通管理部门维持原道路交通事故认定的复核结论之日起 10 日内，向公安机关交通管理部门提出书面申请。当事人申请公安机关交通管理部门调解，调解未达成协议的，当事人可以依法向人民法院提起民事诉讼，或者申请人民调解委员会进行调解。

公安机关交通管理部门应当按照合法、公正、自愿、及时的原则，并采取公开方式进行道路交通事故损害赔偿调解。调解时允许旁听，但是当事人要求不予公开的除外。

公安机关交通管理部门应当与当事人约定调解的时间、地点，并于调解时间 3 日前通知当事人。口头通知的，应当记入调解记录。调解参加人因故不能按期参加调解的，应当在预定调解时间 1 日前通知承办的交通警察，请求变更调解时间。

（2）参加损害赔偿调解的人员

参加损害赔偿调解的人员包括：

① 道路交通事故当事人及其代理人；

② 道路交通事故车辆所有人或者管理人；

③ 承保机动车保险的保险公司人员；

④ 公安机关交通管理部门认为有必要参加的其他人员。

委托代理人应当出具由委托人签名或者盖章的授权委托书，授权委托书应当载明委托事项和权限。参加调解时当事人一方不得超过3人。

（3）损害赔偿调解的时限

公安机关交通管理部门应当按照下列规定日期开始调解，并于10日内制作道路交通事故损害赔偿调解协议书或者道路交通事故损害赔偿调解终结书：

① 造成人员死亡的，从规定的办理丧葬事宜时间结束之日起；

② 造成人员受伤的，从治疗终结之日起；

③ 因伤致残的，从定残之日起；

④ 造成财产损失的，从确定损失之日起。

（4）损害赔偿调解的程序

交通警察调解道路交通事故损害赔偿，按照下列程序实施：

① 告知道路交通事故各方当事人的权利、义务；

② 听取当事人各方的请求；

③ 根据道路交通事故认定书认定的事实及《中华人民共和国道路交通安全法》第76条的规定，确定当事人承担的损害赔偿责任；

④ 计算损害赔偿的数额，确定各方当事人各自承担的比例；

⑤ 确定赔偿履行方式及期限。

（5）交通事故损害赔偿调解协议书

经调解达成协议的，公安机关交通管理部门应当当场制作交通事故损害赔偿调解协议书，如图7-7所示。

由各方当事人签字，分别送达各方当事人。调解协议书应当载明以下内容：

① 调解依据；

② 道路交通事故认定书认定的基本事实和损失情况；

③ 损害赔偿的项目和数额；

④ 各方的损害赔偿责任及比例；

⑤ 赔偿履行方式和期限；

⑥ 调解日期。

经调解各方当事人未达成协议的，公安机关交通管理部门应当终止调解，制作道路交通事故损害赔偿调解终结书送达各方当事人。

（6）终止损害赔偿调解的情况

有下列情形之一的，公安机关交通管理部门应当终止调解，并记录在案：

① 在调解期间有一方当事人向人民法院提起民事诉讼的；

② 一方当事人无正当理由不参加调解的；

③ 一方当事人调解过程中退出调解的。

交通事故损害赔偿调解协议书

当事人：（肇事方） 身份证号：
联系方式： （以下简称甲方）
当事人：（受害方） 身份证号：
联系方式： （以下简称乙方）

______年___月___日，在发生______交通事故造成______受伤，交通事故发生后，甲方立即采取积极抢救措施将乙方送到______医院治疗，经诊断：在此期间乙方共花费医疗费______元，乙方在______医院住院______天进行康复休养。目前伤势已经基本痊愈，根据医师的意见可以回家进行调养。乙方病情痊愈后，请求给予一次性处理。甲方同意乙方的请求。为此甲乙双方本着公平、自愿的原则，就交通肇事损害赔偿一事，经过双方充分的协商，协商一致的情况下，达成如下协议：

一、乙方的伤情伤残程度及乙方病情需要恢复的时间等基本情况，甲乙双方均已了解和认可。

二、甲方已替乙方支付的医疗费元，由甲方承担。

三、甲方同意乙方的要求，一次性付给乙方人民币______整（其中包括护理费用、误工费、伤残补偿金等费用）。

四、乙方在签订此协议书后，自愿放弃追究甲方的一切责任的权利。

五、乙方一经签订此协议，甲方给付的赔偿款为乙方现在或将来、直接或间接与此次事故有关的索赔的费用最终和全部赔偿数额。

六、甲方与乙方签订此协议后，甲方应当一次性立即给付乙方______元人民币。

七、甲方在付清钱款后，乙方应当将住院期间的医疗票据全部给付甲方。如果找不到原件票据应当出具书面说明。

八、乙方收到上述赔偿金后，甲、乙双方就此次交通事故的赔偿问题已解决完毕，今后双方互不追究由此引起的一切责任。

九、（1）本协议甲乙双方签定后，一方出现反悔或违反此协议的规定，根据《中华人民共和国民法典》的相关规定，违约方将承担违约责任，将支付给对方违约金______元。

（2）如果乙方违反此协议，应当将原来甲方给付的钱款全额退回，并再给付甲方______元的违约金。

十、本协议一式两份，双方签字后生效，甲、乙双方各执一份。协议是自愿达成调解凭证，一经签定后不得反悔。

我们上述协议完全真实、合法，如果有虚假愿意承担法律责任。

甲方： 乙方： 见证人：
年 月 日 年 月 日 年 月 日

图 7–7 交通事故损害赔偿调解协议书

7.3 城市轨道交通事故处理

城市轨道交通事故发生后，应按照“四不放过”的原则进行调查处理：事故的原因查不清楚不放过，事故的责任者得不到处理不放过，广大职工群众受不到教育不放过，防范措施没有落实不放过。对于事故责任者的处理，应坚持思想教育从严、行政处理从宽的原则。对于情节特别恶劣，后果特别严重，构成犯罪的责任者，要坚决依法惩处。

1）事故处理期限

重大事故、较大事故、一般事故，负责事故调查的人民政府应当自收到事故调查报告之日起 15 日内作出批复；特别重大事故，30 日内作出批复；特殊情况下，批复时间可以适当延长，但延长的时间最长不超过 30 日。

有关机关应当按照人民政府的批复，依照法律、行政法规规定的权限和程序，对事故发生单位和有关人员进行行政处罚，对负有事故责任的国家工作人员进行处分；事故发生单位应当按照负责事故调查的人民政府的批复，对本单位负有事故责任的人员进行处理；负有事故责任的人员涉嫌犯罪的，依法追究刑事责任。

2）事故结案类型

在事故处理过程中，无论事故大小都要查清责任，严肃处理，并注意区分责任事故、非责任事故和破坏事故。

（1）责任事故

在生产、作业中违反有关安全管理的规定，因而发生伤亡事故或者造成其他严重后果的行为。

（2）非责任事故

由于自然因素而造成的不可抗拒的事故，或由于未知领域的技术问题而造成的事故为非责任事故。

（3）破坏事故

为达到一定目的而蓄意制造的事故为破坏事故。

3）责任事故的处理

对于责任事故，应区分事故的直接责任者、领导责任者和主要责任者。其行为与事故的发生有直接因果关系的，为直接责任者；对事故的发生负有领导责任的，为领导责任者；在直接责任者和领导责任者中，对事故的发生起主要作用的，为主要责任者。

对事故责任者处理，一定要严肃认真。根据造成事故的责任大小和情节轻重，进行批评教育或给予必要的行政处分。对于不服管理、违反规章制度，或是强令工人违章冒险作业，因而发生重大伤亡事故，后果严重并已构成犯罪的责任者，应报请检察部门提起公诉，追究其刑事责任。

有下列情形之一时，应当追究有关领导人的责任：

① 由于安全生产规章制度和操作规程不健全，职工无章可循，造成伤亡事故的；

② 对职工不按规定进行安全技术教育，或职工未经考试合格就上岗操作，造成伤亡事故的；

③ 由于设备超过检修期限运行或设备有缺陷，又不采取措施，造成伤亡事故的；

④ 作业环境不安全，又不采取措施，造成伤亡事故的；

⑤ 由于挪用安全技术措施经费，造成伤亡事故的。

有下列情形之一时，应当追究肇事者或有关人员责任：

① 违章指挥、违章作业、违反劳动纪律；

② 违反安全生产责任制，玩忽职守；

③ 擅自开动机器设备，擅自更改、拆除、毁坏、挪用安全装置和设备。

7.3.1 行车事故的处理程序

1. 行车事故的处理规则

城市轨道交通事故一般为行车事故，其处理规则如下所述。

① 发生事故时，首要确保乘客及有关人员的安全，要积极地采取措施，迅速抢救，尽快恢复运营，尽量减少损失。

② 控制中心必须按照“先通后复”的原则组织指挥事故处理。

③ 发现或确认事故后，必须确保信息畅通，立即报告有关人员。

④ 根据事故责任、事故性质、经济损失、延误列车运行时间及造成的不良影响进行综合判定，提高处理事故的效率。

⑤ 处理事故要以事实为依据，以有关法律、规章为准绳，认真调查分析，查明原因，分清责任，吸取教训，制定对策。对事故责任者，应根据事故性质和情节，予以批评教育、经济处罚、行政处分直至追究法律责任。事故性质、情节严重的，要按有关规定逐级追究领导责任，对事故分析处理拖延、推脱责任、姑息纵容、隐瞒不报或不如实反映事故情况者，应予以严肃批评教育或纪律处分。

2. 行车事故的报告

行车事故的报告程序直接关系到行车事故发生后的处置，关系到行车事故发生后能否及时、迅速恢复正常行车秩序。

发生区间行车事故，由列车司机立即报告行车调度员。无法和行车调度员联系时，可报告就近车站的行车值班员，由行车值班员转报行车调度员；在车站内或车厂内发生行车事故时，由车站行车值班员或车厂调度员报告行车调度员；其他目击人员可以通过车站工作人员向行车调度员报告。

行车调度员接到事故报告后，应立即报告上级主管部门，并积极组织救援，防止事故扩大，按照“先通后复”的原则组织指挥事故处理，尽快恢复正常行车。应及时填写“行车事故概况”，报相关部门。

发生人员伤亡、火灾、爆炸、毒气袭击等事故，需要打 119 火警、120 急救中心或 110 公安派出所时，由值班站长、事故现场目击者在第一时间内报告；列车司机则立即报告控制中心，由控制中心立即报告 119 火警、120 急救中心或 110 公安派出所等外部救援单位。

行车事故报告的主要内容包括：

① 发生时间（月、日、时、分）；

② 发生地点（区间、百米标和上、下行正线）；

③ 列车车次、车组号、关系人员姓名、职务；

④ 事故概况及原因；

⑤ 人员伤亡情况及车辆、线路等轨道设备损坏情况；

⑥ 是否需要救援；

⑦ 是否影响邻线运行；

⑧ 其他必须说明的内容及要求。

在紧急情况下，特别是发生较大的事故时，由于现场情况和环境情况比较复杂、混乱，现场情况可能一时难以全部讲清，此时可先报告部分内容，但必须报清事故发生的位置、事故概况、是否需要立即救援帮助等，以利于行车安全管理部门和领导决策。

必须进行现场事故抢救和救援时，由行车调度员及时通知各相关部门进行。各相关部门应按行车调度员及上级有关领导的指示做好救援和准备，及时出动展开救援工作。

3. 事故的调查处理

在事故报告完成后，有关人员要迅速进行事故现场的处置。在专业人员及救援人员到达事故现场前，负责指挥抢救伤员、引导乘客自救、组织疏散及安抚乘客等工作，并保护现场、查找证人、做好记录、保存可疑物证，等待进一步救援。在有关救援人员到达后，由事故现场的负责人或委任相关专业人员指挥救援，处理善后工作。

应成立专门的事故处理调查小组，并确保各有关部门参加，负责事故的调查、处置、协调、善后、分析等各项工作，包括现场摄、录像及绘制现场草图、设备检测、收集物证、询问人证、调查记录现场情况等工作。

如事故涉及两个以上直属单位时，由城市轨道交通企业负责调查，在规定的时间内将事故调查报告上报，并提出防范措施。对责任单位无异议的险性事故，由险性事故责任单位组织调查分析，明确原因并对责任者提出处理意见，制定防范措施。对涉及一个单位的一般事故，由责任单位调查分析，找出原因，明确责任，并对责任者进行处理，提出防范措施。

值乘驾驶员和事故有关人员要积极配合，如实报告情况，以便分析事故真正原因，明确事故责任，制定防范措施。事故有关人员均不得隐瞒事实，对推脱责任、拖延调查、隐瞒真相的个人与单位部门，经查实予以从重处理。

对事故涉及城市轨道交通以外的单位时，由城市轨道交通企业事故调查小组与相关单位协调处理，必要时提请司法部门裁决处理。凡行车事故涉及刑事责任的调查处理由公安部门负责，事故相关单位、个人协助配合调查工作。

7.3.2 行车事故处理的相关规定

（1）城市轨道交通运营单位有下列行为之一的，由城市轨道交通运营主管部门责令限期改正；逾期未改正的，处以 5 000 元以上 3 万元以下的罚款，并可对其主要负责人处以 1 万元以下的罚款：

① 未全程参与试运行；

② 未按照相关标准对从业人员进行技能培训教育；

③ 列车驾驶员未按照法律法规的规定取得职业准入资格；

④ 列车驾驶员、行车调度员、行车值班员、信号工、通信工等重点岗位从业人员未经考核上岗；

⑤ 未按照有关规定完善风险分级管控和隐患排查治理双重预防制度；

⑥ 未建立风险数据库和隐患排查手册；

⑦ 未按要求报告运营安全风险隐患整改情况；

⑧ 未建立设施设备检查、检测评估、养护维修、更新改造制度和技术管理体系；

⑨ 未对设施设备定期检查、检测评估和及时养护维修、更新改造；

⑩ 未按照有关规定建立运营突发事件应急预案体系；

⑪ 储备的应急物资不满足需要，未配备专业应急救援装备，或者未建立应急救援队伍、配齐应急人员；

⑫ 未按时组织运营突发事件应急演练。

（2）城市轨道交通运营单位应保证安全、消防、疏散导向等标志醒目，并应配备培训合格的工作人员上岗，在车站配备急救箱，城市轨道交通运营过程中发生故障而影响运行，城市轨道交通运营单位应当及时组织乘客疏散，并尽快报告城市轨道交通主管部门。违反以上规定，轨道交通主管部门给予警告或责令限期改正，并可处以 5 000 元以下的罚款。

（3）禁止下列危害或者可能危害城市轨道交通运营安全的行为：

① 拦截列车；

② 强行上下车；

③ 擅自进入隧道、轨道或者其他禁入区域；

④ 攀爬或者跨越围栏、护栏、护网、站台门等；

⑤ 擅自操作有警示标志的按钮和开关装置，在非紧急状态下动用紧急或者安全装置；

⑥ 在城市轨道交通车站出入口 5 m 范围内停放车辆、乱设摊点等，妨碍乘客通行和救援疏散；

⑦ 在通风口、车站出入口 50 m 范围内存放有毒、有害、易燃、易爆、放射性和腐蚀性等物品；

⑧ 在出入口、通风亭、变电站、冷却塔周边躺卧、留宿、堆放和晾晒物品；

⑨ 在地面或者高架线路两侧各 100 m 范围内升放风筝、气球等低空飘浮物体和无人机等低空飞行器。

运营单位有权予以制止，并由城市轨道交通运营主管部门责令改正，可以对个人处以 5 000 元以下的罚款，对单位处以 3 万元以下的罚款；违反治安管理规定的，由公安机关依法处理；构成犯罪的，依法追究刑事责任。

（4）城市轨道交通运营单位应按照反恐、消防管理、事故救援等相关规定，设置报警、灭火、逃生、防汛、防爆、防护监视、紧急疏散照明、救援等器材和设备，并保持完好；定期对土建工程、车辆和运营设备进行维护、检查，确保其处于安全状态。对违反以上规定的城市轨道交通运营单位，轨道交通主管部门给予警告，责令其改正，并可处以 1 万元以下罚款。

（5）城市轨道交通运营主管部门和运营单位应当建立城市轨道交通运营信息统计分析和报送制度、运营安全重大故障和事故报送制度。运营单位未按照规定上报城市轨道交通运营相关信息或者运营安全重大故障和事故的，由城市轨道交通运营主管部门责令限期改正；逾期未改正的，处以 5 000 元以上 3 万元以下的罚款。

（6）城市轨道交通运营单位有下列行为之一，由城市轨道交通运营主管部门责令限期改正；逾期未改正的，处以 1 万元以下的罚款：

① 未向社会公布运营服务质量承诺或者定期报告履行情况；

② 运行图未报城市轨道交通运营主管部门备案或者调整运行图严重影响服务质量的，未向城市轨道交通运营主管部门说明理由；

③ 未按规定向乘客提供运营服务和安全应急等信息；

④ 未建立投诉受理制度，或者未及时处理乘客投诉并将处理结果告知乘客；

⑤ 采取的限流、甩站、封站、暂停运营等措施，未及时告知公众或者封站、暂停运营等措施未向城市轨道交通运营主管部门报告。

（7）遇有恶劣气象条件，未按照应急预案和操作规程进行处置的；在客流量急增危及安全运营时，未采取限制客流量的临时措施的；停止运营时，未提前向社会公告和报告主管部门的；发生安全事故时，未按照应急预案进行处置的。

对有以上行为的城市轨道交通运营单位，城市轨道交通主管部门给予警告，责令其限期改正，并可处以1万元以下罚款。

（8）城市轨道交通运营过程中发生乘客伤亡的，城市轨道交通运营单位应当依法承担相应的损害赔偿责任，能够证明伤亡人员故意或者自身健康原因造成的除外。

复习思考题

1. 简述城市交通事故调查的定义、对象、内容和作用。
2. 简述城市交通事故调查的基本步骤。
3. 简述城市交通事故现场勘查的作用、目的。
4. 什么叫4P技术？其基本内容包括哪些？
5. 简述事故调查中人证的重要性。为什么要保护人证？
6. 事故现场照相主要包括哪两个内容？
7. 简述现场绘图的作用和注意事项。
8. 简述交通警察在城市道路交通事故现场调查中的工作内容。
9. 简述城市道路交通事故痕迹物证勘验的基本原则。
10. 城市道路交通事故应由谁负责？遵循的原则是什么？
11. 简述城市道路交通事故处理程序的概念、构成要素及类型。
12. 城市道路交通事故简易程序和一般程序的步骤分别是什么？
13. 简述自行协商和简易程序的适用条件。
14. 城市道路交通事故责任认定的原则是什么？责任分类包括哪几种？
15. 道路交通事故认定书包含的内容有哪些？
16. 道路交通事故基本事实无法查清、成因无法判定的，应该如何处理？
17. 交通肇事逃逸案件尚未侦破，受害一方当事人要求出具道路交通事故认定书的，应该如何处理？
18. 参加交通事故损害赔偿调解的人员包括哪些？
19. 交通警察调解道路交通事故损害赔偿，应按照何种程序实施？
20. 交通事故损害赔偿调解协议书应当载明哪些内容？

21. 公安机关交通管理部门终止调解的情况有哪些?
22. 简述城市轨道交通事故的处理期限。
23. 简述城市轨道交通事故结案类型。
24. 城市轨道交通事故的处理规则是什么？并简要阐述。
25. 城市轨道交通行车事故报告程序是什么?
26. 行车事故报告主要包括哪些内容?

参 考 文 献

［1］肖贵平，朱晓宁．交通安全工程［M］．3 版．北京：中国铁道出版社有限公司，2021.
［2］沈裴敏，张荣贵．道路交通事故预测与预防［M］．北京：人民交通出版社，2007.
［3］刘浩学．道路交通安全工程［M］．2 版．北京：人民交通出版社，2020.
［4］吴晓．城市轨道交通安全管理［M］．北京：电子工业出版社，2017.
［5］郭忠印．道路交通安全设计原理与应用［M］．上海：同济大学出版社，2016.
［6］交通部公路司．新理念公路设计指南［M］．北京：人民交通出版社，2005.
［7］刘志钢，谭复兴．城市轨道交通安全工程概论［M］．北京：中国铁道出版社，2010.
［8］秦进，高桂凤．城市轨道交通安全管理［M］．北京：人民交通出版社，2012.
［9］裴玉龙．道路交通安全［M］．北京：人民交通出版社，2007.
［10］裴玉龙，王炜．道路交通事故成因及预防对策［M］．北京：科学出版社，2004.
［11］过秀成．道路交通安全学［M］．2 版．南京：东南大学出版社，2011.
［12］唐琤琤，张铁军，何勇，等．道路交通安全评价［M］．北京：人民交通出版社，2008.
［13］许洪国．道路交通事故分析与处理［M］．北京：人民交通出版社，2004.
［14］王建军，邓亚娟．路网环境下高速公路交通事故影响传播分析与控制［M］．北京：科学出版社，2010.
［15］耿幸福，宁斌．城市轨道交通运营安全［M］．北京：人民交通出版社，2010.
［16］邵毅明．道路交通运输安全学［M］．北京：人民交通出版社，2008.
［17］李华，胡奇英．预测与决策教程［M］．北京：机械工业出版社，2012.
［18］薛薇．SPSS 统计分析方法及应用［M］．3 版．北京：电子工业出版社，2013.
［19］王勇领．预测计算方法［M］．北京：科学出版社，1986.
［20］梅诗冬．中国重大道路交通事故文本数据分析应用［D］．焦作：河南理工大学，2017.
［21］张晗．城市轨道交通运营安全综合评估预警平台设计研究［D］．北京：北京交通大学，2012.
［22］郭显惠．高速公路交通安全设计与评价研究［D］．西安：长安大学，2011.
［23］赵永正．昆明市道路交通事故规律及预防对策［D］．重庆：重庆交通大学，2017.
［24］文腾．城市轨道交通运营安全风险评估研究［D］．北京：北京交通大学，2021.
［25］祝春梅．城市道路交通安全影响因素综合分析研究［D］．广州：华南理工大学，2015.
［26］张雅东．基于 PC-Crash 和有限元法的两车正面碰撞事故再现研究［D］．哈尔滨：哈尔滨理工大学，2020.
［27］潘彦龙．基于灰色理论的高速列车轴温预测方法研究［D］．兰州：兰州交通大学，2021.
［28］申晨．体域网中的节点运动轨迹预测方法研究［D］．长春：吉林大学，2014.
［29］张保平．城市道路交通事故紧急救援体系研究［D］．西安：长安大学，2012.
［30］余博．城市轨道交通运营中的突发事件应急管理研究：以南京地铁为例［D］．南京：南京航空航天大学，2017.

[31] 陈宽民，王玉萍. 城市道路交通事故分布特点及预防对策[J]. 交通运输工程学报，2003（1）：84－87.

[32] 陈云亮，陈龙. 浅谈公路路侧安全设计及防护技术[J]. 科技视界，2014(6)：298－299.

[33] 李松峰，冯旭杰，沙茜，等. 城市轨道交通运营安全事故分级方法 [J]. 交通运输研究，2020，6（5）：66-74.

[34] 范东凯，曹凯. 基于主成分分析法的城市道路交通安全评价 [J]. 中国安全科学学报，2010，20（10）：5.

[35] 都雪静，乔凯凯. 汽车碰撞翻滚事故逆向分析 [J]. 重庆理工大学学报（自然科学），2017，31（3）：12-19.

[36] 刘璞，王萌，马苓，等. 灰色马尔可夫预测模型和加权加增长率移动平均法预测精度的比较 [J]. 统计与决策，2018，34（22）：11-15.

[37] 孙璐，葛敏莉，金姣萍，等. 交通应急管理系统发展综述 [J]. 交通运输工程与信息学报，2013，11（1）：1-7.

[38] 北京市人民代表大会常务委员会. 北京市轨道交通运营安全条例 [J]. 北京市人大常委会公报，2014（5）：10.